Dr. Harald Gebhard • Dr. Mario Ludwig

Von Drachen, Yetis und Vampiren

Fabeltieren auf der Spur

blv

Reale Fabeltiere   157

Fabelwesen falsch gedeutet   193

Anhang   215

Mythos und Realität

Für die meisten Menschen des »High-Tech-Zeitalters« leben Fabeltiere nur in Sagen und Märchen, in der Gedankenwelt dafür empfänglicher Personen oder in den Legenden mancher Naturvölker, die die Geschichten seit Jahrhunderten von Mund zu Mund weitergaben. Oft aber waren Naturvölkern einzelne Fabelwesen in der Realität bekannt, sie maßen aber dieser Tatsache keine besondere Bedeutung bei. Sie unterschieden nicht zwischen Legende und Wirklichkeit, da sie beide als wichtige Bestandteile ihres Lebens ansahen. Mythos und Realität verwoben sich miteinander.

Anders verhält es sich beim »modernen und aufgeklärten« Menschen, der sich vom magisch-animistischen Denken der Vorfahren oder Naturvölker entfernt hat. Der moderne Mensch sieht die Welt rational, zumindest ist er dieser Auffassung. So ist auch ein Großteil der in den westlichen Ländern lebenden Menschen der Meinung, die jetzige Welt berge keine Geheimnisse mehr, es sei alles vermessen und erforscht.

Umso erstaunlicher ist es, dass gerade unsere moderne Welt voll ist von Drachen, Einhörnern, Phönixen und Greifen. Sind es wirklich nur Gestalten der Fantasie oder haben sie doch einen realen Hintergrund?

Das Spektrum der hier behandelten Fabelwesen reicht von den klassischen Fabeltieren des Altertums, den Fabelwesen des Mittelalters über fehlgedeutete Fossilien, die die Fantasie beflügelten, bis hin in die heutige Zeit zu realen Fabeltieren, die bis zu ihrer Entdeckung beispielsweise nur aus den Legenden von Eingeborenenvölkern bekannt waren. Fast jeder Kontinent besitzt seine eigenen Fabeltiere, sodass eine Auswahl getroffen werden musste. Ein paar der interessantesten wurden aus der Vielfalt ausgesucht, um sie hier vorzustellen.

Sehen wir uns aufmerksam in unserer Umwelt um, präsentieren sich uns Fabeltiere in den verschiedensten Lebensbereichen. Mit geschärften Sinnen können wir sogar ihre Botschaft wahrnehmen, die einen Teil des Wissens unserer Vorfahren und vieler Völker in sich vereint.

Fabeltiere im Leben der Menschen

Fabeltiere sind oft der Fantasie entsprungene mythologische Gestalten, die sich seit alters bis in die heutige Zeit in zahlreichen Kulturen finden. Sie begegnen uns in vielen Lebens- und Arbeitsbereichen, beispielsweise in der Astronomie, Religion, Kunst, Medizin und in einigen frühen Naturgeschichten, aber auch im Militärwesen, in der Werbung sowie in der Unterhaltungsbranche. Fabeltiere übermitteln uns einen bedeutenden Schatz, den großen Reichtum an Mythen und Legenden unserer Vorfahren. Die folgenden Kapitel gewähren hierzu einen kurz gefassten Einblick.

DER STERNENHIMMEL

Um am unübersichtlichen Sternenhimmel Bezugspunkte zu haben, die eine einfache Orientierung am Firmament ermöglichen, haben die Menschen bereits im frühen Altertum damit begonnen, einzelne Fixsterne zu Sternbildern zu gruppieren. Dabei wurden Sterne, die zwar im

Drachenstickerei auf einem daoistischen Seiden-Ornat (Huangdaxian-Kloster, Hinhua, Provinz Zhejiang)

Auge des Betrachters nahe beieinander am Himmel zu stehen scheinen, in Wirklichkeit aber im All oft weit voneinander entfernt sind, durch Linien zu Figuren verbunden. Bei unterschiedlichen Völkern und in unterschiedlichen Kulturen entstanden dabei auch völlig unterschiedliche Sternbilder. Je nach Vorstellungskraft wurden Tiere, alltägliche Gegenstände, aber eben auch Sagengestalten und Fabelwesen am Himmel gesehen. Besonders in der griechischen Antike wurde versucht, die Sternbilder mit einem passenden Mythos zu erklären.

Im Folgenden sollen die Sternbilder, die nach Fabelwesen benannt worden sind, und ihr Bezug zur Mythologie etwas genauer unter die Lupe genommen werden.

Das Sternbild **Hydra** ist wohl schon seit vielen tausend Jahren bekannt. So fand man in alten babylonischen Sternkarten schlangenähnliche Sternenkonstellationen abgebildet. Namensgeber des Sternbildes ist jedoch die so genannte »Lernäische Hydra« aus der griechischen Mythologie, eine riesige Wasserschlange mit 9 Köpfen, von denen einer auch noch unsterblich war. Sogar der Halbgott Herakles (Herkules) hatte große Mühe, das schreckliche Wesen, dem immer, wenn ihm ein Kopf abgeschlagen wurde, zwei neue nachwuchsen, zu töten (siehe auch S. 67). Herakles löste das Problem mit Hilfe seines Gefährten Iolaos, der den Stumpf jedes Kopfes mit einer Fackel ausbrannte, sodass die Köpfe nicht mehr nachwachsen konnten. Als ein riesiger Krebs der Hydra zu Hilfe eilte, tötete Herakles ihn und kurz darauf auch die **Hydra**, indem er ihren unsterblichen Kopf abschlug und ihn unter einem großen Felsen begrub, unter dem er keinen Schaden mehr anrichten konnte. Seither finden Hydra und Krebs sich als Sternbilder am Himmel.

Auch das Sternbild **Centaurus** ist seit der Antike bekannt. Es soll den Zentauren Chiron (siehe auch S. 89) darstellen, der häufig in der griechischen Mythologie auftaucht. Chiron war eines dieser wilden Mischwesen mit dem Oberkörper eines Menschen und dem Unterteil und den Beinen eines Pferdes. Aber anders als seine meist rüden Genossen erwies sich Chiron als weiser und gütiger Zentaur. Unglücklicherweise wurde er unbeabsichtigt von seinem Freund Herakles mit einem giftigen Pfeil schwer verletzt. Aus Furcht, die äußerst schmerzhafte Wunde würde niemals heilen, da er unsterblich war, verzichtete Chiron zugunsten des Prometheus auf seine Unsterblichkeit. Daraufhin gab ihm der Göttervater Zeus einen gnädigen Tod und einen Platz am Himmel, wo er im Sternbild Centaurus verewigt ist.

Das Sternbild **Pegasus** stellt das weiße geflügelte Pferd aus der griechischen Mythologie dar. Der Sage

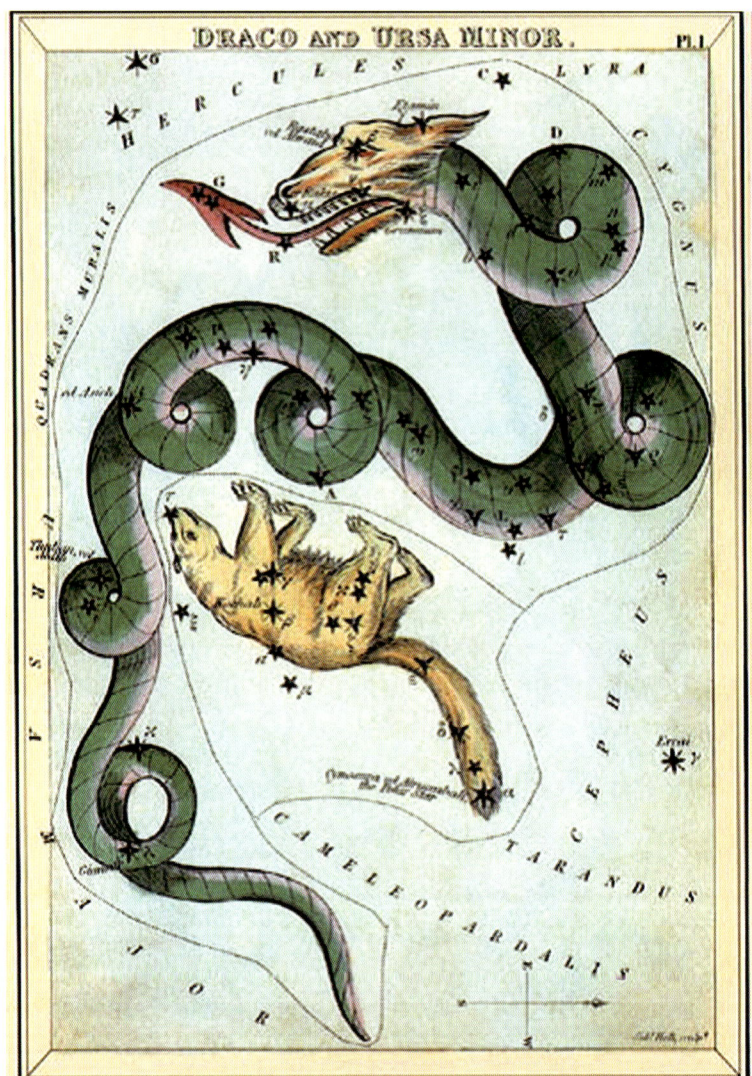

Sternbild Drache aus dem Sternenatlas von J. Asjen »Urunia's mirror«, London 1825.

nach wurde der griechische Held Bellerophontes, nachdem er mit Hilfe des Pegasus die schreckliche Medusa besiegt hatte (siehe auch S. 92), so übermütig, dass er auf dem Rücken des Wunderrosses sogar in den Sitz der Götter einreiten wollte. Diese Anmaßung eines Sterblichen verärgerte aber den Göttervater Zeus so sehr, dass er dafür sorgte, dass Bellerophontes abgeworfen wurde und auf die Erde zurückstürzte. Pegasus dagegen wurde von der dem Flügelross sehr gewogenen Göttin Athene als Sternbild in den Himmel geholt. Dort soll es den Sterblichen als Warnung vor allzu viel Überheblichkeit dienen. Das nicht sonderlich helle Sternbild Pegasus gehört bei uns zu den klassischen Herbststernbildern und ist relativ leicht am Himmel zu entdecken.

Das Sternbild **Phönix** erinnert in der Tat an einen Vogel, der sich in die Lüfte erhebt. Diese Sternenkonstellation wurde im Laufe der Geschichte deshalb immer mit diversen mythischen oder realen Vögeln, etwa dem Greifen, dem Feuervogel, dem Adler oder dem Strauß, in Zusammenhang gebracht, bis sie 1603 vom deutschen Himmelskartographen Johann Bayer in seinem Sternenatlas »Uranometria« als Phönix verzeichnet und dadurch in die Astronomie eingeführt wurde. Das Sternbild besteht aus 9 Sternen und ist von Mittel- und Nordeuropa nicht einzusehen. Nur in Südeuropa lassen sich die hellen Sterne des Bildes gerade noch über dem Südhorizont beobachten.

Aus welchem Grund das **Einhorn** zum Sternbild erkoren wurde, weiß man nicht. Bekannt wurde das zwischen Orion und kleinem Hund liegende Sternbild erst im 17. Jahrhundert. Es war zwar bereits 1603 auf dem Globus des niederländischen Kartographen Petrus Plan-

cius und 1624 im »Planisphärium« des Straßburger Mathematikers Jacob Bartsch verzeichnet, wurde aber erst gegen Ende des Jahrhunderts allgemein so genannt.

Wahrscheinlich kennen auch viele Hobbyastronomen das Sternbild Einhorn genauso nur vom Hörensagen wie das gleichnamige Fabelwesen (siehe auch S. 194). Im Januar 2002 trat jedoch das eher unscheinbare Wintersternbild mit einem Schlag in das Licht der Öffentlichkeit: Einer seiner Sterne, V838 Monocerotis, war mit einem Mal 600 000-mal (!) leuchtkräftiger als unsere Sonne und damit für kurze Zeit zum mit Abstand hellsten Stern unserer Milchstraße geworden. Die spektakuläre Erschei-

nung konnte von den Astronomen mit Hilfe des Weltraumteleskops Hubble sehr genau beobachtet werden. Der Stern ist längst wieder verblasst. Die Astronomen rätseln bis heute darüber, welche Vorgänge sie im Sternbild Einhorn wirklich beobachtet haben.

Das »Monstrum mirabile et audax« (das wunderbare und wagemutige Ungeheuer), der **Drache**, stellt das achtgrößte Sternbild dar. Es zieht sich in der nördlichen Hemisphäre zwischen dem Großen und dem Kleinen Bären hin, um schließlich mit seinem Kopf bis unter den Fuß des Herakles zu reichen. Wie am Sternhimmel, so auch in den Sagen der Antike. Herakles besiegte einst den Drachen La-

Sternbild Pegasus aus einem Sternenatlas von Kornelius Reissig, St. Petersburg 1829.

don, den Hüter der goldenen Äpfel im Garten der Hesperiden. Für König Eurysheus sollte Herakles die goldenen Äpfel nach Mykene bringen. Es war eine der 12 Aufgaben, die dem Held Herakles aufgetragen worden waren. Die Göttin Hera versetzte schließlich den besiegten Drachen an den Nordhimmel. Später wurden die goldenen Äpfel durch die Göttin Athene wieder an die Hesperiden zurückgegeben.

SYMBOL FABELTIER

Fabelwesen spielen in der Symbolik vieler Völker eine Rolle. Wegen ihres oft auffallenden und fremdartigen Aussehens stehen sie für gesteigerte menschliche und animalische Kräfte.

Zu den bekanntesten Fabeltieren zählt der **Drache**. In den Weltschöpfungsmythen alter Völker, wie denen im altbabylonischen und assyrischen Reich, ist der Drache das Symbol für urwüchsige, ungezähmte Kräfte und das Chaos. Nur durch Götter, die für den Ausgleich der Kräfte im Universum stehen, kann die Weltenordnung vor dem Chaosdrachen bewahrt und geschützt werden.

Der westliche Drache galt als Symbol für Macht, Stärke, überlegene Herrschaft und Kraft. Als Feuer speiendes und rasendes Ungeheuer konnte er auch Naturkatastrophen und Unheil mit sich bringen. Daneben sprach man ihm auch Intelligenz, Listigkeit, ja Verschlagenheit zu. Der Drache und sein Vetter, der Basilisk, symbolisierten im Mittelalter und darüber hinaus zudem den Hunger und die Pest.

In ihrer Symbolik unterscheiden sich Drachen des Okzidents von denen des Orients erheblich. Denn im asiatischen Raum, insbesondere in China, ist der Drache ein ursprünglich positives Symbol. Er steht für Macht, Stärke, Weisheit, Glück und Fruchtbarkeit. Der Drache repräsentiert das positive, schöpferische, männliche Prinzip und damit die Kräfte des Yang. Je grimmiger und furchterregender er aussieht, desto stärker ist seine positive Energie, die Mut, Kraft und Durchsetzungsvermögen verleiht. Vor diesem Hintergrund ist es schlüssig, dass der Drache zum Symbol der chinesischen Kaiser wurde.

Mit dem Drachen zusammen ist sicherlich das **Einhorn** das Fabelwesen mit dem höchsten Symbolgehalt. Bereits in der Antike war es auch ein Göttersymbol. Als Zeichen des Mondes wurde es der jungfräulichen griechischen Göttin des Mondes Artemis bzw. ihrem römischen Gegenstück Diana zugeordnet. Gleichzeitig wurde es wegen seines langen spitzen Horns als Symbol eines Sonnenstrahls und damit der Sonne gedeutet.

Das Horn des Einhorns (Alicorn) wurde zwar einerseits immer wieder als Phallussymbol gedeutet, da es aber der Stirn, also dem »Sitz des Geistes«, entspringt, ist es zugleich ein Symbol der Verdrängung sexueller Kräfte und konnte daher auch als Symbol jungfräulicher Reinheit und Keuschheit angesehen werden. Da das Einhorn nur von einer Jungfrau gefangen werden konnte (S. 195), wurde es niemals zusammen mit einer verheirateten Frau abgebildet. Besonders eindrucksvoll wurde das Einhorn als Symbol der Keuschheit in den Illustrationen zu den so genannten »Trifoni«, Gedichten des Francesco Petrarca aus dem 14. Jahrhundert, dargestellt. Hier wird der »Streitwagen der Keuschheit« von Einhörnern gezogen und von Jungfrauen geführt. Die beiden Florentiner Maler Piero della Francesca und Jacopo del Sellaio widmeten sich diesem in der Renaissance beliebten Thema mit mehreren Gemälden (vgl. S. 192/193).

Manchmal symbolisierte das Einhorn auf Gemälden aber auch den Liebhaber, der von der Jungfrau, seiner Geliebten, verführt wird. Es wurde deshalb später auch zu einem weit verbreiteten Symbol für Verlobung und Heirat.

Bedingt durch seine zahlreichen guten (wachsam, freundlich, edel, stark, loyal und tapfer) und bösen (sündig, habgierig, wild, rachsüchtig und verfressen) Eigenschaften ist der **Greif** ebenfalls ein Fabelwesen mit gewaltiger, im Laufe der Zeit allerdings wandelnder Symbolkraft. Im Altertum war er in erster Linie als Wächter mit durchdringendem Blick ein Symbol der Wachsamkeit und des Scharfsinns. Als Zugtiere des Streitwagens des Sonnengottes Apoll wurden Greifen auch der Sonne und dem Licht zugeordnet. Oft auf Särgen abgebildet, galt der Greif hier ebenfalls als Symbol der Sonne und stand für ein ewiges Leben.

Als Konglomerat zweier Könige, nämlich des Löwen, des Königs der Tiere, und des Adlers, Königs der Lüfte, wurde der Greif im Mittelalter natürlich besonders häufig als Zeichen königlicher oder adliger Macht verwendet. In der christlichen Welt galt der Greif lange Zeit als dem

Reich des Bösen zugehörend. Erst später wurde er, wiederum durch seinen dualen Charakter, zum Sinnbild Christi – Löwe, weil er herrscht, Adler, weil er nach der Auferstehung in den Himmel steigt.

Der **Phönix**, der Vogel, der sich selbst verbrennt, erneuert und aus der Asche aufsteigt, wurde im Christentum ein Symbol Christi sowie der Auferstehung und damit natürlich auch der Unsterblichkeit.

Die oder der **Sphinx**, das Mischwesen mit dem Körper eines Löwen und dem Kopf eines Mannes oder einer Frau, ist bei den Ägyptern ein uraltes Herrschersymbol. In der griechischen Mythologie steht sie für Grausamkeit und vor allem Rätselhaftigkeit. In der Neuzeit gilt die Sphinx als personifiziertes Symbol der Rätselhaftigkeit der Frauen.

Zerberus, der 3-köpfige Höllenhund, der den Eingang zur Unterwelt bewacht, symbolisiert in der griechischen Mythologie die Endgültigkeit des Todes bzw. die Unwiederbringlichkeit des Lebens. Heute steht der Höllenhund umgangssprachlich für einen unerbittlichen Wächter.

Die **Hydra**, das von Herkules bezwungene Monster mit den 9 Köpfen, von denen einer durch zwei neue ersetzt wurde, wenn man ihn abschlug, gilt auch heute noch als Sinnbild für Hindernisse und Schwierigkeiten, die im Verlauf der Bemühungen immer größer werden.

Während die **Chimäre**, dieses Feuer speiende Mischwesen, zusammengesetzt aus einem Löwenkopf, einem Ziegenrumpf und einem Schlangenschwanz, in frühen Zeiten eher Symbol für Triebhaftigkeit und dunkle Mächte war, steht sie im heutigen

»Menagerie der Fabeltiere« – politische Karikatur von Grandville Mitte des 19. Jahrhunderts.

Sprachgebrauch für ein vages Fantasiegebilde.

Auch die Gorgone **Medusa** und die Geschichte ihres Endes ist nach Ansicht von Archäologen mit vielen Symbolen befrachtet. So soll Medusa nicht bloß der Archetyp einer bösartigen Mutter sein, sondern auch weibliche Weisheit und Souveränität symbolisieren. Alicia Le Van von der amerikanischen Tufts University hat den Medusa-Mythos einmal aus einem eher feministischen Blickwinkel untersucht: Für sie symbolisiert das Köpfen der Medusa durch Perseus ein endgültiges Zum-Schweigen-Bringen der weiblichen Stimme in einer von Männern beherrschten Welt – eine starke, aber unbequeme Frau wurde beseitigt.

Das geflügelte Pferd **Pegasus** wird als Sinnbild der poetischen Kreativität betrachtet, da es auf dem Berg der Musen einst mit seinen Hufen so stark den Boden aufschlug, dass dort eine Quelle, die so genannte Hippokrene (griech. = Pferdequelle), entstand. Wenn man aus dieser Quelle trank, erlangte man die Fähigkeit der Dichtkunst.

Zentauren, die wilden Pferdewesen mit menschlichem Oberkörper, gelten, mit Ausnahme des Heilers Chiron, als roh und gewalttätig und werden daher meist als Sinnbild der animalischen Seite des Menschen interpretiert. Im Mittelalter galten sie als Symbole der Sünde und des Lasters und standen für Ketzerei oder gar den Teufel selbst. Im 19. und 20. Jahrhundert hatten Zentauren oft auch eine erotische Bedeutung.

Sirenen, die Dämoninnen der griechischen Mythologie mit Vogelkörper und Frauenkopf, die mit ihrem betörenden Gesang Seefahrer ins Verderben locken wollen, stehen in erster Linie für die Gefahren der Seefahrt. Im Mittelalter wurden sie als Symbol weltlicher und teuflischer Verlockungen wie etwa der Wollust gedeutet.

Riesen, etwa die Zyklopen, Titanen oder Giganten, wurden wohl ursprünglich als eine Verkörperung der Naturgewalten gedeutet. Der Kampf gegen den Riesen, der in so vielen Mythen zu finden ist, symbolisiert deshalb in den meisten Fällen die Selbstbehauptung des Menschen gegenüber den Kräften der Natur.

FABELTIERE IN DER RELIGION

In früheren und heutigen Religionen der Welt sind Fabeltiere häufig mit Schöpfungsmythen verknüpft. Aber auch im Zusammenhang mit dem Streben nach Wahrheit, Weisheit und der Überwindung des Bösen kommen sie in den verschiedenen Religionen vor.

Das Thema »Drache« behandeln die Religionen durchaus unterschiedlich. Vor allem in den fernöstlichen Religionen werden Drachengötter überwiegend positiv gesehen, so im Taoismus, Buddhismus chinesischer Prägung und im Shintoismus. Dagegen ist der Drache im Christentum ausschließlich negativ besetzt. Hier spielt der Kampf mit dem Drachen, der Kampf zwischen Gut und Böse, zwischen himmlischen und höllischen Kräften eine existenzielle Rolle. Denn aus der Geheimen Offenbarung des

Johannes (Apokalypse 12,7) wird deutlich, dass mit dem Drachen eigentlich der Satan gemeint ist.

Und es entstand ein Kampf im Himmel. Michael und seine Engel fingen an, den Drachen zu bekämpfen. Doch auch der Drache und seine Engel kämpften. Jedoch vermochten sie nicht standzuhalten, und ihres Bleibens war nicht länger mehr im Himmel. Der große Drache ward geworfen, die alte Schlange, die Teufel und Satan heißt und die ganze Welt verführt: er ward auf die Erde geworfen, und mit ihm wurden seine Engel hinabgeworfen.

Die heilige Justina mit dem Einhorn. Gemälde von Moretto da Bresciu (1498–1554).

Der Drache ist aber nicht nur der Feind Gottes, sondern er steht für die Macht des Bösen, die der Mensch in sich überwinden muss. Als Vorbild für andere Menschen haben dies die sog. Drachenheiligen bewerkstelligt. Deren Beispiel sollen alle Christen nacheifern. Der Kampf mit dem Drachen ist somit als Läuterungs- und Entwicklungsprozess des Menschen mit dem Ziel zu sehen, sich hin zu Christus, zu einem höheren Verständnis sowie einem alle positiven Kräfte zusammenfassenden, kosmischen »Wesen« zu entwickeln.

Der Glaube an die Existenz des **Einhorns** wurde insbesondere durch seine Erwähnung in der Bibel unterstützt. Für einen gläubigen Menschen war damit klar, dass solche Lebewesen zwangsläufig existieren mussten.

Aber wie fand das Fabeltier seinen Weg in die heilige Schrift? Alles eine Frage der Übersetzung, wie sich herausstellte: Etwa 250 v. Chr. wurde das Original der Bibel aus dem Hebräischen in die griechische Sprache übersetzt. Ein im Hebräischen als »rem« bezeichnetes Tier, das im Alten Testament mehrfach auftauchte und von dem heute nicht bekannt ist, um was für ein Tier es sich wirklich handelte, wurde dabei mit »monoceros«, also Einhorn, ins Griechische übersetzt. In der lateinischen Übersetzung der Bibel, der so genannten »Vulgata«, die der hl. Hieronymus im 4. Jahrhundert auf Geheiß des Papstes Damasius I. anfertigte, wurde das hebräische »rem« mit Rhinoceros, Unicornus und Monocerotis übersetzt. Martin Luther übersetzte diese Begriffe in der ersten Gesamtausgabe der Bibel in deutscher Sprache von 1534 mit Einhorn. Auch in der englischen Fassung der Bibel von 1611, der so genannten »King-James-Bibel«, ist vom »unicorn« die Rede.

In modernen Bibeln finden wir nichts mehr vom Einhorn. Die heutige Übersetzung lautet meist Auerochs, Wildstier oder Büffel.

In der christlichen Symbolik wurde das starke Einhorn zum Symbol Jesu Christi, des Siegers über Tod und Hölle. Das Wunder vollbringende Horn wurde als Sinnbild des Kreuzes angesehen. Die relativ geringe Größe des Einhorns interpretierte man als die Demut Christi. Seine Ähnlichkeit mit einem Ziegenbock, wie sie im »Physiologus« beschrieben wurde, sollte versinnbildlichen, dass der Erlöser selbst in der Gestalt des sündigen Fleisches erschienen sei, aber auch, dass er unsere Sünden auf sich genommen hat.

Der Sage nach kann das Einhorn nur von einer Jungfrau gefangen werden, in deren Schoß es sich flüchtet, wenn es gejagt wird. Es finden sich daher in der Kunst zahlreiche Mariendarstellungen, auf denen die Mutter Gottes mit einem Einhorn im Schoß dargestellt ist, was die unbefleckte Empfängnis »Maria immaculata« symbolisieren soll.

Die Bedeutung des Einhorns als Symbol in der christlichen Glaubenslehre fand gegen Ende des Mittelalters ein jähes Ende, denn auf dem Trienter Konzil, das als Reaktion auf die Reformation Martin Luthers zwischen 1545 und 1563 tagte, wurde die Verwendung des Einhorns als sinnbildliche Darstellung der Verkündung der Geburt Christi, wie es im 13. Jahrhundert üblich geworden war, untersagt. Zu oft war es nach Ansicht der Kirche für erotische Dar-

Der Phoenix symbolisiert im christlichen Glauben vor allem die Wiederauferstehung.

stellungen »missbraucht« worden. Auch wenn die Beliebtheit des Einhorns in der weltlichen Kunst, der Heraldik und vor allem in der Medizin ungebrochen blieb, aus der christlichen Symbolik war das Fabelwesen ab diesem Zeitpunkt vollständig verschwunden.

Wie auch der Greif (S. 78) wurde der **Phönix** im christlichen Glauben gerne als Symbol Christi und seiner Auferstehung beschrieben und auch dargestellt. So ist im »Physiologus«, jenem vermutlich um 200 v. Chr. entstandenen griechischen Buch der Natursymbolik, das im 4. Jh. ins Lateinische übertragen wurde und im Mittelalter weit verbreitet war, zu lesen:

… Der Phönix nun nimmt das Antlitz unseres Erlösers an: Indem er von den Himmeln kam, breitete er seine beiden Schwingen aus

und trug sie voller Wohlgerüche
das heißt voller vortrefflicher
himmlischer Worte
damit auch wir in Gebeten die
Hände ausbreiten
und geistigen Wohlgeruch
emporsenden durch gute
Lebensführung.
Ja, schön hat der Physiologus
vom Phönix gesprochen!

VOM ERKENNUNGSZEI-
CHEN ZUM WAPPENTIER

In der Heraldik (Wappenkunde) leben viele Fabeltiere bis in die heutige Zeit fort. Erstmals soll Agamemnon eine blaue dreiköpfige Schlange und das Gorgonenhaupt auf seinem Schild geführt haben. Nach anderen Quellen liegen die Ursprünge bei den Assyrern, Parthern, Persern und auch Dakern, die den **Drachen** als Feldzeichen einsetzten, um die Feinde das Fürchten zu lehren. Die Römer übernahmen den Drachen schließlich als Feldzeichen der überlegenen militärischen Stärke.

Wappen der Gemeinde Georgenberg mit Drachen.

In Europa lässt sich die Entstehung des Wappenwesens etwa bis zum Jahr 1130 zurückverfolgen. Ehemals als Erkennungszeichen miteinander streitender Ritterheere im Felde eingeführt, entwickelten sich diese Zeichen weiter und wurden im Laufe der Zeit zu Familien-, Stadt- und Staatswappen. Gerade für diese Wappen war der Drache eine herausragende Symbolfigur, die Macht, überlegene Herrschaft und Stärke demonstrieren sollte (siehe S. 52).

Der **Greif** ist das mit am häufigsten verwendete Fabelwesen in der Heraldik. Dies ist nicht weiter verwunderlich, wenn man weiß, dass Löwe und Adler, aus denen sich das mythische Mischwesen zusammensetzt, die mit Abstand am häufigsten auf Wappen und Fahnen abgebildeten Tiere sind. Auf Wappen ist der Greif in verschiedenen Positionen abgebildet, meist wird er jedoch imposant aufgerichtet mit ausgebreiteten Flügeln dargestellt. Wenn nur der Greifenkopf auf dem Wappen zu sehen ist, ist er durch seine spitzen Ohren leicht von einem ebenfalls oft in der Heraldik genutzten Adlerkopf zu unterscheiden.

Als der Greif erstmalig auf einem Wappen abgebildet wurde, glaubte man noch an seine Existenz. Zwar findet man bereits 1167 einen Greif auf dem Siegel des Earl of Exeter, doch bis in das 15. Jahrhundert wurde der Greif in der Heraldik eher selten benutzt. Eine Aufzeichnung aus dem 17. Jahrhundert zeigt dann aber, dass es zu diesem Zeitpunkt bereits 66 Greifen und 73 Greifenköpfe auf den Wappen alleine des englischen Adels zu bestaunen gab. Greifen zierten das geheime Siegel König Edwards III. ebenso wie das Wappen

Die Stadt Rodalben führt einen Greif im Wappen.

Anna Boleyns, der unglücklichen Gattin Heinrichs VIII., oder das Großsiegel der Stadt London.

In Deutschland findet sich der Greif in den Wappen von Mecklenburg-Vorpommern und von Baden-Württemberg. Das Stadtwappen der Hansestadt Rostock ziert ebenso ein Greif wie das der polnischen Städte Gryfice und Gryfow Slaski oder das Wappen der Orte Grijpskerk und Leonding in den Niederlanden und in Österreich.

Auch dem **Einhorn** begegnet man sehr häufig in der Heraldik. Oft ist es nicht direkt auf dem Wappenschild abgebildet, sondern hat die Aufgabe eines Schildhalters, der den eigentlichen Schild zur Schau stellt. Diese Funktion hat es, zusammen mit dem englischen Löwen, z. B. im britischen Staatswappen, in dem das Einhorn Schottland symbolisieren soll.

Im Mittelalter waren Einhörner besonders im deutschsprachigen Raum beliebte Wappentiere. So war es bereits im 13. Jahrhundert als Wappenfigur der Stauferstadt Schwäbisch Gmünd zu sehen. Aber auch in Eng-

ENGELKE UP DE MUER

Der ostfriesischen Stadt Emden wurde nach langem Bitten und Zahlung hoher Gebühren im Jahre 1495 ein Stadtwappen verliehen. Auf diesem Wappen ist neben den blauen Wellen der Ems und der roten Stadtmauer eine geflügelte Gestalt zu sehen, die als Harpyie gedeutet wurde. Diese goldene Harpyie stellt das Wappen der Grafen Cirksenas dar, die damals die Landesherren über Emden waren. Im Volksmund wurde und wird der »Jungfrauenadler« fälschlich, aber liebevoll »auf Platt« als das »Engelke up de Muer« (Engelchen auf der Mauer) bezeichnet. Die Harpyie ist auch auf Talern (1564) der Grafschaft Ostfriesland abgebildet.

land und Frankreich ziert das Fabeltier noch heute die Wappen von Städten und Dörfern. Bekannte Beispiele sind Portsmouth, Bristol oder in Frankreich Amiens. Das Einhorn wurde auch im Wappen zahlreicher Adelsfamilien geführt, aber auch bei bürgerlichen Familien. Das wohl berühmteste Beispiel ist die Familie des Dichterfürsten Friedrich Schiller, deren Wappen ein weißes Einhorn ziert.

Als die Griechen 1973 in einer Volksabstimmung die Monarchie ab-

schafften, wurde ein Wappen angenommen, das den **Phönix** zeigt, der aus Flammen emporsteigt. Es ist ursprünglich das Emblem der Armee, die 1967 in einem Staatsstreich die Macht in Griechenland übernommen hatte. In dieser Zeit war auch der Phönix als Symbol des verhassten faschistischen Obristenregimes bei vielen Menschen nicht gerne gesehen. Erst 1975 wurde das heutige Staatswappen, ein weißes Kreuz auf blauem Schild, angenommen.

Noch heute tragen viele Apotheken den Namen Einhornapotheke und führen das Fabeltier im Firmenschild.

HEILKUNST UND MAGIE

Schon vor fast 2500 Jahren berichtete Ktesias, der Leibarzt des großen Perserkönigs Darios II., dass Becher, die aus dem **Horn eines Einhorns** angefertigt worden waren, den Trinker vor Magenkrämpfen, Gift und Epilepsie schützen sollten.

Im Mittelalter hielt man das Horn vom Einhorn für die beste aller Medizinen, galt es doch als unfehlbares Mittel gegen alle möglichen Krankheiten und gegen »Biss und Stich«. Aber auch als Aphrodisiakum war es heiß begehrt und zugleich auch noch ein hoch wirksames Mittel gegen Vergiftungen.

Einhornpulver sollte alle möglichen Gifte neutralisieren können, während dem kompletten Horn nachgesagt wurde, dass es sofort zu bluten begänne, wenn Gift auch nur in seine Nähe käme. Da mit Hilfe des Horns Gift also kenntlich gemacht werden konnte, war es üblich, vor Beginn eines Festmahls Speisen und Getränke einer »Einhornprüfung« zu unterziehen. Dazu wurden diese vor

Der Alicorn-Test

Im Mittelalter hatten Alicorns (Hörner von Einhörnern) aus vielerlei Gründen eine große Bedeutung. Da echte Alicorns ein Vermögen kosteten und viele Menschen sich die teuren Hörner nicht leisten konnten, blühte bald ein gut gehender Handel mit Alicorn-Fälschungen. Damit besorgte Einhorn-Besitzer sich von der Authentizität ihres Alicorns überzeugen konnten, entwickelten zeitgenössische Wissenschaftler eine Reihe von Tests, mit denen herausgefunden werden konnte, ob das Alicorn echt oder eine Fälschung war:

- Wirft man ein echtes Horn ins Wasser, entstehen Luftblasen, als würde es kochen.
- Ein echtes Horn riecht süßlich, wenn man es anbrennt.
- Giftige Tiere und Pflanzen sterben, wenn sie in die Nähe des Horns gebracht werden.
- Ein echtes Horn schwitzt in der Gegenwart von Gift.
- Mit einem echten Horn kann man eine mit Arsen vergiftete Taube retten.
- Setzt man eine Spinne in einen Kreis, der mit einem echten Alicorn gezogen wurde, kann die Spinne diesen nicht verlassen.
- Setzt man Skorpione zusammen mit einem Alicorn in ein Gefäß, sterben sie binnen 4 Stunden, wenn das Horn echt ist.

dem Verzehr mit einem Hornsplitter berührt oder es wurde ein Horn auf den Tisch gesetzt, um jede Veränderung sofort erkennen zu können.

Im 15. Jahrhundert, einer Epoche, die wie nahezu keine andere durch Intrigen und Meuchelmorde geprägt war, waren gemahlene oder noch besser vollständige Einhornhörner daher natürlich in den Königshäusern und beim Adel heiß begehrt. Und nur diese konnten sich das leisten, denn ein Horn wurde damals oft nicht nur in Gold aufgewogen, sondern konnte Spitzenpreise von bis zu 40 000 Goldstücken erzielen.

Aufgrund seiner vermeintlich magischen und heilenden Eigenschaften wählten im 17. Jahrhundert viele

Apotheken das Einhorn zu ihrem Wappentier. Noch heute tragen alleine in Deutschland mehr als 100 Apotheken den Namen Einhornapo-

theke und führen das Fabeltier im Wappen bzw. Firmenschild.

Viele Völker glaubten an die magischen Heilkräfte von **Bestandteilen des Drachenkörpers**, die gegen allerlei Gebrechen und Krankheiten helfen sollten. Die Siegfriedsage belegt deutlich die wundersame Kraft des Drachenblutes, welches die Haut hornartig überzieht und unverwundbar macht. Nach alten Quellenangaben soll Drachenblut in Wasser verdünnt dazu geeignet sein, sich von Steinleiden zu befreien. Auch bei Augenleiden (Verlust der Sehkraft) soll es helfen. Darüber hinaus haben Herz, Leber, Galle, Zunge, Schwanz, Fett, Haut und Horn des Drachen ihre spezifischen Anwendungsgebiete bzw. Heilwirkungen.

Dass aber Drachenbestandteile nicht immer gut für die Gesundheit waren, zeigt die Legende des Schweizers Winkelried, der den Drachen am Berg Pilatus getötet hatte und durch dessen giftiges Blut zu Tode kam. Die hl. Hildegard von Bingen warnt gar vor dem Verzehr von Drachenfleisch und der Anwendung von Drachenknochen.

Allheilmittel Einhorn

Folgendes Rezept eines »Bezoardischen Schweißpulvers« ist aus dem 17. Jahrhundert als Medizin gegen die Pest überliefert:

Gegrabenes Einhorn	1 Pfund,
Hirschhorn ohne Feuer präpariert	1 Pfund,
Armenischer Bolus	1 Pfund,
Krebsaugen	1 Pfund,
Gereinigter Saliter	1/2 Pfund,
Schwefelblüthe	1/2 Pfund,
Kampfer	4 Loth.

Dieses alles zu feinem Pulver gemacht.

Der legendäre Drachenstein (Dracontias), der sich im Kopf des Drachen oder dessen Mund befand, sollte ein hochwirksames Abwehr- und Heilmittel gegen Vergiftungen, die Ruhr und die Pest sein. Schon Plinius d. Ä. (23–79 n. Chr.) waren die magischen Heilkräfte des Drachensteines bekannt. Nach seinen Angaben durften die Steine nur einem lebenden Drachen entnommen werden, da sie ansonsten wirkungslos seien. Nach anderen Autoren genügte es zu warten, bis der Drache den Stein fallen ließ oder gestorben war.

Der Drachenstein soll kugelig bis pyramidenartig sein und einem funkelnden Diamanten, einem durchsichtigen Kristall oder auch einem schwarzen Stein gleichen. Versteinerte Ammoniten, Mäanderkorallen, Meteoriten und allerlei sonderbar gefärbtes und geformtes Gestein wurden schon als Drachenstein »identifiziert«. Auch fossile Reste ausgestorbener Tierarten wurden als Drachengebeine fehlinterpretiert. Oft war es die sonderbare Form dieser Knochen, die die Menschen glauben ließen, dass sie über magische Kräfte verfügen würden.

In der Chinesischen Heilkunst war die »Drachenmedizin« begehrt und teuer. Sie findet selbst heute noch Anwendung. Dabei handelt(e) es sich um pulverisierte fossile Überreste von Sauriern und anderen Tieren, die in Höhlen, Schwemmlandschaften, an Flussufern und an ähnlichen Orten gefunden wurden. Auch Körperteile des heute noch lebenden »Drachen der Tropen«, des Komodo-Warans (siehe S. 164ff.), wurden noch bis Mitte des letzten Jahrhunderts, böse Zungen behaupten bis heute, als

DAS QUEDLINBURGER EINHORN

Als 1663 bei Quedlinburg zahlreiche Mammutknochen und Zähne entdeckt wurden, beschrieb der Magdeburger Bürgermeister Otto von Guericke (1602–1686), der auch als Erfinder der Luftpumpe zu Ruhm gelangte, 1672 in seinen »Neuen Magdeburger Versuchen« diesen Fossilfund wie folgt: »Es trug sich auch in ebendiesem Jahre 1663 in Quedlinburg zu, dass man in einem beim Volke Zeunickenberg genannten Berge, wo Gipssteine gebrochen werden, und zwar in einem von dessen Felsen, das Gerippe eines Einhorns fand, mit dem hinteren Körperteil, wie dies bei Tieren zu sein pflegt, zurückgestreckt, bei nach oben erhobenem Kopfe auf der Stirn nach vorn ein langgestrecktes Horn von der Dicke eines menschlichen Schienbeins tragend, im entsprechenden Verhältnis hierzu etwa 5 Ellen in der Länge.«

Später berichtete auch der Philosoph Gottfried Wilhelm von Leibnitz (1646–1716) in seiner berühmten »Protogaea« über den Quedlinburger Fund und fügte eine Rekonstruktion dieses Tieres unbekannter Herkunft als Kupferstich bei. Diese sehr fantasievolle Rekonstruktion zeigt ein seltsames, nur zweibeiniges(!) Einhorn, das sich mit seinem langen Schwanz auf dem Boden abstützte. Zu der eigentümlichen Gestalt kam es, weil der unbekannte »Konstrukteur« die überdimensionalen Beine seines »Einhorns« aus jeweils 2 Oberschenkelknochen eines Mammuts zusammengebastelt hatte. Der Schädel stammte sehr wahrscheinlich von einem Wollnashorn.

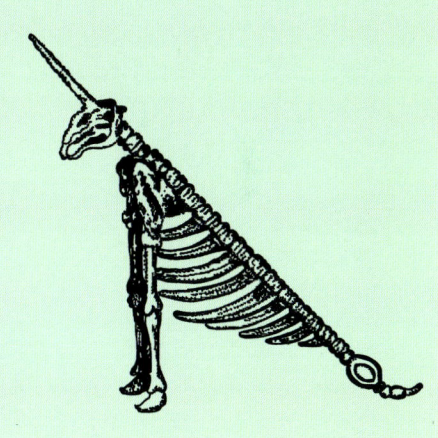

Heilmittel gegen allerlei Krankheiten verkauft.

In China wird der Drachenperle – fast ein Gegenstück zum Drachenstein – mythische Kraft zugesprochen. Die Drachen trugen sie in Falten des Kinns oder in den Backentaschen. Die Drachenperlen verbreiteten ein sonderbares Licht, das alles hell erleuchtete und nie erlosch. Drachenperlen waren eine Quelle der Stärke und Gesundheit, des Wachstums und der Vermehrung. Denn alles, was von einer Drachenperle berührt wurde, wuchs und vermehrte sich. Wohlstand und Gesund-

Der Drache in der alchimistischen Geheimsprache: Bündnis von Sonne und Mond, das bedeutet Verbindung von Schwefel und Quecksilber (kolorierter Kupferstich aus dem »Atalante Fugiens« von 1618).

heit waren für jeden Besitzer einer solchen Perle gesichert. Kein Wunder, dass viele danach strebten, eine solche Perle zu besitzen.

Im »dunklen Mittelalter« Europas vermischten sich Magie, Heilkunst und Alchimie häufig und waren nur schwerlich voneinander zu trennen. Für die auf altägyptischem Wissen basierende Alchimie des Mittelalters war die Suche nach dem Stein der Weisen (»lapis philosophorum«) ein wesentliches Ziel. Damit sollte es möglich sein, jedwede Krankheit zu heilen und unedle Metalle in Gold umzuwandeln. Verkürzt versteht man unter der Alchimie die Pseudowissenschaft von der Umwandlung unedler Metalle in Gold.

Da der Drache als Materie in ihrem ursprünglichen, unvollkommenen Zustand (»materia prima«) galt, aus der alles geformt werden konnte, nahm er in dieser Geheimwissenschaft eine zentrale Stellung ein. Denn Alchimisten waren stets auf Geheimhaltung ihres Tuns bedacht. Allzu oft wurden sie als Hexer und Betrüger verfolgt. Drachen und Drachenszenen in Wort und Bild waren Bestandteil einer Art Geheimsprache der Alchimisten, um ihre Verfahren zur Golderzeugung geheim zu halten und sich vor dem strafenden Zugriff der Obrigkeit zu schützen. So wurde der Drache in der Alchimie als Synonym für das flüchtige Metall Mercurius (Quecksilber) und das brennende Element Sulphur (Schwefel) genutzt. Aber auch die vier Elemente Feuer, Wasser, Luft und Erde wurden durch den Drachen bildlich dargestellt.

ZAHLUNGSMITTEL FABELTIER

Fabelwesen sind auf alten Münzen und sogar auf einigen wenigen heute noch gültigen Zahlungsmitteln nicht selten und wurden aus den unterschiedlichsten Gründen dort abgebildet. Die »klassischen« Fabelwesen der griechischen Mythologie waren z. B. so fest in der Kultur der Antike verankert, dass sie ganz selbstverständlich auch auf den Münzen der damaligen Zeit wiederzufinden sind.

Die **Chimäre**, das aus Löwe, Ziege und Drache zusammengesetzte Mischwesen der griechischen Mythologie, wurde mit und ohne ihren Bezwinger, den auf Pegasus reitenden Helden Bellerophontes, auf einigen antiken Geprägen dargestellt, u. a. auf Münzen von Korinth, der Insel Leukas und aus Lykien.

Auf antiken griechischen Münzen aus archaischer Zeit und im 5. Jahrhundert ist häufig das Kopfbild der **Medusa** dargestellt, u. a. auf den frühen Wappenmünzen von Athen. Sie wird meist als hässliches, rundgesichtiges Kopfbild mit entblößten Zähnen und Schlangen (statt Haupthaar) gezeigt und in Münzkatalogen oft als Gorgoneion bezeichnet.

Abbildungen von **Harpyien**, den Sturm- und Todesdämonen der griechischen Mythologie, die meist als Vögel mit Menschenkopf dargestellt wurden, finden sich auf antiken Elektron-Münzen von Kyzikos, den so genannten Kyzikenern, aber auch als Wappen der Grafschaft Ostfriesland auf einem Oldenburger Taler von 1564.

Das geflügelte Ross **Pegasus** wird auf Gold-, Silber- und Kupfermünzen der antiken griechischen Welt gezeigt, vor allem auf Münzen von Korinth und dessen Kolonien Korfu und Syrakus, den so genannten Pegasusmünzen. Es ist stehend, springend, an der Quelle trinkend und oft auch zusammen mit seinem Reiter Bellerophontes dargestellt.

Der **Phönix**, der sich nach griechischer Vorstellung selbst verbrennt und aus der Asche verjüngt wieder aufersteht, symbolisiert Ewigkeit und Auferstehung und war deshalb nicht nur in der Antike ein beliebtes Münzmotiv. In der Neuzeit gab König Karl III. von Sizilien (1720–1734) eine Goldmünze heraus, die den Phönix auf der Rückseite zeigt, danach auch Fenice genannt. Auf den Vorderseiten der gesamten Münzreihe des jungen Nationalstaats Griechenland (1828–1831) finden sich Darstellungen des mythologischen Vogels. Auch im 20. Jh. zeigen einige griechische Münzen Phönix-Motive.

Einhornabbildungen auf Münzen finden sich vor allem in Ländern des Commonwealth, da das **Einhorn** als Symbol Schottlands ein fester Be-

standteil des Wappens von Großbritannien ist. So ist auf der »one pound«-Münze neben dem obligatorischen englischen Löwen natürlich auch ein »unicorn« zu finden. In Schottland gab es von 1460 bis 1513 unter der Herrschaft von James III. und James IV. sehr schöne Goldmünzen, auf denen das schottische Wappentier abgebildet war.

Der so genannte Einhorngulden zeigte dagegen leider nicht wirklich ein Einhorn. Dieser unter Herzog Ernst August von Braunschweig-Lüneburg (1692–1698) im Jahr 1694 geprägte Zweidritteltaler im Wert eines Gulden erhielt seinen Namen nach einer Erhebung auf der Stirn des welfischen Rosses, die durch einen Stempelriss verursacht wurde. Danach sah das Pferd wie ein Einhorn aus und die kuriose Münze wurde von Sammlern von da an als Einhorngulden bezeichnet.

Schon auf Münzen der Antike kamen **Greifen** auf griechischen Münzen vor. Im 14. Jahrhundert war der Greif auf Gold- und Silbermünzen des Bistums Lüttich zu finden. Die goldenen »Griffons d'or« wurden auch als Halbstücke mit einem Greif auf der

Vorderseite ausgegeben. Ebenfalls als »Griffon« wurde die Silbermünze bezeichnet, die Kaiser Maximilian I. von Österreich prägen ließ. Großherzog Friedrich von Baden (1872–1907) ließ anlässlich der Friedensfeier von 1871 Kupferkreuzer prägen, die den gekrönten badischen Wappenschild zeigen, der von 2 Greifen gehalten wird.

Die sog. Lunar-Serie zeigt, jährlich wechselnd, die 12 chinesischen **Tierkreiszeichen** als Münzprägungen in Gold und Silber. Im Jahr des Drachens (2000) waren die Münzen deshalb mit einer Drachenabbildung versehen. An der Lunar-Serie beteiligen sich u.a. die Länder Kanada, Russland, Mongolei, China (Hongkong), Laos, Kambodscha und Vietnam. Kanada brachte beispielsweise eine 15-Dollar-Münze in Gold und Silber mit einem chinesischen Drachen heraus.

Links: Antike griechische Münze mit Pegasus.

Mitte: Griechisches 10-Drachmen-Stück aus dem Jahre 1973.

Rechts: Antike griechische Münze mit Greif.

Schon im alten China war der **Drache** auf Münzen und Amuletten zu sehen wie beispielsweise aus der Quing-Dynastie (1644–1911). Diesen inzwischen sehr gesuchten Raritäten schreibt man als Glücks- und Schutzbringer große mystische Bedeutung zu. Aber auch auf alten Münzen Koreas, Tibets und des Königreiches Annam (heute Vietnam) finden sich Drachenabbildungen.

Georgstaler ist eine Sammelbezeichnung für Taler und Medaillen, welche den hl. Georg im Kampf mit dem Drachen zeigen. Die Taler waren als Amulett sehr beliebt, da der Heilige Patron der Reiter, Ritter, Soldaten und Wanderer ist. Zu den meistgefragten Amulettmünzen gehörten die Mansfelder Georgstaler (Grafschaft Mansfeld) aus den Jahren 1521–1523. Darüber hinaus wurden Münzen mit dem hl. Georg und dem Drachen u.a. auch von den Herzögen Gonzaga im oberitalienischen Mantua, in Casale, Mesocco, Pesaro, Lüttich, von den Fuggern und den Päpsten sowie in Großbritannien, Schweden und Russland geprägt.

Der **Basilisk** kommt auf verschiedenen Prägungen als Schildhalter des Wappens von Basel (Baselstab) vor.

IM RAUSCH DER FARBEN

Fabelwesen beflügelten schon seit früher Zeit die Fantasie von bildenden Künstlern. In den verschiedenen Kunstepochen variiert die Verwendung von Fabeltieren als Motiv je nach der vorherrschenden Kunstauffassung.

Ein Steinkopf oder das Bildnis einer **Gorgonin**, ein so genanntes

Der Drache in Mozarts »Zauberflöte« (Studie für ein Bühnenbild von Oskar Kokoschka, 1964).

»Gorgoneion«, wurde in der Antike oftmals vor Tempeln oder Grabmälern und besonders auf den Schilden von Soldaten angebracht, um die dunklen Mächte des Bösen abzuwenden. In der Kunst des Mittelalters wurde es als Fratze verwendet. Weltberühmt ist die Bronzestatue des Renaissancebildhauers Benvenuto Cellini (1500–1571), die Perseus als Bezwinger der Medusa zeigt. Aus der Schule von Peter Paul Rubens stammt das »Haupt der Medusa«, das in der Bayrischen Staatsgemäldesammlung ausgestellt ist.

Auch **Harpyien** wurden in der Antike gerne auf Grabmälern abgebildet. Das bekannteste Beispiel ist eine lykische Totensäule, das so genannte Harpyiengrab, das 4 Harpyien zeigt, die jeweils einen Säugling liebevoll (!) im Arm halten. Das Harpyiengrab ist in der alten lykischen Hauptstadt Xanthos, dem heutigen Kinik, zu besichtigen. Andrea del Sarto (1486–1530), ein Meister der Hoch-

renaissance, stellte die Harpyie in seinem Ölgemälde »Die Madonna mit den Harpyien« mythologisch nicht ganz korrekt mit der Madonna zusammen dar. Eine sehr moderne Harpyie kann man in der Nationalgalerie von Oslo auf einem Gemälde des Expressionisten Edvard Munch (1863–1944) bewundern.

Greifen fanden in der Antike vor allem auf Vasen und anderen Tongefäßen Verwendung. Ab dem Spätmittelalter wurden Greifen sehr häufig in den so genannten Bestiarien aufgeführt, um ab dem 15. Jahrhundert auch häufig in der Heraldik benutzt zu werden. Das wohl bekannteste Bild eines Greifen stammt vom Illustrator von Lewis Carrolls Meisterwerk »Alice im Wunderland«, Sir John Tenniel, der das Mischwesen schlafend und eher freundlich dargestellt hat.

Von der Antike bis zur Gegenwart widmeten sich immer wieder Künstler der Geschichte von Odysseus und den **Sirenen**. Die geflügelten Sängerinnen finden sich in der Zeit von 500–400 v.Chr. als Motiv auf zahlreichen attischen Vasen. Auch als Tonfiguren und auf Marmorreliefs sind die Sirenen uns bis heute erhalten geblieben. Das aus dem 3. Jh. n.Chr. stammende Mosaik »Odysseus lauscht den Sirenen« ist im Museum Bardo in Tunis zu bewundern. Auch die Renaissance widmet sich mit »Odysseus und die Sirenen« von Francesco Primaticcio (1505–1570) dem Thema. Ausgesprochen düster sind die Sirenen im modernen Ölgemälde »Ulysses and the Sirens« von John William Waterhouse (1849–1917) abgebildet.

Neben den Sirenen waren auch die einäugigen **Zyklopen**, allen voran Polyphem, ein gern genutztes Motiv des Barock und der Romantik. Bekannt ist vor allem William Turners (1775–1851) Gemälde »Odysseus verspottet Polyphem«.

Ob Romantik (»Ödipus löst das Rätsel der Sphinx«, Jean Auguste Ingres, 1808), Symbolismus (»Der Kuss der Sphinx«, Franz von Stuck, 1895), Postimpressionismus (»Sphinx und Cheopspyramide«, Vasilii Polenov, 1886) oder Klassische Moderne (»Sphinx und Handschuh«, Paul Wunderlich, 1936), ein geheimnisvolles Wesen wie die **Sphinx** ist natürlich geradezu prädestiniert, die Fantasie von Künstlern anzuregen.

Zentauren und ihre Kämpfe waren schon immer ein beliebtes Thema der bildenden Kunst. Eine frühe Darstellung der so genannten Zentauromachie (1. Hälfte 5. Jh. v.Chr.) befindet sich im Museum von Olympia und stammt vom Westgiebel des dortigen Zeustempels. Modernere Zentauren sind auf dem Gemälde »Centaure au trident« von Pablo Picasso und auf der Radierung »Zentaur« (1971) von Alfred Hrdlicka zu bewundern.

Ein weiteres gern dargestelltes Fabeltier ist der **Pegasus**. In der Hochrenaissance war Pegasus als Kupferstich von Jacopo de Barbari (1440–1515) vertreten. Und wen wundert es, dass gerade der Jugendstil, bei dem Fantasie und Sinnlichkeit im Vordergrund stehen, das geflügelte Wunderross Pegasus als Motiv entdeckte. Redon Odilion (1840–1916) widmet sich dem Thema gleich in 2 Gemälden: »Muse auf Pegasus« und »Pegasus und die Hydra«, wobei er bei letzterem gleich 2 Fabeltiere miteinander kombiniert.

Mit der **Hydra** befasst sich der französische Maler Gustave Moreau (1826–1898), ein Repräsentant des visionären Symbolismus, auf seinem 1876 entstandenen Gemälde »Herkules und die Lernäische Hydra«. Mit weiteren Werken wie »Von einem Zentaur getragener toter Dichter« und »Ödipus und die Sphinx« gewährt er dem heutigen Betrachter faszinierende Einblicke in die klassische Mythologie.

Drachen regten zu allen Zeiten die Fantasie von Künstlern an. Bereits frühe westliche und östliche Kulturen wandten sich in der Kunst dem Drachenbildnis zu; so in der Baukunst, Bildhauerei, Töpferei, Malerei sowie in der Druck- und Textilkunst. Besonders ab dem Mittelalter waren die Motive religiös geprägt. Von der Romanik und Gotik über Renaissance, Barock, Klassizismus, Romantik und den Impressionismus bis hin zur Gegenwartskunst war der Drache immer wieder ein Motiv, mit dem sich bildende Künstler befassten. Neben Szenen aus der Mythologie wird vor allem der Kampf von Heiligen mit dem Drachen dargestellt. Letzteres ist ein Motiv, welches sich bis heute in der Kirchenkunst gehalten hat (siehe S. 25 und 57). In der asiatischen Kunst dagegen war die künstlerische Auseinandersetzung mit dem Drachen wegen dessen Stellung im gesellschaftlichen Leben weitaus augenfälliger und intensiver.

Heiligen wurden in der bildenden Kunst oft Attribute beigeben, die auf ihre besondere Eigenschaften oder ihr Martyrium hinweisen. So hat z.B. der oberitalienische Maler Moretto da Brescia (1498–1554), ein Schüler Tizians, auf seinem Gemälde der heiligen Justina von Padua diese, wie bei Märtyrerinnen üblich, nicht nur mit Schwert, Buch und Palme, sondern auch mit einem Einhorn als Sinnbild ihrer Jungfräulichkeit ausgestattet.

Das **Einhorn** wurde nicht nur aus einer religiösen, sondern auch aus einer weltlichen Intention, ganz besonders aber um seiner geheimnisvollen Schönheit und Ästhetik willen von vielen berühmten Malern als Motiv geschätzt. Eines der berühmtesten Einhorngemälde ist die »Frau mit dem Einhorn« aus dem Jahre 1505 von Raffaello Santi, besser als Raffael bekannt, auf dem eine Frau mit einem kleinen Miniatur-Einhorn auf dem Schoß zu sehen ist. Das Gemälde ist heute in der Villa Borghese in Rom zu bestaunen.

Viele weitere Maler, von denen Hieronymus Bosch, Albrecht Dürer und Lucas Cranach der Ältere nur die bekanntesten sind, haben sich in

Gobelin »Dame mit Einhorn« aus dem 15. Jahrhundert. Musée de Cluny, Paris.

einem oder auch mehreren ihrer Werke dem Thema Einhorn gewidmet. Aber es gibt auch Einhorngemälde berühmter Künstler der Moderne. So sah der für seine Exzentrik berühmte Surrealist Salvador Dalí in seinem 1977 geschaffenen Gemälde

»L'unicorne allegre« eine surrealistische »Synthese von Animalischem und Vegetabilischem«.

Die berühmtesten Einhornabbildungen überhaupt finden sich jedoch nicht auf Pergament, sondern auf Wolle, nämlich Wandteppichen. Da sind zum einen die weltberühmten Einhorngobelins »Dame mit Einhorn« aus dem 15. Jahrhundert, die sich heute im Musée de Cluny in

Paris befinden und die 6 Sinne: Gehör, Sicht, Gefühl, Geruch, Geschmack und Liebe darstellen sollen. Auf ihnen kommt dem Einhorn von der Thematik her nur eine ergänzende Rolle zu. Eine Hauptrolle spielt es jedoch auf den nicht minder schönen Einhorngobelins, die sich heute im Metropolitan Museum of Modern Art in New York befinden (siehe Kasten rechts).

FABELTIERE IN ARCHI-
TEKTUR UND MUSEEN

Nicht nur in der bildenden Kunst, sondern auch in der Baukunst waren Fabeltiere ein häufig genutztes Motiv. In China ist der **Drache** unter allen Fabelwesen auch in der Baukunst das bedeutendste. In der westlichen Welt schmückten schon die Wikinger nicht nur ihre Boote, sondern nach der Christianisierung auch ihre Stabkirchen mit Drachenabbildungen. Bekannt ist die Holzschnitzarbeit am Portal der Kirche von Hylestad (Norwegen), die den Kampf Sigurds (Siegfried) mit dem Drachen Fafnir darstellt.

Auch in und an mittelalterlichen Kirchen und Domen sind Drachenabbildungen zu finden. So zeigt beispielsweise in der Kathedrale Notre Dame de Paris das Portal der heiligen Anna auf der Mittelsäule den heiligen Marcellus mit einem Stab, dessen unteres Ende von einem Drachen benagt wird.

Die von irischen Mönchen erbaute Schottenkirche St. Jakob in Regensburg trägt auf den Mauerflächen neben dem Portal Flachreliefs aus dem 12. Jahrhundert, darunter auch Fabeltiere. Wegen seines beschuppten Leibs, des gewundenen Schwanzes und der klauenbewehrten Extremitäten kann man eines der abgebildeten Fabelwesen als Drache identifizieren.

Eine wunderbare von Balthasar Prandstätter 1742/43 gefertigte Drachendarstellung beherbergt die Filialkirche Oberhaus im Ennstal (Steiermark). Der Drache ist mit seinem gewundenen Hinterleib und aufge-

DIE EINHORN-GOBELINS VON »THE CLOISTERS«

Eine weltberühmte Einhornjagd lässt sich heute auf einer Serie von 7 kunstvollen Gobelins, ausgestellt in »The Cloisters,« einer Zweigstelle des New Yorker Metropolitan Museum of Modern Art, bewundern. Man nimmt an, dass die Gobelins, die zu den schönsten, aber auch interessantesten Kunstwerken des Spätmittelalters gehören, um 1500 in Brüssel angefertigt wurden. Die Gobelins sind genauso geheimnisvoll wie das Fabeltier selbst. Niemand weiß, wer sie aus welchen Gründen angefertigt hat und was sie genau bedeuten. Die Gobelins erzählen nicht nur die Geschichte einer Jagd auf das so schwer zu fangende Einhorn, sondern zeigen auch ganz exemplarisch, wie ungemein symbolbefrachtet und reich an Allegorien Abbildungen des mittelalterlichen Einhorns sein konnten. In der christlichen Symbolik repräsentiert das gefangene Einhorn die menschliche Gestalt Christi, während das wiederbelebte Einhorn für seine Auferstehung steht. Weltlich betrachtet stellt es dagegen einen von seiner Liebsten gefangenen Bräutigam dar und die Granatäpfel über seinem Kopf zeigen an, dass die Ehe mit Kindern gesegnet sein wird.

Viel ist auch über die beiden in Form eines Knoten miteinander verknüpften Buchstaben »A« und »E« spekuliert worden, die auf allen 7 Gobelins zu finden sind. Dies waren die Insignien Anne de Bretagnes, und es wurde daher vermutet, dass die Gobelins 1499 anlässlich ihrer Vermählung mit dem französischen König Ludwig XII. angefertigt wurden. Wahrscheinlicher ist jedoch, dass sie für ein Mitglied der adligen Familie La Rochefoucauld gewebt worden sind, in deren Besitz die Gobelins mehrere hundert Jahre waren. Während man lange annahm, die Gobelins seien alle Teil einer einzigen Serie, geht man heute davon aus, dass sie Bestandteil von 2 oder mehr Serien waren.

richteten Körper weitgehend frei stehend auf einem kleinen Podest platziert. Mit seinem Kopf und ausgebreiteten Flügeln stützt er die Kanzel, auf der die 4 Evangelisten zu erkennen sind.

Berühmt ist die im Jahr 113 n. Chr. auf dem Trajansforum errichtete Trajanssäule in Rom. Auf den Bildreliefs, die die Eroberung Dakiens durch Trajan zeigen, wird auch ein Drache dargestellt.

Einen **Basilisken** mit Putte trägt die Münchner Mariensäule, die Kurfürst Maximilian I. von Bayern nach dem Abzug der schwedischen Besatzungstruppen zum Dank und zu Ehren Marias zwischen 1637 und 1638 errichten ließ. Der Basilisk wurde allerdings erst 1641 mit weiteren bronzenen Putti (Drache, Löwe, Schlange) auf einem Sockel angebracht, über den sich die Mariensäule erhebt. Die Putti stehen in Anlehnung an Psalm

Teilansicht der Münchner Mariensäule: Putte besiegt den Basilisken (Symbol für die Pest).

Einhornhörner (Narwalzähne) wurden im Mittelalter aufgrund ihrer magischen Eigenschaften mit Gold aufgewogen

90, 13: »Über die Schlange und den Basilisken wirst Du schreiten und den Löwen und den Drachen wirst Du zertreten.« Die Figuren symbolisieren somit in barocker Formensprache den Sieg Marias über Krieg (Löwe), Hunger (Drache), Pest (Basilisk) und Ketzerei (Schlange).

Aufgrund der ihnen nachgesagten unglaublichen Eigenschaften (S. 12) fanden sich **Einhornhörner** (Narwalzähne) als äußerst kostbare und meist unveräußerliche Besitztümer in den Schatzkammern von Königen, Adligen und dem Klerus. Nicht nur die französischen, sondern auch die englischen Könige zählten die Hörner zu ihren wertvollsten Besitztümern. Sowohl die Westminster Abbey als auch die St. Paul's Cathedral besaßen Einhornhörner. Im venezianischen Domschatz von San Marco befinden sich noch heute sogar 3 solcher Hörner.

Auch der Schaft so mancher Bischofs- oder Herrscherstäbe wie z. B. die – heute im Musée du Louvre zu bewundernde – »Hand der Gerechtigkeit« der französischen Könige waren aus Narwalzahn. Auch der österreichische Kaiser Matthias (1557–1619) bestand selbstverständlich darauf, dass der Schaft seines Zepters in Prag aus »Ainkhürn« angefertigt werden sollte. Das Zepter ist heute, zusammen mit dem so genannten Ainkhürn-Schwert des Herzogs Karl des Kühnen von Burgund, dessen Scheide und Griff aus dem »Horn des Einhorns« gefertigt wurden, in der Schatzkammer der Wiener Hofburg zu bewundern.

Zur Krönung bzw. Salbung des dänischen Königs Christian V. (1646–1699) wurde sogar ein Thronsessel aus Narwalzähnen angefertigt, der sich heute auf Schloss Rosenborg in Kopenhagen befindet.

Im antiken Griechenland und im alten Rom waren **Greifen** auf Gebrauchsgegenständen wie Vasen und Platten, aber auch auf Schmuckstücken aller Art sehr häufig zu finden, im Mittelalter waren sie als Schmuckmotive in Kirchen sehr beliebt. Besonders als Wasserspeier oder Bekrönung der Dächer traten sie an vielen Gotteshäusern in Erscheinung. Berühmtestes Beispiel ist die Kathedrale Notre Dame in Paris. Im 18. und 19. Jahrhundert dagegen schmückten Greifen vor allem die Fassaden und Friese von öffentlichen Gebäuden.

IM KLANG DER MUSIK

In der Musik werden Fabeltiere – ähnlich wie in der bildenden Kunst – immer wieder als Thema aufgenommen. Dies kann im Zusammenhang mit deren Bekanntheitsgrad und insbesondere ihrem Symbolgehalt gesehen werden; transportieren doch Fabelwesen Botschaften, die sie auch für die Musikkunst so interessant machen.

Beeindruckt durch die zeitlose Schönheit der berühmten Einhorn-Gobelins im Cluny-Museum wurde der französische Dichter, Komponist und Regisseur Jean Cocteau (1889–1963) zu seinem Ballett »La Dame à la Licorne« inspiriert. Thema des Balletts ist, wie könnte es bei einer Dame mit Einhorn auch anders sein, die Jungfräulichkeit. Im Stück nimmt das Einhorn wie auch in der Legende Nahrung nur von der Hand einer

Greifen bewachen zahlreiche Schlösser und andere Gebäude in Europa

Jungfrau. Der Spiegel, worin die Dame ihm sein Gesicht zeigt, zeigt auch den Widerschein eines anderen Gesichtes: das eines Liebhabers, der ihr die menschliche Liebe bringt. Das Einhorn sieht es und stirbt. Der Kavalier indes war nicht standhaft. Er schämt sich seiner Unstetheit und kehrt zurück, aber die Dame will nichts mehr von ihm wissen. Sie beweint enttäuscht ihr Einhorn und bleibt allein zurück mit ihrem berühmten rätselhaften Wahlspruch: »Mon seul désir« (Mein einziger Wunsch).

Nicht weniger bekannt und erfolgreich als der Film »Das letzte Einhorn« ist auch die dazugehörige Filmmusik, komponiert von Jimmy Webb und gesungen von der Popgruppe America:

When the last eagle flies, over the last crumbling mountain, And the last lion roars, at the last dusty fountain, In the shadow of the forest, though she may be old and worn, They will stare, unbelieving, at the Last Unicorn…

Überhaupt tauchen in Rock und Pop Fabelwesen nicht weniger auf als in der Lyrik und Musik des Mittelalters. Besonders in der so genannten Flower-Power-Zeit der späten 1960er- und frühen 1970er-Jahre waren Einhorn und Co. Gegenstand vieler Songs: »The Unicorn Song« von Peter, Paul & Mary, »The Unicorn« von Donovan oder »She was born to be my Unicorn« von T. Rex sind nur die bekanntesten.

Dracheninitiale mit Liebespaar (Notenhandschrift von Guillaume de Machaut, 1370).

In der Popmusik jüngeren Datums finden sich vor allem klassische Fabelwesen aus der griechischen Mythologie: »Medusa« von Annie Lennox, »Sphinx« von Jule Neigel, »Pegasus« von Heinz Rudolf Kunze, »Hydra« von Toto – die Reihe ließe sich beliebig fortsetzen.

Drachen kommen in so unterschiedlichen Werken wie im »Ring der Nibelungen« (Richard Wagner), in Mozarts »Die Zauberflöte« sowie im Musical von Peter Maffay (»Tabaluga«) vor. Eines der bekanntesten Pop-Lieder von Peter, Paul & Mary (»Puff the magic Dragon«) aus der Zeit des Vietnamkrieges stand immer wieder im Verdacht, den Drogenkonsum zu verherrlichen.

Die Musik in Asien, insbesondere die der chinesischen Oper, ist mit Drachenauftritten überreichlich bestückt. In der populären Musik Chinas war das Lied »Wir sind die Kinder des Drachen« von Hau Dejian vor allem im Drachenjahr 2000 ein Hit.

LYRIK UND PROSA

Fabeltiere tauchen beileibe nicht nur in Kinderbüchern auf, sondern wurden auch immer wieder in Lyrik und Prosa der klassischen und modernen Literatur vieler Länder verwendet.

So verewigten die deutschen Dichterfürsten Friedrich Schiller (1759–1805) und Johann Wolfgang von Goethe (1749–1832) den Drachen in der deutschen Lyrik. Besonders angetan vom Drachen war wohl auch der Dichter Rainer Maria Rilke (1875–1926), der sich in seinen Gedichten dem Thema gleich mehrfach widmete.

Darüber hinaus befassen sich wahre Heerscharen an Kinder- und Jugendbuchautoren mit dem Drachen als Hauptdarsteller. Sie zeichnen heute eher ein positives, kinderfreundliches Bild des Drachens, der gar nicht mehr dem gefährlichen Ungeheuer

aus der germanischen und mittelalterlichen Sagenwelt entspricht. Nicht vergessen darf man die Urväter aller Märchenerzähler, die Brüder Jakob Grimm (1785–1863) und Wilhelm Grimm (1786–1859). Diese führten in ihrer Märchensammlung gleich mehrere Drachengeschichten auf.

Greifen tauchen nicht nur in den Werken der griechischen und römischen Klassiker, sondern auch in bekannten Büchern jüngeren Datums wie den Prophezeiungen des Nostradamus, Dante Alighieris »Göttlicher Komödie«, William Shakespeares »Sommernachtstraum« oder John Miltons »Paradise lost« auf. Der literarisch berühmteste Greif erscheint jedoch in Lewis Carrolls »Alice im Wunderland« von 1865, wo Alice und die Herzkönigin auf einen Greifen treffen, der fest eingeschlafen in der Sonne liegt. Von der Königin rüde geweckt, bringt der Greif dann zusammen mit einer Schildkröte Alice das Quadrille-Tanzen bei. Das verschlafene und amüsante Wesen aus »Alice im Wunderland« ist typisch für das »liebenswerte« Bild des Greifen, zu dem die einst mächtige und gefürchtete Kreatur in der viktorianischen Zeit wurde (s. Abb. S. 30).

Zentauren haben auch ihren Weg in die zeitgenössische Literatur gefunden: So hat der amerikanische Schriftsteller John Updike, nach Ansicht vieler Kritiker ein heißer Anwärter auf den Literaturnobelpreis, in seinem Roman »Der Zentaur« den antiken Mythos vom »noblen Zentauren« Chiron etwas vom Staub befreit und ihn in das Amerika der 1940er-Jahre verlegt.

Obwohl Conrad Ferdinand Meyer (1825–1898) in seinem Gedicht »Die sterbende Meduse« die Gorgone auch als ein Opfer ihrer selbst sieht, kennt er nur zu gut die Gefährlichkeit der Dame mit dem Schlangenhaar:

Der Blick versteint! Gefährlich
ist die Tat.
Die Mörderin! Sie schließt
vielleicht aus List
Die wachen Augen! Sie, die
grausam ist!
Durch weiße Lider schimmert
blaues Licht
Und – zischte dort der Kopf
der Natter nicht?

Das **Einhorn** taucht in zahlreichen Erzählungen und Gedichten auf, von denen das Einhorn-Sonett vom deutschen Dichter Rainer Maria Rilke und die Erzählung »Das letzte Einhorn« von Peter S. Beagle vielleicht die bekanntesten sind.

Nachdem Rainer Maria Rilke die berühmten Einhorn-Gobelins im Cluny-Museum in Paris betrachtet hatte, wurde er zu folgendem Gedicht inspiriert, das sehr schön und zeitlos den Einfluss des Einhorns auf die Imagination der Menschen beschreibt:

O dieses Tier das es nicht gibt.
Sie wusstens nicht und habens
jeden Falls –
sein Wandeln, seine Haltung,
seinen Hals,
bis in des stillen Blickes Licht –
geliebt.
Zwar war es nicht. Doch weil
sie's liebten, ward ein reines Tier.
Sie ließen immer Raum.
Und in dem Raume,
klar und ausgespart,
erhob es leicht sein Haupt
und brauchte kaum zu sein.

Sie nährten es mit keinem Korn,
nur immer mit der Möglichkeit,
es sei.
Und die gab solche Stärke
an das Tier,
dass es aus sich ein Stirnhorn
trieb. Ein Horn,
zu einer Jungfrau kam es weiß
herbei –
und war im Silber-Spiegel und
in ihr.

AUS »SONETTEN AN ORPHEUS«
(1923)

Im Märchen »Vogel Phönix« der Gebrüder Grimm von 1810 wird der Phönix ausnahmsweise nicht als edles Tier, sondern als gefährlicher Vogel mit durchaus kannibalischen Gelüsten »ich wittre, wittre Menschenfleisch« beschrieben. Eine sehr viel schönere Phönix-Interpretation findet sich auch im »Vogel Phönix« des dänischen Dichters Hans Christian Andersen:

…O, Du Vogel des Paradieses,
in jedem Jahrhundert erneut,

In Märchen und Geschichten lauern Drachen zuweilen einzelnen Land- oder Waldarbeitern auf.

in Flammen geboren, in Flammen gestorben, Dein Bild hängt in Gold gefaßt in den Sälen der Reichen und selbst fliegst Du verirrt und einsam – eine Sage nur: Vogel Phönix in Arabien! Im Garten des Paradieses, da Du geboren wurdest unter dem Baume der Erkenntnis in der ersten Rose, küßte Dich Gott und gab Dir Deinen rechten Namen – Poesie.

Max Eyth beschreibt in seinem Gedicht »Die Sphinx von Giseh« sehr schön das Wesen der ägyptischen **Sphinx**:

Die Augen offen, lichtlos kalt und leer,
Und doch ein Blick, als blieb ihm nichts verborgen;
Ein Lächeln um den Mund, wehmütig, schwer,
Als ahnte es der Erde Müh' und Sorgen;
Und fast, als sucht' es andrer Sonnen Licht,
So starrt das Rätsel unverwandt gen Morgen…

In der Renaissance taucht ein **Hippogreif** im epischen Werk »Der rasende Roland« des berühmten italienischen Dichters Ludovico Ariosto (1474–1533) auf. In Anlehnung an den Pegasus-Mythos gelingt es dem Helden Roger erst, den Hippogreif zu zähmen und zu reiten, nachdem ihm von einem Zauberer mit einem magischen Zaumzeug geholfen wurde.

Alice trifft im Wunderland auch auf einen Greif.

Friedrich Schiller setzt in seinem Gedicht »Pegasus in der Dankbarkeit« das Musenross mit dem Hippogreif gleich – haben doch beide für ihn so hässliche, störende Flügel:

Hell wieherte der Hippogryph,
Und bäumte sich in prächtiger
Parade,
Erstaunt blieb jeder stehn,
und rief:
Das edle, königliche Thier!
Nur Schade,
Daß seinen schlanken Wuchs
ein häßlich Flügelpaar
Entstellt!...

Der Hippogreif hat es jedoch auch zumindest literarisch ins 21. Jahrhundert geschafft, denn in den von Kindern so geliebten Harry-Potter-Romanen von J. K. Rowling, lernen die Schüler der Zaubererschule Hogwarths Hippogreife bereits im 3. Schuljahr im Rahmen der Unterrichtseinheit »Pflege magischer Geschöpfe« kennen. Harry darf sogar auf einem der Flügelpferde namens Seidenschwanz eine Runde über das Schulgelände drehen.

Überhaupt haben Fabeltiere dank der Harry-Potter-Romane von Rowling und ihrer ungeheuer großen Leserschaft, die offensichtlich nicht nur aus Kindern, sondern auch aus Erwachsenen besteht, eine unvermutete Renaissance erfahren. So gibt es kein Harry-Potter-Buch, in dem nicht gleich mehrere Fabelwesen zumindest eine Nebenrolle spielen.

Offensichtlich glaubte allerdings bereits William Shakespeare nicht so recht an Fabeltiere. Würde doch sonst nicht in seinem »Heinrich IV.« der hitzköpfige Henry Percy Fabeltiere mit der Ungeduld einer erwachenden Rationalität abtun:

Ich kann's nicht lassen;
oft erzürnt er mich,
Wenn er erzählt von Ameis'
und von Maulwurf,
vom Träumer Merlin, was
der prophezeit,
Vom Drachen und von Fischen
ohne Flossen,
Berupftem Greif und Raben
in der Mause,
Vom ruhenden Löwen und der
Katz' im Sprung
Und solch 'nen Haufen kunter-
buntes Zeug,
Daß mich's zum Heiden macht.

FABELTIERE ALS WERBETRÄGER

Aus Traditionsgesichtspunkten, wegen der großen Symbolkraft, vor allem aber wegen des hohen Bekanntheitsgrades und des damit verbundenen Werbeeffektes findet man Fabeltiere als Name und/oder Emblem von Unternehmen. Darüber hinaus werden auch Produkte mit Fabelwesen geschmückt. Eine kleine Auswahl an Beispielen sei nachstehend aufgeführt.

Der feurige **Drache** ist auf den unterschiedlichsten Produkten abgebildet. Er ziert u.a. Feuerzeuge und Grillanzünder, aber auch Computer, Computersysteme und die verschiedensten Nahrungsmittel und Getränke. So genannte Ethno-Food-Produkte werden aus Werbegründen gern mit dem Drachenlogo versehen. Deutsche Produzenten nutzen für asiatische Nudel-, Reis- und Suppenge-

richte gern Drachenabbildungen als sog. »eye-catcher«. Aber nicht nur deutsche, sondern gerade die Hersteller in den Ursprungsländern verfahren genau auf die gleiche Weise und verwenden den Begriff »Drachen« häufig noch in Verbindung mit einem Drachenlogo. So gibt es Drachenbier, Drachenwein, verschiedene Drachengerichte, Drachennudeln, Drachensnacks, Drachenschokolade, um nur einige zu nennen. Chinesische Restaurants führen aus Identifikations- und Werbegründen häufig den Namen »Roter Drache«, »Chinesischer Drache«, »Drachenlaterne« und ähnliche Bezeichnungen.

Der Vogel **Phönix**, der nach seiner Selbstverbrennung aus der Asche neu entsteht, ist ebenfalls ein bekanntes Firmenzeichen. Interessanterweise haben sich zuerst Feuerversicherungen der Symbolkraft des Phönix zu Werbezwecken bedient.

Greife kommen als Logo von Zeitungen und Verlagen vor. Beispielsweise ist ein Greif das Emblem der Verlage Brockhaus und Klett-Cotta.

Das Signet des Brockhaus-Verlages ist ein Greif.

Die österreichische Brauerei Fohren-burg braut auch heute noch im Zei-chen des Einhorns

Über dem Eingang eines der größ-ten Hotels der Welt, des »Mandalay Bay Resort und Casino« im Spieler-paradies Las Vegas, sitzt ebenfalls ein riesiger goldener Greif. Er bewacht hier offensichtlich genauso scharf die Glücksspieleinnahmen wie viele Jahre zuvor das Gold in seinem Nest. Im benachbarten Riesenhotel »Lu-xor« übernimmt eine riesige Sphinx diese Funktion.

1988 kreierte ein bekanntes Grafik-designunternehmen für die eng-lische Midland-Bank ein Greifen-Signet. Dieses Label traf jedoch offensichtlich nicht jedermanns Ge-schmack, denn böse Zungen behaup-ten, bei dem abgebildeten Tier han-dele es sich nicht um einen Greifen, sondern um einen Geier, der sich über die Werteinlagen der Bankkunden hermachen will.

Nicht der Geier, sondern der Blut saugende **Vampir** wird als Begriff und Logo für ganz unterschiedliche Pro-dukte verwandt. So führt ein Staub-sauger eines Markengeräteherstellers den Namen Vampyrette und eine be-

kannte Rummarke das Emblem des Blutsaugers auf der Flasche.

Der kalifornische, weltweit täti-ge Arzneimittelhersteller Chiron ist nicht nur nach dem als Heiler be-kannten **Zentauren** der Antike be-nannt, sondern hat ihn auch zum Er-kennungszeichen gemacht.

Wegen seiner Verbindung mit der Heilkunde nutzen Apotheken gerne das **Einhorn** als Aushängeschild und Werbeträger. Da es zudem das Sym-bol für Stärke und Dynamik darstellt, ist es nahe liegend, dass viele Firmen diese Eigenschaften für sich in An-spruch nehmen und in ihrem Logo zeigen wollen. Die Magic-Media-Company-Studios in Hürth bei Köln führen als Firmenzeichen ein Ein-horn, welches über das Studioge-

lände emporragt. In einem anderen Fall ist das geflügelte Ross **Pegasus** von der Filmindustrie adoptiert wor-den. Es tritt nicht nur in zahlreichen Zeichentrickfilmen auf, sondern ist auch noch Markenzeichen des be-kannten Filmgiganten »Columbia Tri Star Pictures« und fliegt so im Vor-spann vieler Hollywoodfilme über die Leinwand.

FEIERN UND FESTE

Heiligenlegenden sind zuweilen Ausgangspunkt für sog. Myste-rienspiele, Prozessionen und Umzüge. In Anlehnung an die Georgs-Legende findet alljährlich im bayerischen Furth nach Fronleichnam der be-

Der berühmte Drachenstich bei den Festspielen von Furth im Wald.

kannte »Drachenstich« statt. Dargestellt wird der Kampf des hl. Georgs mit dem Drachen. Einen vergleichbaren Umzug veranstaltete die Stadt Norwich (England) über viele Jahrhunderte ebenfalls zum Drachenkampf des hl. Georg. Die Stadt Tarascon (Frankreich) feiert seit dem Hochmittelalter ein Drachenfest zu Ehren der hl. Martha von Bethanien. Diese befreite den Landstrich von einem grässlichen Drachen, der die Bevölkerung tyrannisiert hatte.

Zu Ehren des Drachengottes werden in China verschiedene Feste gefeiert, darunter das Neujahrsfest, das Drachenlaternenfest, das Drachenkopffest und das Drachenbootfest. Vor allem das Neujahrsfest und das Jahr des Drachen sind berühmt für ihre Drachentanzdarbietungen. Besonders prachtvoll und von fantastischem Feuerwerk begleitet geschah dies im Jahr 2000, in denen das Millenniumjahr und das Jahr des Drachen zusammenfielen.

Im Mittelpunkt des Drachentanzes steht der aus farbigem Papier, Pappe, Seide, neuerdings auch Kunststoff und stützenden Bambusstöcken gefertigte, meist grünrote oder gelbrote Drache. Dieser kann mehrere zehn Meter, in Einzelfällen mehrere hundert Meter Länge aufweisen. In der Dunkelheit sorgen im Innern des Drachen kleine Lampen für die Beleuchtung des Drachenkörpers. Begleitet von Trommeln, Hörnern und Gongs wird der Drache von jungen Männern in schlängelnden, rhythmischen Bewegungen durch die Straßen getragen. Der Drachentanz, der schon für die Han-Dynastie (206 v. Chr.–220 n. Chr.) nachgewiesen werden konnte, soll Glück, Reichtum

Reich verzierte Drachenboote beim Drachenbootrennen (Holzschnitt).

und Wohlergehen sowie den für die Landwirtschaft so wichtigen Regen bringen. Der Sinn des Tanzes lag wohl ursprünglich in einem Regenzauber. In alten Zeiten fertigten die Bauern nach dem Auspflanzen von Reissetzlingen Drachenleiber aus Stroh, tanzten mit diesen über die Felder und besprengten sie mit Wasser.

Während des Drachenbootfestes finden Drachenbootrennen statt. Dieses wichtige Fest fällt auf den 5. Tag des 5. Monats (Mondkalender). Die etwa 40 m langen und oft mit über 60 Ruderern besetzten Boote sind nicht nur mit prachtvollen

Drachenmustern versehen, sondern auch mit einem Drachenkopf am Bug und einem Drachenschwanz am Heck. Zur Entstehung des Festes liegen verschiedene Erzählungen vor.

Einst soll der unbestechliche hohe Beamte Chu Yuan (332–296 v. Chr.) die Korruption am kaiserlichen Hofe gegeißelt haben, bis er von einem Prinzen in die Verbannung geschickt wurde. Völlig deprimiert ob seines furchtbaren Schicksals, ertränkte er sich schließlich im Fluss Milo. Leute, die das Ereignis beobachtet hatten, eilten mit Booten herbei und versuchten vergeblich, ihn zu retten. Da der

Beamte bei den Menschen beliebt gewesen war, brachten sie jedes Jahr an seinem Todestag am Fluss Opfer dar. Aus diesem Gedenktag soll sich dann das Drachenbootfest entwickelt haben.

Ein weiteres interessantes Fest im alten China war der zu Ehren des Drachengottes von Behördenseite festgesetzte Tag zum Drachensteigenlassen. Dieser Festtag war schon in der Zeit der Streitenden Reiche (476–21 v. Chr.) bekannt. Auch der indische König Gupts soll um 400 v. Chr. bereits diesem Vergnügen gefrönt haben.

Zur Steigerung des Unterhaltungswertes stattete man die oft aufwändig konstruierten und mit Drachenabbildungen versehenen Flugdrachen im alten China mit klingenden Metallseiten, Pfeifen, Klingeln und selbst mit Feuerwerkskörpern sowie Lampions aus. Meist wurden Drachen

zum Vergnügen, zuweilen auch zur Einschüchterung von feindlichen Armeen genutzt. Von China breitete sich die »Kunst« des Drachensteigenlassens schließlich über die ganze Welt aus.

In der Schlacht bei Hastings (1066) sollen Drachen erstmals auf europäischem Boden zur Nachrichtenübermittlung eingesetzt worden sein. Im 16. Jahrhundert war das Spiel mit dem Drachen schließlich auch in Europa weit verbreitet.

FABELTIERE MADE IN HOLLYWOOD

Filmemacher sind immer auf der Suche nach einem guten Stoff, der Spannung und Gänsehaut garantiert. Und was wäre hier besser geeignet als mythische Wesen mit übernatürlichen Kräften. So lassen auch heute noch

klassische und moderne Fabelwesen das Publikum erstaunen und erschauern.

Zahlreiche Geschichten von Fabelwesen aus der griechisch-römischen Mythologie wurden verfilmt. Eines der bekanntesten Beispiele ist der 1954 entstandene italienische Spielfilm »Die Fahrten des Odysseus« mit Kirk Douglas in der Hauptrolle, in dem gleich 2 der hier erwähnten Fabeltiere auftauchen, nämlich die Sirenen und der Zyklop Polyphem.

Natürlich wurde auch die Geschichte von Moby Dick mehrfach verfilmt. Cineasten zählen die 1956 entstandene Fassung mit Gregory Peck in der Hauptrolle zu den »Klassikern« Hollywoods.

Ein fester Bestandteil der unzähligen Sindbadverfilmungen ist natürlich der Vogel Rock. In Zeichentrickfilmen wird er manchmal sogar etwas freundlicher dargestellt.

Sehr schön wieder aufgegriffen wird die Phönix-Legende im berühmten, 1965 entstandenen Film »Der Flug des Phönix« mit so bekannten Schauspielern wie James Stuart und Hardy Krüger: Der Film schildert den dramatische Überle-

Der Drachentanz wird vor allem beim chinesischen Neujahrsfest in eindrucksvoller Weise aufgeführt.

benskampf einer Flugzeugbesatzung und einer Handvoll Passagiere, denen nach einer Notlandung in der Sahara der sichere Tod zu drohen scheint. Schließlich beschließt ein junger Flugzeugkonstrukteur, aus den Wrackteilen eine einmotorige Maschine zu bauen, um das Unmögliche möglich zu machen. Und tatsächlich steigt der »Phönix« aus den Trümmern und verhilft dem Film zu einem »happy end«.

Riesen tauchen meist in Märchenfilmen, wie dem 1953 entstandenen »Peter und der Riese« auf und entsprechen meist dem gängigen Klischee vom tumben, bösartigen Giganten. Die Abenteuer einer modernen Riesin (es müssen ja nicht immer Männer sein) dagegen erzählt der amerikanische Spielfilm »Der Angriff der 20-Meter-Frau«, in dem die Schauspielerin Daryl Hannah als zur Gigantin mutierte Ehefrau eine ganze Stadt in Panik versetzt.

Der mit Abstand schönste Einhornfilm ist der Zeichentrickfilm »Das letzte Einhorn«, einer der erfolgreichsten Filme aus dem Jahre 1984: Die Geschichte vom bezaubernden Einhorn, das glaubt, es sei das letzte auf der Welt, und sich auf die abenteuerliche Suche nach seinen verschwundenen Artgenossen macht, ist eine mythische Reise in die Welt der Fantasie für Kinder und Erwachsene. In Zeichentrickfilmen fühlt sich das Einhorn wohl und war schon bei Micky-Maus, Sindbad, dem Sandmännchen und sogar den Simpsons zu Gast.

Auch die Drachentöterthematik wurde schon zu Stummfilmzeiten aufgenommen; besticht aber gerade in den letzten Jahren mit spektakulärer

Kapitän Ahab wird von Moby Dick mit in die Tiefe gerissen. Die Verfilmung der Geschichte mit Gregory Peck in der Hauptrolle gilt als »Klassiker Hollywoods«.

Animation. Zuweilen werden auch düstere Fantasy-Welten in der heute typischen Hollywoodmanier gezeigt (siehe auch S. 61).

Natürlich hat Bigfoot auch in Hollywood Fuß gefasst: Neben Auftritten in zahlreichen Zeichentrickfilmen taucht der scheue Bursche in abendfüllenden Fernseh- und Kinofilmen auf, von denen das 1987 entstandene Epos »Bigfoot und die Hendersons« sicherlich der bekannteste ist. Auch der Yeti wurde u.a. in »The Abominable Snowman of the Himalayas« auf Zelluloid gebannt – ein

Film der jedoch nur mäßig erfolgreich war.

Sogar Fabelwesen müssen im Film mit der Zeit gehen. Alte und auch neuere Gestalten wie King-Kong, Godzilla, Riesentintenfische oder der Weiße und sonstige Menschen fressende Haie müssen, um kinotauglich zu sein, noch stärker und gefährlicher sein als die bereits bekannten. Dabei müssen die überlieferten Mythen allzu häufig zu Gunsten einer überzeugenden digitalen Animation und spektakulärer Stuntszenen in den Hintergrund treten.

Drachen und ihre Vettern

Das Wort Drache weckt in vielen Menschen Erinnerungen an Märchen, Legenden und Sagen, die man in der Kindheit und Jugend gehört oder gelesen hat. Der moderne, rational denkende Mensch der westlichen Welt möchte Drachen allzu gern als mythische Figuren in das Reich der Fabelwesen verweisen.

Wenn man allerdings mit geschärften Sinnen das Thema angeht, wird man erstaunt sein, dass Drachen in unserer modernen Welt präsent sind, auch wenn sie ein etwas zurückgenommenes Dasein führen. In Literatur, Musik und bildender Kunst als Thema aufgenommen sowie als Werbeträger und Logo in unserem täglichen Umfeld häufig genutzt, schmückt der Drache sogar Staats- und Stadtwappen.

In China ist der Drache eines der wichtigsten Symbole in Kultur und Alltag der Menschen mit vielfältigen Funktionen, die den gesamten Lebensbereich umfassen. Er gilt hier als das wichtigste Glückssymbol überhaupt. Dagegen stellte der europäische Drache in der Vergangenheit ein schreckliches Ungeheuer und Sinnbild des Bösen dar. Ein Bild, das sich erst in den letzten Jahrzehnten gewandelt hat.

Vom Altertum bis in die heutige Zeit bereitet es den Gelehrten Schwierigkeiten, einen »Drachen« klar zu definieren. Man trifft auf ein Sammelsurium, zu dem u.a. Drachen, Halbdrachen, Lindwürmer, Tatzelwürmer, Schlangendrachen, Schlangen und Basilisken gehören. Ganz zu schweigen von den Drachen Asiens, Altamerikas, Australiens und Afrikas, die mit den europäischen in vielerlei Hinsicht nicht zu vergleichen sind. Ähnlich ist es auch mit den Fantasy-Drachen, die Elemente der Drachen klassischen Zuschnitts in sich vereinen, teilweise aber auch völlig neue Schöpfungen sind.

Das Drachen-geheimnis

Ursprünge und Erklärungsversuche

Geflügelter Drache aus dem Buch von F. J. Bertuch (1792)

Bereits in den Schöpfungsmythen alter Völker spielen Drachen eine Rolle. Die Versuche, sie zu erklären, reichen von der Saurier-Hypothese bis hin zu Funden von Versteinerungen.

Bevor die wichtigsten bekannten Drachen des Abendlandes und Fernen Ostens vorgestellt werden, soll in diesem Kapitel versucht werden, die Ursprünge der zahllosen Drachen-Legenden aufzuzeigen. Dies ist vor allem auch in der heutigen Zeit ein viel beachtetes Themenfeld, das zahlreiche »naturwissenschaftliche« Deutungsversuche zu Drachen beinhaltet. Dabei stößt man interessanterweise immer wieder auf die Tatsache, dass selbst in voneinander weit entfernten Gebieten bzw. Ländern oft sehr ähnliche Überlieferungen entstanden sind.

WELTSCHÖPFUNGS-MYTHEN ALTER VÖLKER

In den Weltschöpfungsmythen verschiedener Völker kommt schlangen- bzw. drachenähnliche Kreatu-ren große Bedeutung zu. Während die älteste Drachendarstellung im ostasia-tischen Raum aus der Provinz Henan (China) über 6000 Jahre alt ist, stam-men die ersten Mythen über »Dra-chen« aus Mesopotamien, wo die Su-merer um 3000 v. Chr. zwischen Euphrat und Tigris lebten und erst-mals das Wort »Drache« verwen-deten.

Bereits damals stiftete ein »Dra-che« Unordnung im Universum. Dieser stahl aus Neid und Miss-gunst dem obersten Gott, Enlil, die Gesetzestafeln des Universums, worauf die Weltordnung, Frieden und Sicherheit äußerst gefährdet waren. Auf Befehl Enlils tötete der Sonnengott Ninurta den »Dra-chen«. Erst jetzt war die alte Ord-nung im Himmel wieder hergestellt und auf der Erde kehrten wieder Frieden und Sicherheit ein. Dem sie-benköpfigen »Schlangendrachen«, der als der Vertreter des Bösen galt, der Dürren und Hungerkatastro-phen verursachen konnte, wurden an Brunnen sogar Menschenopfer (Jungfrauen) dargebracht.

Im altbabylonischen Reich war ein Schrecken erregendes, sieben-köpfiges Ungeheuer das Sinnbild für urwüchsige, ungezähmte Kräfte und Chaos. Dieser weibliche »Dra-che« Tiamat konnte allein durch den Sonnengott Marduk mit der Unterstützung des Windes und des Sturmes überwältigt werden. Mar-duk schleuderte gewaltige Wind-böen in den aufgerissenen Rachen des Ungeheuers. Dadurch aufge-bläht, war der »Drache« nicht fä-hig, seinen Rachen zu schließen, worauf Marduk einen Pfeil abfeu-erte, der Tiamat tödlich traf.

Schließlich hieb der Sonnengott das Ungeheuer in zwei Teile. Den einen Teil spannte der siegreiche Kämpfer als Himmel über seinem Haupt auf, den anderen Teil legte er als Erde unter seine Füße. Durch diese Tat wurde Marduk zum obersten Gott der Babylonier.

Die Bibel berichtet im Buch Hiob, 41 und bei Jesaia 27,1 von Leviathan, dem Meeresdrachen, der sich aus der Urflut gegen Jahwe erhebt und die Menschen in Schrecken versetzt (vgl. S. 119 ff.). Darüber hinaus wird im Alten Testament von einem Landdrachen erzählt, der von Priestern gehalten wurde (Buch Daniel 14, 1–26). Der gefangene Prophet Daniel wurde unter Nebukadnezar nach Babylon verschleppt. In einem Streitgespräch, das er eines Tages mit Nebukadnezar führte, wurde die Frage gestellt, welcher Gott – der Drachengott Nebukadnezars oder Daniels Gott Jahwe – der stärkere sei. Schließlich wollte Daniel den Beweis antreten und bot sich an, den Drachen ohne Waffe, nur mit Hilfe seines Gottes zu töten. Nach der Zustimmung des Königs kochte Daniel Fett, Pech, Haare und Wolle zu einem Klumpen zusammen und warf diesen dem Drachen in den Schlund, worauf der Drache alsbald verendete.

Bei den Hetithern war es der Wettergott Teshup, der dem »Drachen« Illuyanka unterlag. Letzterer raubte ihm dabei das Herz und das einzige Auge. Erst dem Sohn des Wettergottes gelingt es später, dem Drachen durch eine List beide Organe abzunehmen. Bei einem erneuten Kampf zwischen Teshup und Illuyanka unterliegt diesmal der »Drache«. Diesen Sieg feierten die Hethi-

Typ des geflügelten Drachen, wie er in den Bestiarien des 16. Jahrhunderts geführt wurde.

ter in einem jährlich wiederkehrenden Fest.

Auch bei den Assyrern kämpfte der strahlende Gott Ninurta gegen den »Chaos-Drachen«. In einem jährlich stattfindenden Neujahrsfest wurde dieser Sieg kultisch gewürdigt, wobei der König die Rolle des Drachentöters übernahm und dadurch seine göttliche Herkunft unter Beweis stellte.

Ähnlich wie in vielen alten Kulturen stellte man sich im alten Ägypten den Urozean als Schlange mit dem Namen Nun vor. Der Sonnengott entsteht aus diesem Ozean als Symbol für Wachstum und Leben auf der Erde. Sein Gegenspieler ist die drachenartige Herrscherin der Unterwelt, Apophis, die im Urozean zurückbleibt. Täglich kommt es zum Kampf zwischen beiden Göttern. Am Morgen erhebt sich Atum aus dem Rachen des Ungeheuers und steigt aus dem Meer empor, um am Abend wieder in den Kampf mit Apophis einzutreten, den er am nächsten Morgen wieder siegreich beendet.

Auch in der griechischen Mythologie ist der Drachenkampf ein häufiges Motiv. Auf der Suche nach seiner Schwester Europa, die von Zeus entführt worden war, kämpft Kadmos mit einem Drachen und tötet ihn mit einem Stein. Perseus kämpft gegen ein Meeresungeheuer (auch Meeresdrache), um Andromeda zu befreien. Der Gott Apoll tötet den Drachen von Delphi, der die dortige Bevölkerung terrorisiert hat. Auch die Helden Jason (das goldene Vlies) und Herakles (Kampf mit der Lernäischen Hydra sowie dem Drachen Ladon) hatten weitere berühmte Drachenkämpfe zu bestehen.

ENTSTEHUNG VON DRACHENMYTHEN

Drachen sehen weltweit in verschiedenen Kulturen und zu verschiedenen Zeiten erstaunlicherweise ähnlich aus. Ist der Drache nur ein Fabeltier oder gibt es Belege dafür, dass Vorbilder in der Natur

vorhanden waren, die zu diesem Drachenbild führten? In der Drachenforschung werden mehrere Hypothesen gehandelt, wie das Bild des Drachen entstanden sein könnte.

SIND SICH MENSCH UND SAURIER BEGEGNET?

Nach der spektakulären Saurier-Hypothese sollen die Drachenmythen auf die Begegnung des Menschen mit prähistorischen Sauriern zurückzuführen sein. Die Frage, die sich hierzu aufdrängt, ist die nach dem Zeitraum des Zusammenlebens. Fand es schon vor zig Millionen Jahren statt oder war es nur vor wenigen Tausenden Jahren?

In engem Zusammenhang mit der Saurier-Hypothese kann man die Gedächtnis-Hypothese sehen. Danach hatten Vorfahren des *Homo sapiens* Auseinandersetzungen mit Raubsauriern zu bestehen. Als Engramme in bestimmten Gehirnregionen gespeichert, sollen diese Bilder und Erinnerungen quasi als »geistiges Erbgut« an alle Völker weitergegeben worden sein. Erklärt sich die Schlangenfurcht vieler Menschen als ein Überbleibsel dieses Vermächtnisses aus grauer Vorzeit?

Der Reisebericht Marco Polos (1254–1324 n. Chr.) über China lässt die Vermutung zu, dass Saurier nicht nur den großen Meteoriteneinschlag vor 65 Millionen Jahren überlebt haben, sondern auch Menschen und Saurier gemeinsam in der gleichen Zeit bis vor wenigen hundert Jahren existierten. Marco Polo berichtet über die heutige Provinz

Yünnan: »In dieser Provinz leben gewaltige Drachen und Schlangen, die so groß sind, dass die Menschen aus dem Staunen gar nicht herauskommen. Vorn neben dem Kopf haben sie zwei kurze Beine mit drei Klauen wie die Tiger. Ihre Köpfe sind riesenhaft und die Augen größer als ein Brotlaib. Mit ihrem ungeheuren Riesenmaul verschlingen sie ohne weiteres einen Menschen. Die Zähne dieser Ungeheuer sind so groß und scharf und der Anblick ist so furchtbar, dass weder Mensch noch Tier ohne Schrecken ihnen begegnen können.« Starke Ähnlichkeiten mit einigen uns bekannten Sauriern sind aufgrund der Schilderung Marco Polos nicht von der Hand zu weisen.

Erstmals von Thomas Hawkins 1840 in Spiel gebracht, wird die Saurier-Hypothese auch von anderen Autoren (u. a. Heuvelmans, Mackal, Zillmer) vertreten. Zillmer spricht in seinem 1998 erschienenen Buch »Darwins Irrtum« davon, dass Dinosaurier und Menschen gemeinsam lebten. Er führt Beweise an, die in der Wissenschaftsszene zu einigem Aufsehen führten. So belegen die Ausgrabungen am Paluxy River (Texas) laut Zillmer, dass Fußabdrücke von Dinosauriern und Menschen in der gleichen geologischen Schicht, d. h. für den gleichen Zeitraum existieren. Weitere bemerkenswerte Funde und Entdeckungen stützen die Saurier-Hypothese.

Felszeichnungen von Sauriern in verschiedenen Kontinenten lassen die Vermutung zu, dass die damaligen Künstler ihre Modelle kannten. Im kalifornischen Havasupai Canyon ist auf einer Felswand ein Di-

nosaurier abgebildet. Versteinerte Fußabdrücke von Sauriern wurden in der weiteren Umgebung der Felsabbildung gefunden.

In einer unter dem Meeresspiegel liegenden Höhle vor Cap Morgiou (Südfrankreich) entdeckte der französische Berufstaucher Henri Cosquer im Jahr 1991 Bilder auf den Felswänden. Eine Abbildung zeigt eine Kreatur mit einem dem Plesiosaurier ähnlichen Habitus. Eine Datierung der Bilder nach der C-14-Methode bezifferte das Alter der Kunstwerke zwischen 18 000 und 27 000 Jahren.

Ein jüngeres Fundstück entdeckte der Rancher William M. Chalmers aus Granby im US-Bundesstaat Colorado. Beim Ausheben eines Loches stieß er auf eine 35 cm große Granitstele, die neben rätselhaften Schriftzeichen auch die Abbildung eines Mammuts sowie eines *Brontosaurus* trug. Die Entstehungszeit der Stele wurde von Experten auf etwa 1000 v. Chr. geschätzt.

Im Jahr 1945 entdeckte der deutsche Kaufmann Waldemar Julsrud nordwestlich von Mexico City an den Ausläufern der Sierra Madre Occidental kleine Terrakottafiguren, die in einer Böschung vergraben waren. Zwischen 1945 und 1952 gelang es, weit über 32 000 Figuren zu bergen, mit menschlichen, aber auch tierähnlichen Zügen. Ein Teil der Figuren schien Saurier nachzubilden. Am spektakulärsten war jedoch eine Anzahl von Tonfiguren, die eine Frau darstellten, die mit einer Art *Stegosaurus* zu spielen schien. Zunächst von der Wissenschaft als Betrug abgetan, wurde das Alter der Figuren 1972 vom an-

erkannten Applied Sciences Center for Archeology (Universität Pennsylvania) nach Laboruntersuchungen auf etwa 4500 Jahre taxiert.

Die Mythen und Legenden der australischen Ureinwohner (Aborigines) sind unter dem Begriff »Traumzeit« bekannt. In diesen Geschichten werden auch Monster beschrieben, die teilweise der Fantasie entsprungen sind, teilweise aber auch einen realen Hintergrund haben und den Ureinwohnern Südaustraliens noch im 19. Jahrhundert bekannt waren. Der »Bunyip« (d. h. »Furcht erregendes Monster«) wird als zweifüßig gehendes Reptil beschrieben, der auch

schon Menschen getötet habe. Im Queenslands Cape York District ist den dort ansässigen Stämmen der »Burrunjor«, eine Saurierart vom Typ *Allosaurus*, bekannt. In den Jahren 1950 und 1961 wollen Viehzüchter und ein LKW-Fahrer ein bipedal gehendes Reptil von etwa 7–8 m Höhe gesehen haben. Die Ureinwohnerstämme Zentral- und Nordaustraliens erzählen über den Sümpfe bewohnenden und Pflanzen fressenden »Kulta«, ein riesenhaftes Tier vom Typ *Diplodocus* und *Apatosaurus*.

Ähnliche Berichte hört man aus dem Herzen des »schwarzen Kontinents«. Von dort erreichen uns

Waren urzeitliche Tiere wie der Allosaurus *(rechts) Vorbild für Drachenlegenden?*

immer wieder Gerüchte über urzeitliche Kreaturen, die in abgelegenen Gebieten vorkommen. In den unzugänglichen Likouala-Sümpfen soll noch der Mokele M'bembe leben. Erste Hinweise über die Spezies überbrachten französische Missionare, die auf große Fußspuren stießen, die nicht von Elefanten oder anderen bekannten großen Wildtieren stammen konnten. Expeditionen im 19. und 20. Jahrhundert führten zum Ergebnis, dass es sich beim Mokele M'bembe um ein rep-

tilartiges Tier vom Typus *Bronto-saurus* handelt. Teilnehmern einer Expedition im Jahr 1983 war es sogar vergönnt, ein saurierähnliches Reptil mit einem breiten Rücken und einem langen Hals, auf dem ein kleiner Kopf saß, in den Likouala-Sümpfen zu beobachten.

Einer wissenschaftlichen Analyse hat aber bisher noch keine der gemachten Beobachtungen standgehalten, und auch viele der Saurier-Darstellungen und -Funde lassen sich anders interpretieren.

FOSSILIEN REGEN DIE FANTASIE AN

Immer wieder waren es Knochenfunde fossiler Wirbeltiere, die früher als Drachengebeine fehlinterpretiert wurden und somit Ausgangspunkt für Drachenlegenden waren. Es fällt auf, dass an Orten, an denen man im Altertum und im Mittelalter Saurierskelette und Teile davon gefunden hatte, häufig Drachenlegenden entstanden.

Ein bedeutendes Wahrzeichen Klagenfurts, ein steinernes Drachendenkmal, geht auf einen im Jahr 1353 gefundenen Schädel eines eiszeitlichen Wollhaarnashorns (*Coelodonta antiquitatis*) zurück. Man geht davon aus, dass der Schädel aus der nördlich von Klagenfurt gelegenen sog. Lindwurmgrube am Zollfeld stammt. Im Jahr 1582 begann Ulrich Vogelsang (evtl. auch ein anderer Künstler) mit seiner Arbeit am Lindwurmdenkmal, wobei vermutlich der gefundene Nashornschädel bei der Gestaltung des Drachenkopfes als Vorlage diente.

Die vielfach in sog. Drachenhöhlen im alpinen Raum aufgefundenen Drachengebeine sind in Wirklichkeit die Überreste des Ende der Eiszeit ausgestorbenen Höhlenbären (*Ursus spelaeus*). Dagegen handelt es sich bei der ehemals im Wiltener Kloster bei Innsbruck aufbewahrten Zunge eines vom Riesen Heymo erschlagenen Drachen um das Rostrum eines Schwertfisches (*Xiphias gladius*). Das Blut des erschlagenen Drachen soll der Sage nach die Erde getränkt haben und heute noch in der Gegend des Kampfes nahe dem Wiltener Kloster aus dem Gestein austreten.

In Wirklichkeit stellt die dunkle Flüssigkeit Steinöl dar, welches aus den Asphaltschiefern der Ober-Trias abgesondert wird. Das als Heilmittel hoch im Kurs stehende Steinöl geht auf reichhaltige fossile Fischreste zurück, die sich in den Seefelder Schichten im Hauptdolomit ablagerten. Der Legende nach soll dieses Drachenblut die anwendenden Personen unverwundbar machen. Unter Drachenblut versteht man aber auch das blutrote oder rotbraune Farbharz der in Südostasien beheimateten Rohrpalme (*Calamus draco*) oder das Harz von Drachenbaumarten (u. a. *Dracaena draco*). Als rote Malfarbe und als Bestandteil von Lacken für Musikinstrumente findet es bis heute Verwendung.

Fossile Reste von Reptilien haben tatsächlich Anlass zu einer Sage gegeben. Nach Aussagen des griechischen Schriftstellers Herodot (ca. 500–424 v. Chr.) »sollen in der Nähe der Stadt Buto, einer alten Hauptstadt Unterägyptens, in jedem Frühjahr fliegende Schlangen

Der geflügelte Lindwurm – hier das Denkmal am Neuen Platz – ist das Wahrzeichen und Wappentier der Stadt Klagenfurt.

aus Arabien in Ägypten einzudringen versuchen. Die heiligen Ibisse werden jedoch von aufgestellten Wachen gewarnt, eilen rasch herbei, besetzen den von Felsenbergen nach der Wüstenebene herabziehenden Hohlweg und überfallen und vernichten hier in raschem Angriff die Eindringlinge.« Herodot wollte den Wahrheitsgehalt der Erzählung überprüfen und suchte den Hohlweg auf. Er soll tatsächlich auf Schlangenskelette gestoßen sein.

Die Berichte haben durchaus einen realen Hintergrund. Denn im ägyptischen Mokattamgebirge lagern in bestimmten Schichten des Ober-Eozäns (Mokattamstufe) Knochen und Zähne fossiler Wirbeltiere (Urwale, Seekühe, Schlangen). Der Wissenschaftler Ch. W. Andrews beschrieb 1906 die tertiärzeitlichen Wirbeltiere des benachbarten Fayum; darunter auch Wirbel von Riesenschlangen (*Pterosphenus* und *Gigantophis*).

REALE TIERE ALS DRACHENVORBILDER

Neben den genannten Hypothesen gibt es weitere Ansätze zur Erklärung von Drachenmythen und -legenden. So könnten heute noch existierende Tiere Vorbilder für den Drachen gewesen sein.

Über 6000 Jahre müssen wir in unserer Vorstellung zurückreisen, um in die Zeit zu gelangen, aus der die ersten Drachendarstellungen Ostasiens stammen. In mehreren Gräbern wurden in der chinesischen Provinz Henan nahe dem Gelben Fluss aus Muscheln zu-

Auch das 6–7 m lange und mehr als eine Tonne schwere Nil-Krokodil wird als Drachenvorbild gehandelt.

sammengesetzte Drachendarstellungen ausgegraben. Sie ähneln in ihren Umrissen dem heute noch lebenden China-Alligator (*Alligator sinensis*).

Der Alligator als Vorbild für die Drachenlegenden? Einiges spricht dafür. Man schrieb dem urtümlichen, starken Raubtier übernatürliche, ja magische Kräfte zu. Von Vertretern der Krokodile und Alligatoren ist bekannt, dass sie vor Gewittern unruhig werden und Laute von sich geben. Die Chinesen sahen darin die Fähigkeit des China-Alligators, Regen herbeizurufen bzw. mit ihren Lauten zu erzeugen. Zudem graben sich die Tiere zu Beginn des Winters in den Schlamm der Flussufer ein, um die unwirtliche Jahreszeit zu überdauern. Im Frühjahr erscheinen sie dann wieder auf der Bildfläche. Dieses Verhalten erinnert sehr an die Legenden vom Winterschlaf haltenden Drachen, der sich dazu in die Erde eingräbt.

Das Nil-Krokodil (*Crocodylus niloticus*) ist ein weiterer Anwärter, der als Drachenvorbild in Frage kommt. Im alten Ägypten wurde als heiliges Tier eingestuft, obwohl man es als Menschenfresser fürchtete. Man verehrte es als göttliches Wesen, um es so zu besänftigen und die Unfälle mit schweren Verletzungen und tödlichem Ausgang zu verringern.

Für den Alligator bzw. das Krokodil als Vorbild für den Drachen spricht die Tatsache, dass sowohl im alten Ägypten als auch in China diese Tiere in besonderer Weise gehalten und gepflegt wurden. In China wird von hoch geachteten Personen berichtet, die früher vom Hof ernannt wurden, um Drachen zu züchten. Die so genannten Drachenzuchten waren vermutlich »Alligatorenzuchten«.

Auch der Komodo-Waran (*Varanus komodoensis*) kann nach Auffassung von Wissenschaftlern Ausgangspunkt für Drachenlegenden

Der Komodo-Waran, der »Drache der Tropen«, ist mit den Dinosauriern verwandt.

gewesen sein (siehe auch S. 164 ff.). Interessanterweise haben Komodo-Warane und Dinosaurier gemeinsame Vorfahren (Unterklasse Diapsida). Laut einer Legende der malaiischen Inselbevölkerung soll auf Komodo ein Feuer speiender Drache gehaust haben, der bis zu 7 m lang wurde und dessen Haut undurchdringlich für moderne Feuerwaffen war. Der Komodo-Waran erreicht aber nur eine Länge von rund 3 m. Manche Zoologen sind der Ansicht, dass der Komodo-Waran nur die kleine Inselausgabe einer wesentlich größeren Festlandart ist, die auch in China gelebt haben könnte und dort zum Vorbild für Drachen wurde.

FLIEGENDE DRACHEN

Wie aber entstand die Auffassung, dass Drachen fliegen können? Der einzige heute noch existierende Flugdrache (*Draco volans*) ist auf Insekten als Nahrung angewiesen. Mit seiner geringen Körpergröße von 20 cm war er wohl kaum Vorbild für Menschen verschlingende, flugfähige Riesendrachen. Dies gilt auch für die Kragenechse (*Clamydosaurus kingii*), die mit abgestellten Halshautlappen spektakulär aussieht.

Ein Kandidat für fliegende Drachen kann allerdings der Flugsaurier *Pteranodon* (d. h. »zahnloser Flügel«) mit einer Flügelspannweite von etwa 8–9 m gewesen sein. Dieser gilt aber seit etwa 60 Millionen Jahren und damit lange vor dem Auftreten des Menschen als ausgestorben. Allerdings ist erstaunlich, dass auf steinzeitlichen Felszeichnungen nahe Thompson (Utah) ein Flugsaurier (*Pteranodon*) zu erkennen ist und in der Nähe der Felszeichnungen ein Flugsaurierskelett gefunden wurde. Die nordamerikanischen Indianer sprechen in ihren alten Mythen vom »Donnervogel«. Sollten die Vorfahren der Indianer doch noch auf Flugsaurier gestoßen sein und war diese Begegnung Ausgangspunkt der Mythen? Selbst heute soll es in verschiedenen Erdteilen immer wieder zu Sichtungen von flugsaurierähnlichen Kreaturen kommen.

Kragenechse mit der für sie typischen Drohgebärde.

In abgelegenen Gebieten Afrikas sollen noch heute Flugsaurier existieren, die dem Pterodactylus *ähneln.*

Auf dem afrikanischen Kontinent in der Region des Kilimandscharo (d. h. »Berg der bösen Geister«) erzählen sich die Eingeborenen alte Legenden über »fliegende Drachen«. In Kamerun fürchten die Eingeborenen den auch Menschen angreifenden »Olitiau«, der in den Assumbo-Bergen wohnt. Der nach Aussagen von Eingeborenen in den Jiundu-Sümpfen (Staatsgebiet Zaires, Angolas und der VR Kongo) vorkommende »Kongamato« ängstigt seit Jahrhunderten die Menschen. Der Kongamato (d. h. »der Überwältiger der Boote«), ein flugsaurierähnliches, Fleisch fressendes Geschöpf ist bisher mehrfach auch von westlichen Reisenden und Forschern gesichtet worden.

Können Vertreter der Saurier in unzugänglichen Gebieten der Erde unter für sie günstigen Bedingungen überlebt haben und so zum Anlass für die Drachenlegenden geworden sein? Blicken wir in diesem Zusammenhang auf die Geschehnisse während des Baus der französischen Bahnlinie von St. Dizier nach Nancy im Jahres 1856 zurück. Gerade hatten die Bauarbeitertrupps mit einer Sprengung einen Tunnelbau bei Culmont (Departement Haute-Marne) weiter vorangetrieben. Das Prasseln niederfallender Gesteinsbrocken hatte aufgehört, der Gesteinsstaub und der Pulverdampf hatten sich verzogen. Da geschah etwas Erstaunliches: Aus einem durch die Sprengung freigelegten Hohlraum kroch eine fremdartige Kreatur hervor, bewegte schwach ihre häutigen Flügel und verendete kurz darauf mit einem heiseren Schrei. Das gänsegroße Geschöpf wurde von einem Paläontologen als *Pterodactylus* (griech. »Flügelfinger«) identifiziert.

Sollte diese Geschichte keine Ente oder Jux sein, stellte sie eine Sensation dar. Denn die aus dem Jura stammende Kreatur müsste rund 150 Millionen Jahre im Felsengrab überstanden haben. Von Kröten, die zufällig beim Erstellen von Bauwerken eingemauert wurden, ist bekannt, dass sie viele Jahre in einem Zustand der Starre überlebt haben. Sollte dies auch bei dem *Pterodactylus* der Fall gewesen sein? Aber ein Überleben über Millionen von Jahren im Felsen überfordert unsere Vorstellungskraft.

NATURGEWALTEN ALS URSACHE FÜR LEGENDEN UND MYTHEN

Nach einer weiteren Auffassung sind Drachenmythen aufgrund von Naturereignissen entstanden. Drachen wurden auf allen Kontinenten mit dem Regenbogen gleichgesetzt. Als himmlische Schlangen bildeten sie ein Bindeglied zwischen Himmel und Erde. Darüber hinaus kommen neben Gewitterwolken, Blitzen, Windhosen, Böen und Stürmen auch die sturmgepeitschte See, Springfluten, See- und Erdbeben sowie Vulkanausbrüche als ursächlich für Drachenmythen in Frage. Hinter den genannten Naturereignissen vermutete man Drachen als Auslöser. Beispielsweise beschreibt Konfuzius den chinesischen Drachen als Symbol der Naturkraft, die sich in Erdbeben äußert.

Die Eruptionen von Vulkanen, verbunden mit Lavaströmen, todbringendem Ascheregen und giftigen Gasen, werden ebenfalls mit Drachen und deren Urgewalt gleichgesetzt. Die griechische Mythologie bietet hierfür ein entsprechendes Beispiel: Einst kam es zu einem Kampf zwischen Zeus und dem Schlangenungeheuer Typhon, dem Sohn von Tartaros und Gaia. Zeus verfolgte das 100 Drachenköpfe besitzende Ungeheuer bis Sizilien. Er setzte es außer Gefecht, indem er den Berg Ätna auf den Drachen warf. Bis heute speit der Riesendrache von Zeit zu Zeit glühende Lava aus.

Fernöstliche Drachen

Weltenschöpfer, Beschützer, Glücksbringer

Drache mit Perle, das Wappen Chinas

Vielfältig seine Talente: Als Wächter des Himmels gebietet er über die Elemente, er geleitet Verstorbene ins Jenseits – und er ist Symbol für Macht.

In den Kulturen des Orients, beispielsweise in Indien, Persien, Arabien und der Türkei, spielten Drachen in der Vergangenheit eine wichtige Rolle. In China, Korea, Tibet und der Mongolei weist der Drache jedoch bis heute eine große Bedeutung auf. Wie in keinem anderen Land ist der Drache in China mit einer weit reichenden Symbolik behaftet und bis heute mit verschiedenen Funktionen ausgestattet. Stellvertretend soll hier deshalb der chinesische Drache behandelt werden.

DER CHINESISCHE DRACHE UND DIE WELTSCHÖPFUNG

Die chinesischen Überlieferungen zur Weltschöpfung gehen davon aus, dass der drachen- bzw. schlangenähnliche Pan-Ku als Weltenschöpfer am Uranfang das sog. Weltenei in Yin und Yang teilte. Als Pan-Ku starb entstanden aus
den Haaren die Sterne,
den Augenbrauen die Planeten,
den Knochen die Steine,
den Zähnen die Metalle,
den Tränen die Flüsse,
dem Sperma die Perlen,
dem Rückenmark die Jade,
dem Schweiß der Regen
und aus den Flöhen, die in seinen Haaren lebten, die Menschen.

Auf den Weltenschöpfer folgte das Herrscherpaar Fu Hsi und Nü-Wa, Mischwesen, deren Oberkörper menschlich war und deren Unterkörper Drachengestalt aufwies. Danach herrschten mehrere Kaiser, die mit Drachen in Verbindung gebracht wurden. Im Laufe der Zeit wurden die Drachen immer zahlreicher und man unterschied wichtigere und geringere Drachen. Schließlich verehrte man in der Sung-Dynastie (960–1126 n. Chr.) neben 5 heiligen Bergen auch 5 Drachenkönige.

Der chinesische Drache ist ein Allroundtalent. Er kann fliegen und schwimmen, ohne jedoch Flug- oder Schwimmhäute zu besitzen. Er kann unverhofft auftauchen oder sich mittels einer Tarnkappe unsichtbar machen. Ohne seine Gestalt als Drache zu verlieren, ist er in der Lage, sich groß aufzublähen oder eine sehr dünne oder kleine Form anzunehmen. Insgesamt stellt er sich als langgestrecktes, schlangenartiges Wesen mit 4 klauenbestückten Extremitäten dar, das nicht nur Feuer speit, sondern dessen Atem zu Wolken oder Regen kondensieren kann. Im Übrigen setzt er sich nach Auffassung des Gelehrten Wang Fu, der zur Zeit der Han-Dynastie (206 v. Chr. bis 220 n. Chr.) gelebt haben soll, aus 9 Wesen zusammen. Er besitzt

die Hörner eines Hirsches,
den Kopf eines Kamels,
die Augen eines Hasen,
den Nacken einer Schlange,
den Bauch einer Muschel,
die Schuppen eines Karpfens,
die Klauen eines Adlers,
die Tatzen eines Tigers,
die Ohren eines Ochsen.

Die Mythenforscher gehen davon aus, dass im Drachen die Vorstellungen mehrerer frühgeschichtlicher Stämme Chinas eingeflossen sind. Ursprünglich ein Totem (Schutzgott) des »Drachenstammes« von drachen- bzw. schlangen- oder eidechsenförmiger Gestalt, unterwarf dieser mehrere Stämme mit anderen Totems (u. a. Hirsch, Kamel, Karpfen, Adler, Tiger, Ochse). Als sich dann die einzelnen Völker zum chinesischen Volk vereinigten, blieb vom Totem jeden Volkes etwas übrig. Jeder Stamm konnte sich im »Kombi-Drachen« wiedererkennen. Die alten Chinesen hatten somit schon eine Vorgehensweise zur Hand, die man im modernen Wirtschaftsmanagement als »corporate identy« bzw. als »corporate design« bezeichnet.

DER CHINESISCHE DRACHE ALS MULTITALENT

Dem Drachen werden wichtige Funktionen beigemessen. Als oberster Wetter- und Regengott ist er der Wasserbringer schlechthin und damit auch Herrscher über Meere, Flüsse, Seen und Teiche. Auch heute noch bringen die chinesischen Bauern dem Drachen am 2. Tag des 2. Mondmonats beim Drachenkopffest Opfer dar. Sie versuchen ihn dadurch freundlich zu stimmen, damit er für die Saat den notwendigen ersten Regen bringt. Früher veranstaltete man im 5. Monat – zu Zeiten der größten Trockenheit – Regenprozessionen, bei denen man dem Drachengott ein festliches Mahl darreichte. Mit Beschwörungsformeln wurde der Drachengott um Regen gebeten.

Drachen fungieren außerdem als Beschützer gegen böse Geister und Unheil. Bewachen sie das Haus oder die Grabstätte, haben böse Geister und Dämonen keine Chance, sich dort aufzuhalten und Unheil anzurichten. Auch gegen Krankheit und Feuer schützen Drachen die Hausbewohner.

Als Begleiter des Gottes für Reichtum, aber auch allein verhilft der »Gelddrache« zu Reichtum. Zusammen mit dem Phönix, dem Symbol des weiblichen Yin-Prinzips, tritt der Drache als Symbol des männlichen Yang-Prinzips als Glücksbringer auf. In Kombination mit dem Zeichen für »doppeltes Glück« (Shuangxi) und dem Phönix hängt der Drache auch heute noch an den Fenstern und Türen von frisch Vermählten. Darüber hinaus schreibt man dem Drachen als Seelenbegleiter und Mittler für das Jenseits auch eine bedeutende Rolle für Verstorbene zu.

Auch die 4 Himmelsrichtungen und die Jahreszeiten werden von Drachen beherrscht. Im Osten waltet der blaue Drache als Frühlingsbringer seines Amtes. Im Süden herrschen der gelbe und der rote Drachen, die den Sommer symbolisieren. Für den Westen und den Herbst steht der weiße Drache. Das Reich des schwarzen Drachen ist der Norden. Er gilt als Symbol für den Winter. Himmelsdrachen fungieren auch als Wächter, die den Himmel schützen und die Wohn-

Drache und Phönix mit Drachenperle (tibetanischer Teppich, alt).

Thron mit Drachenfiguren im Palast der Mandschu-Kaiser in Shenyang.

spurlos. Japaner und Chinesen glauben, dass Drachen sowie böse Dämonen aus der Tiefe des Meeres zur Oberfläche emporsteigen würden, um dann Boote und Schiffe in die Tiefe zu ziehen. Interessanterweise wurde auf einer alten portugiesischen Karte aus dem Jahr 1518 für diese Meeresregion ein Drache eingezeichnet.

GEFLÜGELTE DRACHENWORTE UND DRACHENFESTE

Das Zeichen für Drache »lung« ist in China bereits zu Anfang der Schriftentstehung nachgewiesen. Und selbst heute existieren eine Vielzahl an Wortschöpfungen und Redensarten, die mit dem Drachen verknüpft sind. Dies zeigt, wie elementar das Fabelwesen »Drache« selbst die Sprache bestimmt. Beispielsweise wünscht man einem guten Freund mit der Redewendung »Mögest du das Drachentor überspringen!« Erfolg bei der Arbeit. Der deutschen Redensart »Wie der Vater, so der Sohn« entspricht der chinesische Spruch »Drachen gebären Drachen, Phönixe Phönixe und der Sohn einer Maus kann Löcher graben«. Auch der bei uns bekannte Spruch »Zu viele Köche verderben den Brei« besitzt sein chinesisches Pendant: »Wenn es zu viele Drachen gibt, kann man das Wasser nicht kontrollieren.«

stätten der Götter bewahren. Als Berater und Helfer unterstützten sie zudem den Kaiser in seinem Bemühen, den Auftrag der Götter zu erfüllen.

Schließlich bewachen Drachen als Schatzhüter die »Drachenperle«, die Quelle von Stärke, Gesundheit, Wachstum und Vermehrung sowie darüber hinaus Edelsteine und Edelmetalle in der Erde.

Daneben gibt es eine Anzahl weiterer Aufgaben für Drachen. Berge, Täler, Örtschaften, Wege und Wälder stehen unter ihrer Herrschaft. Diese Lokalitäten tragen deshalb auch Bezeichnungen wie Drachenberg, Drachenhöhle, Drachental, Drachendorf, Drachenweg sowie Drachenwald.

DÄMONEN DES DRACHENMEERES

Obwohl chinesische Drachen überwiegend positive Eigen-schaften aufweisen, kennt man auch ihre zerstörerische Seite, die zu Verwüstungen durch Sturm, Erdbeben, Überschwemmungen und ähnliches Unheil führen kann. Böse Drachen sollen in dem bei Seeleuten Ostasiens gefürchteten »Drachenmeer« ihr Unwesen treiben. Das Drachenmeer besitzt nicht nur Dreiecksform wie das Bermudadreieck, sondern durch beide läuft auch der 35. Breitengrad. Beide liegen in der Nähe der ozeanischen Tiefseegräben des Atlantiks und Pazifiks. Das Drachenmeer befindet sich auf dem Erdball dem Bermudadreieck genau gegenüber und hat ähnliche Wirkungen auf Schiffe und Flugzeuge wie dieses. Auf unerklärliche Weise verschwinden immer wieder Flugzeuge und Schiffe, darunter große Fischereischiffe und ein Küstenwachschiff, ohne dass irgendein Teil der Schiffe je gefunden worden wäre. Im Zweiten Weltkrieg verschwanden gar 3 japanische Zerstörer und 2 kleinere Flugzeugträger

Die Wortschöpfung »Drachenaugen« stellt ein Synonym für kleine, süße Früchte dar und mit dem Begriff »Drachenspeichel« wird ein kostbares wohlriechendes Parfüm bezeichnet. Bis heute nennt man Wasserhähne »Drachenköpfe« und Löschfahrzeuge der Feuerwehr »Wasserdrachen«.

Geschehnisse um den Kaiser sowie kaiserliche Gegenstände wurden mit ähnlichen Wortkreationen bedacht. Das Besteigen des »Drachenthrones« (Kaiserthrons) wurde »Drachenflug« genannt. War ein Kaiser verstorben, so sprach man vom Besteigen des »Drachenwagens«. Selbst alle Gegenstände, die der Kaiser berührte oder benutzte, erhielten Drachenbeiwörter und waren in der Regel mit Drachenabbildungen versehen (u.a. Schreibgeräte, Opferschalen, Gewänder, Thron, Schlafstätte). In der Quing-Dynastie waren alle 9999 Räume des Kaiserpalastes und die darin befindlichen Gegenstände mit Drachenbildnissen ausgestattet. Hatte sich schon während der Han-Dynastie (206 v. Chr.–220 n. Chr.) der Drache zum Hauptsymbol auf den kaiserlichen Roben entwickelt, durften in der Tang-Dynastie (618–907 n. Chr.) ausschließlich die Gewänder des Kaisers mit einem Drachen mit 5 Klauen verziert sein. Wer dagegen verstieß, wurde mit dem Tode bestraft.

Aber auch auf Personen wendet man heute noch Drachenbezeichnungen an. Einen aufgeweckten Jungen nennt man in China liebevoll »kleiner Drache«. Ein »aufsteigender Drache« ist eine Person, die einen beruflichen, gesellschaftlichen oder gar politischen Aufstieg vor sich hat. Examensabsolventen werden auf sog. »Drachenlisten« geführt, und eine »Drachenbruderschaft« ist eine Vereinigung mit hehren Zielen; zuweilen werden aber auch kriminelle Vereinigungen so bezeichnet.

Nicht nur Redewendungen spiegeln die Bedeutung des chinesischen Drachen wider. Auch bei chinesischen Festen, z.B. beim Neujahrsfest, Drachenlaternenfest, Drachenkopffest und beim Drachenbootfest, insbesondere aber im sog. Jahr des Drachen, das alle 12 Jahre gefeiert wird, steht der Drache im Zentrum des Geschehens.

FENG-SHUI UND GEOMANTEN

In der Architektur und Baukunst Chinas ist der Drache ein Hauptmotiv. An Gebäuden findet das Drachenmotiv häufig Verwendung. Nicht nur in alten Tempeln, im ehemaligen Kaiserpalast und in anderen öffentlichen Gebäuden, sondern auch in neu erstellten Hotels trifft man in China überall Drachenmotive als Wandmalereien, Reliefs, Standbilder und in Form von Drachensäulen an. Man überlässt nichts dem Zufall, sondern beachtet die Lehren des Feng-Shui. Selbst auf die richtige Lage und Ausrichtung von Bauplätzen und Gebäuden in

Säulendrache an einem Tempel in Chiang Mai (Thailand).

der Landschaft wird größter Wert gelegt. Geomanten (Geomantie: Weissagung aus der Erde) versuchen den Verlauf von Energieströmen in der Landschaft zu erfassen, indem sie auf den im Untergrund lagernden Drachen achten und die so genannten Drachenadern (»lung mei«) aufspüren. Es wird ermittelt, in welche Richtung der Drache in die Landschaft sieht. Keinesfalls darf dem Drachen der Blick beispielsweise durch ein Bauwerk versperrt werden. Bei den Drachenadern handelt es um Orte mit starker positiver Strahlung (Orte der Kraft), an denen man im Osten

Mit weit aufgerissenem Maul bewacht ein Wächterdrache einen Tempel in Chiang Mai /Thailand).

DER HERRSCHER DER TIERKREISZEICHEN

In der chinesischen Astrologie werden 12 Zeichen geführt: Ratte, Ochse, Tiger, Hase, Drache, Schlange, Pferd, Schaf, Affe, Hahn, Huhn und Schwein. Eine chinesisch-buddhistische Legende erklärt, wie die Wahl auf diese 12 Tierarten fiel:

Als Buddha Gautama spürte, dass sein Tod kurz bevorstand, lud er alle Tiere ein, um sich von ihnen zu verabschieden. Es kamen aber nur 12 Tiere. Zur Belohnung räumte man ihnen einen Platz im Tierkreis ein.

Im chinesischen Horoskop werden die Charaktereigenschaften einer Person durch die Eigenschaften des jeweiligen Tierzeichens bestimmt. Unter den Tierkreiszeichen gilt der Drache als das wichtigste. So ist der Drache als Sternzeichen ein Glückszeichen für den betreffenden Menschen. Wer in einem Drachenjahr geboren wird, besitzt nicht nur eine starke Persönlichkeit, sondern hat das Glück auf seiner Seite. Drachenjahre werden immer mit großer Begeisterung und großem Aufwand gefeiert. Die 5 letzten Drachenjahre waren 1952, 1964, 1976, 1988 und 2000.

Interessant ist die Tatsache, dass alle Tiere des Tierkreises in der Natur auch wirklich vorkommen, mit Ausnahme des Drachen. Dies eröffnet eine spektakuläre Interpretationsmöglichkeit: Der Drache galt in der Entstehungszeit der Tierkreiszeichen – vor vielen Menschengenerationen – als real existierendes Tier.

und Westen in früheren Zeiten Kirchen, Klöster und Wallfahrtsorte (u.a. Grotte von Lourdes) errichtete.

Hongkong-Reisenden wird gern die Geschichte eines ehemaligen Hotels erzählt, das Investoren an einem Berghang in Meeresnähe unter Missachtung von Feng-Shui-Regeln errichten ließen. Dem dort im Untergrund lagernden Drachen wurde der Blick aufs Meer versperrt und der freie Fluss der positiven Energieströme behindert. Nach einiger Zeit ging das Hotel bankrott und wurde verkauft. Der neue Besitzer nutzte die Hilfe von Geomanten. Das Gebäude wurde auf deren Rat umgebaut, sodass dem Drachen der Blick aufs Meer nicht mehr verstellt war. In dem jetzigen Appartementhaus mit teuren Wohnungen laufen die Geschäfte inzwischen ausgezeichnet.

Heerscharen von Künstlern fertigten und fertigen fantastische Drachenarbeiten in Jade, Holz, (Edel-)Metall oder Elfenbein an. Weltberühmt sind beispielsweise Porzellangefäße und -geschirr mit Drachendekor aus den verschiedenen Perioden der Quing-Dynastie. Außerdem Holzskulpturen, die auch heute noch im Zentrum für Holzschnitzkunst Dongyang hergestellt und hohen Staatsgästen gern als Präsent überreicht werden.

DRACHEN IN DER CHINESISCHEN HEILKUNST

Wie in Europa wurden auch in Asien aus Drachenbestandteilen wichtige Heilmittel gewonnen. Chinesische Apotheken führen bis heute in westlichen Ländern wenig gebräuchliche Heilmittel und Arzneien. Fossile Knochen von Sauriern und anderen urzeitlichen Großtieren wurden seit alters dem Drachen »lung« zugeschrieben. Schon allein deshalb mussten sie magische (Heil-)Wirkungen besitzen. Bereits in früheren Jahrhunderten suchte man deshalb gezielt nach diesen Überresten von Sauriern und anderen ausgestorbenen Tieren, die sehr gut bezahlt wurden. Zu Knochenmehl zermahlen, dienten sie der Behandlung von Gallensteinen, Fieber, bei Schwangerschaftsbeschwerden, bei Wahnsinn und Kopfschmerzen. Pulverisiert werden sog. Drachenzähne und -krallen bis heute in der chinesischen Medizin gegen zahlreiche Gebrechen und Krankheiten angewendet.

DER CHINESISCHE DRACHE IN DER GEGENWART

China ist auf dem Weg zu einer modernen Industriegesellschaft mit all ihren Attributen. Trotzdem ist auch im modernen China das archaische Symbol »Drache« aktueller denn je und aus dem Alltagsgeschehen nicht mehr weg-

In chinesischen Apotheken werden auch heute noch Teile von Tieren als Medikament angeboten, sorgfältig eingelagert in großen Glasgefäßen.

zudenken. Dagegen war der Drache noch zu Zeiten der kommunistischen Kulturrevolution als Symbol des alten, feudalistischen China diskreditiert.

Inzwischen wurde das Ansehen des Drachen wiederhergestellt. Gern verwendet die heutige Führung Chinas den Drachen als Symbol und Sympathieträger. Die chinesische Zentralregierung nutzte diese »corporate idendity« geschickt, sowohl 1997 bei der Rückkehr Hongkongs als auch im Millenniumjahr 2000, das mit dem Drachenjahr zusammenfiel. Drachenkalender wurden aufgelegt und an Überseechinesen versandt, Drachenbriefmarken und -münzen herausgegeben. Fernsehsendungen und Ausstellungen beschäftigten sich intensiv mit der Drachenthematik. Das Lied des taiwanesischen Komponisten Hau Dejian »Wir sind die Kinder des Drachen« war lange Zeit der Hit im Rundfunk. In öffentlichen Parks

wurden große Blumendrachen aufgestellt und Veranstaltungen mit Drachentänzen und Drachenbootrennen durchgeführt.

Auch dadurch beflügelt ist der »Glaube« an den Drachen in China wie in früheren Zeiten wieder weit verbreitet. Alte Feste und Volksbrauchtum lebten in den letzten Jahren wieder auf. Im Feng-Shui, in der Architektur, der chinesischen Medizin, Astrologie und in einer Vielzahl an Wortschöpfungen sowie gebräuchlicher Redensarten ist der Drache Gemeingut. Darüber hinaus gewinnt der Drachen in der Gegenwart zunehmend als häufig genutzter Werbeträger für chinesische Erzeugnisse auch weltweite Verbreitung. Der Drache ist heute in China lebendiger als je zuvor und zieht nicht nur die Bevölkerung und Glaubensgemeinschaften, sondern auch Kulturschaffende, die Wirtschaft und die politische Führung in seinen Bann.

Drachen des Abendlandes

Lindwurm, Tatzelwurm und Basilisk

Drachenbrücke in Ljubljana, Slowenien

Als Jungfrauen fressende Schatzhüter und als Symbol für das Böse hausten sie einst in unwirtlichen Gegenden. In der Gegenwart mutierten sie zu weisen und freundlichen Begleitern unserer Kinder.

Mit rot glühenden Augen und Feuer speiend fährt der riesige Drache aus seinem düsteren Unterschlupf. Schrecklich donnert das Gebrüll des beschuppten Ungeheuers. Die Erde bebt, Staub und Gesteinsbrocken wirbeln auf, als sich das Untier auf seinen mit entsetzlichen Klauen bewehrten Füßen vorwärts bewegt. Jetzt entfaltet der Drache seine Flügel, erhebt sich in die Lüfte, um sich dann Feuer speiend und mit markerschütterndem Gebrüll auf den Angreifer zu stürzen, der ihm die geopferte Jungfrau entreißen will.

Schon diese wenigen Zeilen – eine kurz gefasste, klischeehafte Zusammenfassung aus mehreren Märchen und Drachensagen – vermitteln einen Eindruck, wie man sich einen klassischen Drachen vorzustellen hat. Denn viele Jahrhunderte sowie Legenden verschiedener Völker sorgten dafür, dass sich verschiedenste Vorstellungen über das Aussehen des Drachen vermischten. Die Grundzutaten waren der germanisch-nordische Schlangenwurm und das mediterrane und kleinasiatische Mischwesen aus Krokodil und Raubvogel.

Das deutsche Wort »Drache« geht auf das griechische Wort »drakon« (Drache, Schlange, aber auch der Scharfblickende) zurück. Die Römer münzten es zu »draco« um. Die Germanen wiederum bezeichneten Reptilien zunächst mit dem altnordischen Wort »ormr«, althochdeutsch »wurm«, was mit »Schlange« übersetzt werden kann. Als die Germanen mit den Römern in Kontakt kamen, entlehnten sie das Wort »draco« und formten es zu »trakho« um. Im Laufe der Zeit wurde daraus »trache«, »Drak« oder »Drake« und später schließlich Drache.

In der Brockhaus-Enzyklopädie wird der Drache wie folgt beschrieben: »Der Drache ist in der Mythologie vieler Völker ein schlangenartiges Mischwesen aus Vogel und Reptil, auch mit den Klauen eines Adlers oder den Pranken eines Löwen, eine unterschiedlich geschilderte Fabelgestalt, mehrköpfig, Feuer speiend, mit vielen Zungen; möglicherweise auf vorzeitliche Saurierformen zurückweisend [!].

Drachen werden als Flugdrachen, als auf der Erde oder in Höhlen lebende Kriechtiere oder als Wasserdrachen beschrieben.«

BERICHTE IN ALTEN SCHRIFTEN

In der Antike hielten die Menschen den Drachen für ein real existierendes Tier. Plinius d. Ä. (23–79 n. Chr.) beschreibt in seinem Werk »Naturalis historia« einen Drachen, der in der Regierungszeit des Kaisers Claudius (10 v. Chr.–54 n. Chr.) in Rom auf dem Vatikanhügel sein Unwesen trieb. Als man ihn endlich tötete, fand man in seinen Eingeweiden ein Kind. Der gleiche Autor schildert einen Kampf zwischen einem Drachen und einem Elefanten. Die mittelalterlichen Klöster, in denen das Studium antiker Schriften gepflegt wurde, waren Ausgangspunkt für die Vorstellungen über geflügelte Schlangen und Drachen, die schließlich von Autoren des Mittelalters und der nachfolgenden Jahrhunderte übernommen wurden. Konrad von Megenburg schrieb im 14. Jahrhundert: »Draco ist der groesten tier ainz, daz dia werlt hot.« Als besondere, gefährliche und tödliche Waffe beschrieb von Megenburg den Schwanz. »Von dem mag der groz helfant nicht sicher gesein.«

Im Jahr 1589 brachte Konrad Gesner sein Schlangenbuch heraus, in dem er versuchte, die verschiedenen Drachen zu systematisieren. Gessner postulierte, dass man eine Schlange mit einem großen und schweren Leib »Track« oder »Lindwurm« nennen sollte. Er unterschied Bergdrachen und Wasserdrachen. Die Bergdrachen schilderte er als große und bewegliche Tiere mit einem Kamm, einer starken Schnauze und einem Bart. Diese Art soll in Höhlen wohnen, silbern glänzende Schuppen und die Größe eines Schweines besitzen. Als träge und faul dagegen beschrieb er die Wasserdrachen, die in Sümpfen hausten. Manche sind beinlos, der Bauch schleift auf dem Boden, andere wiederum haben Extremitäten. Gesners Ausführungen zu den Drachen machen deutlich, dass es zu seiner Zeit keinen klar definierten Drachentypus gab.

Autoren wie Gesner, Ulysses Aldrovandi (»Serpentum et draconum historiae« aus dem Jahr 1640) und

Johann Jakob Scheuchzer (»Itinera per helvetiae alpines regiones« von 1723) festigten mit ihren Ausführungen die Vorstellungen über Drachen, die sich bis in die Neuzeit hielten. Der Jesuit Athanasius Kircher stellt 1678 mit seinem Werk »Mundus subterraneus in XII libros digestus, quo divinium subterrestris mondi opificium« die Theorie auf, dass Drachen unterirdisch in Höhlensystemen leben und nur gelegentlich an die Oberfläche kommen. Deshalb würde man nur ab und an auf sie stoßen. Den Drachen von Rhodos, der 1345 von dem Ritter Deodatus von Gozon getötet worden war, beschreibt er von eidechsenartigem Habitus.

Obwohl kritische Naturwissenschaftler schon in der Zeit um 1700 die Existenz von Drachen bezweifelten, findet man entsprechende Ausführungen über Drachen im Schrifttum von Drachengläubigen bis ins 18. und 19. Jahrhundert. Und selbst bis Anfang des 20. Jahrhunderts maß man den Drachensa-

Zweifüßiger, ungeflügelter Drache in der Manier Aldrovandis und Gesners (16. Jahrhundert).

gen einen gewissen Wahrheitsgehalt bei. Man sah in Drachen die Auslöser von Epidemien (z. B. Pest), Krieg und Naturkatastrophen. Bergstürze und Wasserkatastrophen werden mit ihnen in Verbindung gebracht. Nachdem am 10. November 1222 über London mehrere Drachen gesichtet worden seien, hätten kurz darauf schwere Unwetter und Überschwemmungen die Stadt heimgesucht.

Auch die Unfruchtbarkeit der Böden in Landschaftsteilen, insbesondere nahe von Lokalitäten namens Drachenhöhle, Drachenstein, Drachenfels, Lindholz oder Wurmfeld, führte man auf die negative Wirkung von Drachen in der Umgebung ihrer früheren Wohnstätten zurück. Die Wohnstätten von Drachen sind häufig abgelegene, düstere Orte, wie beispielsweise Höhlen, Schluchten, dunkle und urwüchsige Wälder, aber auch Hünengräber, unzugängliche Moore, Sumpfgebiete, abgelegene Wüsteneien, Berge und Stein-Klüfte. Dies sind Orte, die kein Mensch so ohne weiteres aufsuchen würde. Auch Johann Wolfgang von Goethe äußert sich in seinem Gedicht »Mignon« zur Lage und Beschaffenheit von Drachenwohnstätten in ähnlicher Weise:

> *Kennst du den Berg und seinen*
> *Wolkensteg?*
> *Das Maultier sucht im Nebel*
> *seinen Weg,*
> *In Höhlen wohnt der Drachen*
> *alte Brut,*
> *Es stürzt der Fels und über ihn die*
> *Flut:*
> *Kennst du ihn wohl?*

Siegfrieds Kampf mit dem Drachen (Gemälde von Konrad Dielitz, 1880).

LINDWURM

In den germanischen Heldensagen und in der mittelalterlichen Dichtung kommt der Begriff »lintwurm« vor. Bei dem Wort »lintwurm« handelt es sich um eine Tautologie, da sowohl das Wort »lint« als auch das Wort »wurm« mit »Schlange« übersetzt werden kann. Später wurde »wurm« durch »drache« verdrängt und das Wort »lintdrache« fand immer stärkere Verwendung. Nach der Brockhaus-Enzyklopädie ist der Lindwurm ein dem Drachen ähnliches, geflügeltes oder ungeflügeltes Fabelwesen. Besonders in der germanisch-nordischen Mythologie und in der mittelalterlichen Dichtung gleichbedeutend mit Drache. Der Drache Fafnir, den Siegfried besiegt, ist ein Lindwurm.

Lindwürmer hausen wie ihre Vettern, die Drachen, in unwirtlichen oder schwer zugänglichen Gegenden. Zuweilen aber auch an Stellen, an denen man sie nicht vermutet hätte, wie der Lindwurm von Ecklak (Schleswig-Holstein), der unter

KÖNIG LINDWURM

Ein wunderschönes Märchen, das aus dem nordeuropäischen Raum stammt, ist die Geschichte von König Lindwurm, die von den Gebrüdern Grimm erzählt wird. Der Inhalt spielt auf die Wandlungsfähigkeit des Menschen an, der zunächst unmäßig und dann nach vielen »Häutungen der Seele« – hier ausgedrückt über die Häutungen eines Lindwurms – sein wahres »Ich« erkennt, seelische Reife erlangt und sich hierbei verwandelt.

In alter Zeit lebte eine Königin, die den sehnlichen Wunsch nach einem Kind hegte. Schließlich erhält sie von einer weisen Frau den Rat, eine von zwei Rosen zu essen, die sie in ihrem Garten finden werde. Wenn sie die rote Rose essen würde, bekäme sie eine Tochter, bei der weißen Rose einen Sohn. Am nächsten Morgen folgt sie aber nicht dem Rat der weisen Frau, sondern verspeist beide Rosen. Statt einer Tochter und eines Sohnes gebärt sie jedoch einen Lindwurm. Der Lindwurm wächst heran und verlangt schließlich nach einer Braut. Aber es findet sich keine Frau, die den Lindwurm heiraten möchte. Schließlich droht der Lindwurm das Königreich zu vernichten, sollte er keine Frau bekommen. In ihrer Verzweiflung lassen die Eltern das ganze Königreich nach einer Kandidatin absuchen.

Schließlich erklärt sich eine Schäfertochter bereit. Um des Reiches wegen wolle sie den Lindwurm zum Manne nehmen. Auf einem Spaziergang trifft sie auf die weise Frau, die ihr den folgenden Rat gibt: »Wenn ihr allein in der Kammer seid, wird der Lindwurm dich bitten, dein Hemd auszuziehen. Dann bittest du ihn seine erste Haut abzulegen. Er wird dir gehorchen und seine erste Haut ablegen. Du musst aber noch acht weitere Hemden unter deinem ersten tragen und den Lindwurm bitten, auch seine eigenen Häute abzulegen. Hat er alle abgelegt, wird er schwach und halb tot sein. Dann wasche ihn mit Salzlauge ab und bade ihn danach in warmer süßer Milch. Wickle ihn dann in deine Hemden und alles wird sich zum Guten wenden.«

Es geschieht so, wie es die weise Frau voraussagt. Als die Tat vollbracht ist, schlafen die Schäfertochter und der Lindwurm erschöpft ein. Als sie aber am nächsten Morgen erwachen, hat sich der Lindwurm in einen schönen Jüngling verwandelt.

einer Kirche seinen Unterschlupf hatte. Er raubte und fraß das Vieh aus der Umgebung. Er wurde von einem Stier, den man 3 Jahre lang mit frisch gemolkener Milch und Semmelbrot aufgezogen hatte, mit mehreren Hornstößen niedergestreckt.

Noch heute zeugen Flur- und Ortsnamen davon, wo Lindwürmer früher nach Volksglauben gehaust haben sollen. Die Städte Worms und Wurmlingen sowie Flurbezeichnungen wie Wurmfeld und Lindholz sind Beispiele hierfür.

Man war von der Existenz von Lindwürmern so überzeugt, dass noch im Jahr 1654 ein Jäger im Schweizer Kanton Solothurn in den Bergen einen Lindwurm gesehen haben will. Aber nicht nur Augenzeugenberichte, sondern auch viele Legenden und Märchen belegen den Bekanntheitsgrad des Lindwurms in früheren Zeiten. Zu diversen Verwandlungsmärchen (vgl. Kasten) passen gut die folgenden Zeilen von Rainer Maria Rilke:

Vielleicht sind alle Drachen unseres Lebens Prinzessinnen,
die nur darauf warten, uns einmal
schön und mutig zu sehen.
Vielleicht ist alles Schreckliche im
Grunde das Hilflose,
das nur von uns Hilfe will.

TATZELWURM

Der Tatzelwurm, u.a. auch Stollenwurm, Tunnelwurm, Springwurm, Prätzelwurm oder Bergstutzen genannt, ist im Volksglauben der Alpenbewohner eine schlangen- bzw. reptilienartige Kreatur. Zuweilen mit 2, aber auch mit 4 Beinen beschrieben und mit einem katzenartigen Kopf, ist der Tatzelwurm rund einen halben Meter lang und von brauner Farbe.

Im Salzburger Land wird der Tatzelwurm als Bergstutz bezeichnet. Letzterer soll Giftzähne besitzen, mit denen er auch den Menschen

angreift, wenn man auf ihn zugeht oder in anderer Weise in die Enge treibt. Wer vom Bergstutz gebissen wird, muss unweigerlich sterben.

Berichte über diese »drachenartigen« Fabelwesen liegen selbst noch aus dem 20. Jahrhundert vor. So erzählt der österreichische Hofrat von Drasenovich im Jahr 1908 von einem obersteirischen Berufsjäger, der eine Begegnung mit einem Tatzelwurm hatte. Ein etwa 50 cm langer und 8 cm dicker Tatzelwurm habe diesen angegriffen. Der Berufsjäger konnte das Untier nur mit einem Jagdmesser abwehren. Der verwundete Tatzelwurm sei schließlich in einer Erdspalte verschwunden.

Im Sommer des Jahres 1921 soll ein Tatzelwurm in Hochfilden (Österreich) einen Hirten und einen Wilddieb attackiert haben. Der Tatzelwurm wurde als Kreatur mit einem raubkatzenartigen Kopf und einem schlangenförmigen Körper mit 2 Beinen beschrieben. Auch aus der Gegend von Palermo (Italien)

wird über ein solches Geschöpf berichtet, das 1954 über die Schweine zweier Bauern hergefallen sei.

Berühmt ist die Schweizer Sage vom Tatzelwurm (auch Dragonet mit Flügeln!), der auf dem Berg Pilatus sein Unwesen trieb. Dieser Drache überfiel die Bauernhöfe, zerstörte die Häuser und Stallungen mit seinem feurigen Atem und tötete das Vieh. Keiner wagte den Kampf mit dem Drachen. Schließlich erklärte sich hierzu ein verurteilter und verbannter Mörder namens Winkelried bereit. Er erbat sich jedoch zur Belohnung seinen beschlagnahmten Besitz und seine Freiheit zurück. Dies wurde ihm versprochen.

Winkelried nahm sein Schwert und spitzte die Äste eines dünnen Baumstammes oben an und näherte sich der Drachenhöhle. Der Drache, der ihn bereits mit seinen rot glühenden Augen erspäht hatte, griff den Mann sofort an. Winkelried stieß dem Drachen den Dornenstamm ins aufgerissene Maul. Der

Drache wand und krümmte sich und wurde wegen des Schmerzes unvorsichtig. Winkelried nutzte diesen Augenblick und rammte dem Drachen sein Schwert in den Leib. Das Ungeheuer schloss die Augen und fiel tot nieder. Als der Drachentöter sein blutbeflecktes Schwert in die Höhe streckte, rann ein Tropfen des giftigen Drachenblutes auf seine Hand. Ohne noch einen Ton hervorbringen zu können, brach der heldenhafte Kämpfer tot zusammen.

Die Sage soll auf dem Fund eines vom Himmel gefallenen Drachensteins beruhen. Bei dem Drachenstein handelt es sich allerdings um eine Konkretion. Das ist ein aus Mineralausscheidungen zusammengesetzter fester Körper unterschiedlicher Gestalt im Gestein. Interessanterweise fand man unserer Tage die Skelette von prähistorischen Flugsauriern (*Pterodactylus*) am Berg Pilatus.

BASILISK

Der Basilisk ist ein weiterer »Vetter« des Drachen. Zuerst im Alten Orient als Fabelwesen bekannt, wurde das Wissen über diese Kreatur von spätantiken Schriftstellern und Kirchenvätern bis in die Tierbücher des Mittelalters überliefert. Bis ins 17. Jahrhundert ging man davon aus, dass der Basilisk, ein Mischwesen aus Hahn, Schlange und Drache, in der Natur wirklich vorkomme. Die Schreckenskreatur war wegen ihres tödlichen Blickes und Gifthauches sehr gefürchtet.

Ein Tatzelwurm greift in den Schweizer Alpen einen einsamen Wanderer an.

Der Basilisk wird als Mischwesen mit tödlichem Blick und Gifthauch beschrieben (Kupferstich von 1792).

Einst soll der Basilisk aus einem missgebildeten Hühnerei, welches von Schlangen und Kröten bebrütet wurde, entstanden sein. In der mittelalterlichen Symbolik stand der Basilisk u. a. für Pest, Tod und Teufel. Von den mittelalterlichen Steinmetzen wurde der Basilisk in der romanischen Bauplastik vor allem im Zusammenhang mit Skulpturen von Christus dargestellt, der den Basilisken mit seinen Füßen zertritt.

In Wien erinnert ein Basilisk an der Außenmauer des Hauses Nr. 7 in der Schönlaterngasse an den Fund eines Basilisken im Jahr 1212 in einem Brunnen. Bei der Bergung des Fundes – einer Sandstein-Konkretion von basiliskenähnlicher Form – durch einen Bäckerlehrling kam es zu einem Unfall. Wohl durch Fäulnisgase aus dem Untergrund ohnmächtig geworden, konnte der Bäckerlehrling noch rechtzeitig gerettet werden. Die Faulgase hielt man für den Giftatem des Untieres. Der Lehr-

ling bestätigte zudem, dass er das mit glühenden Augen am Brunnenboden sitzende Ungeheuer mittels Vorhalten eines Spiegels durch dessen eigenen Blick getötet habe.

Ein Basilisk genanntes Tier gibt es wirklich in der Natur, allerdings nicht als Furcht erregendes Fabelwesen. Es handelt sich stattdessen um baumbewohnende, bis 80 cm große Leguane im tropischen Amerika. Zu diesen gehört auch der Helmbasilisk (*Basiliscus basiliscus*), eine gern in Terrarien gehaltene Art.

DRACHENTÖTER UND DRACHENHEILIGE

D ie Drachentöterthematik zieht sich wie ein roter Faden durch die Mythen und Legenden der Völker, insbesondere auch denen des Abendlandes. Der Drachenkampf symbolisiert den Kampf zwischen Gut und Böse, zwischen himmlischen und höllischen Kräften, zwischen Chaos und Ordnung.

Die Drachensagen der Kelten wurden neben anderen Legenden

über Geister, Zwerge, Riesen und Feen erstmals ab dem 7. Jahrhundert von christlichen Mönchen festgehalten. Die bekannteste Drachensage ist die um König Lludd. Jedoch orientieren sich die meisten Drachengeschichten an der Erzählung von Tristan und Isolde. In dieser Legende, die im Hochmittelalter von deutschen und französischen Dichtern weiter ausgestaltet wurde, wird Irland von einem Drachen verheerend heimgesucht. Als die Not immer größer wird, verspricht der hilflose König demjenigen seine Tochter, der das Land von der Plage befreien kann. Schließlich tötet der aus Cornwall stammende Held Tristan den Drachen. Als Belohnung erhält er die Königstochter. Er beansprucht sie aber nicht für sich, sondern überlässt sie dem König von Cornwall, seinem Gebieter.

In der germanischen Mythologie erscheint der Drache ab dem 7. Jahrhundert. Zu den bekannten Sagen, die die Drachentöterthematik behandeln, zählen der Kampf Thors mit der weltumspannenden Mid-

Helmbasilisken besitzen weder einen tödlichen Blick noch einen Gifthauch.

gardschlange (»Jörmungandr«), das aus dem 8. Jahrhundert stammende Epos »Beowulf«, die Wolfdietrichsage und die Siegfriedsage. Letztere ist die bekannteste aller Drachentötersagen. Siegfried tötet den Drachen Fafnir und wird durch ein Bad in dessen Blut fast unverwundbar. Allerdings verursacht ein auf dem Rücken haftendes Lindenblatt eine verwundbare Stelle. Dies wird Siegfried später zum Verhängnis. Er stirbt vom Speer Hagens durchbohrt.

Die Drachentöterthematik wird im Nibelungenlied, dem bedeutendsten mittelhochdeutschen Heldengesang (vermutlich um 1200 n. Chr. entstanden), sowie weiteren verwandten Sagen (u.a. Edda, Sigurdlied, Lied vom Hürnen Seyfried) aufgenommen. Weltberühmt wurde die Siegfriedsage allerdings erst durch Richard Wagners »Der Ring der Nibelungen«.

Das Christentum führt neben dem einzigen himmlischen Drachenbezwinger, dem Erzengel Michael, etwa 100 weitere Drachenkämpfer. Bereits um das Jahr 1270 werden in der »Legenda aurea« des Jacobus de Voragine 30 Drachenheilige genannt. Mit zu den prominentesten zählen der hl. Georg und die hl. Margareta.

Der aus Kappadokien in Ostkleinasien stammende Georg soll unter Diokletian Reitertribun gewesen sein. Der Legende nach trat er zum Christentum über, legte darauf seine Rüstung ab und verschenkte all seine Habe an die Armen. Bei der erbarmungslosen Christenverfolgung unter Diokletian wurde er mit Tausenden Christen ergriffen, ge-

Thor im Kampf mit der Midgardschlange (Gemälde von Johann Heinrich Füssli, 1788).

foltert und schließlich im Jahr 303 n. Chr. in Lydda in Palästina (heute Ludd bei Jaffa) enthauptet. Im Christentum wurde er deshalb als »Großmärtyrer« bzw. »Erzmärtyrer« verehrt.

Einst soll er nach Libyen in die Nähe der Stadt Silena gereist sein, die von einem seebewohnenden Drachen gepeinigt wurde. Zuerst verschlang die Bestie nur Vieh, doch bald forderte sie auch Menschenopfer. Vom Los bestimmt, wurden dem Untier viele Jungfrauen geopfert. Eines Tages traf das Los des Königs Tochter. Zu diesem Zeit-

punkt erreichte Georg die Stadt und erklärte sich bereit, gegen den Drachen anzutreten. Nach schwerem Kampf bezwingt Georg schließlich den Drachen. Aber er tötet ihn nicht, sondern er bittet die Königstochter, dem Drachen ihren Gürtel um den Hals zu schlingen und das Ungeheuer in die Stadt zu führen. Dort verkündet Georg der jubelnden Bevölkerung, er habe den Drachen nur mit Gottes Hilfe besiegen können. Erst nachdem die heidnische Bevölkerung bereit war, sich taufen zu lassen, enthauptete Georg den Drachen.

Der hl. Georg war der auserwählte Schutzpatron Englands (seit 1222) sowie des mittelalterlichen Ritterstandes, insbesondere der Kreuzfahrer. Aufgrund seiner Geschichte wurde er in besonderer Weise als Symbol für christlich-ritterliche Tugenden verehrt. Er löste den ehemals bekanntesten Drachenbezwinger, den Erzengel Michael, nach und nach ab. Im Laufe der Zeit übertrug man den Drachenkampf des Erzengels auf die Legende des hl. Georg. Heute gilt der hl. Georg als Patron der Pfadfinder, Wanderer und Reiter. Er wird wegen guten Wetters, zum Schutz des Viehs sowie gegen Schlangenbisse und Kriegsgefahr angerufen.

Als prominenteste Drachenheilige des Christentums gilt die hl. Margareta aus Antiochia (in Italien und im Orient unter dem Namen Santa Marina bekannt). Teilweise wird sie gar mit jener Königstochter gleichgesetzt, die der hl. Georg vor dem Drachen errettete. Die Legende berichtet, dass Margareta – Tochter eines heidnischen Priesters – von ihrer Amme heimlich im Gedankengut des Christentums erzogen wurde. Als sie später zum Christentum übertrat, wurde sie von ihrem Vater verstoßen. Einen Heiratsantrag des römischen Präfekten Olybrius lehnte Margareta ab, der sie tief gekränkt in den Kerker werfen ließ. Trotz Folterung blieb sie standhaft und schwörte nicht von ihrem Glauben ab.

Über das weitere Geschehen liegen mehrere Versionen vor. So soll ihr im Gefängnis ein Drache erschienen sein, den sie mit dem

Sankt Georgs Kampf mit dem Drachen (Gemälde von Raffael, um 1505).

Kreuzzeichen vertrieb. Nach einer anderen Version wurde sie von dem Drachen verschlungen. Nachdem sie diesen inwendig mit einem kleinen Kreuz berührt hatte, zerbarst der Drache und Margareta war gerettet. Trotz bestandenen Drachenkampfes wurde die Jungfrau nach langer Folter in Antiochia um 300 n. Chr. enthauptet. Die hl. Margareta gilt als die Patronin der Bauernschaft, der Wöchnerinnen und Jungfrauen. Gemeinsam mit dem hl. Georg zählt sie zu den 14 Nothelfern in der katholischen Kirche.

DRACHEN LEHREN GEGNER DAS FÜRCHTEN

Das Bild des Drachen zierte vom Altertum über das Mittelalter bis in die Renaissance Schilde, Waffen, Helme, Rüstungen sowie Feldzeichen. Aber auch als Wappentier fand er Verwendung. Drachen als Feldzeichen sind u. a. von den Indern, Skythen, Assyrern, Persern, Parthern und von den Römern bekannt. Drachenfeldzeichen wurden bei den römischen Legionen ab dem 3. Jahrhundert eingesetzt. An einem

metallenen Drachenkopf war ein sich aufblähender Stoffsack befestigt, der den Drachenkörper darstellte. Einerseits sollte sich die urtümliche und gewaltige Kraft, die man dem Drachen zuschrieb, auch auf die eigenen Krieger übertragen, andererseits sollte damit wohl auch der Feind eingeschüchtert werden. Man kämpfte quasi unter dem Schutz des Drachen. Mit der Christianisierung gelangte später das Drachenfeldzeichen nach Mittel- und Nordeuropa.

Den Bug von Wikingerschiffen zierte ein Drachenkopf, der Wassergeister und Feinde abwehren sollte. Ihre Schiffe nannten die Wikinger »dreki« (Drache) oder »ormr« (lange Schlange).

Die Dragoner, die erstmals in der 2. Hälfte des 16. Jahrhunderts in Frankreich kämpften, waren gleich mehrfach mit dem Drachenbild ausgestattet. Die Mündung der Pistolen (»dragon«) stellte einen Drachenkopf dar, den Korb des Säbels und den Offiziershelm zierten ebenfalls Drachenabbildungen.

Überhaupt waren Drachen beim Militär besonders beliebt. Selbst Amulette mit dem hl. Georg und dem Drachen sollten Schutz vor Krankheit, Verletzung oder gar dem Tod im Krieg bewirken. Als Amulett heiß begehrt war der Georgstaler aus der Grafschaft Mansfeld (Deutschland). Im Französischen Krieg rettete er einem kaiserlichen Offizier vor Kochersberg das Leben. Eine auf ihn abgefeuerte Kugel blieb in einem solchen Mansfelder Georgstaler stecken, den der Offizier in seinem Waffenrock bei sich trug. Die Münze hatte anscheinend

wirklich schützende Kräfte für deren Besitzer, so jedenfalls sahen dies die Zeitgenossen.

Die Auseinandersetzung mit dem Drachen galt im Mittelalter als eine der besonderen christlich-ritterlichen Tugenden. Der Ritterstand sah sich unter dem Schutzpatronat des hl. Georg. Die Gründung eines Drachenritterordens war in diesem Zusammenhang nur eine logische Konsequenz der mittelalterlichen Geisteshaltung. Im Jahr 1418 gründete König Sigismund von Ungarn (1386–1437) den Drachenorden, einen neuen Ritterorden, dessen lateinischer Name »Ordo equestris Draconis Hungariae« lautet. Der Ritterorden verbreitete sich insbesondere in Österreich und Ungarn, um im 16. Jahrhundert zu erlöschen. Das Wappen des Ordens zierte ein blutbefleckter Drache in goldgrüner Farbe.

Generell war der Drache in der Heraldik (Wappenkunde) eine herausragende Symbolfigur für Familien-, Stadt- und Staatswappen und sollte eine besondere Stärke sowie eine herausragende Stellung demonstrieren (vgl. S. 16 f.).

MAGIE UND ALCHIMIE

Schon Plinius d. Ä. (23–79 n. Chr.) beschrieb die magischen und medizinischen Verwendungsmöglichkeiten von Bestandteilen des Drachenkörpers. Und im Mittelalter führte die sonderbare Form von manchen Fossilien – die man als Drachenbestandteile identifizierte – zu dem Glauben, dass sie über magische Wirkungen verfügten. Da-

rüber hinaus sollte auch das Verspeisen von Drachenorganen bzw. Drachenkörperbestandteilen magische Kräfte verleihen. Der Verzehr von Drachenherzen verlieh die Fähigkeit, die Sprache aller Tiere zu verstehen. Zunge und Galle des Drachen, in Wein gekocht und damit den Körper eingerieben, vertrieben die bösen Geister. Das Baden in Drachenblut machte die Haut hart und unverletzlich. Auf die Heilwirkung des als Drachenblut fehlgedeuteten Steinöls aus den Seefelder Schichten im Hauptdolomit nahe dem Kloster Wilten (Österreich) wurde bereits eingegangen.

So genannte Drachensteine, die sich im Gehirn des Drachen bilden oder vom Drachen im Mund getragen werden, waren ebenfalls ein wichtiges Heilmittel gegen allerlei Wunden und vor allem Vergiftungen, ja sogar gegen die Pest. Kein Wunder, dass man Drachensteine ab dem 15. Jahrhundert intensiv in der Natur zu finden suchte. Der italienische Philosoph Marsilius Ficinus interpretierte fossile Mäanderkorallen als Drachensteine. In Niedersachsen waren die Drachensteine Ammoniten, die man in den Milcheimer legte, um Viehkrankheiten und dem Milchdiebstahl durch den Teufel vorzubeugen.

In der Alchimie, der »Wissenschaft« von der Umwandlung unedler Metalle in Gold, nahm der Drache wegen seines Symbolcharakters eine wichtige Stellung ein. Der Drache galt als »materia prima«, als Materie in ihrem ursprünglichen, unvollkommenen Zustand, aus der alles geformt werden konnte. Um einen neuen Inhalt zu erreichen, musste dieser Urstoff in einen vollkommenen, höherwertigen Zustand überführt werden. Darüber hinaus gilt der Drache bei den Alchimisten als Symbol für den Kreislauf der Stoffe und somit der Ewigkeit.

DER DRACHE IN KUNST UND LITERATUR

In der mittelalterlichen Baukunst wurde der Drache vielfach auf Kapitellen, in Kreuzgängen, an Kanzeln, Taufbecken, Skulpturen und Grabsteinen sowie als Wasserspeier an Fassaden und Dächern von Kirchen dargestellt. Wahre Heerscharen bildender Künstler widmeten sich dem Sujet und schufen z. T. weltberühmte Werke, darunter Albrecht Dürer, Lukas Cranach der Ältere, Raffael, Paolo Uccello, Dante Gabriel Rossetti, Cornelisz van Haarlem, Jacopo Tintoretto, Eugène Delacroix.

Dichtern und Literaten wie Friedrich Schiller (Der Kampf mit dem Drachen), Johann Wolfgang von Goethe (Mignon) und auch Rainer Maria Rilke verdanken wir verschiedene Werke zur Drachenthematik. In der Märchen- und Fantasy-Literatur spielen Drachen, beispielsweise in »Die unendliche Geschichte« von Michael Ende und in »Der kleine Hobbit« von J.R.R. Tolkien, einen wichtigen Part.

In der Oper »Die Zauberflöte« von Wolfgang Amadeus Mozart wird Prinz Tamino vor einem Drachen gerettet, der Drache wird getötet. Nicht zuletzt behandelte auch der Film mehrfach die Siegfriedsage

und den Drachenkampf. Fritz Lang machte mit der Verfilmung des mittelalterlichen Nibelungenepos im Jahr 1924 den Anfang. Neuere Filme sind »Dragonheart« (1996) und das ziemlich düstere Machwerk »Reign of fire« aus dem Jahr 2002.

DER WESTLICHE DRACHE IN DER GEGENWART

Während die Menschen in China heute noch mit dem Drachen leben, ist er in den westlichen Ländern in der Gegenwart eine Randfigur. Denn das goldene Zeitalter der Drachen im Abendland, das Mittelalter, ist lange vorbei. Trotzdem dient er als kraftvolles und symbolträchtiges Fabelwesen Unternehmen als Markenzeichen, Sportvereinen als Emblem und Gemeinden und Familien als Wappentier. Man genießt Drachenbier, liest Drachenliteratur, besucht interessiert Ausstellungen zur Drachenthematik sowie Prozessionen und Umzüge.

Das Image des westlichen Drachens war jahrhundertelang das eines Ungeheuers und Bösewichts. Dies hat sich vor allem in den letzten Jahrzehnten erheblich gewandelt. Vor allem Kinderbücher und Kinderfilme mit Drachen sowie der Einzug von allerlei Kinderspielzeug und lustigen Drachenplüschtieren – wie dem Drachen Tabaluga – in die Kinderzimmer haben hier zu einem

Fuchur heißt der Drache in der »Unendlichen Geschichte« von Michael Ende. Hier die Illustration zum letzten der mit den Buchstaben des Alphabets bezeichneten Kapitel.

Sinneswandel geführt. Die neuen Drachen haben ein positives Image und sind kinderfreundlich. Sie sind Beschützer und Lehrmeister von Kindern, reden mit ihnen in einer verständnisvollen Weise und leisten ihnen Gesellschaft, ehe sie sich zur Nachtruhe verabschieden. Michael Endes Drache Fuchur in »Die unendliche Geschichte« ist hier ein treffendes Beispiel. Auf diese Weise hat der Okzident mit dem Fabelwesen »Drachen« doch noch Frieden geschlossen.

Klassische Fabelwesen

Wir kennen sie alle aus der Schule oder seit der Lektüre von Gustav Schwabs »Sagen des klassischen Altertums«: Fabelwesen wie die Hydra und die Zentauren oder die schrecklichen Gorgonen. Aber auch andere mythenbeladene Wesen wie Greifen oder Vampire sind seit langem bekannt. Fabelwesen waren ein fester Bestandteil der epischen Erzählungen der griechischen Mythologie und deshalb auch aus dem Alltagsleben der Antike nicht wegzudenken. Durch die klassische Literatur der Antike wie Homers »Odyssee« oder Vergils »Aeneis« wissen wir heute um die Bedeutung der Fabelwesen.

Während des Mittelalters und der Renaissance flammte das Interesse an den Mythen der Antike und damit auch an den Fabelwesen erneut auf. Sie fanden sich nicht nur in der zeitgenössischen Kunst und Literatur wieder, sondern spielten auch eine wichtige Rolle als Symbol und in der Heraldik. An die Existenz einiger Fabelwesen wurde sogar bis weit in das 18. Jahrhundert geglaubt.

In unserer aufgeklärten Zeit wissen wir natürlich, dass es weder dreiköpfige Hunde, geflügelte Pferde noch Mischwesen wie die Sphinx oder die Chimäre jemals gab. Interessant ist es aber herauszufinden, wer oder was steckt eigentlich hinter den Mythen der einzelnen Fabelwesen. Wie entstand der Mythos? Gab es ganz reale Vorbilder oder waren gar ausgestorbene Tierarten Ursprung der Legenden?

Auch in der Wissenschaft spielen Fabelwesen eine wichtige Rolle, waren sie doch oft Namensgeber für tatsächlich existierende Tierarten, die in Gestalt, Eigenschaften oder Verhalten an die phantastischen Wesen erinnerten.

Auch wenn heute die Geheimnisse der »Klassiker« unter den Fabelwesen weitgehend entschlüsselt sind, ist ihre Popularität ungebrochen, denn nicht nur die modernen Medien, sondern auch die Wirtschaft nutzten gerne den großen Wiedererkennungswert und die hohe Symbolkraft der Fabelwesen als Namensgeber oder Firmenlogo der verschiedensten Unternehmen.

Die furchtbaren Geschwister

Sphinx, Hydra, Chimära und Zerberus

»Sphinx von Naxos« in Delphi

Der grässliche Riese Typhon mit seinen hundert Drachenköpfen und die riesige schlangengestaltige Nymphe Echnida waren die Eltern der rätselhaften Sphinx, der Riesenschlange Hydra, der Feuer speienden Chimäre und des Höllenhundes Zerberus – eine wahrhaft fürchterliche Familie.

SPHINX: RÄTSEL UND PHARAONEN

Das geflügelte Ungeheuer Sphinx ist ein Mischwesen, dessen vorderer Teil menschlich und des-sen hinterer Teil wie ein Löwe ge-staltet ist. Der menschliche Teil wurde in der Kunst sowohl männ-lich als auch weiblich dargestellt. Die Sphinx wurde von der Götter-mutter Hera vor die Tore von The-ben gesetzt, um mit ihr die Stadt zu bestrafen. Auf den Phiceischen Fel-sen gelagert, gab die Sphinx den Thebanern diverse Rätsel auf, die sie selbst bei den Musen erlernt hatte. Wer die Lösung nicht fand, wurde von der Sphinx ergriffen, zerfetzt und kurzerhand aufgefres-sen. Sogar der Sohn des Königs von Theben wurde von der Sphinx ver-speist. In seiner Not gelobte der Kö-nig daraufhin demjenigen die Hand seiner Schwester Iocaste und das Reich, der die Stadt von der Sphinx befreien würde. Der gerade nach Theben gereiste Ödipus hörte vom Angebot des Königs und Preis und Gefahr lockten ihn. Er ließ sich von der Sphinx das Rätsel vorlegen und löste es mit Bravour.

DAS RÄTSEL DER SPHINX

*Was geht am Morgen auf vier,
am Mittag auf zwei und
am Abend auf drei Beinen?*

DIE LÖSUNG DES ÖDIPUS
Der Mensch.

*Als Kind krabbelt er
auf allen vieren,
erwachsen steht er
auf zwei Beinen
und im Alter stützt ihn der Stock.*

Die Geschichte hatte jedoch da-mit kein Happyend, sondern endete für alle Beteiligten tragisch: Die Sphinx stürzte sich aus Scham und Wut über ihre Niederlage von ihrem Felsen in den Tod. Der sieg-reiche Ödipus erhielt zwar das Kö-nigreich Theben, heiratete aber ohne es zu wissen mit der Königin Iokaste seine eigene Mutter.

Sehr viel bekannter als die Sphinx der griechischen Antike sind die ägyptischen (ungeflügelten) Sphingen, die zusammen mit den Pyramiden zu den bekanntesten Symbolformen der pharaonischen Kultur gehören. Sie hatten den Körper eines Löwen und den Kopf eines anderen Tieres oder eines Mannes und waren häufig das Abbild eines Königs. Der Löwe war im alten Ägypten ein uraltes Sonnensymbol: Im Sphinx sind daher Sonne und König vereinigt. In Ägypten sind Sphingen in der Regel männlich, sodass es eigentlich der Sphinx heißt, auch wenn man sich umgangssprachlich nur selten daran hält. Der berühmteste Sphinx ist der so genannte »Sphinx von Gizeh« bei den Pyramiden. Die ca. 2600 v. Chr. aus dem Felsen gehauene Statue ist 20 m hoch und 73 m lang. Auf dem gewaltigen Löwenleib sitzt der Kopf des Pharao Cephren, der ein Sohn des Pharaos Cheops war, des Erbauers der größten Pyramide von Gizeh. Das gestreifte Kopftuch des Sphinx ersetzt die Mähne des Löwen und ermöglicht einen harmonischen Übergang zwischen den beiden Teilen. Sphingen hatten oft die Funktion, Heiligtümer und Grabstätten zu schützen.

SCHMETTERLINGE UND AFFEN

Ob männlich oder weiblich, ob geflügelt oder ungeflügelt, ob griechisch oder ägyptisch – es gab und gibt natürlich keine solchen oder ähnliche Mischwesen. Wissenschaftler haben jedoch 2 völlig un-

Ligusterschwärmerraupe in typischer Sphinxstellung

terschiedliche Tierarten aufgrund besonderer Eigenschaften nach der Sphinx benannt: zum einen einen Schmetterling, nämlich den Ligusterschwärmer (*Sphinx ligustri*), und zum anderen einen Affen, den Mandrill (*Mandrillus sphinx*).

Der lateinische Name des Ligusterschwärmers rührt von der charakteristischen »Sphinx«-Stellung seiner Raupen her, die diese einnehmen, wenn sie sich von einem Feind bedroht fühlen und ihn mit einer imponierenden Körperhaltung einschüchtern wollen. Dazu richten sie die vorderen 2 Drittel des Körpers hoch auf, wobei das 1. Drittel der Raupe zu einem Scheinkopf zusammengezogen ist. Der tatsächliche Kopf der Raupe besteht dagegen nur aus einem plattenförmigen Glied ganz vorn. Im Profil erinnert die Raupe dann sehr an einen altägyptischen Sphinx. Die erwachsenen Ligusterschwärmer sind nacht-

aktiv und können durch schnelles Flügelschlagen wie ein Kolibri in der Luft stehen und so mit ihrem langen Rüssel Nektar saugen, ohne sich auf der Blüte niederlassen zu müssen. Der Ligusterschwärmer gehört übrigens, wie rund 30 weitere Arten in Mitteleuropa, zur Familie der Schwärmer – lateinischer Name Sphingidae. Es gibt im Tierreich also sogar eine ganze Sphinx-Familie.

Im Gegensatz zu ihren Vettern, den Steppenpavianen, gehören die Mandrille, die westafrikanischen »Backenfurchenpaviane«, zu den am wenigsten erforschten Primaten. Sie bewohnen dichte, nur schwer zugängliche Urwälder, sodass über ihr Leben im Freiland nur wenig bekannt ist. Hinzu kommt, dass die Tiere äußerst scheu sind und sich den menschlichen Blicken rasch entziehen. Ob sie ihren lateinischen Artnamen erhielten, weil ihr Leben

DIE NASE DES SPHINX

Seit mehr als 4500 Jahren thront die Kolossalstatue des Sphinx über der Nekropole von Gizeh. Das majestätische Erscheinungsbild des Sphinx wird jedoch durch einen Schönheitsfehler getrübt – ihm fehlt die Nase!

Über den Verlust der Nase halten sich hartnäckig 2 ganz unterschiedliche Theorien:

1. Der gallische Held Obelix hat die Nase während einer ausgedehnten Klettertour auf dem Sphinx abgebrochen (siehe auch »Asterix und Kleopatra«).
2. Die Truppen Napoleon Bonapartes benutzten den Sphinx während ihres Ägyptenfeldzuges als Zielscheibe für ihre Geschütze.

Während man Obelix als fiktive Comicfigur sofort von jeder Schuld freisprechen kann, bedarf die »Napoleontheorie« einer genaueren Erörterung:

Napoleons Expeditionskorps landete 1798 in Ägypten. Im gleichen Jahr fand vor den Pyramiden von Gizeh die Schlacht gegen die Mameluken statt. Über ein halbes Jahrhundert zuvor bereiste der dänische Archäologe Frederik Norden Ägypten. In den Zeichnungen seiner 1755 veröffentlichten Dokumentation über ägyptische Baudenkmäler ist jedoch die abgebrochene Nase des Sphinx deutlich zu erkennen – Napoleon kann es also nicht gewesen sein!

Auch die These von C.W. Ceram in seinem berühmten Buch »Götter, Gräber und Gelehrte«, die Mameluken hätten die Nase zerstört, erwies sich letztlich als falsch. Neuere historische Erkenntnisse, die auf arabischen Quellen des 15. Jahrhunderts beruhen, legen den Schluss nahe, dass das Gesicht des Sphinx im 14. Jahrhundert von einem strenggläubigen Derwisch zerstört wurde, um zu verhindern, dass die Statue vom Volk weiterhin als Gottheit verehrt wurde.

Die Pyramiden von Gizeh werden schon seit mehr als 4000 Jahren von dem Sphinx bewacht.

in Anlehnung an die griechische Sphinx den Wissenschaftlern früher große Rätsel aufgab oder weil es genauso rätselhaft war wie das Lächeln des Sphinx von Gizeh, lässt sich heute nicht mehr nachvollziehen. Fest steht jedoch, dass Mandrillmännchen zu den buntesten Säugetieren überhaupt zählen. Die Farbe auf Gesicht und Gesäß der so genannten »Haremsmännchen« ist umso leuchtender, je mehr diese Tiere erregt sind, und dient wohl in erster Linie zur Abschreckung möglicher Rivalen.

Selbst Herkules benötigte alle seine Kräfte, um die Hydra zu besiegen. Griechische Vasenmalerei aus dem 5. Jahrhundert v. Chr.

HYDRA: RIESENSCHLANGE MIT 9 KÖPFEN

Die Hydra (griech. = Wasserschlange) hauste in den Sümpfen von Lerna, weshalb sie auch unter dem Namen Lernäische Hydra bzw. Lernäische Schlange bekannt war. Über ihr Leben und Sterben wird von zahlreichen antiken Schriftstellern, unter ihnen so bekannte wie Hesiod, Pausanias, Ovid und Vergil, berichtet. Die Hydra war ein Furcht erregendes Wesen mit 9 Köpfen, von denen einer, nämlich der mittlere, auch noch unsterblich war. Hydra stillte ihre Mordlust jahrelang an Mensch und Vieh und terrorisierte ganze Dörfer. Daher war es die zweite Aufgabe des Herakles, dieses Ungeheuer zu vernichten, nachdem er als erste

Arbeit bereits ihren Bruder, den Nemäischen Löwen getötet hatte.

So fuhren Herakles (lat.: Herkules) und sein Gefährte und Wagenlenker Iolaos mit dem Streitwagen zur Höhle der Hydra, und der griechische Held trieb sie mit brennenden Pfeilen aus ihrem Versteck. Die Vernichtung des Monsters gestaltete sich jedoch zunächst schwieri-

ger als geglaubt, denn immer wenn ihr ein Kopf abgeschlagen wurde, wuchsen zwei neue nach. Zusätzlich wurde dem Ungeheuer von Hera, der Intimfeindin des Herakles, ein Riesenkrebs zur Hilfe geschickt, der den Helden mit seinen gewaltigen Scheren attackierte. Herakles tötete zunächst den Riesenkrebs. Die Hydra selbst aber

7-köpfige Hydra. Zeichnung des berühmten italienischen Zoologen Ulisses Aldrovandi (1522–1605).

Eine Minihydra aus dem Gartenteich – der Süßwasserpolyp.

konnte auch der Halbgott nicht alleine bezwingen. Erst als Iolaos die Stümpfe der abgeschlagenen Köpfe mit einem brennenden Holzpfahl ausglühte, konnten sie nicht mehr nachwachsen. Den neunten und unsterblichen Kopf der Hydra schlug Herakles ab, begrub ihn tief in der Erde und wälzte einen großen Felsbrocken über ihn. Nachdem er die Hydra getötet hatte, tauchte der Held die Spitzen seiner Pfeile in ihr Blut, das extrem giftig war. Herakles schuf sich so eine furchtbare Waffe, denn fortan heilten die von seinen Pfeilen verursachten Wunden nicht mehr.

Eine Legende sagt, dass nach ihrem Tod Hydra und Krebs am Himmel als Sternbilder leuchten.

EINE MINIATURHYDRA – KLEIN, ABER GEFÄHRLICH

Welches real existierende Tier stand jedoch Pate für den Mythos Hydra? Eine riesige Wasserschlange, eine Giftschlange oder gar ein Riesenkalmar? Wir wissen es nicht. In unseren Süßgewässern gibt es jedoch noch heute eine Hydra, die zwar viel kleiner ist als ihre antike Namensgeberin, aber ihre Regenerationsfähigkeit noch weit übertrifft: *Hydra vulgaris*, der Gewöhnliche Süßwasserpolyp.

Süßwasserpolypen sind sehr einfach gebaute Organismen. Sie bestehen aus einem doppelwandigen Schlauch von rund 1 cm Länge, der am unteren Ende von einer Fußscheibe verschlossen ist. Am gegenüberliegenden Ende befindet sich der Mund, der auch gleichzeitig After ist und von 4–12 Tentakeln umgeben ist. Diese Fangarme sind mit einem gefährlichen Waffenarsenal gespickt, das im Tierreich einzigartig ist und um das die Lernäische Hydra sicher den Süßwasserpolypen beneidet hätte. An den Fangarmen sitzen nämlich zahlreiche Nesselkapseln, die so genannten Cniden, die auch der Gruppe der Nesseltiere (Cnidaria) ihren Namen gegeben haben. Diese höchst spezialisierten Zellbestandteile besitzen an der Oberfläche ein feines Härchen, das wie ein Sensor jede Berührung registriert und dann innerhalb weniger tausendstel Sekunden eine kaskadenartige Reaktion hervorruf: Der Deckel der Kapsel öffnet sich und schleudert einen Nesselfaden hervor.

Es gibt bei Hydra ganz unterschiedliche Nesselkapseln, die je nach Bedarf eingesetzt werden können:

– Durchschlagskapseln (Penetranten), die mit ihren stilettartigen Spitzen die Körperwand des Beutetieres durchschlagen und ein lähmendes bzw. tötendes Gift injizieren.
– Wickelkapseln (Volventen) umwickeln mit ihrem Faden die Beute und halten sie so fest.
– Klebekapseln (Glutinanten), die mit ihrem klebrigen Sekret der Fortbewegung des Polypen mittels »Handstandüberschlag« bzw. nach Spannerraupenart dienen.

Hydra ist sehr gefräßig. Ihre Beute besteht meist aus Kleinkrebsen, Insektenlarven und sogar frisch geschlüpften Fischen. Sogar von Tieren, die größer sind als sie selbst, scheut sie nicht zurück.

Wie bereits erwähnt ist das Regenerationsvermögen von Hydra sehr beachtlich: Ein kleines Stück (der 2000. Teil!) eines Polypen kann innerhalb weniger Tage zu einem vollständigen Tier heranwachsen.

Hydra pflanzt sich ungeschlechtlich durch Knospung fort. Dabei wachsen am Polypen eine oder mehrere Knospen, die sich zu Zweigen mit eigenen Fangarmen entwickeln und sich schließlich als selbstständiges Tochtertier abschnüren. Alle auf diese Art entstehenden Individuen sind dann mit dem Muttertier vollständig identisch. Deswegen scheint auch der Süßwasserpolyp, zugegebenerweise großzügig ausgelegt, gewissermaßen unsterblich zu sein. Eine geschlechtliche Fortpflanzung dagegen tritt bei Hydra meist nur dann auf, wenn sich ihre Lebensbedingungen extrem verschlechtern.

CHIMÄRA: DAS FEUER SPEIENDE MISCHWESEN

... die ungeheure Chimära, die göttlicher Art, nicht menschlicher, dort emporwuchs: Vorn ein Löw', und hinten ein Drach' und Geiß in der Mitte, schrecklich umherhauchend die Macht des lodernden Feuers«.

So wird das Mischwesen Chimäre zum ersten Mal im sechsten Gesang von Homers Ilias erwähnt. Das flugfähige Ungeheuer, das auch im sechsten Gesang der Aeneis als Monster mit Löwenkopf, Ziegenbauch und Schlangenschwanz beschrieben wurde, verwüstete Lykien, ein Königreich in Kleinasien, indem es vom Himmel herab auf die Dörfer herunterstieß und sie mit seinem schwefelhaltigen Feueratem in Brand setzte.

Hesiod beschreibt die Chimäre in seiner Theogonie etwas anders, nämlich als Ungeheuer mit 3 Köpfen – mitten auf dem Rücken befindet sich der Ziegenkopf und an den beiden jeweiligen Enden ein Schlangen- und ein Löwenkopf. In dieser Version ist die Chimäre auch auf der berühmten Bronzefigur von Arezzo aus dem 5. Jahrhundert dargestellt. Die Chimäre wurde durch den Helden Bellerophontes, den Sohn des Korintherkönigs Glaukos, getötet. Dieser besiegte das Ungeheuer mit Hilfe des wendigen Flugrosses Pegasus (siehe Seite 87), das ihm von den Göttern geschickt

Zeichnung einer Chimäre aus dem Jahr 1642 in Anlehnung an die berühmte »Chimäre von Arezzo« aus der Toscana.

wurde, in einem erbittert geführten Luftkampf.

Servius Honoratus (ca. 410 n. Chr.), ein römischer Vergil-Kommentator, bemerkte, dass nach Meinung aller maßgeblichen Autoritäten (damit meinte er in erster Linie sich selbst) die Chimäre eine Metapher für einen Feuer speienden Vulkan in Lykien sei, dessen Fuß von Schlangen verseucht sei, an dessen Hängen Ziegen weideten und an dessen Gipfel Löwen ihr Lager hätten.

TIEFSEECHIMÄREN

Chimären gibt es wirklich. Man darf sie nur nicht in den Lüften Kleinasiens suchen, sondern auf dem Grunde des Meeres. Sie sind auch kein Mischwesen aus Löwe, Ziege und Schlange, sondern sehen so aus, als seien sie aus einer Katze, einer Ratte und aus einem Drachen zusammengepuzzelt worden: Chimären, auch Seedrachen genannt, wurden von Wissenschaftlern zwar aus augenscheinlichen Gründen in Anlehnung an das Ungeheuer aus der Ilias benannt, gehören jedoch zusammen mit Haien und Rochen zu den Knorpelfischen. Die heutigen Seedrachen (3 Familien mit 35 Arten) stellen den Rest einer sehr alten Fischgruppe dar, die seit dem Devon und Karbon in den Weltmeeren vertreten ist.

Der einzige Vertreter der Chimären in europäischen Gewässern ist die so genannte Seekatze oder Spöke

DIE CHIMÄRE IST MACHBAR

In der modernen Biologie versteht man unter einer Chimäre ein Mischwesen, das Zellen mit unterschiedlichen Genomen (Erbanlagen) beherbergt. Chimären entstehen, indem man Zellen eines Lebewesens in den Embryo eines genetisch verschiedenen Lebewesens injiziert. Dies ist sowohl innerhalb einer Spezies als auch artübergreifend möglich.

1998 wagte der amerikanische Biologe Stuart Newman einen Vorstoß in ein hochsensibles Gebiet. Er meldete beim amerikanischen Patentamt eine Methode zur Herstellung von Mensch-Tier-Chimären im Labor zum Patent an. Bei Newman handelte es sich jedoch keineswegs um einen modernen Dr. Frankenstein, der skurrile Monster züchten wollte, sondern um einen Gentechnikkritiker, der mit einer Patentblockade andere Forscher rechtzeitig daran hindern wollte, dasselbe Patent anzumelden. Zusätzlich erhielt er durch seinen Aufsehen erregenden Antrag genügend weltweite Publicity, um die Debatte über die Vermarktung und Patentierung von Lebewesen sowie über die ethischen Grenzen der Genforschung neu anzufachen.

Die Methode zur Herstellung von Labor-Chimären ist seit langem bekannt und wäre theoretisch auch zur Herstellung von Mensch-Tier-Mischwesen anzuwenden. Bereits 1984 wurde in England das erste Mischwesen, die so genannte Schiege, eine Schaf-Ziegen-Chimäre, durch Fusion der Embryonalzellen des Schafes mit Embryonalzellen der Ziege im Reagenzglas hergestellt. Bald darauf folgte die »Tomoffel« eine botanische Chimäre aus Tomate und Kartoffel.

Da Menschen und Affen sehr nahe miteinander verwandt sind und ihr Erbgut zu 99 % übereinstimmt, besteht Grund zu der Annahme, dass sich zumindest in einigen Fällen die Zellen der unterschiedlichen Spezies zu einem chimärischen Embryo vereinigen würden, der anschließend in den Uterus einer tierischen oder menschlichen Gebärmutter eingepflanzt werden könnte. Von derartigen Embryonen könnte wiederum ein Teil zu einem mehr oder minder lebensfähigen Organismus heranwachsen.

Eine Rarität: Fotografie einer Schiege – einer Schaf-Ziegen-Laborchimäre

(*Chimaera monstrosa*), ein rund 1,5 m langer Fisch mit einem »Katzenkopf«, einer Rückenflosse mit Giftstachel und einer ratten schwanzähnlichen Schwanzflosse, die etwa $^1/_3$ des Körpers ausmacht. Der stets in Bodennähe lebende Tiefseefisch lebt vorwiegend auf dem Festlandschelf in bis zu 200 m Tiefe, kann aber gelegentlich wohl auch in Tiefen von 1000 m und mehr vordringen und ernährt sich von wirbellosen Bodentieren. Bis heute ist die Lebensweise der Chimären weitgehend unerforscht. Für die Fischerei ist die Seekatze ohne Bedeutung.

ZERBERUS: HÖLLENHUND MIT 3 KÖPFEN

Die letzte und zugleich schwerste Aufgabe des Herakles war es, den Höllenhund Zerberus aus der Unterwelt zu holen. Zerberus, der den Zugang zum Hades, der Unterwelt der griechischen Mythologie, bewacht, war ein gewaltiger Hund mit 3 Köpfen, aus deren riesigen Rachen, die mit schrecklichen Reißzähnen bestückt waren, auch noch fortwährend giftiger Geifer tropfte. Damit nicht genug: Sein Schwanz mündete in einen Schlangenkopf und auch Kopf- und Rückenhaare wurden von zischenden Schlangen gebildet. Zerberus verwehrte jedem den Zutritt zur Unterwelt, der dort nicht hingehörte. Und auch wer wieder an das Tageslicht zurückwollte, fand in ihm einen umbarmherzigen Wächter. Von Pluton, dem Gott der Unterwelt, war der Höllenhund mit besonderen Kräften

Die Seekatze (Chimaera monstrosa) *ist ein stets am Boden lebender Tiefseefisch.*

versehen worden, die es ihm erlaubten, auch den meisten Göttern zu widerstehen.

Nur wenige Helden schafften es, das 3-köpfige Ungeheuer zu besänftigen oder zu überlisten. Dem Sänger Orpheus gelang es, den Zerberus mit der Schönheit und Magie seines Gesanges zu besänftigen. Aeneas bestach ihn mit (Sedativa enthaltendem?) Honigkuchen, und auch Odysseus hat sich irgendwie an ihm vorbeigemogelt. Herakles war jedoch der Einzige, der den Höllenhund an das Tageslicht zerren konnte.

Um sich auf die Reise in den Hades vorzubereiten, ging Herakles zunächst in die Stadt Eleusis, in der er sich von Priestern in die Geheimnisse der Unterwelt einweihen ließ. Am Tor der Unterwelt verwehrte der Totengott Pluton jedoch selbst Herakles den Zugang zur Unterwelt. Daraufhin schoss ihm der Halbgott einen Pfeil in die Schulter, sodass der unsterbliche Gott die Schmerzen der Sterblichen erleiden musste, und verlangte die unverzügliche Herausgabe des Höllenhundes. Auf diese Weise beeindruckt, ließ sich Pluton auf einen Kompromiss ein: Herakles sollte den Zerberus erhalten, wenn er ihn, ohne seine Waffen zu benutzen, überwältigen könnte.

Herakles ging mutig, einzig von seinem Brustharnisch und seiner obligatorischen Löwenhaut geschützt, auf Zerberus zu und fasste ihn kurz entschlossen an der Kehle. Dieser wehrte sich verzweifelt mit seinem Drachenschwanz, aber Herakles war durch sein Löwenfell vor den Bissen gut geschützt und würgte das Untier so lange, bis es sich ergab. Halb trug, halb zerrte der Held den Höllenhund zur Oberwelt.

Als Zerberus das Tageslicht erblickte, entsetzte er sich so sehr, dass er anfing seinen Geifer zu versprühen. An den Stellen an denen der Geifer die Erde benetzte, wuchs später der giftige Eisenhut aus dem Boden hervor. Herakles brachte dann den 3-köpfigen Hund auftragsgemäß zu König Eurystheus. Nach Begutachtung durch den Auftraggeber konnte Zerberus dann allerdings wieder in die Unterwelt zurückgebracht werden.

Auch in der nordischen Mythologie ist ein Höllenhund bekannt. Es ist Garm, der den Eingang nach Hel bewacht.

HOFHUND, SICHERHEITSSYSTEM ODER FIRMENLOGO?

Homer hat den Zerberus sowohl in der Ilias als auch in der Odyssee beschrieben, Vergil berichtete über ihn in der »Aeneis«, auch in den »Metamorphosen« von Ovid taucht der Höllenhund auf, sogar Cicero erwähnt ihn – und doch: Ein Hund mit 3 Köpfen und einem Drachenschwanz hat natürlich nie existiert und es gab und gibt auch kein reales Tier, das dem Zerberus auch nur im Entferntesten ähnelt oder bei dessen Benennung der Wächter der Unterwelt als Vorbild hätte dienen können.

Die Entführung des Höllenhundes Zerberus aus dem Hades war die letzte der 12 Arbeiten des Herkules. Griechische Vasenmalerei aus dem 5. Jahrhundert v. Chr.

Allerdings führen einige Altertumsforscher die Sage vom Zerberus als Wächter der Unterwelt auf Gepflogenheiten der alten Ägypter zurück, die ihre oft mit wertvollen Grabbeigaben versehenen Gräber von großen Hunden vor Grabräubern bewachen ließen.

In der Antike wie auch im Mittelalter gab es immer wieder Berichte über missgebildete Tiere, die 2 Köpfe, 6 Zehen oder 2 Schwänze hatten und von den Menschen dieser Zeit als vom Teufel gesandt oder als Vorboten einer schlimmen Katastrophe galten. Auch in der heutigen Zeit finden sich in der Boulevardpresse Berichte über solche Mutationen. Dass der Zerberus-Mythos auf einen solchen missgebildeten Hund zurückgeht, ist möglich, aber aufgrund seiner gleich 3 Köpfe eher unwahrscheinlich.

So gibt es heute Zerberusse nur noch in Form von scharfen Hofhunden, unfreundlichen Hausmeistern und unerbittlichen Türstehern von Diskotheken. Wach- und Sicherheitsfirmen sowie Sicherheitssysteme von Computern tragen oft den Namen des Höllenhundes oder nutzen sein Bild als Logo, um ihre Zuverlässigkeit auch nach außen hin zu dokumentieren. Das Markenzeichen der Erdölgesellschaft Agip ist ebenfalls ein Höllenhund. Im Gegensatz zum antiken Bewohner der Unterwelt hat er jedoch nur 1 Kopf, ist dafür aber im Besitz von 6 Beinen.

Der 3-köpfige Zerberus war ein unerbittlicher Wächter der Unterwelt.

Phönix

Vogel aus der Asche

Ein Vogel, der sich selbst verbrennt, um sich dann wieder aus der Asche zu erheben, muss ein Symbol für das ewige Leben sein.

Der Phönix ist einzigartig unter den Lebewesen, denn er hat weder Brüder noch Schwestern, weder Mutter noch Vater – er gebiert sich selbst, wie uns dies der römische Dichter Ovid in seinen »Metamorphosen« schildert:

Einen Vogel gibt es, der selbst
sich erzeugt und erneuert.
Phoenix nennt der Assyrier ihn.
Er lebt nicht von Frucht und
Kräutern, sondern von Zähren
des Weihrauchs, vom Saft des
Amomum.
Hat seines Lebens fünf Jahrhun-
derte dieser erfüllt, dann
baut er sich selbst mit den Klaun
und dem reinen Schnabel ein Nest
im Eichengezweig oder auch im
Wipfel der schwankenden Palme.
Hat er Casia dort und die Ähren
der schmiegsamen Narde,
gelbliche Myrrhe dazu und gesto-
ßenen Zimt unterbreitet,
bettet er selbst sich darauf und en-
det in Düften sein Leben.
Hier, so sagt man, entsteht aus
dem Leibe des Vaters ein kleiner
Phoenix, dem ebenso viel an
Jahren zu leben bestimmt ist.
Hat sein Alter dem die Kraft
es zu tragen verliehen,
löst er des hohen Baumes Ge-
zweig von der Last seines Nestes,
trägt seine Wiege – und das Grab
seines Vaters – er fromm, und
wenn durch die flüchtige Luft er
die Stadt Hyperions erreicht hat,
legt er am heiligen Tor des Son-
nentempels es nieder.

Wie Ovid berichtet, ist die Heimat des Phönix eigentlich Assyrien. Dieser sagenhafte Vogel, »der sich selbst erneuert«, taucht jedoch in den Mythologien vieler Länder auf. So gibt es chinesische (»Feng Huang«), japanische (»Ho-oo«), russische (»Feuervogel«) ägyptische (»Bennu«) und amerikanische (»Thunderbird«) Gegenstücke.

Der »klassische Phönix,« der von Ovid beschrieben wurde, ist jedoch vielleicht am besten bekannt. Er wurde das erste Mal bei Hesiod im 8. Jahrhundert v. Chr. erwähnt. Später berichteten auch zahlreiche andere Autoren aus der Antike über die Gestalt und den Lebenszyklus des Phönix. Herodot, der große griechische Geschichtsschreiber, beschreibt den Phönix, den er zwar nicht selbst, wohl aber als Bild gesehen hatte, als einen adlerähnlichen Vogel, dessen Federkleid teils golden und teils purpurrot gefärbt war. Der Vogel soll auch über einen betörenden Gesang verfügt haben. Er ist ein äußerst friedfertiger Vogel, der nie ein Lebewesen tötet und sich nur von Tau ernährt. Die Lebensspanne des Phönix betrug – je nach Autor – 500, 540, 1000, 1461 oder sogar 12 994 Jahre.

Ihren Ursprung hat die Phönix-Sage sehr wahrscheinlich im alten

Ägypten. Die Ägypter verknüpften den Mythos des Phönix mit ihrer Sehnsucht nach Unsterblichkeit, die in ihrer Kultur eine große Rolle spielte. In der altägyptischen Mythologie ist der Phönix (»Bennu«), meist in Gestalt eines Purpurreihers dargestellt. Der ägyptische Phönix ist eng mit dem Kult um den Sonnengott Ra verbunden und soll sein ewiges Leben vom Gott Osiris erhalten haben. Er symbolisiert Reichtum und Fruchtbarkeit, die die Erde durch die jährlich wiederkehrenden Überflutungen des Nils erhält. Von Ägypten kam der Phönix-Mythos nach Griechenland, wo der Vogel oft mit dem Sonnengott Apollo assoziiert wurde.

Im 4. Jahrhundert n. Chr. veränderte sich der Phönix-Mythos dahingehend, dass der Vogel zum gegebenen Zeitpunkt sein eigenes Nest anzündet und von den Flammen verzehrt wird. Nach 3 Tagen erhebt sich der Phönix dann wieder aus der Asche. Im Mittelalter beschrieb Adamus Lonicerus dies sehr anschaulich in seinem berühmten »Kreuterbuch«: »… fleugt hoch über sich zu der Sonnen Glanz und macht ihm mit dem Wind seiner Flügel ein Feur und verbrennet sich darinnen selbst und stehet wiederum von den Aschen lebendig auf, wird erstlich ein Wurm und bekommt am dritten Tag Federn …« Auf Bildern wird der Phönix jetzt oft mit einem Flammenmantel dargestellt.

Zu dieser Zeit wurde die Phönix-Legende auch mit der Wiederauferstehung Christi in Verbindung gebracht und der Vogel wurde ein Symbol sowohl für die Unsterblich-keit als auch für das Leben nach dem Tode.

FENG HUANG – KAISER DER VÖGEL

Vom »chinesischen Phönix«, dem Feng Huang, gibt es viele unterschiedliche Beschreibungen. Allen gemeinsam ist jedoch sein besonders am Schwanz sehr feuriges und buntes, in den 5 heiligen Farben Rot, Blau, Gelb, Weiß und Schwarz gefärbtes Federkleid. In den meisten Erzählungen wird der Feng Huang als Vogel mit dem Kopf und Körper eines Fasans und den Federn eines Pfaus beschrieben. Er soll auch 3 (!) Beine haben, obwohl er in Bildern meist mit 2 Beinen dargestellt wird.

Der Feng Huang stellt eigentlich 2 Vögel dar, denn wie in der chinesischen Namensgebung üblich, steht Feng für den männlichen und Huang für den weiblichen Vogel. Der Feng Huang wird auch als Kaiser aller Vögel bezeichnet, weil die anderen Vögel des Himmels ihm zu Ehren seinem Flug folgen. Er wird das erste Mal um 2600 v. Chr. in der Regierungszeit des chinesischen Kaisers Hung Ti erwähnt. Wie auch Kilin, das chinesische Einhorn, erscheint der sagenhafte Vogel nur in Zeiten des Friedens und des Wohlstands, in der Regel auch dann, wenn ein neuer gütiger Herrscher den Thron besteigt. Er ist neben dem Drachen, dem Einhorn und der Schildkröte eine der 4 himmlischen Kreaturen, von denen die Chinesen glauben, dass sie die Welt erschaffen haben.

Der Feng Huang ist ein »echter unsterblicher Vogel. Im Gegensat zum »klassischen« Phönix wird e nicht alt und stirbt, um dann wie dergeboren zu werden. Der Feng Huang baut sein Nest weit weg vo den Menschen auf besonderen Bäu men in den Kúnlun-Bergen. De Sage nach soll der Vogel jeden, de unter einem solchen Baum ein Mu sikinstrument spielt, dadurch er freuen, dass er dem Lied seine ei gene süße Melodie hinzufügt.

EINE PALME?

Der Phönix erscheint in keiner Tierlexikon. In der Zoologie is er völlig unbekannt. »Nur« in de Botanik existiert sein Name, nämlic als Pflanzengattung aus der Famili der Palmen. Von den 12 Arten diese Gattung ist die Dattelpalme (Phoe nix dactylifera) wohl die bekann teste. In Nordafrika und Südeurop war die Dattelpalme einst ein wicht ges Nahrungsmittel. Kriege und Un ruhen in den europäischen Mi telmeerländern bewirkten jedoch da Ende der uralten Kulturbäume. Ers durch die Araber wurde sie im 12 Jahrhundert in Spanien neu ge pflanzt. Ihr Wiederauftreten darf zu mindest in die Nähe des Mythos ge rückt werden, wonach die Palme wi Phönix aus der Asche zu neuer Leben erweckt wurde.

Nach einer anderen Interpreta tion leitet sich die Namensgebun aus der Tatsache ab, dass sich di Dattelpalme durch vegetative Ver mehrung genau wie der Phönix, de ja bekanntermaßen auf ihr niste selbst erneuert.

Vogel Rock

Der Megaadler

Er lebte auf der Insel Madagaskar, konnte Elefanten transportieren, Schiffe mit Felsbrocken versenken und legte die größten Eier der Welt.

Im Jahr 1298 brachte der venezianische Kaufmann Marco Polo, während er in einem Kerker in Genua schmachtete, seine Memoiren zu Papier, in denen er von seinen Reisen durch den Orient berichtete. Im Kapitel 36 »Betreffend die große Insel Madagaskar« erzählt der Weltreisende von seltsamen Berichten über riesige Vögel, die den Großkhan der Mongolen veranlasst hatten, Kundschafter auszusenden, um Näheres über die ungewöhnlichen Tiere herauszufinden:

Die Einwohner der Insel berichteten, dass zu einer bestimmten Zeit im Jahr ein außergewöhnlicher Vogel, den sie Rukh nennen, aus den südlichen Gefilden auftaucht. An Gestalt soll er einem Adler ähneln, jedoch unvergleichlich größer sein; so groß und stark, dass er einen Elefanten mit seinen Klauen packen und ihn in die Luft in große Höhen tragen kann, von wo er ihn auf den Boden fallen lässt, um, wenn er tot ist, seinen Leichnam zu verzehren. Men-

schen, die den Vogel gesehen haben, versicherten, dass er eine Flügelspannweite von 16 Schritten habe und dass seine Federn 8 Schritte lang und entsprechend dick sind.

Der Rukh, auch Rock oder Rok genannt, ist nach Marco Polo – im Gegensatz zu anderen Fabeltieren – eine sehr einfach zu beschreibende Gestalt: Es handelt sich einfach um einen großen Adler – einen zugegebenermaßen sehr großen Adler. Dies bestätigen auch Erzählungen aus den berühmten »Geschichten aus 1001 Nacht«. Diese Geschichten sind persischen, indischen und arabischen Ursprungs und gehen zum Teil bis ins 9. Jahrhundert v. Chr. zurück.

In den »Geschichten aus 1001 Nacht« gibt es insgesamt 4 Berichte über den Rock. In der bekanntesten Geschichte wird Sindbad der Seefahrer während einer Handelsreise nach Ceylon auf der »Insel des Rock« von seinen Gefährten verlassen. Dort begegnet er dann auch tatsächlich dem riesigen Vogel, der »seine Jungen mit Elefanten füttert« und »so groß war, dass er die Sonne verdeckte«. Sindbad entdeckt auch das gewaltige Ei des Rocks, das so groß wie ein Haus ist, in seinem Nest. Um die Insel wieder verlassen zu können, band sich Sindbad mit seinem Turban an den Beinen des gewaltigen Vogels fest, der ihn dann auch tatsächlich zum Festland trug. Dort konnte der arabische Seefahrer noch beobachten, wie der Vogel eine Riesenschlange mit seinen Klauen ergriff und durch die Lüfte davontrug.

noch nie gesehen hatte. Existierte der sagenhafte Vogel Rock Marco Polos und Sindbads also doch?

Die Antwort ist nicht ganz einfach: Einen Riesenvogel von unvorstellbarer Größe hat es in dieser Gegend schon gegeben – aber er war sicher nicht in der Lage, Sindbad oder sogar einen Elefanten oder Felsbrocken zu tragen, denn er konnte überhaupt nicht fliegen. Heute wissen wir, dass es sich bei den Souvenirs der Entdecker um die Eier des ausgestorbenen Elefantenvogels (*Aepyornis maximus*) handelte, der auf der Insel Madagaskar zu Hause war. Aus Fossilfunden auf Madagaskar können wir uns ein recht gutes Bild vom Aussehen des Riesen machen: Der Elefantenvogel oder Vouronpatra, wie sein einheimischer Name lautet, war der mächtigste Vogel, der je gelebt hat. Bei

Auf einer anderen Reise endete eine weitere Begegnung Sindbads mit dem Rock nicht so friedlich:

Auf einmal verfinsterte sich der Himmel (…) und es näherten sich 2 Rocke und stießen ein fürchterliches Geschrei aus (…). Bald waren die Vögel über uns und wir bemerkten, dass jeder einen gewaltigen Felsbrocken zwischen seinen Krallen hielt. Jetzt ließ einer von ihnen sein Felsstück auf uns herabfallen. Aber der Steuermann wendete noch rechtzeitig das Schiff und der Fels fiel neben uns in das Meer und wühlte es bis auf den Grund auf. Zu unserem Unglück ließ nun aber der andere Vogel sein Felsstück mitten auf

das Schiff fallen, dass es in tausend Stücke zerschellte.

Sindbad war der Einzige, der den Luftangriff der Rocke überlebte und unter vielen Mühen das rettende Ufer erreichte.

DIE GRÖSSTEN EIER ALLER ZEITEN

Als die frühen arabischen und indischen Entdecker von der Ostküste Afrikas zurückkehrten, berichteten sie zu Hause von gewaltigen Vögeln, die doppelt so groß wie ein Mensch sein sollten. Und sie brachten auch Beweise mit: Eier von einer Größe, wie man sie zuvor

Das Ei des Elefantenvogels (Aepyornis maximus) im Vergleich mit einem Hühnerei.

einer Größe von bis zu 3,5 m erreichte er ein Gewicht von bis zu 500 kg. Zum Vergleich dazu: ein sehr großer Strauß wird bis zu 2,40 m groß und wiegt rund 150 kg. Nur die neuseeländischen Moas (S. 174) waren mit fast 4 m größer als der Elefantenvogel, jedoch bei weitem nicht so massiv gebaut.

Nach dem Skelett zu urteilen, besaß der Vogel dicke, kräftige Beine mit scharfen Klauen. Er war, wie auch die Straußenvögel, ein reiner Laufvogel und viel zu schwer, um sich in die Lüfte zu erheben. Seinem Brustbein fehlte auch der Knochenkamm, an dem bei flugfähigen Vögeln die Flugmuskulatur ansetzt. Obwohl der Elefantenvogel ein Pflanzenfresser war, musste er keinen Gegner fürchten, da er durch seine scharfen Krallen, den gewaltigen Schnabel und vor allem, wie der Elefant auch, durch seine schiere Größe geschützt war.

Die Eier des Elefantenvogels hatten einen Umfang von über 90 cm und einen Inhalt von rund 9 Litern, das entspricht etwa 10 Straußeneiern oder aber fast 200 Hühnereiern! Damit war das Elefantenvogelei natürlich nicht nur das größte Ei, sondern auch gleichzeitig die größte Zelle, die es je gab. Noch heute werden Knochen und fossile Eierschalenteile des Elefantenvogels an der Küste von Madagaskar gefunden; intakte Eier jedoch sehr selten.

Die ersten Europäer, die Madagaskar besuchten, waren die Portugiesen um 1500, aber erst die Franzosen begannen im Jahre 1642 sich auf der Insel niederzulassen. Zu diesem Zeitpunkt war der Elefantenvogel bereits sehr selten geworden.

Einer der wenigen zeitgenössischen europäischen Berichte über den riesigen Laufvogel stammte vom ersten französischen Gouverneur von Madagaskar, Etienne de Flacourt, der 1658 schrieb: »Vouronpatra – ein großer Vogel, der im Lande der Ampatres lebt und Eier wie die Strauße legt, bevorzugt die einsamsten Stellen, damit die Menschen, die an diesen Plätzen leben, ihn nicht fangen können.« Da de Flacourt wenig später von Piraten getötet wurde, bleibt unklar, ob er oder ein anderer Europäer den Elefantenvogel jemals zu Gesicht bekommen hat.

Ausgestorben ist der Elefantenvogel wahrscheinlich aufgrund menschlicher Bejagung und Plünderung seiner Nester durch die Ureinwohner. So ist der größte Vögel, der jemals auf dieser Welt gelebt hat, von der Erde verschwunden, bevor die westliche Welt seine Existenz überhaupt zur Kenntnis genommen hatte.

Da der Elefantenvogel unzweifelhaft sowohl zur Zeit der »Geschichten aus 1001 Nacht« als auch zur Zeit Marco Polos auf Madagaskar existiert hat, ist es wahrscheinlich, dass die Legenden vom sagenhaften Vogel Rock auf den sehr realen Riesenvogel zurückgehen.

Es gibt in vielen Ländern Sagen und Legenden, in denen ein dem Rock ähnlicher Vogel vorkommt. Neben dem Phönix (siehe S. 73) seien hier noch der Garuda aus Indien, der Simurgh aus Persien und der Donnervogel der nordamerikanischen Indianer genannt.

Auch in den deutschen Märchenschatz haben Geschichten

Mit einem Gewicht von rund 500 kg war der Elefantenvogel der schwerste Vogel, der je gelebt hat

von Riesenvögeln Eingang gefunden. Im Märchen »Das singende, springende Löweneckerchen« der Gebrüder Grimm (Löweneckerchen ist der Name für die Lerche) wird von einem riesigen Greif berichtet, der am Roten Meer wohnt. Die Illustration in einem alten Märchenbuch (siehe S. 75) zeigt, dass hier wohl der Vogel Rock gemeint ist, der den Königssohn und seine Gemahlin wieder nach Hause bringt.

Greif

Mit der Stärke des Löwen auf Adlerschwingen

Er war stark, liebte das Gold und hasste Pferde. Seine Klauen und Federn hatten magische Kräfte – doch seine Herkunft ist umstritten.

Der Greif ist wahrscheinlich eines der Wesen aus der Mythologie, das die Vorstellungskraft der Menschen über Jahrhunderte hinweg am meisten beschäftigt hat, gleichzeitig aber auch am meisten missinterpretiert worden ist.

»Vorfahren« des Greifen tauchten bereits 3000 v. Chr. in babylonischen und altägyptischen Mythen auf. So findet sich bereits eine greifenähnliche Darstellung auf einem 5000 Jahre alten Siegel, das in den Ruinen der elamitischen Stadt Susa gefunden wurde, und auch aus dem Ägypten der Pharaonen und dem minoischen Kreta sind Greifabbildungen bekannt. Die erste schriftliche Erwähnung eines Greifen stammt aus dem 7. Jahrhundert vor Christus. Sie wird Aristeas von Prokonnes zugeschrieben, der in seinem heute verschollenen Werk »Arimaspia« über diese mythischen Wesen berichtet.

Es ist gar nicht so leicht, einen Greifen überhaupt als einen solchen sofort zu erkennen, denn die Beschreibungen sind oft widersprüchlich. So schildert der griechische Schriftsteller Pausanias (150 n. Chr.) die Greifen als »Tiere wie Löwen, aber mit den Schwingen und dem Schnabel eines Adlers«. Ktesias, der Leibarzt des Perserkönigs Dareios II. (ungefähr 400 v. Chr.) beschreibt sie dagegen als »eine Rasse von 4-beinigen Vögeln, etwa so groß wie Wölfe und Beine und Krallen wie die eines Löwen«. Und damit nicht genug: Je nach Autor haben Greifen den Kopf eines Falken, Bussards oder Adlers, die Vorderfüße eines Löwen oder Adlers, und die Hinterpartie kann entweder vom Löwen, Panther oder sogar vom Hund stammen. Der Schwanz kann der eines Löwen oder einer Schlange sein, manchmal hat er sogar Federn an der Spitze. Die Ohren sind entweder spitz wie bei Pferden oder hängen herab wie bei einem Cockerspaniel. In manchen Beschreibungen trägt der Greif einen Bart, in anderen besitzt er eine Löwenmähne und manchmal hat er noch nicht einmal Flügel. Und zu guter Letzt werden sie manchmal auch noch als gefleckt wie ein Leopard beschrieben.

Der Greif wird jedoch nicht nur ganz unterschiedlich beschrieben, sondern er hat je nach Zeitalter und Sprache eine Vielzahl von Namen, von denen die bekanntesten Vogel Greif, Grijp, Griffin, Gryphon oder auch Griffon sind. Auch der Ursprung des Namens »Greif« (lateinisch: »grypho«, althochdeutsch: »grif«) ist unklar. Offensichtlich lässt sich der Name Greif vom griechischen Wort »grypos« ableiten, das sich am Besten mit »gebogen« oder »gekrümmt« (eben wie der Schnabel eines Greifen) übersetzen lässt. Nach einer anderen Theorie soll »Greif« von dem hebräischen Wort »Kerub« stammen. Kerubs oder Cherubim sind sphinxähnliche Mischwesen, die an zahlreichen Stellen in der Bibel erwähnt werden. Kerubs werden nach Ansicht einiger Altertumsforscher als typologische Vorfahren dieser Greifen angesehen.

Der Mythos vom Greifen wird also immer verwirrender. Und als ob unterschiedliche Beschreibungen und eine Vielzahl von Namen nicht genug wären, ist man sich auch nicht einig, wo die Mischwesen gehaust haben sollen: Herodot, Pausanias und Plinius glauben, dass die Greifen ihr Heim im »Norden Europas« bzw. in Skythien hatten. Ktesias dagegen gab an, dass die Greifen in Indien zu Hause seien: »Gold ist ebenso ein Produkt Indiens (...) das auf den vielen turmhohen Bergen gefunden wird, die von den Greifen bewohnt werden.« Später entstandene Sagen wiederum siedeln den Greifen im Gebiet der deutschen Ostseeküste an.

Darstellung eines mesopotamischen Flügelgreifen um 500 v. Chr. Knauf-Museum Iphofen.

Obwohl Greifen in den Kunstwerken des alten Griechenlands stark repräsentiert sind, spielen sie im Vergleich zu anderen mythischen Wesen, wie dem Pegasus oder den Zentauren, nur eine untergeordnete Rolle. Es gibt keine Legenden über Kämpfe mit Göttern oder Sterblichen. Es wird lediglich in einigen Mythen berichtet, dass es Greifen waren, die den Wagen der Rachegöttin Nemesis bzw. des Sonnengottes Apollon zogen.

Aber wie konnte ein Wesen, das in der zeitgenössischen Kunst so bewundert wurde, in der Mythologie so vernachlässigt werden? Dies hängt wohl damit zusammen, dass Greifen niemals ein echter Bestandteil der griechischen Kultur waren, sondern erst aus Erzählungen der Völker des Ostens importiert wurden.

Im Mittelalter wurde der Mythos vom Greif von den Völkern des Altertums übernommen. Dabei wurde jedoch der sagenhafte Charakter der

Überlieferungen völlig verkannt, denn man glaubte noch im Mittelalter an die tatsächliche Existenz des Greifen, was schon alleine durch sein Auftauchen als »Kerub« im Alten Testament der Heiligen Schrift sanktioniert war. Im Laufe der Jahre hatte sich auch eine allgemein verbindliche Beschreibung von Gestalt und Charakter des Greifen durchgesetzt, wie sie z. B. dem berühmten »Kräuterbuch« des Naturforschers und Heilkundigen Adamus Lornicerus (1528–1586) sehr anschaulich zu entnehmen ist:

Greif Griphus ist ein gefidert, vierfüßiges Thier. Am gantzen Leib ists ein Löwe, mit den Flügeln und Angesicht dem Adler gleich. An Asia, Scythie seind Greyffen, die das Gold und Silber besitzen, grausam wütende Vögel, umb welcher willen haben die Frembden gar selten ein eingang

Noch bis in das 17. Jahrhundert glaubte man fest an die Existenz des Greifen.

in das Landt. Wann so sie Leut sehen, zerreißen sie die, gleich als weren sie geboren zu straffen die geytigkeit [Geiz]. Die Arimaspi [sagenhaftes Volk Scythiens] kämpfen mit ihnen auff daß sie das Gestein so bey ihnen ist nemmen. In sein Nest legt er den Stein: Agates. Sie seind den Pferden und Menschen fast zuwider und überwinden etwan mit streiten die gewapneten Menschen. So er ein Rindt, Pferdt oder Menschen, auch gewapnet, ertödtet, hebt er ihn auff und tregt ihn dahin mit vollem Flug. Deß Nägel sind den Ochsenhörnern gleich, auß welchen man Dringgeschirr machet, die man hoch achtet. Und von den Federn seiner Flügel machet man starke Bogenpfeile und Gienen [Lanzenspitzen].«

Im Mittelalter sollen Greifen auch an verschiedenen Orten in Pommern zu Hause gewesen sein und eine gewisse Rolle bei der Gründung der Städte Greifswald, Greifenberg und Greifenhagen gespielt haben. Diese Sagen gehen auf mittelalterliche Überlieferungen zurück. Der Greifswalder Theologe Johannes Bugenhagen (1485–1558), besser auch als »Dr. Pommer« bekannt, berichtete in seinem Geschichtswerk »Pomerania« nicht ganz unkritisch über die Entstehung dieser Mythen: »Man erzählt, dass die Greifen in alter Zeit unsere Gegend bewohnt haben, und zum Beweise dafür führt man die Namen einiger Städte an, die offenbar nach dem Vogel Greif benannt sind. Dazu gehört Gripeswald, d. i. Wald des Greifen, Griphenberg, d. i. Berg des Greifen, und Gryphenhagne, d. i. Hain des Greifen. Um die Sage glaubwürdig zu machen, fügt der eine dies, der andere jenes hinzu,

und man erzählt an der einen Stelle, der Greif habe mitten auf dem Markt genistet, an der anderen Stelle, er habe anderswo sein Nest gehabt. Man zeigt auch wohl bald hier bald dort einen mit den Wurzeln in der Erde haftenden Baumstumpf, auf dem der Greif einst gesessen habe.«

Berühmt ist auch die Sage vom Greifen, der auf der Insel Usedom hauste. Dieser Greif entführte einst einen kleinen Jungen und trug ihn in sein Nest, wo er ihn seiner Brut überließ. Als der Vater des Jungen, ein Kuhhirte, seinen Sohn vermisste, ahnte er sogleich, was geschehen war, und begab sich zum ihm wohlbekannten Greifenhorst, der sich auf einer mächtigen Tanne befand. Zum Glück war der erwachsene Greif wieder auf Raub aus und der Knabe hatte bisher die Jungtiere erfolgreich abwehren können. Der Hirt befreite seinen Sohn und zündete den Wald an, um die Brut des Greifen ein für alle Mal zu vernichten. Dies gelang ihm, aber leider brannte der gesamte Wald nieder und noch bis heute sollen Torfstecher angebrannte Baumstumpfe finden, die als Beweis für die damaligen Geschehnisse angesehen werden.

Eng verwandt mit dem Greifen sind die Hippogreife, auch Hippogriffe genannt. Bei den Hippogreifen, die angeblich auf den schneebedeckten Bergen des Nordens zu Hause sind, handelt es sich um das unglaublich seltene Produkt der Verbindung eines Greifen mit einer Stute. Selten deshalb, weil ja der Sage nach der Greif ein unerbittlicher Feind aller Pferde ist. Der

Hippogreif besitzt Kopf, Flügel und Vorderbeine eines Greifen, während Hinterteil und Hinterbeine die eine Pferdes sind. Anders als Greifen können Hippogreife gezähmt und wie der Pegasus (siehe S. 87) durch die Lüfte geritten werden. So ist in mehreren Legenden über Ritter Karls des Großen überliefert, dass sie einen Hippogreifen als Reittier genutzt hätten.

Immer wieder wurde der Mythos vom Greif auch mit dem aus den Erzählungen Marco Polos und den »Geschichten aus Tausendundeiner Nacht« bekannten Vogel Rock in Verbindung gebracht, der ebenfalls riesig und stark gewesen sein soll.

DER GREIF – EIN SAURIER?

Bereits Mitte des 13. Jahrhunderts äußerte der Theologe und Naturforscher Albertus Magnus erste leise Zweifel an der Existenz des Greifen, »dass niemand einen Greifen entdeckt oder aus eigener Anschauung beschrieben habe«. Und Sir Thomas Browne schrieb 1646 in seiner »Pseudodoxia Epidemica« (»Vulgar errors«), die Existenz von Greifen sei auszuschließen, denn »wenn sie nach dem Gesetz der Tierkunde betrachtet werden, erweist sich die Erfindung als monströs, um weniges geringer als die Erdichtung von Sphinxen, Chimären und Harpyien«.

Im 19. Jahrhundert sprach die Wissenschaft dem Greifen dann endgültig seine Existenz ab und wies ihn für immer in das Reich der Fabel.

Hippogreife, hier eine Darstellung aus »Orlando furioso«, konnten als Reittier genutzt werden.

Und woher stammt die Legende vom Greifen? Nun, hierzu gibt es mehrere mehr oder weniger überzeugende Erklärungsversuche. Eine auf den ersten Blick ganz außergewöhnlich erscheinende Theorie stellte die amerikanische Völkerkundlerin Adrienne Mayor in ihrem im Jahr 2000 erschienenen Buch »The First Fossil Hunters: Paleontology in Greek and Romans Times« vor: Nach Mayors Ansicht lässt sich die Legende vom Gold hortenden Greifen auf Erzählungen skythischer Goldsucher zurückführen, die bei der Suche nach dem edlen Metall in der Wüste Gobi am Fuße der Altaiberge auf Skelette des Dinosauriers *Protoceratops* stießen. Und in der Tat haben die ca. 2 m großen Skelette mit dem kräftigen, raubvogelähnlichen Kiefer, den

massiven Hinterbeinen, dem kräftigen Schwanz und dem an spitze Ohren erinnernden knöchernen Nackenschild des vor ca. 60 Millionen Jahren ausgestorbenen Dinosauriers eine verblüffende Ähnlichkeit mit dem Bild eines Greifen. Und vielleicht ersetzten ja Vorstellungskraft und Furcht der Entdecker die fehlenden Flügel.

Am wahrscheinlichsten ist jedoch, dass Greifen lediglich aufgrund ihrer großen Symbolkraft geschaffen worden sind. Und welches Lebewesen würde sich besser dazu eignen als dieses majestätische Mischwesen aus dem Löwen, dem König der Tiere, und dem Adler,

WAS DEN GREIF ZUM GREIFEN MACHT

Hier einige der wichtigsten Charaktereigenschaften
der Greifen:

1. **Die Liebe zum Gold:** Greifen lieben es, Gold in der Sonne funkeln und leuchten zu sehen. Deshalb horten sie es auch so gerne und bewachen es äußerst scharf. Nähern sich Menschen dem Nest, werden sie üblicherweise sofort von den Greifen in Stücke gerissen. Der griechische Autor Aelian (ca. 200 v. Chr.) beschrieb, dass sich nur besonders wagemutige Inder in der Nacht daranmachten, das Gold der Greifen zu stehlen. Aber nur wenige der Männer überlebten dieses Abenteuer, kehrten dann jedoch schwerreich zurück. Greifen sind zusätzlich auch mit einem guten Instinkt ausgerüstet, vergrabenes Gold, Edelsteine oder andere Schätze zu finden.
2. **Unglaubliche Stärke:** Greifen sind sehr stark. So schildert sie der berühmte englische Weltreisende des Mittelalters Sir John Mandeville in seiner umstrittenen Reiseerzählung »Travels« als »größer und stärker als 8 Löwen und so stark wie 100 Adler«. Auch soll ein Greif in der Lage sein, bequem ein großes Pferd oder gar 2 Ochsen am Pflug durch die Lüfte zu seinem Nest zu tragen.
3. **Der Hass auf Pferde:** Es ist eine überlieferte Tatsache, dass Greifen Pferde hassen. Wo dieser Hass jedoch herrührt, ist weit weniger bekannt. Der Hass hat sich offenbar aus der unversöhnlichen Feindschaft der Greifen mit ihren Nachbarn, den einäugigen Arimaspen, entwickelt, die ständig versuchen, das Gold der Greifen zu stehlen. Die Arimaspen waren ein skythisches Reitervolk, das die Greifen ständig zu Pferde angriff. So leitet sich der Name Arimaspen vom alt-persischen Wort »aspa« für Pferd ab.
4. **Die magische Kraft der Klauen und Federn:** Im Mittelalter wurden den Klauen der Greifen magische Fähigkeiten zugeschrieben. So konnte man eine vergiftete Flüssigkeit daran erkennen, dass sie ihre Farbe wechselte, sobald sie in ein Gefäß geschüttet wurde, das aus einer Greifenklaue angefertigt worden war. Mit einer Greifenfeder sollte man dagegen erblindete Menschen wieder sehend machen können.
5. **Achate im Nest:** Nach Albertus Magnus, dem großen Philosophen und Naturwissenschaftler des 13. Jahrhunderts, legen Greifen gerne Achate in ihre Nester, um durch die »spezielle« Wirkung, die diesen magischen Steinen nachgesagt wird, einen günstigen Einfluss auf ihren Nachwuchs auszuüben.

dem Herrscher der Lüfte. Ein Wesen, das gefürchtet und zugleich respektiert wird, mächtig und unbeugsam. Ein wachsamer Hüter des Goldes und von Schätzen.

DER GREIF HEUTE

Und was hält unsere aufgeklärte Welt von heute vom Greifen? Natürlich wissen wir, dass Greifen nur in der Vorstellungskraft unserer Vorfahren existierten. Sie sind aber dennoch durch ihre hohe Symbolkraft immer noch allenthalben präsent. Sie tauchen als Logos auf den Visitenkarten der unterschiedlichsten Firmen auf. Zeitungen, Zeitschriften und Verlage schmücken sich mit dem Signet eines Greifen. Es gibt Greifenschmuck und Greifenspielzeug. Der Greif taucht in Fantasybüchern und sogar Video- und Computerspielen auf. Greifen dienen noch heute als Wächter der berühmten Kathedrale von Notre Dame und vieler anderer Gebäude überall auf der Welt. Gerne werden auch schnelle Kriegsschiffe auf den Namen Greif getauft.

Wahrscheinlich war es seine majestätische Größe, die die Zoologen veranlasst hat, den Andengeier (*Vultur gryphus*) wenigstens mit dem lateinischen Artnamen nach dem mythischen geflügelten Löwen zu benennen. Mit einer Körperlänge von über 1 m und einer Flügelspannweite von mehr als 3 m ist der Andenkondor jedoch nicht nur der größte flugfähige Vogel; er lässt mit einer Flughöhe von bis zu 7000 m fast jeden anderen Vogel auch buchstäblich unter sich.

Harpyien
Geflügelte Sturmdämonen

Niemand wollte etwas mit diesen Wesen zu tun haben, die die Seelen der Toten in den Hades begleiten und zu den scheußlichsten der griechischen Mythologie gehören.

Troja, die mächtige Stadt Kleinasiens, war nach 10 Jahren Belagerung nun endlich durch eine List des Odysseus von den Griechen erobert worden. Mit nur wenigen Gefährten gelang dem trojanischen Helden Aeneas die Flucht aus der brennenden Stadt. Auf der Suche nach einer neuen Heimat machten die Trojaner auf den Stophaden Halt. Doch hier trafen sie auf riesige geflügelte Mischwesen mit dem Gesicht einer Frau und den Schwingen eines Raubvogels: die schrecklichen Harpyien. Die Begegnung mit diesen Ungeheuern wird eindrucksvoll vom römischen Dichter Vergil im dritten Buch seiner »Aeneis« beschrieben:

*Plötzlich in sausendem Sturz
graunvoll von dem Felsengebirge
Nahn die Harpyien, und*

*schwingen mit hallendem Laute
die Flügel;
Und sie zerraffen den Schmaus
und mit Unrat schänden sie alles,
Durchgewühlt; ihr Geschrei tönt
graß zum scheußlichen Aushauch.
Wieder im Schoße der Thalwindung an gewölbeter Felswand, …*

Tapfer kämpften Aeneas und seine Begleiter gegen die geflügelten Ungeheuer und konnten sie auch letztendlich verjagen. Doch eine der Harpyien, Celäno, wütend über die Vertreibung, prophezeite ihnen dafür ein wenig verheißungsvolles Schicksal:

*O Laomedontiden, noch Krieg
zu erheben gedenkt ihr,
Und schuldlose Harpyien aus
dem Vatergebiet zu vertreiben?
Nun so vernehmt mein Wort
und präget es tief in die Seele:
Was dem Phöbus der Herrscher
der Welt, mir Phöbus Apollo
Angesagt, euch selbst ich der
Furien älteste melde.
Nach Italia lenkt ihr den Lauf
mit erflehten Winden;
Nach Italia kommt ihr, und
dürft in den Hafen hineingehn.
Doch nicht eher umgebt ihr die
Stadt der Verheißung mit Mauern,
Als bis gräßlicher Hunger und
unseres Mordes Gewaltthat
Euch die benagten Tische hinabzuschlingen genötigt.*

Die Trojaner vernahmen diese Worte der Harpyie mit Entsetzen und segelten weiter, die Prophezeiung der Harpyie ging jedoch in Erfüllung.

Aber die Harpyien waren nicht immer diese heimtückischen Unge-

heuer, wie sie in der Aeneis be-
schrieben wurden. Ursprünglich
sind die Harpyien (griechisch: »die
Raffende« oder »Reißende«) der
griechischen Mythologie Sturm-
geister, deren Aufgabe es war, die
Seelen der Toten in den Hades zu
begleiten. Im antiken Kreta gab es
Begräbnispriesterinnen, die Vogel-
kostüme trugen und bei Leichen-
feiern die Lyra spielten und so an
die Harpyien erinnerten. Hier besteht möglicherweise eine mythologische Verbindung zu den Walküren
der nordischen Mythologie, die die
gefallenen Helden vom Schlachtfeld
nach Walhalla geleiten.

Die Heimat der Harpyien ist die
Insel Kreta. Sie sind Töchter des
Gottes Thaumas und der Meeres-
göttin Elektra. Ihre Schwester ist die
Regenbogengottheit Iris. Je nach
Überlieferung wechseln Namen und
Anzahl der Harpyien. Oft wird
von 4 Harpyien berichtet: Aello
(»Sturmwind«), Kelairo (»Dunkel-
heit«), Okypete (»Schnellflügel«)
und Podarge (»Schnellfuß«).

In der späteren Mythologie werden dann jedoch die ursprünglich
gut aussehenden Harpyien zu geflügelten Monstern mit fahlen Frauen-
gesichtern und langen wehenden
Haaren. Sie sehen geradezu ausge-
zehrt aus und sind immer hungrig.
Alles was sie berühren, wird sofort
mit einem fürchterlichen Gestank
kontaminiert. Wie ein Raubvogel
stürzen sie sich aus der Luft auf ihr
bedauernswertes Opfer, packen es
mit ihren überdimensionalen Klau-
en aus Metall und tragen es davon.
Diese Flugreise endet für die Betrof-
fenen dann meist im Hades. Harpyien sind unverwundbar und fürch-

*Harpyiendarstellung in einem Stich
aus Dantes »Göttlicher Kömödie«.
Typisch sind die fahlen Gesichter, die
ausgezehrten Körper und das morbide
Gesamtbild.*

ten seltsamerweise nur eine Sache
auf der Welt: den Ton eines Blech-
blasinstruments.

Als »Hunde des Zeus« war es ihre
Aufgabe, Menschen zu bestrafen, die
bei den Göttern in Ungnade gefallen
waren. So hatte der thrakische König
Phineus seine von den Göttern ver-
liehene Sehergabe missbraucht und
wurde dafür von den Göttern mit
Blindheit geschlagen. Damit jedoch
nicht genug, hetzten sie auch noch

die Harpyien auf den Blinden. Die
Harpyien »ergriffen alle Speise, der
sie sich bemächtigen konnten, und
besudelten sie mit dem ekelhaften
Abfluß ihres Leibes«, wie Schwab in
seinen »Sagen des Klassischen Altertums« berichtet.

Als jedoch die Argonauten bei ihrer Suche nach dem Goldenen Vlies in das Land des Sehers Phineus kamen, war dessen Leidenszeit vorbei. Die griechischen Helden stellten den geflügelten Ungeheuern eine Falle. Sie luden Phineus ein, mit ihnen eine Mahlzeit zu teilen, und als erwartungsgemäß die Harpyien auftauchten, zogen die beiden geflügelten Söhne des Nordwindes, Zetes und Kalais, ihre Schwerter und setzten den Harpyien so lange zu, bis diese erschöpft versprachen, Phineus von jetzt an in Ruhe zu lassen.

Harpyien konnten sich offensichtlich fortpflanzen, wie Homer in seiner Ilias berichtet:

*Und Automedon führt' in das
Joch die hurtigen Rosse
Xanthos und Balios her, die
rasch hinflogen wie Winde:
Diese gebar dem Zephyros einst
die Harpye Podarge …*

Auch in der Odyssee werden die Harpyien von Penelope, der Gattin des Odysseus, in einer Bitte an die Göttin Artemis kurz erwähnt:

*Raubten indes die Harpyen Pandareos' Töchter, und schenkten
Sie den verhassten Erinnen zu
harter sklavischer Arbeit.*

Bedingt durch die Ähnlichkeit ihrer Vogel-Frauengestalt werden Harpyien in Abbildungen oft mit Sirenen (siehe S. 150) verwechselt. Wohl weil sich Sirenen im Gegensatz zu den krächzenden Harpyien durch einen wohltönenden Gesang auszeichnen, kam der englische Altphilologe Sir Hugh Lloyd-Jones, ein exzellenter Kenner der griechischen Mythologie, zu dem Schluss: »Würde man auf einer Dinnerparty von der Gastgeberin gefragt, ob man lieber neben einer Harpyie oder einer Sirene zu sitzen wünsche, entschiede man sich für die Sirene.«

MÄCHTIGSTER GREIF DER WELT

Der berühmte schwedische Wissenschaftler Carl von Linné benannte im Jahre 1758 einen sagenumwobenen Adler nach den wilden und fressgierigen Rachegöttinnen der griechischen Mythologie: die Harpyie (*Harpia harpyja*). Zu der Namensgebung angeregt haben ihn damals wohl die nach vorne gerichteten, stechenden Augen und die charakteristische, aufrichtbare Doppelhaube, deren Federn bei Erregung oder Gefahr »gesträubt« werden können. Sie verleihen dem Kopf der Harpyie ein bedrohliches und grimmig wirkendes, fast menschliches Aussehen, das an die Dämoninnen der Antike erinnert. Weitere Gemeinsamkeiten sind die massiven Fänge und der kräftige blaugraue Schnabel.

Das Reich dieses sagenhaften Raubvogels, der als mächtigster Greif der Welt gilt, liegt in den Tropenwäldern des nördlichen Südamerikas. Jahrhundertelang machten Mythen und Legenden die Harpyie zu einem geheimnisumwobenen Fabelwesen. In den dichten Baumkronen des tropischen Regenwaldes bekamen die Menschen den Vogel nie länger als für ein paar Sekunden zu sehen. Schon von den Mayas verehrt und gefürchtet, galt

*Die Harpyie
(Harpia
harpyja), der
mächtigste
Greif der Welt.*

der Besitz eines lebenden Tieres nach den Berichten des französischen Forschungsreisenden Alcide d'Orbigny (1801–1857) bei den Ureinwohnern Südamerikas als Statussymbol. Seine Federn gehörten bei den Indios zu den wichtigsten und wertvollsten Tauschobjekten.

Das Verbreitungsgebiet der Harpyie erstreckt sich von Mittelamerika südwärts bis nach Bolivien, Nordargentinien und Südbrasilien. Vermehrt kommt sie wohl nur in Guayana vor. Die Harpyie lebt nicht im Inneren des dichten Regenwaldes, sondern bevorzugt die Ränder von Lichtungen sowie Flussufer und Bergtäler.

Die Harpyie hat eine Gesamtlänge von 1 m, bei einem Gewicht von bis zu 5 kg. Die Spannweite des gewaltigen Adlers kann mehr als 2,5 m betragen. Die Weibchen sind, wie dies bei allen Greifvögeln üblich ist, deutlich größer und schwerer als die Männchen. Trotz ihrer Größe ist die Harpyie sehr beweglich und kann daher ausgezeichnet in den engen Schluchten zwischen den Baumkronen der Urwaldriesen manövrieren. Im Dach des Dschungels gibt es daher keinen Konkurrenten für den großen Greif. Seine Beute besteht aus Affen, Opossums, Nasenbären und anderen Säugetieren. Mitunter werden auch Aras, Schlangen und Leguane geschlagen. In der Nähe menschlicher Siedlungen fallen ihnen auch ab und zu Haustiere wie Hunde, Ferkel oder Hühner zum Opfer. Und beim Beutemachen spürt man wieder die »Verwandtschaft« zu den Dämoninnen aus der griechischen Mythologie: Eine Harpyie, die einen aus-

Charakteristisch für die Harpyie ist ihre aufrichtbare Doppelhaube, die dem Vogel ein bedrohliches Aussehen verleiht und dadurch an die Sturmdämoninnen der Antike erinnert

gewachsenen Affen oder einen großen Hund in ihren riesigen Klauen durch die Lüfte trägt, bietet dem Beobachter wahrlich einen Furcht einflößenden Eindruck.

Lieblingsbeute der Harpyien sind jedoch das Zweizehen- und das Dreizehenfaultier. Dies hängt mit den Lebensgewohnheiten der trägen Tiere zusammen: Faultiere halten sich am frühen Morgen in den Baumkronen auf, um sich nach kalter Nacht von den ersten Sonnenstrahlen aufwärmen zu lassen. Dort sind sie dann aber auch sehr exponiert und bilden eine leichte Beute für die Harpyien, die sich zu dieser Zeit bereits auf ihrem ersten Morgenerkundungsflug befinden.

Dass die Zukunftsaussichten der Harpyie alles andere als rosig sind, hängt mit der Zerstörung des südamerikanischen Regenwaldes zusammen. Die eindrucksvollen Adler brauchen zum Überleben Jagdreviere von riesigen Ausmaßen. So vermuten Wissenschaftler, dass ein Harpyienpaar ein zusammenhän-

gendes Territorium von mindestens 100 km² tropischen Regenwaldes benötigt, um seine Ernährung zu sichern. Daher ist es nicht verwunderlich, dass die fortschreitende Brandrodung der Urwaldgebiete und ihre Aufteilung in kleine Parzellen die Bestände der Harpyie massiv bedrohten. Weitere Gefahren für die Harpyie stellten die Trophäenjagd auf den gewaltigen Greifvogel sowie die Bejagung seiner Beutetiere dar. Deshalb gilt die Harpyie heute als eine vom Aussterben bedrohte Art.

Eine »altweltliche Harpyie« ist der Affenadler (*Pithecophaga jefferyi*). Diese Art wurde erst 1894 auf den Philippinen entdeckt. Wenn dieser Haubenadler die Federn des Hinterkopfes sträubt, erhält er wie sein südamerikanischer Vetter ein für den Betrachter dämonisch wirkendes »Frauengesicht«.

Auf Neuguinea kommt der so genannte Papua- oder Harpyienadler (*Harpyopsis novaeguineae*) vor, der sich durch einen besonders langen Schwanz auszeichnet.

Pegasus
Ein Pferd mit Flügeln

Perseus, auf Pegasus reitend, befreit Andromeda

Einst dem Rumpf der geköpften Medusa entsprungen, wurde das geflügelte Pferd nach vielen Abenteuern in einem Sternbild verewigt.

Das geflügelte weiße Pferd Pegasus ist aus der griechisch-römischen Mythologie nicht wegzudenken. Berichte über das Wunderpferd finden sich von Hesiod bis Ovid bei vielen bekannten Schriftstellern der Antike. Schon die Geburt des Pegasus (griech. »Pegasos« = Quellross) war spektakulär: Das himmlische Pferd entsprang dem Rumpf der vom Meeresgott Poseidon schwangeren Gorgone Medusa, nachdem ihr der griechische Held Perseus das Haupt abgeschlagen hatte (siehe auch S. 92). Pegasus, eines der schönsten Geschöpfe der Antike, war ein Liebling der Götter, unglaublich schnell und als Sohn des Poseidon und der Medusa natürlich auch unsterblich.

Nach seiner »Geburt« flog Pegasus direkt zum Berg Helikon, wo sich die 9 Musen seiner annahmen und ihn aufzogen. Aus Dankbarkeit schlug er mit seinen Hufen am Berg so stark den Boden auf, dass dort eine Quelle entstand, die Hippokrene (griech. = Pferdequelle) genannt wurde. Wer aus dieser Quelle trank, soll der Sage nach die Fähigkeit der Dichtkunst erlangt haben. Deshalb steht Pegasus sinnbildlich für poetische Kreativität (»geflügelte Gedanken«) und wird daher oft auch als »Musen- oder Dichterross« bezeichnet. Noch heute wird eine Person, die ein paar mehr oder weniger gelungene Verse schmiedet, umgangssprachlich scherzhaft als jemand, der »den Pegasus bestiegen hat«, bezeichnet.

Pegasus erlebte viele Abenteuer, von denen das bekannteste der Luftkampf zusammen mit dem griechischen Heros Bellerophontes gegen die Chimäre war:

Der korinthische Held Bellerophontes, übrigens ein Enkel des berühmten und bedauernswerten Sysiphus, lebte am Hofe des Königs in Argos. Dessen Gemahlin Stenoboia verliebte sich in den Helden. Als sie von Bellerophontes jedoch zurückgewiesen wurde, verleumdete sie den Jüngling bei ihrem Ehemann, worauf dieser ihn zu seinem Schwiegervater Iobates, der in Lykien herrschte, schickte, um ihn töten zu lassen. Iobates beauftragte Bellerophontes, die Chimäre, ein grausames Mischwesen (siehe S. 69), zu töten, das die umliegenden Dörfer terrorisierte. Dabei hegte er die Hoffnung, der vermeintliche Verführer seiner Tochter würde diesen Kampf nicht lebendig überstehen.

Doch die Götter hatten Mitleid mit dem unschuldigen Jüngling und schickten ihm das geflügelte Pferd Pegasus zu Hilfe. Aber Bellerophontes konnte zunächst mit dem Wunderpferd überhaupt nichts anfangen, da das unsterbliche Pferd

Bellerophon und Pegasus.

noch nie einen sterblichen Reiter getragen hatte und sich daher weder einfangen noch zähmen, geschweige denn reiten ließ. Erst als ihm seine Schutzgöttin Athene ein goldenes Zaumzeug schickte, konnte der korinthische Jüngling das Wunderpferd ohne jede Mühe bändigen. Im Sattel des Pegasus gelang es ihm dann, in einem spannenden, stundenlang andauernden Kampf die Feuer speiende Chimäre mit seinen Pfeilen zu besiegen. Als Bellerophontes später mit Hilfe des Pegasus auch noch weitere Kämpfe, u.a. mit den Amazonen, erfolgreich bestritt, erkannte Iobates, dass die Götter Bellerophontes überaus gewogen waren und er zu Unrecht

beschuldigt wurde, und gab ihm daraufhin seine andere Tochter Philonoe zur Frau.

Hier hätte die Geschichte vom korinthischen Helden und seinem geflügelten Wunderpferd eigentlich glücklich enden können, aber weit gefehlt: Von seinen Erfolgen berauscht, wurde Bellerophontes übermütig und versuchte auf Pegasus sogar den Göttersitz Olymp zu stürmen, um bei den Göttern Aufnahme zu finden. Doch Hochmut kam hier im wahrsten Sinne des Wortes vor dem Fall: Der Göttervater Zeus, über diese Anmaßung schwer erzürnt, schickte eine Bremse, um Pegasus zu stechen, das Flügelross bäumte sich auf und warf seinen anmaßenden Reiter ab, der auf die Erde zurückstürzte.

Bellerophontes überlebte den Sturz erblindet und erlahmt und wurde dazu verurteilt, fluchbeladen bis zu seinem Tode einsam auf der Erde umherzuwandern. Pegasus dagegen flog alleine zum Olymp weiter, wo das geflügelte Pferd vom Göttervater willkommen geheißen wurde und fortan seine Donnerkeile und Blitze trug. Nach einer anderen Überlieferung soll die Göttin Athene Pegasus in ein Sternbild am Himmel verwandelt haben, das als weithin sichtbare Warnung vor menschlicher Überheblichkeit dienen sollte.

Auch in der Sagenwelt anderer Völker gibt es mythische Pferde mit magischen Kräften, zum Beispiel das nordische Pferd Sleipnir. Das graue Pferd des Göttervaters der nordgermanischen Mythologie, Odin, hatte 8 (!) Beine und galt deshalb als schnellstes Pferd der Welt. Auf Sleipnir vermochte Odin nicht nur in die Welt der Toten zu reiten, sondern er wird einst auch zur Götterdämmerung auf seinem Rücken in die Schlacht ziehen.

DIENSTBOTE UND MUSENROSS

Nun wissen wir alle, dass es geflügelte Pferde weder gab noch gibt. Was also bleibt vom Mythos Pegasus? Viel, denn das geflügelte Pferd findet sich auch heute noch überall in unserer Kultur – wenn auch vor allem im kommerziellen Bereich, denn es stellt ein Signet mit starker Symbolik dar. Das wunderbare weiße Ross aus der Mythologie, das wie ein Adler durch die Lüfte schwebt, zeichnet sich besonders durch seine Gewandtheit und Stärke aus. Daher wird es gerne von Fluggesellschaften, Reiseveranstaltern und Botendiensten, aber auch von einer der größten Mineralölgesellschaften der Welt als Warenzeichen genutzt. Neben Pegasusfiguren gibt es auch Filme, Bücher, Cartoons, die sich mit dem Wunderpferd beschäftigen. In seiner Eigenschaft als »Musenross« ist Pegasus aber heute auch ein beliebter Namensgeber für Verlage, Theater und ähnliche Institutionen.

Zentauren

Raufbolde und Heiler

Raufen, saufen, huren – die Zentauren waren so etwas wie die Proleten der Antike. Und einer von ihnen hat den Tod des Herkules verursacht.

Die Zentauren waren ein heimtückisches und gewalttätiges Volk. Dies galt ganz besonders, wenn sie, wie so oft, unter Alkoholeinfluss standen. Zentauren sind Wesen der griechischen Sagenwelt mit dem Oberkörper eines Menschen bis zur Hüfte und dem Unterteil und den Beinen eines Pferdes. In manchen Erzählungen waren die Vorderfüße menschlich, in anderen waren alle Füße die eines Pferdes. Der Kopf war mit oder ohne Bart, in einigen Fällen trug er sogar Hörner wie ein Satyr. Die Zentauren bewohnten die Berge und Wälder Thessaliens. Die recht schlichte Rasse hauste in Höhlen, ernährte sich durch die Jagd auf wilde Tiere und benutzte oft nur so primitive Waffen wie Äste und Steine. Es gab auch weibliche Zentauren, die alle sehr hübsch waren. Die bekannteste unter ihnen soll Hylonome gewesen sein.

Im Allgemeinen gilt, dass die Zentauren das »Produkt einer gewaltsamen Vereinigung« des Ixion und der Nephele waren. Ixion, ein mythischer König der Lapithen, hatte durch Zeus das Privileg, mit den Göttern speisen zu dürfen. Er erwies sich jedoch als äußerst undankbar und wollte Hera, eine Gattin des Göttervaters, verführen. Zeus roch jedoch den Braten und täuschte ihn durch das Trugbild einer Wolke, die der Göttin ähnelte. Ixion bemerkte die Täuschung nicht und vergewaltigte diese Wolke »Nephele« und wurde dadurch Vater des Zentaurus und Vorfahre der Zentauren. Zur Strafe für seine ruchlose Tat wurde Ixion übrigens im Tartarus auf ein Rad geflochten.

Es gibt auch noch andere Berichte über die Herkunft der Zentauren. So sollen sie dem Samen des Zeus entsprungen sein, als dieser vergeblich versuchte, sich mit Aphrodite zu paaren. Eine andere Legende erzählt, sie seien die Söhne von Quellnymphen, die, weil ihre Mütter den kleinen Dionysos ernährt hatten, von der Göttermutter Hera in Pferdemenschen verwandelt wurden.

Die Zentauren wurden von den Nymphen auf dem Berg Pelion aufgezogen. Die erwachsenen Zentauren sollen auch mit Pferden weitere Nachkommen, die so genannten Hippozentauren, gezeugt haben.

Der berühmteste und zugleich ungewöhnlichste Vertreter seiner Zunft war der Zentaur Chiron. Obwohl auch er eine »klassische« Zentaurengestalt aufwies, hatte Chiron eine andere Herkunft. Er ging aus einem Seitensprung des Herrschers der Titanen Kronos mit der Nymphe Phylira (Linde) hervor. Nach der Geburt war Phylira so sehr über die Zentaurengestalt ihres Sohnes entsetzt, dass sie sich aus Gram in einen Lindenbaum verwandelte.

DER ZENTAUR VON VOLOS

In der Hodges-Bibliothek, der ehrenwerten amerikanischen Universität von Tennessee, ist eine wissenschaftliche Sensation zu bestaunen: Sind hier doch die Überreste einer Zentaurengrabstätte, die 1980 nordöstlich der griechischen Stadt Volos entdeckt wurde, ausgestellt! Das Kernstück der Ausstellung bildet ein Zentaurenskelett. Eingebettet in eine Platte aus griechischem Sandstein, sieht man genau, wie die Wirbelsäule eines Pferdes nahtlos in das Rückgrat eines menschlichen Torsos übergeht. Es ist sogar offensichtlich, dass der Zentaur eines gewaltsamen Todes gestorben war: Deutlich ist die rostige Speerspitze, die das menschliche Herz des Mischwesens durchbohrt haben muss, zu erkennen. Weitere Bestandteile der Ausstellung sind beschriftete antike Tonscherben sowie eine Schautafel, die in Wort und Bild die Geschichte, Gestalt und Anatomie von Zentauren vorstellt.

Wurden Zentauren bisher als bloßer Bestandteil der griechischen Mythologie abgetan, müssen wir jetzt offensichtlich umdenken: Beweist das Skelett in der Universitätsbibliothek doch, dass die Mischwesen existiert haben müssen. Wie wäre daran auch jetzt noch zu zweifeln; ist hier doch in einer angesehenen amerikanischen Universität und von ehrenwerten Professoren vorgestellt eine antike Zentauren-Grabstätte in allen Details zu besichtigen. Richtig?

Den einzigen Hinweis auf eine Fälschung gibt ein Schild an einer Schauvitrine mit der Frage: »Glauben Sie an Zentauren?« Besser nicht, denn bei der Zentauren-Ausstellung »The Centaur excavations at Volos« handelt es sich um ein interdisziplinäres Projekt der Universität von Tennessee unter der Federführung des Kunstprofessors Dr. Beauvais Lyons mit dem Ziel, Studenten zu einer kritischen Distanz zu erziehen, das Offensichtliche zu hinterfragen und sie davon abzuhalten, alles zu glauben, was sie sehen und lesen. Das Zentaurenskelett hatte Dr. William Willers, Künstler und Biologieprofessor an der Universität

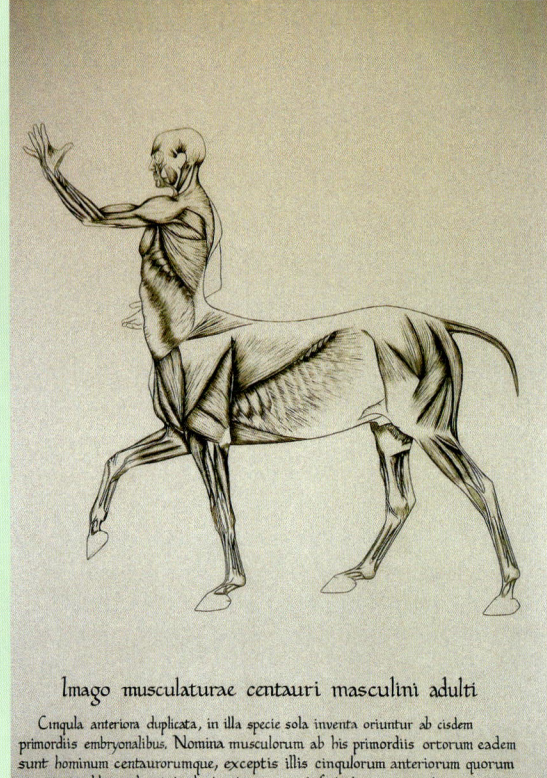

Imago musculaturae centauri masculini adulti

Cingula anteriora duplicata, in illa specie sola inventa oriuntur ab cisdem primordiis embryonalibus. Nomina musculorum ab his primordiis ortorum eadem sunt hominum centaurorumque, exceptis illis cingulorum anteriorum quorum superiori addutur hominis claritatis causae, inferiori autem equi.

Dieser Stich von W. Willers war Bestandteil der »Excavations of Volos«-Ausstellung in der Hodges-Bibliothek der Universität von Tennessee.

von Wisconsin, schon vor einiger Zeit aus Menschen- und Ponyknochen zusammengebastelt. Willers hatte die unterschiedlichen Knochenfarben mit Hilfe von Teefarbe einander angeglichen. Lehrkörper und Studentenschaft der Universität nahmen den »Zentaur von Volos« begeistert an, und noch heute werden alljährlich in hochoffiziellen Diskussionsrunden im University Center nicht ganz ernst gemeinte Vorträge über die neusten Erkenntnisse der »Zentaurenforschung« gehalten.

Kampf zwischen Lapithe und Zentaur. Darstellung auf dem Parthenon der Athener Akropolis, 447–422 v. Chr.

Chiron wohnte in einer Höhle im Peliongebirge und war, anders als die restlichen rüden und primitiven Zentauren, den schönen Künsten gegenüber aufgeschlossen und zudem auch weithin für seine Weisheit und Güte bekannt. Von Apollon bekam er die Gabe der Heilkunst und der Weissagung verliehen und Artemis unterrichtete ihn in der Kunst der Jagd.

Aber auch er selbst war ein berühmter Lehrer und unterrichtete viele griechische Helden wie Achilleus, Jason sowie Kastor und Pollux. Sein hervorragendster Schüler war jedoch Aeskulap, der »Vater aller Ärzte«, den er zum berühmtesten Mediziner seiner Zeit ausbildete.

Als Herkules einmal den gelehrten Zentauren besuchte, kam es zu einem tragischen Unglücksfall: Einer der Pfeile des Herkules, dessen Spitze mit dem giftigen Blut der Hydra (siehe S. 67) getränkt war, bohrte sich unglücklich in den Fuß des Zentauren und fügte ihm trotz

aller Gegenmaßnahmen eine unheilbare Wunde zu. Daraufhin verzichtete Chiron zugunsten des Prometheus auf seine Unsterblichkeit. Der Legende nach heißt es, dass der Göttervater Zeus Chiron nach dessen Tod im Sternbild Centaurus verewigte.

Ein Zentaur hat auch den Tod des Herkules verursacht. Der Zentaur Nessos wollte sich an der Frau des Herkules, Deianeira, vergehen. Als Herkules die Hilferufe seiner Frau hörte, erschoss er sofort den Zentauren mit einem Pfeil, der in das hochgiftige Blut der Hydra getränkt worden war. Sterbend sann der Zentaur auf Rache und riet heimtückisch Deianeira, sein vergiftetes Blut als Liebeszaubermittel aufzubewahren. Mit diesem Blut tränkte die eifersüchtige Deianeira später das Gewand des Herkules, um sich seiner Liebe zu versichern. Als Herkules das Kleidungsstück (»Nessosgewand«) überzog, brannte sich das giftige Blut des Zentauren wie Feuer

in seine Haut und fügte ihm wahnsinnige Schmerzen zu, die er kaum aushielt. Schließlich erbarmte sich der Göttervater und holte ihn in den Olymp, wo er von da an als Unsterblicher neben den Göttern thronte.

Eine weitere berühmte Zentaurensage handelt von der so genannten »Zentauromachie«, der Schlacht zwischen den Zentauren und den Lapithen, rauen tierähnlichen Bergmenschen. Die Zentauren waren zur Hochzeit der Lapithentochter Hippodamia mit Pirithoos, einem der berühmtesten Helden des Altertums, geladen. Betrunken wie meist, versuchten die Zentauren, die Braut zu entführen. Daraufhin kam es zum Kampf, bei dem die meisten Zentauren getötet wurden. Die restlichen Zentauren sollen dann aus Thessalien auf die Inseln der Sirenen (siehe S. 150) geflüchtet sein, wo sie am Hunger zu Grunde gingen.

Die Frage, woher der Mythos der Mischwesen aus Mensch und Pferd herrührt, ist bis heute ungeklärt. Viele Altertumsforscher sind jedoch der Meinung, dass Zentauren ein Sinnbild für das erste Auftreten von Reiterstämmen im Mittelmeerraum sind; zu einer Zeit, als solche Stämme, die ursprünglich in den südasiatischen Steppen zu Hause waren, die Menschen des Westens in Angst und Schrecken versetzten. Heute weiß man, dass auch die berittenen spanischen Soldaten des Hernando Cortéz bei der Eroberung Mittelamerikas von den Azteken, die nie zuvor Pferde gesehen hatten, als eine Art Mischwesen angesehen wurden.

Gorgonen
Der Anblick der Medusa

Medusenhaupt, römisches Mosaik, aus dem 3. Jahrhundert

**Sie hatte Schlangen als Haar und ihr Blick war tödlich,
nur mit einem Trick konnte diese gefährliche Frau besiegt
werden.**

Es waren 3 Schwestern von Furcht erregendem Aussehen: beschuppte Kreaturen mit hauerartigen Giftzähnen, ihr Haar bestand aus lebenden Schlangen, ihre Hände aus Messing und Bärte trugen sie auch noch. Die Gorgonen (griech. = »Starrblickende«), gehören zu den so genannten vorolympischen Gottheiten. Ihre Eltern waren der Meeresgott Phorkis und die Mutter aller Monster, das Seeungeheuer Ketos.

Wie so viele Ungeheuer wohnten die Gorgonen im äußersten Westen der Welt, wo es ihre Aufgabe war, den Eingang zur Unterwelt zu bewachen. Zwei der Gorgonenschwestern, nämlich Euryale (Die Umherstreifende) und Sthenno (Die Kraftvolle), waren unsterblich, während die dritte, Medusa (Die Herrschende), zwar als furchtbarste der 3 Schwestern galt, aber dafür sterblich war. Auch war sie extrem gefährlich, denn wer sie ansah, erstarrte – und das ist wortwörtlich zu verstehen, denn wer der Medusa in die Augen sah, wurde zu Stein verwandelt.

Der Mythos von der Medusa ist eng mit der Geschichte des griechischen Helden Perseus verwoben. Perseus, ein illegitimer Sohn des Zeus, wurde von seinem Stiefvater Polydektes, der ihn loswerden wollte, ausgeschickt, das Haupt der Gorgone Medusa herbeizuschaffen. Für dieses riskante Unterfangen benötigte Perseus jedoch die geballte Hilfe der Götter, die er auch bekam: Die Göttin Athene, die die Medusa hasste, der Götterbote Hermes und die 3 Graien, die ebenfalls hässlichen Schwestern der Medusen, die der Sage nach nur einen einzigen, gemeinsamen Zahn und ein einziges, gemeinsames Auge besaßen, zeigten Perseus zunächst den Weg zu den geheimnisvollen Nymphen. Von diesen erhielt er 3 wichtige Zauberwaffen, nämlich einen Tarnhelm, einen Zauberbeutel und Flügelschuhe.

Mit diesen Wunderwaffen ausgerüstet, machte er sich auf den Weg zu den Gorgonen. Perseus traf die Ungeheuer schlafend an. Von der Göttin Athene geleitet und beraten, bediente sich Perseus bei der Annäherung an die Medusa eines Spiegels, um den versteinernden Blick der Gorgone zu vermeiden, und schlug ihr mit einer Sichel kurzerhand den Kopf ab. Bei der Enthauptung sprangen aus dem Hals der Medusa das geflügelte Wunderpferd Pegasus (siehe S. 87) und der Riese Chrysaor hervor. Beide gelten als Kinder des Poseidon, von dem der Sage nach Medusa gerade schwanger gewesen sein soll.

Perseus packte das Haupt der Medusa zunächst in seinen Zauberbeutel, denn es sollte ihm noch treue Dienste leisten, und entfernte sich rücklings genau so, wie er auch gekommen war. Inzwischen hatten sich die beiden übrigen Gorgonen von ihrem Lager erhoben, sahen den kopflosen Leichnam ihrer Schwester und machten sich auf, den Mörder zu verfolgen. Der war jedoch unter dem Schutz des Tarnhelms längst entkommen.

Jetzt erfassten mächtige Winde den Helden und trugen ihn durch die Lüfte heimwärts. In Ovids »Metamorphosen« wird beschrieben, wie Perseus beim Überflug Libyen, wenn auch unabsichtlich, in ein Land voller Schlangen verwandelte:

Tragend die ruchtbare Beute des natterlockigen Scheusals
Flog durch Dünne der Luft mit rauschenden Fittichen Perseus,
Über die libyschen Sande. Da siegreich jener sich fortschwang,
Tröpfelten blutige Tropfen vom Haupt der Gorgo Medusa,
Welche die Erd' aufnehmend in mancherlei Schlangen beseelte:
Darum wimmelt das Land von der Brut feindseliger Würmer.

Anschließend gelangte er in das Reich des König Atlas. Als dieser ihm die Unterkunft verweigerte, verwandelte Perseus ihn aus Rache mit Hilfe des Medusenhauptes zu Stein:

WIE DIE MEDUSA HÄSSLICH WURDE

Am Anfang ihres Lebens war die Medusa noch nicht das hässliche Monster, sondern im Gegenteil eine Frau von außergewöhnlicher Schönheit, die noch durch ihre goldenen Flügel unterstrichen wurde. Damals lebte die Medusa im hohen Norden, wo man die Sonne nicht kannte. Neugierig geworden, bat sie die Göttin Athene, den Süden besuchen zu dürfen, um endlich einmal die Sonne sehen zu können. Als ihr die Göttin jedoch dies verweigerte, machte die Medusa einen fatalen Fehler, den so viele Sterbliche in der griechischen Mythologie begingen: Sie forderte die Göttin heraus, indem sie behauptete, Athene habe ihr nur deshalb die Erlaubnis verweigert, weil sie eifersüchtig auf ihre Schönheit sei! Daraufhin wurde die Göttin sehr wütend und bestrafte die Medusa, indem sie nicht nur ihr Haar in Schlangen verwandelte, sondern machte sie so hässlich, dass jeder, der ihr auch nur in die Augen sah, zu Stein verwandelt wurde.

Perseus hielt das Haupt der Medusa. Diese Statue des berühmten Bildhauers Benvenuto Cellini (1500–1571) ist in Florenz zu bewundern.

Saget er, nimm ein Geschenk! und
er zeiget ihm, links von der Seite,
Selber zurück sich wendend, das
wustige Haupt der Medusa.
Groß wie er war, ward Atlas
ein Berg. Sein Bart und das
Haupthaar
Wallen in Wälder dahin; Fels-
höh'n sind Schultern und Hände;
Was sonst Scheitel ihm war, ist
oberster Gipfel des Berges;
Knochen erstarren zu Stein; an
jeglichem Teile vergrößert,
Wächst er ins Ungeheure, (so
wolltet ihr, Götter!) und ganz nun
Ruht mit allen Gestirnen auf
seinem Haupte der Himmel.

Bei seiner Hochzeit mit der schönen Andromeda, die er dem Meeresungeheuer Keto (der Mutter der Gorgonen) entrissen hatte, bediente sich Perseus ein letztes Mal des Medusenhauptes. Als Phineus, ein ehemaliger Verehrer Andromedas, diese beim Hochzeitsmahl rauben wollte, zog Perseus das Medusenhaupt aus dem Zauberbeutel und sofort erstarrten der Nebenbuhler und seine Gefolgsleute zu Stein.

Letztendlich überbrachte Perseus das Medusenhaupt der Göttin Athene, die es in ihren Schild einsetzte. Der Geist der Medusa begab sich jedoch in die Unterwelt, wo er die Schatten der Toten das Fürchten lehrte. Da die Göttin Athene Perseus zum Töten der Medusa angestiftet hatte, lautet auch einer ihrer Beinamen »Gorgophone«.

Nicht der Weiße Hai, sondern die
Würfelqualle ist das am meisten ge
fürchtete Tier an den Badestränden
des Pazifik.

GEFÄHRLICHE TENTAKELTRÄGER

Der Mythos der Medusa muss die für die biologische Nomenklatur verantwortlichen Zoologen sehr beeindruckt haben, haben sie doch eine ganze Gruppe von Tieren nach dem Ungeheuer der griechischen Sagenwelt benannt: Die Nesseltiere (Cnidaria), ein recht primitiver Stamm im Tierreich, der vor allem im Meer, aber auch im Süßwasser vorkommt. Nesseltiere zeichnen sich durch einen Generationswechsel zwischen geschlechtlicher und ungeschlechtlicher Fortpflanzung aus. Aus den sessilen Polypen wie z.B. der Hydra (siehe S. 67) entstehen durch Knospung oder Querteilung frei schwebende Medusen, die Eizellen und Spermien ins Wasser abgeben und so auf sexuellem Weg wieder Polypen bilden.

Der Körper der Medusen ist meist von schirmförmiger Gestalt und besteht aus einer gallertartigen Substanz. Medusen zeichnen sich durch den Besitz langer Tentakel aus, die mit dicht sitzenden Batterien giftiger Nesselzellen besetzt sind. Diese Ten

takel sind wahrscheinlich auch der Hauptgrund für die Namensgebung, erinnern sie doch in Aussehen und Funktion an das Schlangenhaar des Monsters aus der Mythologie.

In einen Stein verwandeln können die Medusen der Weltmeere die Menschen zwar nicht, es gibt unter ihnen jedoch Arten, die so giftig sind, dass man sich vor ihnen ähnlich hüten muss wie die Menschen der Antike vor der furchtbaren Gorgone. Exemplarisch sollen hier 2 Medusenarten vorgestellt werden, die genauso gefährlich wie ihre Namensgeberin aus der Mythologie sind: die Seewespe (*Chironex fleckeri*) und die Portugiesische Galeere (*Physalia physalis*).

DIE TÖDLICHSTE WESPE DER WELT

Die zu den Würfelquallen gehörende Seewespe kommt in den Küstengewässern Nordaustraliens und Südostasiens vor und ist eines der giftigsten Tiere der Welt. Eine einzige Seewespe hat genügend Gift, um etwa 60 Menschen zu töten. Die Seewespe hat einen etwa eimergroßen, glockenförmigen Kör

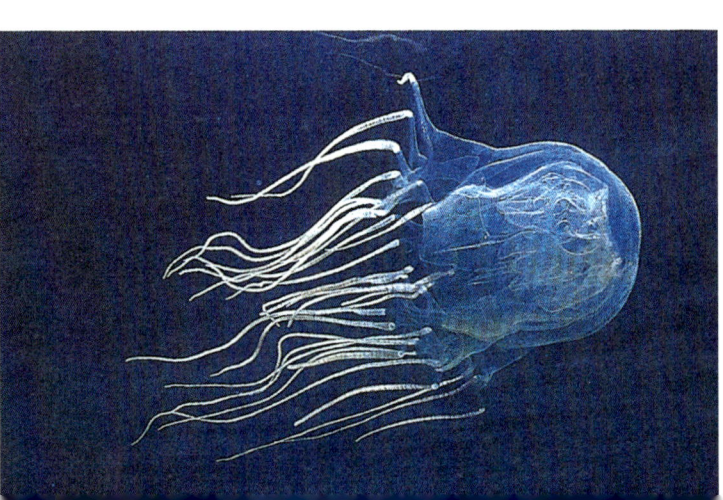

per und kann bis zu 2 kg schwer werden. Die 60 Tentakel sind bis zu 3 m lang und mit Millionen giftiger Nesselzellen besetzt. Bei Berührung der Tentakel entladen diese ihr Gift.

Beim Gift der Seewespe handelt es sich um ein Nervengift, das eine Lähmung der Atemmuskulatur bewirkt. Der Tod kann bereits nach wenigen Minuten eintreten.

Für Badende besonders fatal ist die Tatsache, dass sie das weitgehend durchsichtige Tier im Wasser meist erst entdecken, wenn es bereits zu spät ist.

So ist nicht der Weiße Hai, sondern die Seewespe das am meisten gefürchtete Tier der pazifischen Badestrände. In Australien wurden ganze Badegebiete eingezäunt, um Schwimmer vor den Seewespen zu schützen. Dennoch gehen bis zu 50 Todesfälle jährlich auf das Konto der Würfelquallen. Das sind wesentlich mehr Opfer, als alle Haiarten weltweit im Jahr zusammen fordern.

Übrigens: Bei der Seewespe gilt »nomen est omen«, denn ihr lateinischer Gattungsnahme *Chironex* bedeutet aus dem Lateinischen übersetzt »mordende Hand«!

DIE PORTUGIESISCHE GALEERE

Wenn sie vom Wind durch die warmen Meere der Welt getrieben wird, täuscht die schillernde Schönheit der Portugiesischen Galeere über die fatale Wirkung hinweg, die von ihren bis zu 20 m langen Nesselfäden ausgeht, auch wenn ihr Gift nicht so tödlich ist wie das der Seewespe.

Die Portugiesische Galeere kann mit Hilfe einer gasgefüllten Blase an der Wasseroberfläche segeln.

Vernesselungen durch die Portugiesische Galeere verursachen große Schmerzen und führen zu unterschiedlichen Beschwerden bis hin zum Tod. Die zu den so genannten Staatsquallen gehörende Portugiesische Galeere ist, im Gegensatz zur Seewespe, jedoch kein einzelnes Wesen, sondern besteht aus einer Kolonie vieler verschiedener, stark spezialisierter Einzeltiere, die unterschiedliche Aufgaben erfüllen. Der Name »Galeere« verweist auf die Organisation dieser Meeresbewohner, die sich im Lauf der Evolution zu Kolonien zusammengetan haben und straff organisiert, wie ein solches Kriegsschiff, durch die Weltmeere segeln.

Die Quallen »segeln« mit Hilfe einer gasgefüllten bläulichen Blase, die an der Wasseroberfläche schwimmt. Diese Blase ist oft nur schwer zu erkennen und wird bis zu 15 cm lang. Manchmal kommt es zu einer »Schwarmbildung« und man kann beobachten, wie Gruppen von einigen tausend Portugiesischen Galeeren – wie eine wohlbewaffnete Armada – von Wind und Strömung über das Meer getrieben werden.

Nicht unerwähnt bleiben soll noch die im Indopazifik vorkommende Miniaturmeduse Irukandji (*Carukia barnesi*), eine nur 2 cm große Würfelqualle, die ebenfalls stark giftig ist und bei Massenauftreten an den australischen Küsten auch schon Todesfälle verursacht hat.

In allen Meeren gibt es auch Gorgonen; jedoch sind die mit wissenschaftlichem Namen als Gorgonaria bezeichneten Hornkorallen oft wunderschöne fächerartige Gebilde, die mit den fürchterlichen 3 Schwestern aus der Mythologie so gar nichts gemeinsam haben.

Vampire

Blutsauger mit realem Hintergrund?

Vampire, Fledertiere und Blut saugende Untote. Seit Menschengedenken versetzen sie die Völker verschiedener Kulturen in Angst und Schrecken. Literaten, Lyriker und Filmemacher ließen sich von diesem Mythos inspirieren.

»Willkommen in meinem Haus! Treten Sie frei und aus eigenem Entschluss ein! (…) Fühlen Sie sich sicher hier; und lassen Sie etwas von dem Glück hier, das Sie mit sich bringen!«

Dies waren die Grußworte, die Graf Dracula bei der Ankunft seines Gastes, Mister Jonathan Harker, auf seinem Schloss in Transsylvanien aussprach. Der kundige Leser weiß, dass die Annahme dieser Einladung ein folgenschwerer Entschluss Jonathan Harkers war, der ihn fast das Leben gekostet hätte.

Der irische Schriftsteller Bram Stoker (1847–1912) hatte die Horrorfigur Dracula 1897 kreiert, die zum Synonym für den Vampir werden sollte und sich bis heute größter »Beliebtheit« erfreut. Stoker ließ sich hierbei durch literarische Vorlagen sowie Sagen und Legenden aus Siebenbürgen inspirieren. Darüber hinaus nahm er eine reale, historische Figur des 15. Jahrhunderts, den wegen seiner Grausamkeit gefürchteten walachischen Fürsten Vlad III. Dracul (1431 bis ca. 1476), für seinen Roman als Vorbild.

Aufgrund seines grausamen Verhaltens gelangte Vlad III. Dracul schon zu seinen Lebzeiten zu einem zweifelhaften Ruhm, der einem blutrünstigen Vampir nahe kam. So soll er u. a. einmal Alte, Kranke und Bettler zu einem Festmahl eingeladen haben, um sie als überflüssige Schmarotzer der Gesellschaft in einem Festsaal zu verbrennen. Zigeuner presste er zum Kriegsdienst gegen die Türken, indem er einige von ihnen braten ließ und sie den anderen als Mahl vorsetzte. In kriegerischen Auseinandersetzungen mit den Türken ließ er 20 000 Kriegsgefangene pfählen. Er trieb ihnen abgerundete Holzpfähle über die Afteröffnung in den Körper und ließ die sterbenden Menschen – einem Wald an Gepfählten gleich – auf dem Schlachtfeld aufstellen. Bei einer anderen Pfählung soll er zwischen den Gepfählten – in deren Blut er sein Brot tauchte – ungerührt sein Frühstück eingenommen haben. Dies brachte ihm den Namen »der Pfähler« (Tepes) ein.

Das Thema »Vampirismus« stellt sich äußerst vielschichtig dar, wenn man einmal die historischen, volkskundlichen, psychologischen, medizinischen sowie biologischen Aspekte betrachtet und sich nicht allein einer effekt- und sensationsbezogenen Darstellung der Figur widmet.

Der Begriff Vampir, der laut Brockhaus serbokroatischen Ursprungs ist, bezeichnet »…nach südslawischem, rumänischem und griechischem Volksglauben Verstorbene, die nachts ihrem Grab entsteigen, um Lebenden das Blut

Vlad Tepes speist unter den Gepfählten (Holzschnitt von 1500).

Vlad Tepes, Hospodar der Walachei, Vorbild für Bram Stokers Roman »Dracula« (Gemälde von 1550).

SYMBOL FÜR ÄNGSTE UND SEXUELLE PHANTASIEN

Was veranlasst die Menschen, einer Schreckensfigur wie dem Vampir ein so großes Interesse entgegenzubringen? Über dieses Phänomen schrieb der Spiegel 1994 treffend in einem Artikel: »Offen-

auszusaugen.« Der Begriff wurde später beispielsweise auch ins Tierreich zur Benennung der Blut saugenden Vampirfledermäuse sowie auf den malaysischen, Blut saugenden Vampirfalter (*Calyptra eustrigata*) übertragen.

bar wurzelt diese Figur tief im Fundus jener kollektiven Ängste und tabuisierten Wünsche, dem Märchen, Aberglauben und Alpträume entspringen; das gibt ihr Macht über unsere Phantasie.« So gelten der Vampir und interessanterweise auch die Fledermaus in der Traumdeutung als Symbole für die Angst davor, von anderen ausgenutzt (ausgesaugt) zu werden. Darüber hinaus stehen diese nachtaktiven Wesen für dunkle, bedrohliche Gedanken und Vorstellungen sowie für unverarbeitete und verdrängte seelische Inhalte, insbesondere auch in sexueller Hinsicht.

Bram Stoker jedenfalls traf mit seinem Roman »Dracula« den Nerv der Zeit, denn er reicherte seinen

Roman mit publikumswirksamen Ingredenzien wie Gewalt, Leidenschaft/Sex und Horror an. Im prüden, die Sexualität unterdrückenden viktorianischen Zeitalter war es mit gewissen Einschränkungen nur in der Kunst und Literatur möglich und akzeptiert, das Thema Sexualität und Leidenschaft darzustellen. Charles Baudelaires (1821–1867) hat in seinem Gedicht »Der Vampir« diese Verknüpfung von Liebe, Leidenschaft, Tod und Vampirismus seiner Zeit entsprechend meisterhaft wiedergegeben.

DER VAMPIR

O du, die wie der Todesstreich
Tief in mein stöhnend Herz
gedrungen;
O du, die einem Dämon gleich,
Von wildem Übermut bezwungen,

Gekommen ist, in meinem Sinn
Zu herrschen und sich einzubetten;
– Du Schmach, der ich verhaftet bin,
So wie der Sträfling seinen Ketten,

So wie der Spieler seiner Sucht,
So wie der Trinker seinem Glase,
So wie die Made ihrem Aase,
– Verflucht bist du, du bist verflucht!
Den raschen Dolch hab ich
beschworen,
Dass er die Freiheit mir erzwingt,
Das Gift hab ich umsonst erkoren,
Dass es dem Feigling Hilfe bringt.

Ach! Gift und Dolch mich nur
verlachen,
Verächtlich sprechen alle zwei:
»Du bist nicht wert, dich
freizumachen
Von so verwünschter Sklaverei,

»Nosferatu – Symphonie des Grauens«, Szene aus Murnaus Vampirfilm aus dem Jahr 1922.

Du Tor! – wenn dich von
diesem Schrecken
Einst auch erlöste unsre Kraft,
So würde deine Leidenschaft
Noch deines Vampirs Leiche
wecken.«

CHARLES BAUDELAIRE

Ob in Literatur, Film, Fernsehen, Theater, Werbung – um nur einige Bereiche zu nennen – überall trifft man auch heute noch auf diesen nächtlichen Blutsauger. Unter der Vielzahl von Literaten und Lyrikern, die sich der Thematik widmeten, war es Johann Wolfgang von Goethe vorbehalten, mit seinem Werk »Die Braut von Korinth« (1798) den Vampir in die Literatur einzuführen. Weitere bedeutende Autoren, die sich des Themas annahmen, sind u.a. J. W. Polidori, E. T. A. Hoffmann, A. Tolstoj, G. de Maupassant, Ch. Baudelaire, E. A. Poe sowie H. Heine.

Unter den bekannten Vampirfilmen eröffnete Murnaus »Nosferatu – eine Symphonie des Grauens« von 1922 den Reigen. Weitere Filme wie Roman Polanskis »Tanz der Vampire«, »Bram Stoker's Dracula« von Francis F. Coppala sowie der Film »Interview mit einem Vampir« von Neil Jordan begeisterten Heerscharen von Kinobesuchern. Kinder erfreuten sich an dem verfilmten Kinderbuch »Der kleine Vampir«. Dem Musikfreund wurde bereits im Jahr 1928 mit »Der Vampyr«, einer Oper von Heinrich Marschner, ein horrorgeladener Ohrenschmaus geboten, gefolgt von den Musicals »Dracul« (1995) und »Tanz der Vampire« (1997). In der Malerei beschäftigten sich z.B. de Goya (1746–1828) und Edvard Munch (1863–1944) mit der Thematik.

Die Werbung bedient sich in vielfältiger Form der Horrorfigur. Als Spielzeug findet die Gestalt schließlich auch Eingang in die Kinderzimmer, in abgewandelter Form als guter Helfer und Retter (Batman) oder als böse Variante (Dracula).

DIE VAMPIRE SÜDAMERIKAS

Als der Naturforscher und Geograf Alexander von Humboldt auf seiner von 1799 bis 1804 dauernden Forschungsreise Südamerika bereiste, machte er die Bekanntschaft von echten, Blut saugen – den Vampiren. Die auf die Tropen und Subtropen der Neuen Welt beschränkten Vampirfledermäuse ernähren sich ausschließlich von Wirbeltier-, gelegentlich auch von Menschenblut. Voller Mitge-

VAMPIRFLEDERMÄUSE ALS BLUTSPENDER

Unter den Fledermäusen (weltweit über 700 Arten) gibt es 3 ausschließlich Blut aufnehmende Arten, die in Süd- und Mittelamerika, teilweise auch in Mexiko und bis nach Texas sowie in der Karibik vorkommen. Es sind der Kammzahnvampir *(Diphylla ecaudata)*, der Weißflügelvampir *(Diaemus youngi)* und die Gewöhnliche Vampirfledermaus *(Desmodus rotundus)* aus der Familie Desmodontidae (Vampirfledermäuse). Stellvertretend soll an dieser Stelle die Gewöhnliche Vampirfledermaus beschrieben werden.

Mit einer Größe von etwa 7 cm ist sie die größte unter den Vampirfledermäusen. Ihr Fell ist oberseits rotbraun und am Bauch gelbbraun gefärbt. Eine Flughaut, die von der verlängerten Vorderextremität sowie von 4 sehr langen Fingern stabilisiert wird, erlaubt den Tieren den aktiven Flug. Die Flügelspannweite beträgt zwischen 35 und 40 cm.

Im Gegensatz zu den Insekten fressenden Fledermäusen besitzen die Blut saugenden Vampirfledermäuse eine stark reduzierte Schwanzflughaut sowie eine weniger leistungsfähige Ultraschall-Echopeilung. Sie orten ihre Opfer über deren Lautäußerungen (z. B. Schnaufen, Schnauben), über den Geruch sowie über deren Wärmeabstrahlung.

Die Vampirfledermausarten haben sich auf unterschiedliche »Blutspender« spezialisiert. Bei *Desmodus rotundus* sind dies Säuger (u.a. Rinder, Pferde, Ziegen, Schweine, Menschen), Vögel, Reptilien und Amphibien. *Diphylla ecaudata* nutzt ausschließlich Vögel und *Diaemus youngi* vorzugsweise Vögel und Säuger.

Vampirfledermäuse nähern sich ihren Opfern in der Nacht sehr vorsichtig, um sie nicht aufzuwecken und zu erschrecken. Ist eine geeignete Hautstelle gefunden, wird sie eingeritzt oder aufgebissen, intensiv beleckt und eingespeichelt. Über den Speichel werden sowohl schmerzbetäubende als auch blutgerinnungshemmende Stoffe abgegeben. Das austretende Blut wird mit der Zunge mit blitzschnellen Bewegungen direkt aus der Wunde aufgenommen, wobei die Tiere etwa 20–30 ml Blut zu sich nehmen.

Die größeren Wirtstiere (Pferde, Rinder) und Menschen sterben in der Regel nicht an den Bisswunden und am Blutverlust. Dagegen können kleinere Tiere wie Hühner nach mehrfachen Attacken am Blutverlust sterben. Auch bei Schweinen müssen immer wieder Verluste beklagt werden, wenn die Muttertiere wegen ihrer zerbissenen Zitzen die Ferkel nicht mehr säugen können.

Die Gewöhnliche Vampirfledermaus lebt sozial, d.h. in Gruppen. Dies trifft für das Zusammenleben in den Ruhequartieren (u.a. Höhlen, Bergwerksstollen) und die Nahrungssuche zu. Es findet eine gegenseitige Fellpflege statt und Fledermauswaisenkinder werden von anderen milchgebenden Weibchen mit gesäugt. Erstaunlich ist, dass bei der Nahrungssuche erfolglose erwachsene Tiere von ihren Artgenossen mit Blut versorgt werden. Andernfalls würde ein hoher Prozentsatz der erwachsenen Vampirfledermäuse sterben. Diese Fürsorge dient zur Arterhaltung, da die Fortpflanzungsrate gering ist und die Weibchen nur alle 9–10 Monate ein einzelnes Junges gebären.

Eine Vampirfledermaus hat Blut geleckt.

fühl mit den leidenden Opfern beschrieb Alexander von Humboldt die Attacken der Blutsauger:

Folgt auf die brennende Hitze des Tages die Kühlung der hier immer gleich langen Nacht, so können die Rinder und Pferde selbst dann nicht der Ruhe sich erfreuen. Ungeheure Fledermäuse saugen ihnen während des Schlafes vampirartig das Blut aus oder hängen sich am Rücken fest, wo sie eiternde Wunden erregen, in denen Mücken, Dasselfliegen und eine Schar stechender Kerfe sich ansiedeln.

Da Vampirfledermäuse oft Krankheiten übertragen, kommt es zu Infektionen bei Mensch und Tier. Berichten zufolge sollen jährlich zwischen 0,5 und 2 Millionen Rinder – aber auch einzelne Menschen – der »Derriengue« oder »Peste der cadeiras« (Tollwut) zum Opfer fallen. Da auch andere durch Fledermäuse übertragene Krankheiten die Weidetiere schädigen können, bekämpft man die Vampirfledermäuse in Südamerika in den letzten Jahren intensiv, um die wirtschaftlichen Verluste zu reduzieren. Mit Netzen, Gift und Dynamit rückt man den Vampirfledermäusen zu Leibe und vernichtet auch deren Schlafplätze. Weite Landstriche sind deshalb heute ohne nennenswerten Fledermausbestand.

Die auch für den Menschen todbringende Tollwut war bereits vor Jahrhunderten Basis für Legenden, beispielsweise die Geschichte von der Sukujang, die man sich auf Trinidad erzählt: Die weibliche Vampirin Sukujang verhält sich tagsüber wie jede andere Frau und bittet die Menschen um kleine Gefälligkeiten. Werden die Bitten erfüllt, erlangt die Vampirin Macht über die betreffende Person und kehrt nachts zurück, um Blut zu saugen. Dazu muss sie aus ihrer Haut schlüpfen, die sie in der Fruchtkapsel eines Wollbaumes (*Ceiba pendantra*) versteckt. Wie eine Feuerkugel schießt sie dann in den nächtlichen Himmel und sucht ihre Opfer auf. Will man die Magie brechen, muss man die Haut der Vampirin finden und sie mit Salz zum Schrumpfen bringen. Kehrt die Sukujang zurück, vermag sie nicht mehr in die geschrumpfte Haut zu schlüpfen, die zudem auf dem Fleisch brennt. Die Sukujang geht dann beim ersten Sonnenlicht zugrunde. Der Schreckensfigur wird in der Bevölkerung eine erhebliche Bedeutung beigemessen, weshalb sie während der Karnevalszeit in Port of Spain gern auch als Karnevalsfigur dargestellt wird.

Auch die Mayas stellten bei ihrem Gott Camazotz den Fledermausbezug her. Im nachkolumbianischen Werk »Popul Vuh« wird er als todbringender Fledermausgott beschrieben. Die von den Mayas angefertigten Bilder zeigen ein

Wesen mit Menschengestalt, Fledermausflughäuten und einem fledermaustypischen, lanzettförmigen Nasenaufsatz. Die Verknüpfung des Fabelwesens »Vampir« mit dem Säugetier »Fledermaus« wird hier überdeutlich. Die Spanier haben diese Legenden nach der Entdeckung Amerikas mit nach Europa gebracht und hier verbreitet.

In der Antike Griechenlands und im alten Rom waren bereits Blut saugende Fabelwesen (griech. »Lamia«, lat. »Lemura«) als Vorläufer des Vampirs bekannt. Ausgang des 2. Jahrhunderts v. Chr. empfahl der Togatenschreiber Titinius bereits, Kindern Knoblauch zum Schutz vor diesen Blut saugenden Kreaturen um den Hals zu hängen.

AUFERSTEHUNG DER UNTOTEN

Vampirwesen lassen sich nicht nur bei den Römern und Griechen, sondern auch in vielen anderen alten Kulturen finden. In Asien, Afrika, Amerika, aber auch in nordischen Sagen bei den Germanen, Angelsachsen und Isländern stößt man auf solche Gestalten. Sie saugen den Lebenden Energie bzw. Blut ab oder übertragen tödliche Krankheiten (u. a. Pest, Cholera) und reißen die Opfer mit ins Reich der Toten.

Bannriten und Gegenmaßnahmen sollten dies verhindern, wie Überlieferungen aus aller Welt und archäologische Grabfunde belegen. Als Abwehrmaßnahmen sind u. a. zu nennen: Abtrennen des Kopfes, Festnageln oder Beschweren der Leiche mit Steinen, Pfählen, Ver-

brennen oder Zerstückeln der Toten, Verschließen von Mund und Nase mit Wachs, Einführen von Münzen, Steinen, Tonscherben oder dergleichen in den Mund. Darüber hinaus sollen u. a. Knoblauch, Weihwasser und Kruzifixe Vampire fern halten.

Ähnlich wie in Südamerika liegen auch für Europa aus medizinischer Sicht einige Erklärungsmöglichkeiten für den Vampirismus vor. In den letzten Jahren wurden von verschiedenen Wissenschaftlern Hypothesen aufgestellt, dass unter der Bevölkerung grassierende Seuchen, aber auch Erbkrankheiten als Ursprung für den Vampirmythos gelten können.

Nach alten Berichten wüteten in den Jahren 1720–1725 sowie um 1732 im österreichisch-serbischen Grenzraum und in Nachbargebieten schreckliche Epidemien. Deren Auftreten schrieb die Bevölkerung Verstorbenen zu, die nachts wiederkehrten. Die Erkrankten sprachen im Fieberwahn davon, dass ihnen die Toten die Lebenskraft aussaugen würden. Als man zur Überprüfung die Gräber von Epidemieopfern öffnete, fand man die Körper in vermeintlich gutem und frischem Zustand: Rosige Haut, wohl genährt, Blut quoll aus Mund, Nase und Augen. Beim Pfählen gaben die Verstorbenen seufzende und schmatzende Töne von sich. Man sah dies als Belege dafür an, dass sie nicht tot sein konnten.

Der Kammeralprovisor Frombald hatte 1725 über die Epidemie berichtet und die Erzählungen der Bevölkerung über Blut saugende Tote »so sie vampyri nennen« wei-

tergegeben. Wenige Jahre später sollte sich die Kunde von den Vampiren über ganz Europa ausbreiten. Damit gilt das Jahr 1725 allgemein als das Jahr der Entstehung des Vampirmythos.

Heute weiß man, dass diese Phänomene auf Verwesungsvorgänge zurückzuführen sind, die in den ersten Wochen nach der Bestattung auftreten können. Faulgase lassen die aufgedunsenen Körper wohlgenährt erscheinen und treiben bei den Verstorbenen eine blutrote Flüssigkeit aus den Körperöffnungen. Nach dem Abstoßen der Oberhaut kommt die darunter liegende Lederhaut rosig zum Vorschein. Beim Pfählen erzeugten die entweichenden Faulgase die Geräusche, die an von Menschen ausgestoßene Laute erinnern.

Aufgrund der in der Vergangenheit beschriebenen Krankheitssymptome werden für diese Seuchen einerseits der Milzbranderreger, andererseits der Tollwuterreger verantwortlich gemacht. Zur damaligen Zeit soll die Tollwut in weiten Landstrichen gewütet haben. Auch Cholera- und Pestepidemien werden als Auslöser für die Vampirlegenden diskutiert.

Eine andere Hypothese sieht eine erbliche Stoffwechselstörung (Porphyrie) als ursächlich für die Legendenbildung an. Die Erkrankten zeigen »vampirähnliche« Symptome (hervortretendes, z.T. blutrotes Gebiss, Verkrüppelung von Nase und Händen, hervorgerufen durch Sonnenstrahlen, sowie hohe Lichtempfindlichkeit, Verstärkung der Krankheitssymptome durch Knoblauch).

Zwei Jungtiere säugende Fledermaus nach einer alten Zeichnung.

FLEDERMÄUSE IM WANDEL DER ZEITEN

Was verbindet eigentlich das Fabelwesen Vampir mit dem Säugetier Fledermaus? Für Südamerika ist der Bezug, wie oben schon ausgeführt, leicht herzustellen. In Europa verabscheuten vor allem die Menschen des Mittelalters die Fledermaus. Dies hing einerseits mit dem Aussehen der Tiere zusammen (nicht Vogel, nicht Säuger), zum anderen mit ihrer nächtlichen Lebensweise (das Licht scheuende Kreaturen). Die Tiere galten als Boten der Dunkelheit und des Todes.

Andererseits war man der Auffassung, der Teufel stehe in enger Verbindung zur Fledermaus. Man bezeichnete sie als Dienerin Satans, auch wurden die Begriffe Teufel und Fledermaus oft synonym benutzt. Im Gegensatz zu den Engeln weist der Teufel fledermausähnliche Flughäute auf. Parallelen zur Vampirgestalt werden damit deutlich. Durch ihren Ruf, das Vorkommen einer re-

alen, auch Menschenblut saugenden Vampirfledermaus, durch literarische Werke und Legenden wurde die Fledermaus zum Symbol für den Vampirismus schlechthin.

Trotz aller Schreckensmeldungen konnte auch medizinischer und magischer Nutzen aus Fledermäusen gezogen werden. Bereits die Römer sollen laut Plinius (23–79 n. Chr.) Fledermäuse bei unterschiedlichen Beschwerden und Verletzungen wie Schlangenbissen, Darm- und Augenerkrankungen sowie Hautverletzungen genutzt haben. Im Mittelalter wurden Fledermäuse neben anderen »magischen« Tieren (u. a. Frösche, Kröten, Schlangen) für die Zubereitung von Zaubertränken verwendet. Auch für die so genannte Hexen- oder Flugsalbe – mit der man sowohl eine Verwandlung in Tiere als auch die Flugfähigkeit bewerkstelligen konnte – benötigte man das Blut von Fledermäusen. Als Heilmittel für die medizinische Behandlung von Mensch und Tier wurden Fledermäuse bis in die frühe Neuzeit eingesetzt.

Eine ganz besondere Leistung der heutigen Medizinforschung ist die Isolierung und biotechnologische Herstellung eines Wirkstoffes namens DSPA (Desmodus rotundus Salivary Plasminogen Activator), auch Draculin genannt. Aus dem Fledermauswirkstoff, der die Blutgerinnung hemmende Enzyme enthält, wurde ein hochwirksames Medikament zur Behandlung von Schlaganfallpatienten entwickelt.

Wie schon angeklungen ist, besaßen die Fledermäuse in der Vergangenheit kein gutes Image. In wenigen Kulturen ist die Fledermaus positiv besetzt, beispielsweise in China, wo sie als Glückssymbol gilt. Erst in den letzten Jahrzehnten hat sich auch bei uns ein Imagewandel vollzogen, durch Einzug von Batman und Co. in die Kinderzimmer, vor allem aber durch eine verstärkte Öffentlichkeitsarbeit des Naturschutzes. Aufgrund eines gewachsenen Naturverständnisses sieht man Fledermäuse inzwischen als unverzichtbare Glieder im ökologischen Gefüge an und schützt sie.

Affenmenschen

Auf der Suche nach Yeti und Bigfoot

Mit fast chronologischer Regelmäßigkeit tauchen sie in den Medien auf, um ebenso schnell wieder zu verschwinden, wie sie dies auch im wirklichen Leben tun sollen: Der Yeti (oben) und Bigfoot sind neben Nessie sicherlich die berühmtesten Fabelwesen.

Eigentlich sind Yeti und Bigfoot nur die bekanntesten Vertreter dieser geheimnisvollen behaarten menschenähnlichen Wesen, denn in Wirklichkeit hat fast jeder Kontinent seinen eigenen Affenmenschen. Nur im dicht besiedelten Europa und in Afrika sind keine prominenten Vertreter bekannt.

Die meisten Wissenschaftler lehnen die Existenz solcher Kreaturen ab, da die Beweise zugegebenermaßen eher spärlich sind. Denn die Geschichten von Yeti und Co. sind auch immer die Geschichten der Missgeschicke ihrer Entdecker: Bei Begegnungen mit Affenmenschen war in den seltensten Fällen eine

Kamera zur Hand und wenn doch, funktionierte sie just in diesem Augenblick nicht, und wenn sie denn doch funktionierte, waren die Fotos unscharf oder gingen verloren. Beweisstücke, wie Fellstücke, Schädel oder andere Körperteile verschwanden meist auf mysteriöse Weise oder wurden als Fälschungen entlarvt. Was bleibt, sind neben unscharfen Fotos nur mehr oder weniger aussagekräftige Gipsabdrücke von Fußspuren der diversen Affenmenschen.

Von all diesen Rückschlägen lassen sich die Kryptozoologen und die riesige »Bigfoot-Fangemeinde« nicht entmutigen. Sie sind sich sicher, dass es nur eine Frage der Zeit ist, bis ein endgültiger und unumstößlicher Beweis für die Existenz von Yeti, Bigfoot oder einem anderen Affenmenschen gefunden wird.

YETI – DER »FÜRCHTERLICHE SCHNEEMENSCH«

Von den asiatischen Bergvölkern seit vielen Jahrhunderten verehrt, ist die mögliche Existenz des Yeti bis heute Gegenstand erbitterter Debatten in der Wissenschaft wie auch in den Boulevardblättern gewesen. Zahlreiche Mythen und Legenden ranken sich um den berühmten Schneemenschen des Himalaya.

Die »europäische« Geschichte des Yetis ist schon mehr als hundert Jahre alt: 1889 entdeckte der passionierte Tibetkenner Major L.A. Wadell in einem Schneefeld im Himalaya in über 5000 m Höhe selt-

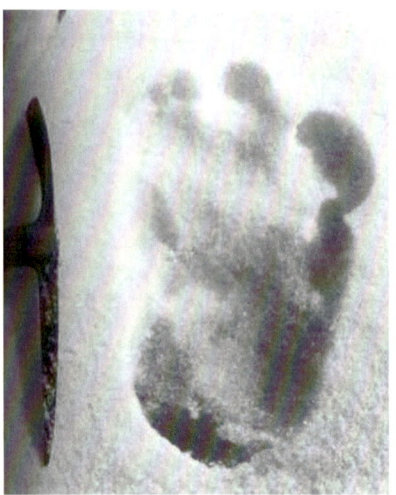

Dieser Fußabdruck eines Yetis ist bei Fischinger (2001) abgebildet. Als Größenvergleich dient ein Eispickel.

same Fußspuren, die nach Aussagen seiner Sherpa-Führer von einem »haarigen wilden Mann aus den Bergen« stammen sollten.

Als im Jahre 1921 die erste britische Expedition unter dem Kommando von Oberstleutnant Howard-Bury zum Mount Everest aufbrach, bemerkten die Bergsteiger durch ihre Ferngläser auf der Südseite des Massivs in über 6000 m Höhe einige dunkle Gestalten, die aufrecht durch den Schnee stapften. Als die Expeditionsteilnehmer die Stelle erreichten, fanden sie Fußspuren, die etwa 3-mal so groß wie die eines Menschen waren.

Die vielleicht berühmtesten Abdrücke wurden jedoch 1951 gefunden: Eine ebenfalls britische Expedition fand auf einem Himalaya-Gletscher im Grenzgebiet zwischen Nepal und Tibet zahlreiche etwa 30 cm große und rund 15 cm breite Fußabdrücke, bei denen 5 Zehenabdrücke deutlich sichtbar waren. Ein Mitglied der Expedition machte sogar 2 Fotos von den Spuren, wobei ein Schuhabdruck und ein Pickel als Größenvergleich dienten.

Der Name Yeti (»Yeh-Teh«) entstammt der Sprache der Sherpas und wird je nach Autor ganz unterschiedlich mit »Mann in den Felsen«, »Schneemensch« oder »fürchterlicher Schneemensch« übersetzt.

Die Ureinwohner Nepals, die Sherpas, unterscheiden 2 verschiedene, der Kryptozoologe Dr. Bernard Heuvelmann sogar 3 Yeti-Arten:

1. den Pygmäenyeti (»Meh-Teh«), etwa 1 m groß, rotes Fell, kleine Füße,
2. den »Echten Yeti« (»Mih-Teh«), etwa 1,80 m groß, braunes Fell, breite Füße,
3. den Riesenyeti (»Dzu-Teh«), bis 2,70 m groß, schwarzes zottiges Fell, bis zu 50 cm große Füße.

Auch in den 1960er- und 1970er-Jahren gab es einige mehr oder weniger deutliche Sichtungen von Yetis oder ihrer Spuren im Schnee. Immer wieder wurden auch Yaks mit gebrochenem Rückgrat gefunden. 1974 soll angeblich ein Sherpa-Mädchen von einem Yeti entführt worden sein.

Mehr Informationen über den Schneemenschen oder vielleicht sogar einen endgültigen Existenzbeweis erhoffte man sich in den 1960er-Jahren auch von »Yeti-Reli-

Yetiskalps, die als »Reliquien« in tibetanischen Klöstern aufbewahrt wurden, erwiesen sich rasch als Fälschungen.

quien« wie Yetihänden, Yetiskalps oder Yetifellen, die in tibetanischen Klöstern aufbewahrt wurden. Eine Yetihand wurde jedoch relativ schnell als Pfote eines Schneeleoparden identifiziert, eine andere verschwand nach Untersuchungen in Europa in den 1960er-Jahren, die zu keinem eindeutigen Ergebnis kamen, auf mysteriöse Weise. Der berühmte Yetiskalp von Khumjung erwies sich als ein Stück eines Ziegenfells und die Yetifelle konnten eindeutig dem Himalayabären zugeordnet werden.

Wieder neue Zuversicht konnten Yeti-Gläubige 1997 fassen, als der bekannte Südtiroler Extrembergsteiger Reinhold Messner nach der Rückkehr von einer Himalayaexpedition in einem Zeitungsinterview berichtete: »Ich habe den Yeti gefunden. Wir standen uns Auge in Auge gegenüber.« Über Details wollte er sich erst in seinem neuen Buch äußern. Doch als »Yeti-Legende und Wirklichkeit« 1998 pu-

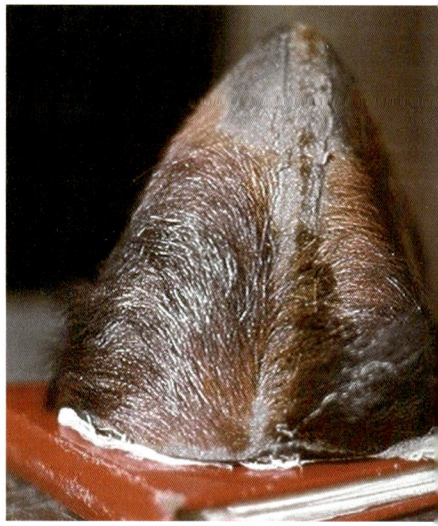

bliziert wurde, trat Ernüchterung ein. Messner erklärte, dass es sich beim sagenumwobenen Yeti um nichts anderes als den Tibetbären handele, den die Sherpas »Chemo« oder »Dremo« nennen.

Der legendäre Schneemensch in Wirklichkeit also nur ein gewöhnlicher »Schneebär«? War doch der Yeti längst als Mythos und Legende in die Vorstellungswelt der westlichen Menschen eingegangen. Aber auch wenn Messner mit seiner Veröffentlichung vielen Vorstellungen und Fantasien, besonders der westlichen Welt, den Boden entzogen haben mag, wird der Yeti sicher als moderne Sagengestalt weiterleben. In der stark religiös geprägten Imaginationswelt der traditionsbewussten Bewohner des Himalaya, in der er schon immer vielgestaltig und unauslöschlich mit realen Erfahrungen und Mythen zugleich verbunden war, wird der Yeti sowieso weiterexistieren.

Wäre nur noch die Frage zu beantworten, was oder besser gesagt wer ist eigentlich der viel zitierte Himalaya- oder Tibetbär, denn die Bärennomenklatur des Himalaya ist wohl fast so nebulös wie der Yeti selbst: Unter dem Begriff Himalayabär wird offensichtlich eine Unterart des Braunbären, der Rot- oder Isabellinenbär (*Ursus arctos isabellinus*), verstanden, während eine weitere Unterart, der so genannte Blaue Bär (*Ursus arctos pruinosus*), auch als Tibetbär bezeichnet wird. Ein weiterer Verdächtiger ist der zu den Schwarzbären gehörende Kragenbär (*Ursus thibetanus*), der im Himalaya bis in Höhen von 4000 m vorkommt.

Noch verwirrender wird das Bild, wenn man auf die oben erwähnten 3 verschiedenen Yetitypen eingeht:

Beim Pygmäenyeti handelt es sich möglicherweise um verirrte Hulock-Gibbons (*Hylobates hoolock*). Diese Affenart lebt normalerweise in den hügeligen Wäldern von Bangladesch, Ostindien, Südchina und Nordburma. Wie aber sind der »Echte Yeti« und der Riesenyeti einzuordnen? Und handelt es sich überhaupt um 2 verschiedene Arten? Fragen über Fragen.

Während die »seriöse Wissenschaft« die Messnersche Theorie vom Himalayabären unterstützt, um so vielleicht auch ein für alle Mal das leidige Phänomen Yeti ad acta legen zu können, sehen einige Kryptozoologen im Yeti eine kleine Population des prähistorischen Riesenaffen *Gigantopithecus blacki*, die vielleicht auf dem Dach der Welt überlebt hat. Andere wiederum glauben, habe der Neandertaler in dieser wirklich unwirtlichen Gegend bis heute überlebt. Zur Freude, auch der Boulevardpresse, lebt die Legende auf jeden Fall weiter, denn die nepalesische Regierung hat den Yeti auf die Liste der bedrohten Tierarten gesetzt.

BIGFOOT – AFFENMENSCH MIT SCHUHGRÖSSE 61

Was für die Schneefelder des Himalaya der Yeti bedeutet, ist für die Wälder Nordamerikas der Bigfoot oder Sasquatch, wie er im benachbarten Kanada genannt wird: ein haariges, affenähnliches,

aufrecht gehendes Wesen, das 2–3 m groß sein und zwischen 300 und 500 kg wiegen soll. Bereits als die ersten europäischen Siedler den Nordwesten der USA und Kanadas eroberten, stießen sie auf Erzählungen vom Sasquatch in den Legenden der nordamerikanischen Ureinwohner. Der Name »Sasquatch« lässt sich aus ihrer Sprache am Besten mit »haariger Riese« übersetzen.

Schon 1784 berichtete die »London Times« von der Gefangennahme einer riesigen behaarten menschenähnlichen Kreatur am Lake of Woods in der kanadischen Provinz Manitoba. Der erste Kontakt mit einem weißen Mann fand wahrscheinlich 1811 in der heutigen kanadischen Provinz Alberta statt: Ein Händler namens David Thompson fand im Schnee seltsame menschenähnliche Fußabdrücke mit 4 Zehen, die jedoch 35 cm lang und 20 cm breit waren. Im 19. Jahrhundert waren Begegnungen mit dem Sasquatch immer wieder Gegenstand von Zeitungsartikeln. So wurde in der Ausgabe vom 4. 7. 1884 des »Victoria Colonist« sogar von der Gefangennahme einer haarigen Kreatur »halb Mensch, halb Tier« namens »Jacko« in British Columbia berichtet. Leider verschwand Jacko auf unerklärliche Weise, als er zur weiteren Begutachtung nach London verschickt wurde.

1924 war dann eindeutig ein Sasquatch-Jahr. Ein kanadischer Holzfäller namens Albert Ostman wurde nach eigenen Angaben in diesem Jahr in der Nähe von Vancouver von einer Sasquatch-Familie gekidnappt. Offensichtlich haben Sas-

quatchs kein klassisches Rollenverständnis, denn während Ostman von Vater und Tochter bewacht wurde, bereiteten Mutter und Sohn die Mahlzeiten zu. Die Familie ernährte sich übrigens rein vegetarisch von Gräsern, Wurzeln und den Spitzen von Nadelbäumen. Nach etwa einer Woche Gefangenschaft konnte der Holzfäller seiner Gefangenschaft entfliehen, berichtete jedoch, aus Angst, für verrückt erklärt zu werden, erst 1957 von seinen Erlebnissen.

Ebenfalls 1924 erlegten einige Bergarbeiter in der Nähe des Mount St. Helens einen Sasquatch.

Gipsabdruck einer Bigfootspur (Fischinger, 2001).

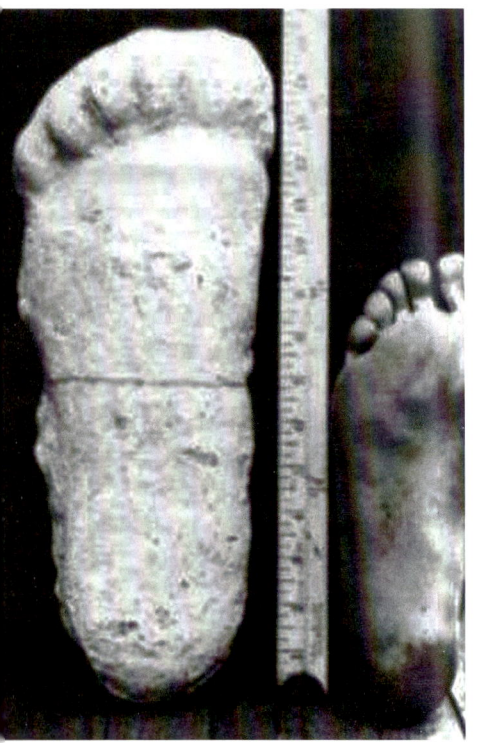

In der darauf folgenden Nacht wurde ihre Hütte dann von den Freunden des getöteten Wesens angegriffen. Die haarigen Kreaturen pochten an die Wände der Hütte und warfen Steine. Erst im Morgengrauen ließen sie von den verständlicherweise verängstigten Bergarbeitern ab. Die Gegend wurde von da an Ape Canyon (Affenschlucht) genannt.

Jahre später behauptete einer der Bergarbeiter, er habe sich einen Scherz erlaubt und die Felsbrocken auf die Hütte geworfen. Im gleichen Jahr beschwerte sich ein Goldsucher bei einem Forstbeamten, er sei ebenfalls am Mount St. Helens von riesigen Affenwesen attackiert worden, die seine Hütte unter wütendem Geheul mit Steinen beworfen hätten. Am nächsten Morgen habe er rund um die Hütte gewaltige Fußabdrücke gefunden.

Bis weit in die 1950er-Jahre berichteten jedoch nur lokale Zeitungen vor allem in Kanada vereinzelt über den Sasquatch. Dies änderte sich 1958 mit einem Schlag, als der Straßenbauer Jerry Crew im Bluff Creek Valley im Humboldt County in Nordkalifornien beim Straßenbau riesige Fußspuren von rund 40 cm Länge entdeckte. Das entspricht Schuhgröße 61! Fasziniert fertigte Crew einen Gipsabdruck der Spur an. Ein Bild von Crew mit dem Abdruck und mit ihm eine Geschichte, in der der Begriff »Bigfoot« erstmals verwendet wurde, wurde in der »Humboldt Times« in Eureka veröffentlicht. Die Story erregte in den gesamten Vereinigten Staaten großes Aufsehen und irgendwie begann Bigfoot sich jetzt zu verselbstständi-

Bigfoot-Weibchen. Standbild aus dem berüchtigten Patterson-Gimlin-Film (Fischinger, 2001).

gen. Die Bigfootmeldungen begannen sich zu häufen und Bigfoot reifte zu einem ebenbürtigen Gefährten des Schneemenschen heran.

Das Beweisstück, dem in Bigfootkreisen die größte Bedeutung beigemessen wird, ist der berühmt-berüchtigte Patterson-Gimlin-Film: Im Oktober 1967 machten sich die 2 »Bigfoot-Forscher« Roger Patterson und Bob Gimlin in Nordkalifornien auf die Suche nach Bigfoot. Sie konzentrierten sich auf das Gebiet um das Bluff Creek Valley, waren doch dort 1958 die berühmten Fußspuren gefunden wurden. Und sie hatten Glück. Am frühen Nachmittag gelang es ihnen, Bigfoot zu filmen. Der zum Teil sehr unscharfe und grobkörnige Film zeigt ein Bigfoot-Weibchen, das durch einen Fluss läuft, kurz in die Kamera schaut und dann im Wald verschwindet. Die Authenzität des Filmes war von Anfang an umstritten und führte über Jahre hinweg zu teilweise erbittert geführten Diskussion zwischen Bigfootgläubigen und -skeptikern.

Mittlerweile wurde Bigfoot in nahezu allen US-Bundesstaaten gesichtet. Bigfoot boomte! Die angesehene »New York Times« schrieb sogar etwas despektierlich, dass Bigfoot in den letzten Jahren häufiger gesichtet worden sei als Elvis. In manchen Gegenden ist bis heute eine regelrechte Bigfoot-Mania ausgebrochen, die auch vor kommerziellen Scheußlichkeiten keinen Halt macht: Ganze Kleinstädte treiben mit Bigfoot-Plastikfiguren, T-Shirts, Bechern, Schlüsselanhängern und CDs, auf denen der Affenmensch angeblich zu hören ist, einen schwungvollen Handel.

Sogar »audiofiles«, auf denen das Geheul diverser Bigfootexemplare zu hören ist, lassen sich mittlerweile aus dem Internet herunterladen.

DER MINNESOTA ICEMAN

1968 glaubten die beiden Kryptozoologen Ivan Sanderson und Dr. Bernard Heuvelmans, die Entdeckung des Jahrhunderts gemacht zu haben. Heuvelmanns war gerade Hausgast bei Sanderson in New Jersey, als die beiden von einem in einem Eisblock eingeschlossenen, sehr haarigen, »nicht ganz menschlichen« Geschöpf hörten, das in der Wanderausstellung des Schaustellers Frank Hansen als »The Famous Missing Link Iceman« für 50 Cent zu betrachten war.

Die beiden Kryptozoologen besuchten Hansen sofort auf seiner Farm in Minnesota, wo er die Kreatur während des Winters in einem Campingwagen aufbewahrte. Nach einer eingehenden 3-tägigen Untersuchung, bei der sie auch entdeckten, dass das unbekannte Wesen eine Schusswunde am Kopf aufwies, waren Sanderson und Heuvelmans sicher, einen Neandertaler, Bigfoot oder ein ähnliches Wesen gefunden zu haben. Es gibt auch Fotos von der Untersuchung, die jedoch, wie es bei Bildern von Affenmenschen offensichtlich üblich ist, leider unscharf sind.

Sanderson berichtete Weihnachten 1968 über den sensationellen Fund in der bekannten »Johnny Carson Show« und die Medien wurden auf die vermeintliche anthropologische Sensation aufmerksam. Beide Kryptozoologen schrieben wissenschaftliche Abhandlungen über den »Iceman«. Heuvelmans, überzeugt davon, eine neue Art entdeckt zu haben, gab der Kreatur sogar einen wissenschaftlichen Namen: »Homo pongoides«.

Während Sanderson die Meinung vertrat, die Kreatur sei nordamerikanischen Ursprungs, entwickelte Heuvelmans die Theorie, dass das Wesen, ein Neandertaler oder Nguoi Rung, von amerikanischen Soldaten während des Vietnamkrieges getötet und in einem »body bag« in die USA geschmuggelt worden sei, was für den ehemaligen Air Force Captain Hansen durchaus im Bereich des Möglichen gewesen wäre.

Als das renommierte Smithonian Institute daraufhin den Iceman untersuchen wollte, verbot Hansen eine Untersuchung des Leichnams. Das aufgrund der Schusswunde hinzugezogene FBI weigerte sich, den »Fall« zu übernehmen, da der Körper ja nicht menschlichen Ursprungs sei. Und ab jetzt wurde die Geschichte kompliziert, um nicht zu sagen undurchschaubar, denn als der Fall in der Öffentlichkeit immer bekannter wurde, verschwand plötzlich die Leiche des »Minnesota Iceman« und wurde offensichtlich durch ein in Kalifornien hergestelltes Modell ersetzt. Zur gleichen Zeit behauptete dann auch eine »Special effects«-Firma in Hollywood, die Figuren für Disneyland herstellte, dass sie 1967 den Original-Iceman aus Gummi als »Cro-Magnon-Menschen« inklusive Schusswunde hergestellt habe. Der nun unter massivem Beschuss der seriösen Wissenschaft stehende Hansen begann sich in einen Wust aus Lügen und Halbwahrheiten zu verstricken und verlor jegliche Glaubwürdigkeit. Der Minnesota Iceman war endgültig als Fälschung entlarvt.

Das »Arizona Bigfoot Center«, das »Eastern Ohio Bigfoot Investigation Center«, die »Golf Coast Bigfoot Research Organization« oder die »Western Bigfoot Society« sind nur einige wenige willkürlich ausgewählte Beispiele von Dutzenden amerikanischer und kanadischer Organisationen, die sich der Suche nach Bigfoot mit Haut und Haaren verschrieben haben. Auf ihren Homepages im Internet können sich Internetsurfer aus aller Welt nicht nur über die neusten Bigfoot-Sichtungen, Foto- und Filmaufnahmen, Fußspuren sowie Erklärungen und Thesen prominenter Bigfootanhänger und -gegner informieren, sondern auch eigene Beobachtungen online melden – die Bigfootforschung hat sich offenbar mühelos der Zeit angepasst.

Außer den zahlreichen Augenzeugenberichten und mehr oder weniger scharfen Fotos sind Fußabdrücke bisher immer noch die meistgefundenen und anerkanntesten Beweisstücke. Die Gipsabdrücke der Spuren, die zu einer genaueren Untersuchung vorhanden sind, weisen jedoch zum Teil sehr große Unterschiede auf.

Untersuchungen der gefundenen Haarproben führten bisher zu keinem eindeutigen Ergebnis: Einige der untersuchten Fellstücke stammten von Bären, andere sollen auf eine bisher unbekannte Primatenart hinweisen. Einige wenige Haarbüschel vom Bigfoot sollen angeblich auch auf ihre DNA hin untersucht worden sein. Offizielle Ergebnisse liegen jedoch bisher noch nicht vor.

Die Nachricht, die zuerst in der »Seattle Times« veröffentlicht wurde, dann mit Windeseile um die Welt ging und am 06.12.02 auch ihren Weg in die deutsche »Tagesschau« fand, wirkte wie ein Schock auf die Gemeinde der Bigfootgläubigen in aller Welt; gerieten doch gleich 2 der wichtigsten Beweise für die Existenz des nordamerikanischen Riesenaffen gewaltig ins Wanken: Bigfoot war gerade gestorben – und hieß in Wirklichkeit Ray Wallace. Der vor kurzem im Alter von 84 Jahren verstorbene Amerikaner war, wie sein Sohn Michael Wallace der Presse erklärte, für die legendären Fußspuren von Bluff Creek verantwortlich, die Bigfoot 1958 mit einem Schlag weltweit bekannt machten. Wallace hatte sich von einem Freund 40 cm große Füße aus Holz anfertigen lassen und hatte zusammen mit seinem Bruder Wilbur zum Spaß die berühmten Bigfootspuren gelegt. Später hatte Wallace immer wieder »Beweise« wie unscharfe Fotos, Fußabdrücke oder Tonbandaufnahmen mit Bigfootgeheul der Öffentlichkeit präsentiert. Nach Michael Wallace ist auch der so genannte Patterson-Gimlin-Film eine Fälschung, an der sowohl sein Vater als auch seine Mutter beteiligt waren, die sogar zugab, öfter in einem Bigfootkostüm fotografiert worden zu sein.

Aber solche Enthüllungen können wahre Bigfootenthusiasten nicht wirklich vom Glauben abbringen. Nach dem Motto »Das alles bedeutet nur, dass Ray Wallace tot ist, aber keinesfalls Bigfoot!« sind sie sich auch heute noch absolut sicher, eines Tages einem echten Bigfoot gegenüberzustehen.

ALMASTY – EIN NEANDERTALER AUS DEM KAUKASUS?

Yeti und Bigfoot haben möglicherweise auch Verwandtschaft im Kaukasus. Hier ist bei den Bergvölkern ein »Wildmensch« bekannt, den sie Almasty nennen. Der Kopf des Almasty ist durch eine flache Stirn, einen kegelförmigen Hinterkopf und starke Augenbrauen gekennzeichnet. Auffallend sind auch die besonders breiten Schultern und die langen Arme. Almastys gelten als Allesfresser, leben oft in kleinen Gruppen und haben keine eigene Sprache, sondern können nur murmeln oder bellen. Die Weibchen sollen große schlauchförmige Brüste haben, die sie manchmal über die Schulter werfen! Nach einer einheimischen Überlieferung wurde einmal ein Almasty-Weibchen namens Zana gefangen, gezähmt und von den Männern eines Dorfes missbraucht. Aus dieser Verbindung soll sogar ein Sohn entstanden sein.

Heute gilt die russisch-französische Chirurgin und Begründerin der russischen Kryptozoologie Dr. Marie-Jeanne Koffmann als »Grande Dame« der Almastyforschung. Sie hat es sich zur Lebensaufgabe gemacht, das Rätsel um den Almasty zu lösen. In einem Zeitraum von über 20 Jahren hat sie während ihrer umfangreichen Kaukasusexpeditionen über 500 Augenzeugenberichte über den Almasty zusammengetragen und ausgewertet, Kotproben untersucht, Gipsabdrücke seiner Spuren angefertigt und doch keinen

Der Almasty, offensichtlich ein Verwandter des Yetis aus dem Kaukasus.

wirklichen Beweis für die Existenz des mythischen Wesen gefunden.

Einige russische Forscher sind ziemlich sicher, dass es sich bei den Almastys um degenerierte Nachkommen von Neandertalern handelt, die vor rund 35000 Jahren eben nicht ausgestorben sind, sondern sich in die unwegsamen Berge Südwest- und Zentralasiens zurückgezogen und sich so in das 21. Jahrhundert hinübergerettet haben.

Sogar in den eisigen Tundren Sibiriens gibt es eine Art Bigfoot, den Chuchunaa (= »wilder Mann«). Berichte, Gerüchte und Legenden über den Chuchunaa existieren schon lange. Richtig ernst genommen wurden diese Berichte jedoch erst im Jahre 1928. In der damaligen Sow-

jetunion wurden Untersuchungsteams mit dem Auftrag, Informationen über das seltsame Wesen zu sammeln, in das tiefste Sibirien geschickt. Ein Jahr später wurde den entsprechenden Behörden dann ein ausführlicher Bericht vorgelegt, der aber statt Fakten eher Spekulationen enthielt.

NGUOI RUNG – DER VIETNAMESISCHE WALDMENSCH

Er soll eine Art Sprache besitzen, sich gerne mal an ein Lagerfeuer setzen und dieses auch selbst entzünden können: Auch in den Urwäldern Vietnams wird immer wieder ein großer affenartiger Mensch be-

obachtet. Die Vietnamesen bezeichnen ihn als Nguoi Rung, was Waldmensch bedeutet. Der Nguoi Rung wurde in verschiedenen Varianten gesichtet – mal sehr groß, mal sehr klein. Auch die Fellfarbe variiert von grau über braun zu schwarz.

Es gibt viele Legenden über den vietnamesischen Waldmenschen. Einige Berichte beschreiben ihn als flinken Läufer und guten Kletterer, der Insekten von Bäumen schüttelt und in Höhlen schläft. Es wurde aber auch immer wieder behauptet, dass der Waldmensch dafür bekannt ist, Menschen zu töten und sie anschließend zu verspeisen; deshalb wird er von einigen vietnamesischen Bergvölkern sehr gefürchtet.

Während des Vietnamkrieges wurde der Nguoi Rung dann erstmals von Nichtvietnamesen im Grenzgebiet zwischen Laos, Kambodscha und Vietnam gesichtet. Je tiefer die GIs in den Dschungel vordrangen, desto häufiger tauchten Berichte über Begegnungen mit »haarigen wilden Männern« auf. Es gab auch immer wieder Gerüchte, dass amerikanische Soldaten einen Nguoi Rung erschossen haben.

ORANG PENDEK – DER KURZE WALDMANN SUMATRAS

»Im Königreich Lambri gibt es Menschen mit Schwänzen, die genau wie bei Hunden etwa eine Spanne lang sind, im Gegensatz zu diesen aber nicht mit Fell bedeckt sind. Die meisten von ihnen sehen so aus, sie wohnen in den Bergen und besiedeln keine Städte.« So berichtet be-

DER AFFE AUF DER KISTE

Als 1920 der Schweizer Geologe Francois de Loys und sein Team
auf der Suche nach Erdöl den Dschungel des Grenzgebietes zwischen Venezuela und Kolumbien erkundeten, hatten die Expeditionsteilnehmer während einer Rast eine Begegnung der besonderen Art: Zwei aufrecht schreitende affenähnliche Kreaturen traten
plötzlich unter Geheul aus dem Wald und schwenkten abgebrochene Zweige. Als die Affenmenschen begannen de Loys und seine
Begleiter mit Exkrementen zu bewerfen, eröffneten diese das Feuer
und töteten eines der Wesen, während das andere verwundet im
Dschungel verschwand.

Beeindruckt vom außergewöhnlichen Erscheinungsbild des getöteten Tieres entschied sich de Loys, das getötete Wesen zu fotografieren. Dazu setzten die Expeditionsteilnehmer die etwa 1,50 m große
Kreatur auf eine Brennstoffkiste und schoben einen Stock unter ihr
Kinn, damit sie nicht umkippen konnte. Wie sich später herausstellen sollte, entstand auf diese Weise eines der berühmtesten und am
kontroversten diskutierten Fotos in der Geschichte der Kryptozoologie. De Loys bewahrte das Foto zusammen mit seinen Reisetage-
büchern auf, und der Zwischenfall mit den unbekannten Kreaturen
geriet vorübergehend in Vergessenheit.

Als der Schweizer Anthropologe Georges Montandon bei der
Durchsicht von de Loy's Reiseunterlagen das Foto mit dem Wesen
auf der Kiste fand, glaubte er eine wissenschaftliche Sensation entdeckt zu haben. Noch nie zuvor hatte der Anthropologe ein Wesen
wie das auf de Loy's Foto gesehen. Er war überzeugt, einen unbekannten Menschenaffen, ja einen Urahnen der Menschheit gefunden zu haben. Montandon benannte das unbekannte Wesen zu
Ehren seine Entdeckers Ameranthropoides loys.

1929 veröffentlichte de Loys Foto und Geschichte in der »Ilustrated
London News« und Montandon publizierte seine Theorie im
»Journal de la Société des Américanistes« und trug sie der Französischen Akademie der Wissenschaften in Paris vor. In wissenschaftlichen Kreisen fand der »Amerikanische Menschenaffe« jedoch
keine Anerkennung. Namhafte Kryptozoologen unterzogen das berühmte Foto einer genauen Prüfung und kamen zu dem Schluss,
dass es sich bei dem »Affen auf der Kiste« nicht um einen Menschenaffen, sondern nur um einen großen Klammeraffen handeln
konnte; zugegebenermaßen um einen sehr großen Klammeraffen,
vielleicht sogar um eine bisher unbekannte Varietät dieser Art, aber
ganz sicher nicht um einen Vorfahren der Menschheit.

*Die berühmte Fotografie des
»De Loy's Ape«, auf einer Brenn-
stoffkiste sitzend aus dem
Jahr 1920.*

*Der »wahre« »De Loy´s Ape« –
ein Klammeraffe.*

*Niemand weiß, wie der Orang
Pendek tatsächlich aussieht.*

reits der venezianische Weltreisende
Marco Polo in seinen Reiseerzählungen von seltsamen menschenähnlichen Kreaturen, die in Indonesien
ihr Unwesen treiben sollen.

Im westlichen Teil von Sumatra
wird schon seit Jahrhunderten von
einem Wesen erzählt, das nicht richtig Mensch, aber eben auch nicht
richtig Affe ist. Die Ureinwohner Sumatras nennen es Orang Pendek, was so viel heißt wie »kurzer
Mann«. Normalerweise werden die
Affenmenschen dieser Welt ja als
riesige, grobschlächtige Wesen beschrieben. Der Orang Pendek
scheint da die Ausnahme von der
Regel darzustellen. Er wird als
höchstens 1,20 m groß, aufrecht gehend, mit braun-schwarzer Körperbehaarung sowie einer langen
Mähne beschrieben.

Die ersten Europäer, die den
Orang Pendek zu Gesicht bekamen,
waren holländische Siedler und Jäger, die oft recht detailliert über das
aufrecht gehende Affenwesen berichteten. Immer wieder wurden
auch unidentifizierbare Fußabdrücke gefunden, die meist als menschenähnlich, aber nicht menschlich,
dreieckig und ca. 15 cm lang und 10
cm breit beschrieben wurden.

Im Mai 1932 schien dann die
Sensation perfekt zu sein: Im
Westen Sumatras war ein Orang
Pendek von einheimischen Jägern
erlegt worden. Es handelte sich
offensichtlich um ein rund 40 cm
großes Jungtier mit menschenähnlichen Gesichtszügen. Die Entdeckung ging um die Welt, hoffte man
doch, endlich das lang ersehnte
Evolutions-Bindeglied zwischen
Affen und Menschen gefunden zu
haben.

Der Orang Pendek wurde zur
weiteren Untersuchung in das Zoologische Museum von Buitenzorg
(Java) gebracht. Dort trat dann sehr
schnell Ernüchterung ein, denn der
vermeintliche Baby-Pendek wurde
rasch als Fälschung identifiziert.
Die so genannten Jäger hatten einen
jungen Haubenlanguren auf Orang
Pendek getrimmt. Dazu hatten sie
den Affen am ganzen Körper rasiert, seinen Schwanz entfernt und
seine Eckzähne abgefeilt. Nach diesem Fiasko verlor die seriöse Wissenschaft das Interesse.

YEREN – AFFENMENSCH
AUS CHINA

Eine rätselhaftes Wesen, halb
Mensch, halb Affe ,soll die unzugänglichen Wälder von Zentral-
und Südchina unsicher machen. Bevorzugt wurde es in den Bergregionen nordwestlich der Provinz Hubei
gesichtet. Als Yeren oder Xueren bekannt, ist die Kreatur seit über 2000
Jahren ein fester Bestandteil chinesischer Tradition und Legenden.

Der Yeren wird als 1,80 m groß,
aufrecht gehend und mit einem
dicken braunen oder roten Fell beschrieben. Seine Arme sind lang und
hängen bis unter die Knie herab. Er
besitzt ein affenartiges Gebiss,
große Ohren und sehr »menschliche« Augen. Er hinterlässt riesige,
bis zu 40 cm lange Fußabdrücke.

Obwohl die Existenz des Yeren
im heutigen China weitgehend als
Mythos und Aberglaube eingestuft
wird, hat das Affenwesen dennoch
eine lange Geschichte von Begegnungen, auch mit Wissenschaftlern
und anderen seriösen Augenzeugen,
vorzuweisen. Diese verliefen jedoch
nicht immer friedlich. So soll der
Yeren den meisten Berichten zufolge sehr aggressiv sein, Menschen
angreifen und gelegentlich auch
verspeisen.

Damit jedoch nicht genug:
Manchmal entwickelt sich der Yeren offensichtlich auch zu einem
sexbesessenen Kidnapper. So geistern immer wieder Berichte durch
die Presse, wonach einer oder gar
mehrere chinesische »wilde Männer« Frauen entführt und vergewaltigt hätten. Auch Gerüchte über
»Affenkinder«, also Kinder, die aus
einer Verbindung zwischen Yeren
und Mensch entstanden sind, halten
sich bis heute hartnäckig.

Alle Versuche, auch von offizieller
Seite, die Existenz des Yeren zu beweisen, scheiterten bisher. Erschos-

Der Yeren soll in den dichten Wäldern Süd- und Zentralchinas zu Hause sein.

sene Exemplare des Yeren stellten sich im Nachhinein entweder als Gibbonleichen heraus oder die Kadaver verschwanden auf mysteriöse Weise, bevor sie von Fachleuten untersucht werden konnten. Am nächsten an einen konkreten Beweis für die Existenz des chinesischen Affenmenschen kamen die in Salzlauge eingelegten Hände, die 1980 auftauchten und die von einem 1957 erlegten Yeren stammen sollten. Bei genaueren Untersuchungen wurde jedoch festgestellt, dass es sich um die Hände eines Makakenaffen handelte und definitiv nicht um die eines unbekannten Wesens.

Als Erklärung für das Phänomen Yeren dienen den Kryptozoologen die üblichen Verdächtigen: über-

lebende Exemplare des ausgestorbenen Riesenaffen *Gigantopithecus blacki* oder des *Homo erectus*. Ein weiterer potenzieller Kandidat könnte der seltene und vom Aussterben bedrohte Goldstumpfnasenaffe sein, der besser unter seinem englischen Namen »golden monkey« bekannt ist.

YOWIE – DER BIGFOOT VOM 5. KONTINENT

Seine totale geografische Isolation macht Australien eigentlich zu einem sehr unwahrscheinlichen Platz für eine Affenmenschenart, die Millionen von Jahren existiert hat, ohne von Wissenschaftlern entdeckt worden zu sein, zumal Primaten auf dem 5. Kontinent ursprünglich nicht heimisch waren. Dennoch hat auch »Down under« seine eigene Bigfoot-Version: den Yowie. Berichte über ihn tauchen bereits in den Erzählungen und Legenden der Aborigines auf, die von 1,80–2,70 m (!) großen, aufrecht laufenden menschenähnlichen Wesen berichten, deren ganzer Körper mit einem dichten braunen bzw. schwarzen Fell bedeckt ist.

Die erste Begegnung des Yowie mit Europäern soll unbestätigten Gerüchten zufolge schon 1790 stattgefunden haben. Aber erst 1881 berichtete eine australische Zeitung, dass mehrere Zeugen ein affenartiges Wesen gesichtet hätten, das größer als ein Mensch gewesen sei. Bis heute nimmt die Zahl der Yowie-Beobachtungen ständig zu. So sind allein im Gebiet der Blue Mountains westlich von Sydney über 3200 Sichtungen registriert!

Der erste Name für den Affenmenschen Australiens war »Yahoo«, was nach einigen Interpretationen in der Sprache der Aborigines »Teufel« oder »böser Geist« bedeutet. Viel wahrscheinlicher ist allerdings, dass eine halbmenschliche Rasse namens »Yahoos«, die in Jonathan Swifts berühmtem Buch »Gullivers Reisen« (1726) beschrieben wird, als Namensgeber diente und in Wirklichkeit die englischen Siedler des 19. Jahrhunderts dem australischen Affenwesen seinen Namen verliehen. Der Name Yowie tauchte erstmals in den 1970er-Jahren auf und leitet sich offensichtlich aus den gebräuchlichen Aborigines-Bezeichnungen »Youree« oder »Yowrie« für die haarige Kreatur ab.

Ob der Yowie nur eine sagenhafte Gestalt ist oder tatsächlich existiert, ist vollkommen ungeklärt. Nach einer alten Eingeborenensage sollen die Aborigines, als sie vor mehreren tausend Jahren nach Australien eingewandert sind, auf dem neuen Kontinent auf eine wilde Rasse von Affenmenschen getroffen sein, die sie in kriegerischen Auseinandersetzungen, dank ihrer Fähigkeit, Waffen herzustellen, besiegten und verdrängten. Eine andere Theorie geht davon aus, dass die Aborigines, als sie vom Festland nach Australien einwanderten, den Yowie als eine Art Haustier mitgebracht haben, wo er anschließend verwilderte. Andere »Yowietheoretiker« wiederum glauben, dass im Miozän Gruppen des fossilen Riesenaffen *Gigantopithecus blacki* über Festlandbrücken von Asien nach Australien gelangt sein könnten.

DIE GIGANTO-BIGFOOT-THEORIE

Sein Name ist *Gigantopithecus blacki*, er lebte im Miozän vor mehreren Millionen Jahren und war mit einer Größe von über 3 m und einem Gewicht von über einer halben Tonne der größte Primat, der je gelebt hat. Zum Vergleich: Ein großer Gorilla wird rund 1,90 m groß und wiegt gerade mal 200 kg. Die Heimat des *Gigantopithecus* waren die Bambuswälder Chinas und Südostasiens. Entdeckt wurde der gigantische Riesenaffe erst 1935 vom deutschen Paläontologen Gustav von Königswald. Dieser fand einen menschenähnlichen, aber walnussgroßen Backenzahn, als er in einer Apotheke in Hongkong fossile Zähne untersuchte, die dort als so genannte Drachenzähne zu medizinischen Zwecken verkauft wurden. Von Königswald erkannte, dass der Zahn zu einer neuen, riesigen Primatenart gehören musste. Zu Ehren seines Kollegen Davidson Black erhielt sie den Namen *Gigantopithecus blacki*.

Seit dieser Zeit sind 3 Kieferknochen und mehr als 1000 Zähne des fossilen Riesenaffen, nicht nur in chinesischen Apotheken, sondern auch an »natürlichen« Fundstellen in China und Vietnam aufgetaucht. Andere fossile Fundstücke existieren bis heute nicht. Aber dank der Funde von Phytolithen (mikroskopisch kleine Kieselsäurestücke in Pflanzenzellen, die je nach Form von Experten bestimmten Pflanzen zugeordnet werden können) an den Zähnen wissen wir heute wenigstens, dass der *Gigantopithecus* ein Pflanzenfresser war und sich hauptsächlich von Bambus und Früchten ernährt hat. Der amerikanische Anthropologe Russel Ciochon versuchte mit Hilfe des »Hollywood-Monsterherstellers« und Künstlers Bill Munns den Giganten der Vorzeit zu rekonstruieren. Die Berechnungen führten zu einem Modell von 3 m Größe und einem Gewicht von 600 kg. Das Fell wurde einem Orang Utan nachempfunden. Wohlgemerkt: So könnte, aber muss der Riesenaffe der Vorzeit nicht ausgesehen haben. Ein neueres Modell, ausgestattet mit allerlei technischem Schnickschnack, ist heute im »Museum of Man« in San Diego zu betrachten.

Nach der gängigen Lehrmeinung soll der gigantische Riesenaffe vor über 400 000 Jahren ausgestorben sein. Sein Aussterben hat nach Meinung von Experten mit dem zeitgleichen Auftreten des Homo erectus in den Lebensräumen des *Gigantopithecus* zu tun. Dieser soll ihn gejagt und damit letztendlich die Schuld an seinem Verschwinden haben.

Aber ist der Riesenaffe wirklich ausgestorben? Viele Kryptozoologen sind der Meinung, dass sich noch Restpopulationen des »Giganto«, wie er von seinen Anhängern fast liebevoll genannt wird, in den unzugänglichen Gegenden dieser Welt befinden. Könnte es also sein, dass es sich bei Bigfoot, Yeti und Co. um überlebende Gigantos oder deren Abkömmlinge handelt? Decken sich doch die meisten gängigen Beschreibungen der verschiedenen Affenmenschen weitgehend mit dem nach Fossilfunden entwickelten Bild des Giganto.

Nepalesen, denen Fotografien vom Gigantomodell vorgelegt wurden, waren sich sicher, Abbildungen vom Yeti vor sich zu haben. Mit der Giganto-Bigfoot-Theorie können jedoch nicht nur die asiatischen Kryptidensichtungen, sondern auch die nordamerikanischen Bigfootbeobachtungen erklärt werden; wenn man davon ausgeht, dass *Gigantopithecus* über die vereiste Beringstraße nach Nordamerika eingewandert ist. So könnte letztendlich ein einziger Zahn der Schlüssel zum Phänomen Bigfoot sein.

Fabeltiere der Meere

Solange der Mensch die Meere befährt, plagen ihn Ängste nicht nur vor der Weite, den Stürmen, den Untiefen und vor der Gefahr, am Rande der Erdscheibe ins Nichts zu stürzen, sondern auch vor den Kreaturen und Ungeheuern des Meeres. Aber auch für den aufgeklärten Menschen birgt die See Geheimnisvolles und Unerklärliches.

Bei allen seefahrenden Völkern wurde von Ungeheuern, seltsamen Kreaturen und Fabeltieren der Meere berichtet. Die Mythen der Sumerer, das Alte Testament, die Sagen der Antike, aber auch Legenden des Mittelalters und der Renaissance sprechen davon. Sogar in unserer heutigen Zeit erhalten wir immer wieder Kunde von unbekannten Tieren, die beobachtet wurden. Teilweise sind diese Fabeltiere Gegenstand von Mythen und Legenden, deren Ursprung tief im Dunkel der Vergangenheit zu suchen ist und die sich bis heute nicht enträtseln lassen. Andererseits lassen sich Fa-

beltiere der Meere manchmal auf real existierende marine Lebensformen zurückführen, die lange Zeit unentdeckt im unzugänglichen Ökosystem der Tiefsee oder im offenen Meer lebten und nur zuweilen an die Meeresoberfläche kamen.

Aber die Wurzeln des Mythos liegen vielleicht noch tiefer. So ist im Meer der Ursprung allen Lebens zu finden; die unergründliche, blaue Tiefe der See steht im übertragenen Sinne auch für die unergründlichen Tiefen der menschlichen Seele. Diese Parallele zeigt, welch uraltes Erbe wir in uns tragen: das Meer, aus dem wir kommen und zu dem wir aus diesem Grund nicht nur eine biologische, sondern auch eine emotionale Bindung aufweisen. Dieser Zusammenhang drückt sich in vielen Mythen und Legenden der alten Völker aus.

So beispielsweise auch im Mythos von der Entdeckung und Landnahme Neuseelands, welche mit einem Meeresfabelwesen verknüpft

ist. Dieses Fabelwesen war ein gigantischer Riesentintenfisch, der polynesischen Einwanderern »den Weg zeigte«. Über eine lange Strecke hatte ihn der polynesische Seefahrer Kupe mit seinem Boot gejagt und schließlich erbeutet. Im Jagdeifer hatten die Bootsinsassen zunächst gar nicht bemerkt, dass sie sich unbekanntem Land näherten. Als sie schließlich aufblickten, lag Neuseeland vor ihnen. Sie gingen an Land, nahmen es in Besitz, zerteilten und verspeisten den erbeuteten Tintenfisch, gleichsam in einem symbolischen Akt. In einer anderen Legende ritt der Polynesier Paeika auf einem Wal sitzend nach Neuseeland und wurde so zum Vorfahren aller Maori.

Im folgenden Kapitel wird den Fabeltieren der Meere, die aus Mythen und Legenden bekannt sind, nachgespürt. Einbezogen wurden auch solche, die im Süßwasser leben, aber vielleicht ehemals aus dem Meer stammen.

Seeungeheuer

Meerpferd, Leviathan und Verwandte

Perseus und Andromeda (Paolo Veronese, 1576)

In Sagen und Mythen der Völker nehmen sie einen wichtigen Platz ein. Bis in die heutige Zeit gebärt sie die See aus ihrer unendlichen blauen Tiefe. Sind sie möglicherweise nur Abbilder der menschlichen Psyche?

Mit Urgewalt zerteilte das Ungeheuer die schäumenden Wogen, als es aus der Tiefe des Meeres emporstieg und die Oberfläche durchbrach. Gischt spritzte auf und ein Wasserschwall ergoss sich über den Felsen, auf dem eine Jungfrau angekettet ihrem schrecklichen Schicksal entgegensah. Da stürzte sich der griechische Held aus der Luft auf das von Poseidon gesandte Ungeheuer und stieß sein Schwert tief in dessen Rücken. Mit seinen den Nymphen entwendeten Flügelschuhen glitt er mühelos durch die Lüfte, um dem Scheusal Hieb um Hieb beizubringen. Blutrot färbten sich bereits die Wogen, als Ketos, das Meeresungeheuer, mit einem letzten Brüllen sterbend in den Fluten versank. Perseus, der Sohn des Zeus und der Danae, wandte sich eilends der angeketteten Andromeda zu, befreite sie von ihren Banden und führte sie ihren Eltern zu, dem Äthiopierkönig Kepheus und seiner Gattin Kassiopeia.

Nicht nur in der griechischen Sagenwelt des Altertums treten Seeungeheuer auf, sondern auch in den Mythen anderer Völker. Beispielsweise verehrten die Sumerer den Blitze schleudernden Göttersohn Marduk, der das Meeresungeheuer Tiamat – die Göttin der Finsternis – in zwei Teile spaltete, aus denen Himmel und Erde entstanden.

Aber sogar bis heute entlässt das Meer aus seinem Schoß »Seeungeheuer« – überwiegend unbekannte oder selten gesichtete Tierarten –, deren Beobachtung ab und zu Menschen gelingt. Wenn die See ihre Geheimnisse hütet und sie nur zögerlich preisgibt, so deutet dies vielleicht auch darauf hin, dass der Mensch noch nicht bereit oder sogar reif für diese Erkenntnisse ist.

Das Meer ist ein riesiger Energie- und Rohstofflieferant und besitzt ein gewaltiges genetisches Reservoir mit unentdeckten Tierarten, deren ökologischer und ökonomischer Wert bis heute noch nicht annähernd abzuschätzen ist. Darüber hinaus spielt das Meer für das Leben auf der Erde eine entscheidende Rolle: Es ist nicht nur mit seinen pflanzlichen Organismen der größte Sauerstoffproduzent, sondern bestimmt auch mit seinem Wasservolumen als Ausgleichskörper maßgeblich das Klima auf unserem

Planeten. Wird das bestehende ökologische Gleichgewicht gestört,
könnte das Meer diese überlebens-
wichtigen Funktionen einbüßen und
gleichsam als neuzeitliches »Seeungeheuer« die Menschheit womöglich an den Rand einer globalen
Katastrophe bringen.

Es ist eine Tatsache, dass wir die
Mondoberfläche besser kennen als
die Tiefen der Ozeane. Nur wenigen
Tauchexpeditionen ist es überhaupt
gelungen, in die für den Menschen
lebensfeindlichen Tiefen vorzudrin-
gen. Forscher wie der Amerikaner
William Beebe und der Schweizer
Jacques Piccard haben hier nicht
nur Pionierarbeit geleistet, sondern
auch hervorragende Ergebnisse erzielt. Piccard erreichte 1960 mit
10 910 m die größte Tiefe, in die ein
Mensch jemals vorgedrungen ist.
Forscher wie Beebe und Piccard
sind hierbei auf bizarre Lebensformen gestoßen, die teilweise durch
ihr Aussehen an Meeresungeheuer
erinnern. Heute weiß man, dass
manche dieser Tiefseelebewesen bis
an die Meersoberfläche vordringen,
um auf Nahrungssuche zu gehen
oder dort abzulaichen. Werden solche Lebewesen dann von Menschen
beobachtet, dann liegt es schon sehr
nahe, dass sie als Meeresungeheuer
eingestuft werden, vor allem, wenn
sie eine solch gewaltige Größe erreichen, wie zum Beispiel der Riesenkalmar.

Erschreckend war das Erlebnis
zweier britischer Soldaten, die im
Jahr 1966 mit einem Ruderboot
den Atlantik überquerten. Eines
Nachts übermannte den die Ruder
führenden Captain John Ridgway
die Müdigkeit und er schloss wie

Ausschnitt aus der Carta Marina von Olaus Magnus aus dem 16. Jahrhundert. Die Seeungeheuer, die man damals fürchtete, sind eingetragen.

sein ebenfalls schlafender Begleiter
Sergant Chay Blyth die Augen.
Ridgway schreckte durch ein pfei-
fendes Geräusch von Steuerbord
her auf, wie er beschrieb. »Als ich
auf das Wasser blickte, sah ich die
Gestalt eines sich windenden und
drehenden Lebewesens. Durch das
Meeresleuchten war es gut zu erkennen, als wäre es an eine Neon-
röhre angebracht. Es war gewaltig
groß, etwa 10 m oder sogar noch
länger, und bewegte sich schnell
auf mich zu. Ich sah es etwa 10 Sekunden lang, dann verschwand es
rechts unter mir. Ich hörte auf zu rudern und war vor Schreck starr. Ich
musste mich zwingen, meinen Kopf
zu drehen und nach hinten zu
schauen. Ich konnte nichts erken-

nen, aber nach kurzer Zeit hörte ich
ein lautes Plätschern.«

Das Wesen, das Ridgway für eine
Seeschlange hielt, könnte eine riesige Gallertkolonie von Feuerwal-
zen gewesen sein. Diese harmlosen
Tiere, die zu den Salpen (Thalia-
cea) gehören, zeichnen sich durch
Leuchtorgane im Kiemendarmbe-
reich aus. Darin lebende Leuchtbak-
terien rufen das Leuchten hervor.
Die Unkenntnis hatte bei Ridgway
einen gewaltigen Schrecken ausgelöst. Wie mussten Seeleute im
Mittelalter oder zu Zeiten der großen Entdeckungen verängstigt gewesen sein, als sie auf unbekannte
Tiere stießen, wie Wale, Rochen,
große Haie oder gar den Riesenkalmar; Tiere, die zum Teil größer

waren als die kleinen Schiffe, mit denen sich die Seefahrer ins Ungewisse wagten.

Es waren vor allem Erzählungen von Seefahrern, auf die sich die Kenntnisse um Seeungeheuer und Seeschlangen des schwedischen Bischofs Olaus Magnus (1490–1557) beziehen. Auf seiner berühmten Meereskarte von 1539, »Carta marina et descriptio septentrionalium terrarum ac mirabilium rerum in eis contentarum diligentissime elaborata«, befinden sich neben Seetieren, die der damaligen Sichtweise entsprechend durch Stoßzähne, grimmige Gesichtszüge und als Fontänen speiende Ungeheuer stark überzeichnet sind, noch andere »wunderliche Figuren« wie z.B. Drachen und Einhörner. Magnus' Ausführungen wurden 1567 ins Deutsche übersetzt und dienten später als das Basiswissen über Seeungeheuer. Von verschiedenen Autoren wie beispielsweise Conrad Gesner (1551–1558), Ulysses Aldrovandi (1522–1605) und John Jonstonus (1603–1675) wurden sie als Informationsquelle genutzt.

AUGENZEUGENBERICHTE WERDEN ANALYSIERT

Heute muten uns Sichtungen unbekannter Seeungeheuer recht abenteuerlich an und wir verweisen sie gern ins Reich des Fantasy-Genres. Der Kryptozoologe Heuvelmans (1916–2001) mochte solche Beobachtungen nicht abtun und maß ihnen einen gewissen Wahrheitsgehalt bei. In seinem Werk über Seeschlangen führt er 1968

eine umfangreiche Auswertung von 587 Seeschlangensichtungen auf. 56 Augenzeugenberichte wurden als Betrug aufgedeckt, 121 Berichte konnten wegen zu geringen Informationsgehaltes nicht ausgewertet werden. Weitere 52 Beobachtungen gingen nachweislich auf andere, bekannte Tiere zurück. Letztendlich blieben 358 Sichtungen von »Seeschlangen« übrig, die Heuvelmans unterschiedlichen Tiergruppen (Fischen, Reptilien, Säugern) zuordnete, teilweise sogar mit Bestimmung der Art. Heuvelmans unterschied u.a.:

– Langhalsige Tiere mit einem Seelöwen-Körper (*Megalotaria longicollis*),
– das Meerpferd (*Halshippus olai-magni*),
– den Vielhöcker (*Plurigibbosus novae-angliae*),
– den Vielflosser (*Cetiocolopendra aelieni*),
– krokodilähnliche Meeressaurier (Familie Thallatosuchidae),
– riesige Aale (Ordnung Anguilliformes) und
– riesige Super-Ottern (*Hyperhydra egedei*).

Man kann der Aufstellung entnehmen, dass es sich hierbei nicht

nur um einen schlangenförmigen Typus handelt, sondern um mehrere unterschiedliche Formen, die den Klassen der Fische, Reptilien und Säuger zugeordnet wurden.

DAS MEERPFERD, EIN GAR WUNDERLICH GESCHÖPF

Exemplarisch soll hier das in vielfältiger Hinsicht interessante Meerpferd (*Halshippus olai-magni* = das Meerpferd des Olaus-Magnus) beschrieben werden, das Heuvelmans nach einem seiner ersten Beschreiber, Olaus-Magnus, benannt hat. Heuvelmans Analyse erbrachte 37 Sichtungen dieses Lebewesens. Aufgrund der Angaben von Jill Emmet im Jahr 1995 wurde es bis dahin sogar mehr als 70 Mal beobachtet.

Das »Meerpferd« besitzt nicht etwa eine pferdeähnliche Gestalt, wie man vielleicht vermuten könnte; vielmehr leitet sich der Name von dem pferdeähnlichen Kopf ab, der manchmal auch kamelähnlich beschrieben wird. Das Meerpferd ist ein langgestrecktes Meereslebewesen von erheblicher Größe (ver-

Das Meerpferd im Werk von Ulysses Aldrovandi (1522–1605).

mutlich bis zu 20 m), dessen Körper in einer waagerechten Flosse – wie bei Walen – endet. Zur Form und Funktion von wahrscheinlich vorhandenen Vorderextremitäten liegen keine genauen Angaben vor. Der Hals trägt eine rötliche, pferdeähnliche Mähne. Das Tier soll große schwarze Augen besitzen, die denen von Raubtieren, insbesondere Robben, ähneln und bei entsprechendem Lichteinfall rot oder grün leuchten. Dieser Effekt wird vermutlich von der auch bei nachtaktiven Wirbeltieren bekannten Licht reflektierenden Schicht hinter der Netzhaut, dem so genannten Tapetum lucidum, hervorgerufen. Beim Meerpferd könnte dies auf eine nachtaktive Lebensweise oder eine solche in den lichtarmen bis lichtlosen Tiefen der Ozeane hindeuten. Das Gesicht weist so genannte Sinushaare und Schnurrhaare auf.

Das Meerpferd bewegt sich nicht seitlich schlängelnd wie Reptilien, sondern wellenförmig von der Schwanzflosse angetrieben fort. Deswegen vermutet man, dass es sich bei der Spezies um einen Meeressäuger handelt. Aufgrund der Beschreibung stellte Heuvelmans das Meerpferd zu den Robben (Pinnipedia). Andere Autoren spekulieren damit, dass dieses Lebewesen ein Nachkomme der Archaeoceti (Urwale) sein könne, die im Alttertiär ausgestorben sind, wie beispielsweise die Gattung *Basilosaurus*. Einige Wissenschaftler sind der Auffassung, dass Heuvelman *Halshippus olai-magni* mit *Cadborosaurus willsi* identisch ist (siehe S. 131).

Der französische Zoologe François de Sarre geht davon aus, dass

sich das Tier meist in einer Tiefe von 100–300 m aufhält, um nachts auf die Jagd zugehen und dabei den an die Meeresoberfläche strebenden Beutetieren (Fische, Kalmare) zu folgen. Auch die relativ dunkle Körperfärbung deutet auf eine Lebensweise im Pelagial (Zone des freien Wassers im Meer) hin.

Das Meerpferd ist weltweit in allen Ozeanen verbreitet, mit Ausnahme der Meere um die Polarregion. Am häufigsten wurde es in Bereichen des Atlantiks um Norwegen, Schottland und Massachusetts, im Nordpazifik bei British Columbia und Alaska sowie im Südpazifik um Australien, Neu-Kaledonien und im Bereich der Fidschi-Inseln gesehen.

Vielleicht gelingt es trotz aller Skepsis von manchen Wissenschaftlern, das Tier in naher Zukunft sicher nachzuweisen. Ob es dann auch gelingen wird, das Meerpferd zu reiten, wie es sich Johann Wolfgang von Goethe einst wünschte, muss zunächst offen bleiben.

Die reitenden Helden vom festen Land
haben gar viel zu bedeuten;
doch stünd es ganz in meiner Hand,
ein Meerpferd möcht ich reiten.

DAS MEERESUNGEHEUER LEVIATHAN

Der Leviathan war eines der Meeresungeheuer, welches aus den dunklen Tiefen der Meere auftauchte. Gideon Haberkorn schreibt in »Leviathan«:

Unheimliche, tiefschwarze Wassermassen teilten sich vor dem gewaltigen Bug des Schiffes. Vor wenigen Jahrhunderten hätte kein Mensch sich so weit aufs offene Meer hinausgewagt, denn das Wasser war nicht das Element des Menschen … Gerade hier draußen auf hoher See war das Wasser unter dem Schiffsrumpf tief und dunkel; in unerforschten Tiefseegräben hausten seltsame Lebewesen … Was immer dort unten war, das Meer war sein Element, nicht das des Menschen.

Leviathan (hebräisch: »Liwjatan« = der sich Windende) ist ein Meeresungeheuer, das in alten Quellen in vielfältiger Form aufgeführt wird. Im Alten Testament (Buch Jesaja) wird er als ein »gewundener Schlangendrache, der am Grund des Meeres wohnt« geschildert. Im Buch Hiob (40,25 bis 41,26) wird dieser Meeresdrache als ein mit schrecklichen Zähnen und stolzen Schuppen bewehrtes, krokodilähnliches Ungeheuer beschrieben. Ebenda wird Leviathan als schlafender Drache bezeichnet, der als Werkzeug des Bösen erweckt werden kann. In der Offenbarung des Johannes tritt Leviathan in Gestalt eines großen roten Drachen auf: »… der hatte sieben Häupter und zehn Hörner und auf seinen sieben Häuptern zehn Kronen und ein Schwanz zog den dritten Teil Sterne des Himmels hinweg und warf sie auf die Erde.« Es wird somit deutlich, dass Schlangen und Drachen in der Bibel als Symbole des Bösen, des Satans gelten. Die satanische Zer-

Untergang des Leviathans (Holzstich von Gustave Doré, 1865).

aus Uppsala und zu Beginn des 18. Jahrhunderts Hans Egede (1686–1758) sowie Erik Ludvigsen Pontoppidan (1698–1764).

Über 1000 Jahre zuvor war es der irische seefahrende Gottesmann St. Brendan, von dessen Abenteuern mit dem Leviathan und anderen Meeresungeheuern berichtet wird. Seine Seereise (»Navigatio Sancti Brendani«), die im 6. Jh. n. Chr. stattfand, war im Mittelalter ein weit verbreiteter Reisebericht, mehr als hundert Handschriften zeugen davon. In der Erzählung wird berichtet, dass Brendan und seine mitreisenden Brüder bei ihrer von Irland ausgehenden Segelfahrt auf eine schwarze, baumlose Insel stießen. Sie hatten das seltsame Eiland betreten, Feuer gemacht und ein Mahl vorbereitet, als sich die Insel in Bewegung setzte. Brendan beruhigte die erschrockenen und zurück aufs Schiff flüchtenden Mönche. Es sei der große Fisch Jasonicus, der fortwährend versuche, sein Schwanzende mit dem Maul zu fassen. Im Laufe der weiteren Reise wird auch von Leviathan berichtet, der einen Mitbruder von Brendan verschlungen haben soll, sowie von weiteren Meeresungeheuern.

Die erschrockenen Mönche stehen stellvertretend für viele Menschen der damaligen Zeit sowie der folgenden Jahrhunderte, die dem Unbekannten voller Furcht begegneten. Im Laufe der Zeit stellten die Seeleute jedoch fest, dass es sich bei den gewaltigen Wesen, die in den

störungswut wird im mythologischen Bild vom erschreckenden Meeresungeheuer Leviathan zum Ausdruck gebracht.

In der jüdischen Mythologie wird der apokalyptische Kampf zwischen Leviathan und Behemot, einem stierähnlichen Ungeheuer, geschildert. Beide werden am Ende der Zeit von den Gerechten verzehrt. Darüber hinaus umschlingt Liwjatan – ähnlich wie die Midgardschlange der nordischen Mythologie – als Verkörperung chaoti-

scher Urkraft die Erde. In der Vorzeit wurde Leviathan von Jahwe gebändigt oder vernichtet (Psalm 104,26 und 74,13 f.).

Geistliche scheinen eine besondere Affinität zu Meeresungeheuern zu besitzen. Jedenfalls hatten sie immer wieder Kontakte zu solchen Monstern. Einerseits, weil sie als Missionare auch über die Meere reisten; andererseits, da sie sich mit der Materie befassten, wie beispielsweise die meereskundigen Bischöfe Olaus Magnus (1490–1557)

*Meeresungeheuer auf einer Seekarte
aus dem 16. Jahrhundert.*

ersten Abbildungen im 16. Jahrhundert wasserspeiend und teilweise sogar mit gewaltigen Stoßzähnen versehen waren um sanftmütige Geschöpfe handelte. Eine Ausnahme stellte vielleicht der Pottwal dar, dessen Jagd mit Ruderboot und Harpune immer ein gefährliches Unterfangen war. Mit wachsender Erfahrung und zunehmenden Kenntnissen über das Meer und seine Bewohner schwand zusehends auch die Angst vor dem Furcht erregenden Leviathan. In den 1820er- und 1830er-Jahren präparierte man erstmals Walskelette, stellte sie in Museen und Schauen aus und begründete damit den Ruf des Wals als reelles, gewaltiges Meereslebewesen.

Kaum war jedoch Leviathan als Wal entmystifiziert, fand er Eingang in Literatur und Kunst. Das hier zu erwähnende und mehrfach verfilmte Standardwerk ist ganz klar der 1851 erschienene Roman »Moby Dick« von Hermann Melville. Das Leviathanmotiv findet sich darüber hinaus im Werk des englischen Staatstheoretikers Thomas Hobbes (1588–1679), der durch die in seinem Hauptwerk »Leviathan« (1651) begründete Theorie des Gesellschaftsvertrages berühmt wurde. Ferner stößt man u.a. in den Werken der Schriftsteller Joseph Roth (1894–1939), Arno Schmidt (1914–1979) und Paul Auster (geb. 1947) auf das Motiv.

VOR JAHRMILLIONEN LEBTEN DIE WALVORFAHREN AN LAND

Als vor 65 Millionen Jahren durch einen gewaltigen Meteoriteneinschlag auf der Erde die Saurier ausstarben, lebten noch keine Wale in den Meeren der Urzeit. Vielmehr handelte es sich bei den Walvorfahren noch um kleinere, landlebende Säuger. Als die Saurier, darunter die ans Wasser gebundenen Arten ausgestorben waren, wurden ökologische Nischen frei, die die Walvorfahren zunehmend nutzten. Schließlich waren sie ganz an ein Leben im Meer gebunden. Im Oligozän, vor 30–35 Millionen Jahren, bildeten sich aus den Waltieren (Ordnung Cetacea) die Plankton filtrierenden Bartenwale (Unterordnung Mystacoceti) und die räuberischen Zahnwale (Unterordnung Odontoceti). Eine weitere Unterordnung, die Urwale (Archaeoceti) mit der bekanntesten Gattung *Basilosaurus*, erst vor etwa 25 Millionen Jahren ausgestorben.

Die 12 Arten der Bartenwale – darunter der riesige Blauwal – besitzen keine Zähne, sondern tragen im Oberkiefer ausgefranste Hornplatten (Barten), mit deren Hilfe sie das Zooplankton (Kleinkrebse und andere Kleinlebewesen) aus dem Wasser filtern. Die räuberischen Zahnwale, die kräftige Zähne besitzen, umfassen rund 70 Arten. Zu diesen gehören die Flussdelfine und Delfine, die Schnabel-, Gründel-, Schweinswale sowie die Pottwale. Auch der über 9 m große, räuberische Schwertwal (*Orcinus orca*) – Star des 1993 herausgebrachten Kinofilmes »Free Willi« – zählt zu den Zahnwalen. Je nach Art ernähren sich Zahnwale von verschiedenen Fisch- und Tintenfischarten oder, wie der Schwertwal, auch von Pinguinen, Robben und anderen Walarten.

Wale werden bereits seit der Jungsteinzeit gejagt, wie in Norwegen erhaltene Felsritzzeichnungen belegen. Durch die modernisierte Waljagd vor allem im 20. Jahrhundert extrem dezimiert, bedürfen sie unseres besonderen Schutzes. Die vorliegenden Zahlen sind erschreckend (vgl. S. 148). Es bleibt für die biologische Vielfalt der Meere zu hoffen, dass die Artenschutzbemühungen Früchte tragen und sich die Bestände der verschiedenen Arten stabilisieren, damit die Aussage in D. H. Lawrences Gedicht »Wale weinen nicht« auch in Zukunft noch Bestand hat:

»... Und sie wiegen sich, wiegen sich fort durch sinnliche, zeitlose Zeiten in den Tiefen der sieben Weltmeere, ...«

Haie

Schrecken der Meere

Watson und der Hai (John Singleton, 1782)

Der Ruf »Hai! Hai!« lässt viele Menschen fast vor Schreck erstarren. Schwimmer ergreifen oft panikerfüllt die Flucht. Fast alle Menschen haben sofort das Bild einer Menschen fressenden Bestie vor Augen, vor der es nur selten ein Entrinnen gibt, sollten sich die Wege kreuzen.

Die ersten Seefahrer hatten auf die eine oder andere Weise ihre einschlägigen Erfahrungen mit Haien gemacht. Sie kannten die unermüdlichen Schwimmer, die sich im Schlepptau ihrer Schiffe befanden und alles ergriffen, was an Abfällen über Bord geworfen wurde oder fiel, auch Menschen. Gefürchtet war deshalb auch das so genannte »Kielholen«, eine besonders harte Bestrafung von aufmüpfigen Seeleuten oder auch Feinden. Mit einem Strick um den Leib geknüpft wurden die Opfer quer oder auch längs unter dem Schiff durchgezogen. Viele Seeleute sind dabei ertrunken oder wurden von Haien schwer oder tödlich verletzt.

Ausgeschmückt und zu einem echten Seemannsgarn verwoben, hinterließen solche Geschichten einen bleibenden Eindruck bei den »Landratten«. Der Hai hatte deshalb seinen Ruf bald weg. Bei sehr vielen Küstenvölkern war er als Menschen fressende Bestie verschrien. Bereits der griechische Poet Oppian schrieb in seinem Werk »Halieutica« im 2. Jh. n. Chr. über Haie: »Und sie rasten immer wütender nach Nahrung, ständig hungrig und in nie nachlassender Gier; denn welche Beute sollte ausreichen, um ihren schrecklichen Rachen, die Leere ihres Magens zu füllen, ihre unersättlichen Kiefer zufrieden zu stellen oder sie Atem schöpfen zu lassen?«

FABELHAFTE HAIE DER SÜDSEE

Der Hai hatte aber nicht überall ein schlechtes Image. Vor allem in der Südsee lebten die Menschen zwangsläufig mit dem Hai. Da sie sich durch Fischen auf See und Tauchen in den Riffen mit Nahrung versorgten, mussten sie auf den Hai treffen. Zwangsläufig wurden immer wieder Menschen Opfer von Haien, worüber viele Legenden und Mythen berichten. Aber trotz der Unfälle verehrten und achteten die Inselbewohner den Hai sogar als Gottheit und brachten ihm Opfergaben dar. Man versuchte, den Hai dadurch zu besänftigen und den Menschen gegenüber freundlich zu stimmen.

Fast jede Inselgruppe hatte ihre eigene Haigottheit. Auf den Gesellschaftsinseln war es der Blauhai, auf den Marquesas der Mako, nördlich der Fidschi-Inseln auf

Rotuna der Hammerhai. Auf den Fidschi-Inseln wurde die Haigottheit »Mavule« und auf der Tonga-Insel Niuatobutabu die Gottheit »Sekota« verehrt. Zuweilen wurden Menschen, die im Meer einer Haiattacke entkommen waren, von den Stammesangehörigen wieder zurück ins Wasser geworfen, um die Haigottheit nicht zu erzürnen. Auf Hawaii, wo man der Haigottheit »Kapa'aho« huldigte, veranstalteten die früheren Könige sogar Gladiatorenkämpfe zwischen Mensch und Hai in gewaltigen steinernen Becken. Zu gegebener Zeit lockte man in diese über einen Zugang zum Meer Menschen fressende Haie.

Einer weiteren Legende nach soll ein großer Tigerhai die Insel Fatuhuku auf seinem Rücken getragen haben. Ein Ehepaar siedelte sich mit seinem kleinen Sohn auf der Insel an. In einem kleinen Tümpel hielt der Junge ein paar Fische, die den Tigerhai schließlich am Kopf anknabberten. Der Tigerhai war darüber so verärgert, dass er sich schüttelte und der größte Teil der Insel mit ihren Bewohnern im Meer versank. Die Legenden und Mythen berichten aber auch von manch guten Taten, die von Haien vollbracht wurden. Boote wurde auf langen Fahrten sowie bei schwierigen Landungen behütet oder beim Fischfang unterstützt, und in einen Sturm geratene Boote oder Schiffbrüchige geleitete der Hai sicher nach Hause. Zuweilen lebten – wie die Legenden berichten – Haie auch in Menschengestalt unter den Inselvölkern. Wenn diese Menschen dann ins Wasser sprangen, verwandelten sie sich wieder in Haie, um nach dem Auftauchen wieder in Menschengestalt zu ihren Stammesangehörigen zurückzukehren.

Eine weitere schöne Legende erzählt man sich auf Ulawa. Als eines Tages eine gewaltige Seeschlange von Mala herbeischwamm, um über Ulawa herzufallen, wurde sie von einem heiligen Hai überredet, noch zu warten, bis er Betelblätter und Nüsse herbeigeschafft habe. Die Seeschlange ließ sich überreden. Inzwischen rief der heilige Hai andere Haie und einen kleinen Tintenfisch herbei. Letzterer spritzte der Seeschlange seine Tinte in die Augen, bis sie nichts mehr sehen konnte. Darauf hatten die anderen Haie nur gewartet; sie schwammen herbei und zerrissen das Untier; Ulawa war gerettet.

BÖSE MONSTERHAIE

In den westlichen Kulturen dagegen hielt sich das schlechte Image über Jahrhunderte bis in die heutige Zeit. Vor allem im 2. Weltkrieg aber bekam der Ruf von der »Fressmaschine Hai« neuen Auftrieb. Viele Schiffbrüchige oder abgeschossene Piloten trieben in haiverseuchten Gewässern. Immer wieder kam es hierbei zu Haiangriffen mit tödlichem Ausgang. Für die Kampfmoral der Truppen auf See geradezu verheerend, vor allem, wenn Katastrophen wie die folgende publik wurden.

Am 28. November 1942 wurde das britische Transportschiff »Nova Scotia« von einem deutschen U-Boot torpediert. Das Schiff

Der Hai als Zähne fletschendes Ungeheuer nach einem alten Stich von Merian.

sank etwa 30 Meilen vor der Küste von Natal in Südafrika. Hunderte Überlebende mussten sich im Wasser an Holzbalken und anderen Teilen festhalten, da die meisten Rettungsboote zerstört waren. Ein Überlebender, der mit einem Kameraden an einen Holzbalken geklammert im Wasser trieb, berichtete nach seiner Rettung: »Er [der Kamerad] war gerade dabei, die Schnüre seiner Schwimmweste zu lösen, als er plötzlich einen grässlichen Schrei ausstieß und sein ganzer Oberkörper aus dem Wasser gehoben wurde. Als er zurückfiel, war das Meer rot von Blut und ich bemerkte, dass sein Unterschenkel abgebissen war. Im gleichen Augenblick sah ich einen grauen Hai rasend schnell um ihn kreisen, und verließ die Stelle so schnell ich konnte. Dann begannen sich einige Haie um mich zusammenzuziehen. Sie waren etwa zwei Meter lang und ab und zu schwamm einer direkt auf mich los. Ich schlug mit aller Kraft die Hände im Wasser zusammen, was sie zu vertreiben schien. Schließlich erreichte ich eines der Flöße und kletterte hinauf.« Von

Ein Weißer Hai greift an.

899 ursprünglich an Bord befindlichen Personen wurden 192 gerettet, viele der Getöteten waren von Haien gefressen worden.

Den Menschen fressenden Hai nahmen verschiedene Schriftsteller, aber auch Drehbuchautoren gern als Schrecken erregende Hauptfigur in ihre Romane und Filme auf. Schon Hermann Melville (»Moby Dick«, 1851) und Jules Verne (»20 000 Meilen unter den Meeren«, 1870) nutzten das Klischee vom Menschenfresser in ihren Romanen. Auch andere Autoren schilderten den Hai als Bestie und vereinigten Seemannsgarn und Horrorgeschichten in ihren Werken. Zu nennen sind: Samuel Maunder in seiner 1852 aufgelegten Enzyklopädie »The Treasury of Natural History« (Die Schatztruhe der Naturgeschichte) und William Jones, der 1886 »The Broad, Broad Ocean and Some of Its Inhabitants«

(Das weite, weite Meer und einige seiner Bewohner) veröffentlichte. Ein Dritter im Bunde ist Kapitän William Young, der voller Abscheu Haie sein ganzes Leben verfolgte. Sein haiverachtendes Buch »Shark! Shark!« wurde 1933 veröffentlicht.

Drei Jahrzehnte nach den Schrecken des 2. Weltkrieges war die Welt dann wohl bereit für einen der erfolgreichsten Filme aus der Traumfabrik Hollywood. Der Film »Der Weiße Hai«, in dem ein Weißer Hai die Killerhauptrolle spielt, sollte nicht nur einer der erfolgreichsten Filme aller Zeiten werden, sondern er löste bei vielen Menschen Ängste und Panikattacken beim Baden im Meer aus. Ähnlich wie im Film sollen sich danach an gut besuchten Badestränden schon Massenpaniken nur beim geringsten Anlass eingestellt haben.

Ein anderes Klischee bedient der Film »Deep Blue Sea« (1999). Hier werden Mako-Haie unter Missachtung ethischer Grundsätze für die medizinische Forschung miss-

braucht. Ergebnis ist eine überaus intelligente Monster-Hai-Mutation, welche die Wissenschaftler nicht mehr unter Kontrolle halten können. Der Hai gewinnt die Oberhand, und auf der Forschungsstation draußen im Meer müssen alle menschlichen Insassen um ihr Leben fürchten.

Manche See- oder Meeresungeheuer werden auch ohne Hollywoodfilm zur ungeheuren Sensation, nämlich dann, wenn sie sich als als ganz »normale« Tiere der Weltmeere entpuppen. Doch am Anfang steht meist die Legende über ein Fabelwesen. Riesenkalmar, Seekuh und Meerpferd sind hierfür Beispiele und manches Seeungeheuer verbirgt sich noch in den Weiten der Ozeane und wartet auf seine Entdeckung. Ungelöst wird wohl das Rätsel um den Fang der »Zuiyo Maru« im April 1977 bleiben. Der japanische Makrelentrawler hatte einen fast 10 m langen und stark zersetzten Kadaver aus dem Meer gezogen. Nach dem Fotografieren und nach der Entnahme einer Gewebeprobe und dem Teil einer Flosse warf man den stinkenden Kadaver wieder über Bord. Der hinzugezogene Professor Yoshinori Imaizumi vom Nationalmuseum in Tokio war sich damals sicher, als er sagte: »Es ist kein Fisch, kein Wal und kein anderes Säugetier.« Man vermutete, dass es sich bei dem Tier um einen vor über 65 Millionen Jahren ausgestorbenen Plesiosaurier gehandelt haben könnte. In Japan wurde die Entdeckung sogar durch die Herausgabe einer Briefmarke mit der Abbildung eines Plesiosauriers gewürdigt. Später soll dann anhand des abgetrennten Flossenteils die Zugehörigkeit zu den Knorpelfischen eindeutig nachgewiesen und der Fund als Riesenhai bestimmt worden sein.

ZWERGE UND RIESEN

Haie zählen zu den ältesten lebenden Wirbeltieren. Bereits vor über 400 Millionen Jahren schwammen Vertreter der Knorpelfische, zu denen die Haie mit den Rochen und den Chimären gehören, in den Urmeeren. Über 460 Haiarten sind heute bekannt, und man geht davon aus, dass es noch weitere, unbekannte Arten in den Weltmeeren gibt. Geradezu eine zoologische Sensation war es, als man im November 1976 vor der Hawaii-Insel Oahu das erste Exemplar eines Riesenmaulhaies (*Megachasma pelagios*) an die Meeresoberfläche hievte. Das etwa 4,5 m große Tier hatte sich in die Leinen des Treibankers verbissen. Erst in den 1980er- und 1990er-Jahren konnten dann weitere Exemplare dieser Plankton fressenden Haiart in kalifornischen (1984, 1990) und in westaustralischen Gewässern (1988) und 1989 vor Japan entdeckt werden.

Bei den Haien gibt es Zwerge und wahre Riesen. Der kleinste, der nur einmal nachgewiesene Campeche-Katzenhai (*Parmaturus campechiensis*), misst gerade einmal 16 cm und der größte, der Walhai (*Rhincodon typus*), erreicht eine Länge von 15–18 m. Man kennt Arten des offenen Meeres, der Tiefsee und der küstennahen Gewässer, von denen

einige Arten sogar bis in die Süßwasserflüsse hinaufsteigen. Gerade die größten Haie, der Walhai und der Riesenhai (*Cetorhinus maximus*), sind harmlose Planktonfresser.

MEGALODON – DER PRÄHISTORISCHE SUPERHAI

Vor etwa 15–20 Millionen Jahren lebte in den Ozeanen eine Haiart, gegen die der Weiße Hai wahrhaftig ein Waisenknabe ist: *Carcharocles megalodon*, der »Großzahnhai«, war einer der gewaltigsten Räuber und die tödlichste Kreatur, die jemals auf unserer Erde auf Beutejagd gewesen ist. Mit einer Länge von 13–20 m und einem Gewicht zwischen 12 und 20 Tonnen war dieses jachtgroße Monster etwa doppelt so groß wie der rezente Weiße Hai. Megalodon, wie er heute der Einfachheit halber meist genannt wird (im Amerikanischen wird er umgangssprachlich etwas respektlos »Meg« oder gar

»Meggie« genannt), ist uns heute vor allem durch Funde seiner Zähne bekannt. Die größten Exemplare dieser monströsen Beißwerkzeuge erreichten eine Länge von 18 cm, eine Dicke von über 3 cm und ein Gewicht von 500 g! Gut erhaltene Zähne weisen sogar noch heute eine messerscharfe Zahnung auf. Beweise für die Existenz des Riesenhais liefern außer den Zähnen nur noch vereinzelte Wirbel, aber auch fossile Walknochen, die immer noch Bissspuren der gewaltigen Zähne des Megalodon aufweisen.

Im American Museum of Natural History hat man einen rekonstruierten Kiefer des Megalodon ausgestellt, 1,83 m hoch und 2,74 m breit – das ist fast die Größe eines Handballtores! Aus dem Vergleich der Zähne mit denen anderer ausgestorbener und noch existierender Haiarten versuchten die Paläonto-

Der Walhai, einer der größten lebenden Haie, ernährt sich von Plankton.

logen auf das Aussehen des Megalodon zu schließen, obwohl bis heute niemand genau weiß, wie der gigantische Hai wirklich ausgesehen hat. Die Experten glauben allerdings, dass man sich den Megalodon als eine Art überdimensionalen Weißen Hai mit einer Rückenflosse von etwa 2 m und einer Schwanzflosse von etwa 4 m Höhe vorzustellen hat.

Man vermutet, dass die Hauptnahrung des Megalodon überwiegend aus Walen bestand, er sich aber auch von anderen Meeressäugern, großen Fischen und Riesentintenfischen ernährte. Lange Zeit hat man angenommen, dass Megalodon der direkte Vorfahre des Weißen Haies war, deshalb erhielt er auch zunächst den lateinischen Namen *Carcharodon megalodon*. Heute haben jedoch Wissenschaftler einige Hinweise gefunden, dass der Weiße Hai vom fossilen Mako-Hai *Isurus hastalis* abstammt, deshalb wurde der Megalodon in *Carcharocles megalodon* umbenannt.

Zu der Zeit, als der Megalodon

Zahn eines Megalodon mit einem Gewicht von nahezu 500 Gramm.

die Ozeane durchstreifte, existierte der moderne Mensch schon, wusste aber wahrscheinlich gar nichts von seiner Existenz. Der Megalodon beherrschte über einen Zeitraum von 15–20 Millionen Jahren die Ozeane. Er war nahezu weltweit verbreitet (USA, Südamerika, Mittelmeerraum, Europa, Südafrika, Indischer Ozean, Australien, Japan u.a.), schien jedoch die wärmeren Gewässer zu bevorzugen. Vor rund 10 000 (manche Autoren sprechen von 2–10 Millionen Jahren) soll der gigantische Raubfisch dann ausgestorben sein. Es gibt mehrere Theorien darüber, welche Ursachen zum Aussterben des Megalodon führten. Als mögliche Erklärung wird diskutiert, dass sich womöglich die Hauptbeutetiere des Megalodon, die Wale, im Laufe der Evolution weiterentwickelten – ausdauernder, dynamischer, schneller und wendiger wurden, während der Megalodon auf seiner Entwicklungsstufe stehen blieb. Dies könnte zu Folge gehabt haben, dass der riesige Hai zunehmend Probleme bekam, Beute zu machen, und letztendlich ausstarb.

Aber könnte es nicht sein, dass der Megalodon noch heute lebt? Es gibt nur sehr wenige und auch nicht sehr zuverlässige Berichte, die auf noch lebende Exemplare des riesigen Raubfisches hinweisen könnten: So wollen Krebsfischer 1918 vor dem australischen Port Stephens direkt vor ihren Booten einen Hai von gewaltigen Ausmaßen gesichtet haben. Er soll mindestens 30 m lang gewesen sein, einige Fischer berichteten sogar von einer Länge von nahezu 100 m. Der berühmte Westernautor Zane Grey

und sein Sohn Loren wollen gleich zweimal, nämlich 1928 und 1933, einen riesigen Hai von rund 12 m Länge gesehen haben, von dem sie sich sicher waren, dass es sich nicht um einen Walhai handelte. In den 1960er-Jahren wollen Seeleute am Great Barrier Reef in Australien einen ca. 30 m großen Hai beobachtet haben, der nach ihren Angaben nicht mit einem Wal oder einem Walhai zu verwechseln war.

Nachdem im letzten Teil des vorigen Jahrhunderts immer wieder in allen Teilen der Welt Megalodon-Zähne gefunden wurden und auch einige Kryptozoologen und andere Forscher erneut darüber zu diskutieren begannen, ob nicht noch heute Exemplare dieses enormen Haies in der Tiefsee oder in anderen schwer zugänglichen Teilen der Ozeane existieren könnten, begannen auch die Medien den Megalodon zu entdecken und berichteten verstärkt über den urzeitlichen Giganten der Meere. Es war dann nur noch eine Frage der Zeit, bis Buch- und Filmautoren das reißerische Potenzial erkannten, das zweifellos in einem heute noch existierenden Megalodon steckt. In seinem 1997 erschienenen, Aufsehen erregenden Bestseller »Meg« schildert der Romanautor Steve Alten, wie im Mariannengraben ein riesiger prähistorischer Killerhai entdeckt, verfolgt und in einem aberwitzigen Showdown getötet wird. Unter dem Titel »Megalodon« kam dann 2002 auch ein Film in die Kinos, der ebenfalls mit der Angst vor prähistorischen Riesenhaien spielt. 2004 strahlte ein deutscher TV-Sender einen Actionfilm über einen Mega-

Schon allein die Größe des Megalodon muss Furcht erregend gewesen sein – hier im Vergleich zu Weißem Hai (oben) und Taucher.

lodon aus, der vor der Küste Mallorcas(!) sein Unwesen treibt und brave deutsche Pauschaltouristen vertilgt.

DER HAI ALS »NUTZTIER«?

Jährlich werden über 100 Millionen Haie getötet und vielfach genutzt. Das Fleisch mancher Haiarten findet als Nahrungsmittel Verwendung. So werden das geräucherte Bauchfleisch des Dornhais (*Squalus acanthias*) als »Schillerlocken« und das Rückenfilet als »Seeaal« angeboten. Das Fleisch des Heringshais (*Lamna nasus*) kommt als »Kalbsfisch«, »Seestör« oder »Karbonadenfisch« auf den Tisch. In asiatischen Ländern sind vor allem die Haiflossen für Suppen begehrt. Aus der Haut mancher Arten wird ein begehrtes Leder und aus der Leber

ein Öl u. a. für Kosmetika, Parfüm, Reinigungsmittel und den Technikeinsatz hergestellt.

Darüber hinaus ist der Hai ein »Meeresungeheuer«, das noch so manch medizinische Überraschung bieten könnte. Nachdem die Wirkungslosigkeit von Haiknorpel in der Krebsbehandlung im Rahmen einer Studie belegt wurde, schöpfen jetzt Wissenschaftler der Universität von Pennsylvania und Georgetown Hoffnung, doch noch eine krebswirksame Substanz in der Haileber gefunden zu haben, das so genannte Squalamin. Diese körpereigene Substanz schützt den Dornhai vor Parasiten, Pilzen und Bakterien. Squalamin befindet sich zur Zeit im klinischen Test zur Krebsbehandlung. Außerdem wird die Hornhaut des Haies als Transplantat für Menschen erprobt und im Haiblut hat man Substanzen entdeckt, die eine Verklumpen des Blutes verhindern.

Der Hai ist keinesfalls das Meeresungeheuer oder die Menschen fressende Bestie, für die er

immer gehalten wird. Laut dem »International Shark Attack File«, dem weltweiten Haiangriff-Sammelregister, enden pro Jahr zwischen 5 und 15 Haiangriffen tödlich. Für die Opfer sicherlich ein schrecklicher Tod und auch tragisch. In der Relation gesehen jedoch eine äußerst seltene Todesart. Die Gefahr, durch einen Hai getötet zu werden, beträgt 1 zu 300 Millionen. Dagegen ist die Gefahr, durch einen Wespenstich zu sterben (1 zu 5 Millionen) oder von Blitz getroffen zu werden (1 zu 2 Millionen), wesentlich größer.

Dagegen ist eine erhebliche Zahl von Haiarten gefährdet. Jährlich werden über 100 Millionen Haie zum Teil sinnlos für wirkungslose Potenz- und Krebsmittel getötet. Beifänge von Haien beim Thunfischfang, verendete Tiere bei der Hochseefischerei in Treibnetzen, aber auch die Sportfischerei mit allein 2,5 Millionen Haien in einem Jahr an der amerikanischen Ostküste tragen hierzu bei. Die Internationale Naturschutzunion rechnet 69 Hai-Arten zu den gefährdeten Tierarten, wovon seit 1996 elf Arten auf der Roten Liste stehen.

Wir leben in einer Zeit, in der Filme wie »Jurassic Park« die »Wiederherstellung« ausgestorbener Tierarten sensationslüstern und kassenfüllend propagieren. Aber auch die seriöse Wissenschaft denkt über solche Möglichkeiten mit Hilfe der modernen Gentechnik nach. Vor diesem Hintergrund ist es sicher sinnvoll, erst einmal die noch existierenden Tierarten – darunter auch die Haie – auf unserem Globus zu erhalten.

Seeschlangen

Ein Mythos lebt

Seeschlange nach Hans Egede, 1734

Aristoteles schildert sie als Schiffe versenkende Ungeheuer, der seefahrende Renaissance-Bischof Olaus Magnus als Kälber fressende Monster und die Medien haben sie als »Caddy«, »Selma« oder dergleichen vereinnahmt.

Von großen Seeschlangen erreicht uns die Kunde schon seit der Antike. Es waren vor allem die seefahrenden Völker, deren Mythen und Legenden sich seit dem Altertum um sie rankten. Berühmt ist die Darstellung des römischen Dichters Vergil (70–19 v. Chr.), der in seinem Versepos »Aeneis« nicht nur Trojas Untergang, sondern auch den Tod des Priesters Laokoon durch Seeschlangen beklagt.

Laokoon hatte die Trojaner vor der Kriegslist des abgezogenen Griechenheers, dem Trojanischen Pferd, gewarnt. Berühmt die Worte, die Vergil Laokoon in den Mund legt: »Quidquid id est, timeo Danaos et dona ferentes.« (Was dies auch sein mag, ich fürchte die Danaer, auch wenn sie Geschenke bringen!). Kaum hatte er diese Warnung ausgesprochen, ereilte ihn und seine beiden Söhne jedoch der Tod durch Schrecken erregende Seeschlangen, die Apollo ausgesandt hatte. Vergils eindrucksvolle Schilderung der angreifenden Seeschlangen beginnen in lateinischer Sprache mit den Worten:

Laocoon, ductus Neptuno sorte sacerdos,
sollemnis taurum ingentem mactabat ad aras.
ecce autem gemini a Tenedo tranquilla per alta
(horresco referens) immensis orbibus angues
incumbunt pelago pariterque ad litora tendunt …

Ins Deutsche übertragen lauten diese und die folgenden Verse:

Laocoon, durchs Los für Neptun zum Priester erkoren,
Schlachtete grad einen riesigen Stier am Opferaltare.
Da! Da gleitet von Tenedos her durch ruhige Wogen
– Jetzt noch fasst mich Entsetzen – in riesigen Bogen ein Paar von Schlangen im Meere dahin und strebt gemeinsam zum Strande.
Steilauf recken sie zwischen den Fluten die Brust, ihre Kämme Glühn blutrot aus Wogen empor. Der übrige Teil streift Hinten das Meer und wirft zu gewalter Windung den Rücken.
Schaurig schäumt das Wasser der See; schon gingen an Land sie,
Brennend starrten die Augen, von Blut unterlaufen und Feuer,
Und schon leckten sie zischend ihr Maul mit zuckenden Zungen …«

Auch wenn hier das Bild der »Seeschlangen« nach moderner Textinterpretation nichts anderes als die feindlichen griechischen Schiffe umschreibt, kannte bereits der Mensch der Antike die Seeschlange als fürchterliches und tötendes Ungeheuer. Ein Beleg hierfür ist der in einer weltberühmten Skulptur dargestellte Kampf Laokoons und seiner Söhne mit den Seeschlangen. Das Werk wurde etwa 50 n. Chr von den drei rhodischen Künstlern Hagesander, Polydorus und Athanadorus aus Marmor angefertigt. Jahrhundertelang galt das Standbild als verschollen, bis es 1506 in Rom wiedergefunden wurde, 1905 nachträglich der angewinkelte rechte Arm. Heute steht die Skulptur im Vatikan (Museo Pio-Clementino).

Auch im Alten Testament wird die Seeschlange als etwas sehr Bedrohliches, nämlich als Strafe Gottes dargestellt: »Da sagte der Herr zu mir: Mein Volk Israel ist reif für das Ende. Ich verschone es nicht noch einmal ... Keiner von ihnen kann entfliehen, keiner entrinnt, keiner entkommt ... Wenn sie sich vor mir auf dem Grund des Meeres verbergen, dann gebiete ich der Seeschlange, sie zu beißen« (Buch Amos, Kap. 9).

In der altnordischen Mythologie wird die riesige Midgardschlange als Seeschlange aufgeführt. Die bewohnte Erde stellte man sich als Scheibe vor, die vom Ozean umgeben wird. Im Meer ruhend, umspannt die Midgardschlange die Erde, mit dem Schwanzende im eigenen Maul. Mit jedem Schluck entsteht die Ebbe, mit jedem Ausspeien die Flut. Der Donnergott Thor zermalmt sie zur Zeit des Weltuntergangs und der Götterdämmerung mit seinem Hammer, wird aber selbst durch den giftigen Atem der Schlange getötet.

Aber nicht nur durch das Alte Testament oder in der Antike waren Seeschlangen den Menschen ein Begriff. Auch von den Seefahrern des ausgehenden Mittelalters und zu späteren Zeiten werden immer wieder gern Geschichten über Seeschlangen angeführt. Existieren sie wirklich oder handelt es sich hierbei um missgedeutete Meerestiere? Sind Seeschlangen schlichtweg nur Fantasiegestalten in Seemannsgeschichten oder Massenhalluzinationen? Oder handelte sich hierbei gar um die Zerrbilder benebelter Sinne, die aufgrund übermäßigen Alkoholgenusses oder durch tropische Fieberkrankheiten (Malaria-, Dengue- oder Gelbfieber) bei Seefahrern verursacht wurden?

ALTE BERICHTE ÜBER SICHTUNGEN

Schon Aristoteles (384–322 v. Chr.) berichtet im 4. Jahrhundert v. Chr. in seinem Werk »Historia animalium« (Naturgeschichte der Tiere): »In Libyen sind die Seeschlangen sehr groß. Seefahrer, die jene Küste entlang segelten, haben berichtet, dass sie die Knochen vieler Rinder sahen, die, wie ihnen schien, von den Schlangen gefressen worden waren. Als sie weitersegelten, griffen die Schlangen sie an; einige von ihnen warfen sich auf eine Trireme und brachten sie zum Kentern.«

Die Veröffenlichungen des schwedischen Bischofs Olaus Magnus (1490–1557) sind besonders wichtig für das Wissen um Seeungeheuer und Seeschlangen in der damaligen

Der Kampf Laokoons mit der Seeschlange ist eine der berühmtesten Skulpturen. Sie entstand um 50 n. Chr. und steht heute in den Vatikanischen Museen.

Seeschlange greift ein Segelschiff an (nach Olaus Magnus, 16. Jahrhundert).

Zeit. Seine Kenntnisse bezog er allerdings meistens aus den Erzählungen von Seeleuten. Neben vielen anderen Seekreaturen erwähnte Olaus Magnus auch den »Soe Orm«, als eine in der Nähe von Bergen zwischen Felsen und in Höhlen wohnende Schlange. Diese soll 6,5 m lang und 60 cm dick gewesen sein. Die nachtaktive Schlange verschlinge Kälber, Lämmer und Ziegen oder suche im Meer nach Kraken, Hummern sowie Krabben aller Art. Andere Berichte sprechen sogar von Furcht erregenden Seeschlangen, die eine Länge von 100 oder gar 200 m erreichen sollen.

Seeschlangensichtungen aus neuerer Zeit gibt es zuhauf. Man könnte Geschichten über Geschichten erzählen und wohl auch das eine oder andere Seemannsgarn spinnen. Caddy, Champ, Chessi, Lizzy, Selma, Igopogo, Manipogo, Ogopogo und das Masbate-Monster sind nur einige unter den »Seeschlangen«, die in verschiedenen Gebieten der Welt Furore gemacht haben. Häufig verwischt sich bei den genannten Kreaturen auch die Grenze zwischen Seeungeheuer und Seeschlange. So wird die Seeschlange von vielen früheren und auch heutigen Autoren als Sammelbegriff für unentdeckte Ungeheuer der Meere, zuweilen aber auch des Süßwassers verwendet.

Nicht verwechselt werden sollte die hier behandelte, legendäre Seeschlange mit den im Indischen und Pazifischen Ozean bis zu 2 m groß werdenden Seeschlangen, die zur Familie der Hydrophiidae gehören. Als ehemalige Landtiere haben sich diese Schlangen, die ein äußerst starkes Gift produzieren, an das Leben im Meer angepasst.

RÄTSELHAFTE SEESCHLANGEN

Doch zurück zu den Seeschlangen der Legenden. Wenden wir uns zwei der spektakulärsten Fälle zu, für die es nicht nur einzelne, sondern Hunderte von Augenzeugen gibt und die trotzdem bis heute der Wissenschaft Rätsel aufgeben. Eine dieser spektakulären Sichtungen hat sich erstmals im Jahr 1817 in der Nähe von Gloucester (Massachusetts) zugetragen. Mehrere Tage wurde eine Seeschlange von Hunderten von Menschen im Hafen und in Küstennähe gesehen. Die Schlange, über die die Presse intensiv berichtete, soll eine maximale Länge von 120 Fuß und einen Kopf wie ein Pferd besessen haben, den sie bis zu 8 Fuß aus dem Wasser

hob. Das Tier wand sich nicht nach Schlangenart seitlich, sondern bewegte sich vertikal vorwärts und soll dicke Schuppen und 20 Buckel besessen haben.

Etwa 4 Wochen nach der Sichtung fanden zwei spielende Jungen eine 1 m lange schwarze Schlange mit Buckeln (offensichtlich Missbildungen!) auf dem Rücken. Wissenschaftler der Linné-Gesellschaft bestimmten das Tier – wohl irritiert durch die Missbildungen – nicht als Schwarznatter (*Coluber constrictor*), was sie nämlich war, sondern als die neue Art »Atlantische Buckelschlange« (*Scoliophis atlanticus*). Man nahm an, die Seeschlange habe die Küste zum Ablegen der Eier aufgesucht und bei dem gefundenen Tier handele es sich bereits um ein geschlüpftes Jungtier. Bald darauf erkannte der Wissenschaftler Alexandre Lesueur den Fehler und bestimmte die Schlange richtig als Schwarznatter. Auf diese Weise löste sich die Fehlbestimmung in Wohlgefallen auf. Die Gloucester-Seeschlange, die immer wieder in den Gewässern vor Massachusetts bis zum Ende des 19. Jahrhunderts auftrat und von vielen Menschen beobachtet wurde, blieb jedoch bis heute ein ungelöstes Rätsel.

Ebenfalls Rätsel gibt eine weitere Seeschlange auf, die in British Columbia (Kanada) beheimatet ist. Es handelt sich um den *Cadborosaurus*, der erstmals 1881 in der Cadboro Bay beobachtet wurde. Richtig berühmt wurde »Caddy« aber erst 1933, als er von einem Ehepaar, das auf Segeltour war, beobachtet wurde. Das Tier soll einen riesigen Kopf gehabt haben, der wie der eines Kamels geformt war und sich aus dem Wasser erhob. Bereits in diesem Jahr, in dem noch weitere Sichtungen erfolgten, wurde das Tier von dem Reporter Archie H. B. Wills in der Ausgabe der »Victoria Daily Times« vom 11. Oktober 1933 *Cadborosaurus willsi* genannt. Schon bald darauf war jedoch der Kosename »Caddy« in aller Munde. Bis in die 1990er Jahre hinein wurde »Caddy« immer wieder beobachtet und als ein etwa 55 Fuß langes Tier mit einem Pferde- bzw. Kamelkopf und einem 15 Fuß langen Hals beschrieben.

Doch zurück ins Jahr 1934: Damals wurden gleich 2 der Seemonster in der Bucht von Cadboro von Fischern beobachtet, wovon das kleinere Exemplar etwa 18 m gemessen haben soll. Im Oktober des Jahres 1937 gelang dann ein sensationeller Fund. Im Magen eines frisch gefangenen Pottwals stieß man in der Naden-Harbour-Walstation (Queen Charlotte Islands) auf einen relativ gut erhaltenen Kadaver einer seeschlangenähnlichen Kreatur. Die »Province« (eine Zeitung aus Vancouver) brachte neben einem Foto des Fundes einen kurzen Bericht: »16. Oktober 1937. Nicht ausgewachsenes ›Caddy‹ in Wal gefunden.« Die Kreatur wies eine Länge von 3 m und einen pferdeartigen Kopf auf, der auf einem langen Hals saß. Weitere Kennzeichen waren ein schlangenähnlicher Rumpf, der in einem flossenbestückten und einen Stachel tragenden Schwanz endete. »Die Beschreibung stimmt gut mit dem Steckbrief des schwer zu fassenden *Cadborosaurus* aus den Gewässern südlich von Vancouver Island überein, wenn das Exemplar auch viel kleiner und möglicherweise noch nicht ausgewachsen ist«, schreibt die »Province« weiter. Man vermutete, dass es sich bei dem Objekt um eine Babyseeschlange handelte, die sich der Pottwal einverleibt hatte. Der Kadaver, der als einziger Beleg für einen *Cadborosaurus* hätte dienen können, ist genauso verschollen wie die an das B. C. Provencial Museum übermittelte Gewebeprobe. Schließlich wurde sogar die Behauptung aufgestellt, es handele sich um einen fötalen Bartenwal, den der Pottwal verschlungen habe.

AUF DER SUCHE NACH BEWEISEN

Nicht nur Skeptiker fordern zu Recht einen sicheren Beweis für die Existenz von Seeschlangen. Wenn schon kein lebendes Tier gefangen werden kann, sollten doch wenigstens ein Kadaver, ein Skelett oder Reste davon für eine sichere Bestimmung vorgelegt werden. Fotos werden kaum akzeptiert, da schon zahlreiche Bilddokumente von Seeschlangen als Schwindel entlarvt werden konnten. Denn so mancher Wissenschaftler versuchte sich mit einer Fälschung unsterblichen Ruhm unter den Zoologen zu ergaunern.

Geradezu dreist ist in diesem Zusammenhang das Vorgehen von Alfred Koch zu nennen, der 1845 im Apollo-Salon auf dem Broadway das vollständige Skelett einer fast 35 m langen »Seeschlange« mit dem wissenschaftlichen Namen *Hydrarchos sillimani* präsentierte. Das schlangenförmige Skelett war aus fossilen Knochen von nicht weniger als 5 Urwal-Exemplaren (*Zeuglodon*) und aus Säugetierknochen zusammengesetzt. Der Schwindel flog auf und Koch musste das Feld räumen, um wenig später in Berlin mit derselben Masche erneut als Betrüger entlarvt zu werden.

Sehr wahrscheinlich ein gut inszenierter Schwindel ist auch die 1852 publizierte Geschichte um den Walfänger »Monongahela«, dessen ausgesetztes Walfänger-Boot im Südpazifik eine Seeschlange harpuniert haben soll und von dieser über 16 Stunden lang über das Meer geschleppt wurde. Das über 30 m lange Tier wurde schließlich gefangen und als Beweis getrocknet und an Bord aufbewahrt. Kapitän Charles Seabury soll einen schriftlich verfassten Bericht an den Kapitän der Brigg »Gipsy« übergeben haben. So erfuhr die Öffentlichkeit von der Angelegenheit, denn die »Monongahela« soll kurz darauf mit der gesamten Mannschaft sowie der Seeschlange gesunken sein.

Einen Walfänger »Monongahela« soll es wirklich unter einem Kapitän Jason Seabury gegeben haben. Dieses Schiff ist aber erst nach der Veröffentlichung der Seeschlangengeschichte im Jahr 1853 in der Arktis verschollen.

Die Meeresbiologen Paul LeBlond und E. L. Bousfield (University British Columbia bzw. Royal Museum of British Columbia) haben sich ausgiebig mit *Cadborosaurus* befasst und sich mit den Augenzeugenberichten und dem o. g. Fund auseinander gesetzt. Schließlich veröffentlichten sie ihre Ergebnisse: »Die uns zum jetzigen Zeitpunkt vorliegenden Beweise deuten darauf hin, dass sich hinter dieser geheimnisvollen Art ein Wirbeltier verbirgt. Es vereinigt sowohl wichtige Reptilien- als auch Säugermerkmale, lässt sich aber nicht eindeutig einer bestimmten Gruppe dieser Wirbeltierkategorien zuordnen.«

LeBlond und Bousfield waren der Überzeugung, dass Caddy wohl einem fossilen Wal (*Zeuglodon*) am nächsten käme. Im Dezember 1992 stellten beide Forscher den *Cadborosaurus* auf der Tagung der Amerikanischen Zoologengesellschaft in Vancouver als ein nach ihrer Ansicht real existierendes Tier vor und beschrieben es 1995 als neue Tierart *Cadborosaurus willsi* auf der Basis von 3 Archivfotografien des Kadaverfundes. Der französische Kryptozoologe Michel Raynal warf bereits 1996 die Frage auf, ob *Cadborosaurus willsi* mit dem von Heuvelmans aufgrund von Augenzeugenberichten rekonstruierten Meerpferd (*Halshippus olaimagni*, siehe S. 118) identisch sein könne. Zu ähnlich schienen ihm die beiden Lebewesen.

Auch diese Frage wird sich restlos erst nach Auffinden eines unstrittigen Beleges für *Cadborosaurus willsi* lösen lassen. Denn obwohl in den letzten Jahrzehnten angeblich 3 Jungtiere mit einer Länge von rund 45 cm gefangen wurden, ist ein echter Bildnachweis oder ein Kadaverfund eines erwachsenen Tieres bisher nicht gelungen. Diesem Defizit möchte der Wissenschaftler Jason Walton aus Victoria, unterstützt von Bousfield und LeBlond jetzt abhelfen. Seit dem Jahr 1998 werden – ähnlich wie beim Loch Ness – Kameras an Orten häufiger Caddy-Sichtungen aufgestellt, um eine Beobachtung »rund um die Uhr« zu gewährleisten.

ERKLÄRUNGSVERSUCHE

Skeptiker verneinen die Existenz von großen Seeschlangen und unterstellen den Augenzeugen mangelndes zoologisches Fachwissen. Als gar unmöglich wird es erachtet, dass in den Tiefen der Ozeane überlebende vorzeitliche Reptilien oder die vor etwa 25 Millionen Jahren ausgestorbenen Urwale (Archaeoceti) wie beispielsweise *Zeuglodon* der Grund für die Sichtungen seien. Vielmehr seien die meisten Beobachtungen auf hintereinander schwimmende Delfine, Schweinswale oder andere Wale zurückzuführen. Aber auch treibende Baumstämme mit Astwerk, Tanganhäufungen und sonstiges Treibgut sowie Luftspiegelungen und seltsam erscheinende Wellenformationen hätten schon zu Fehlsichtungen geführt.

Interessant in diesem Zusammenhang ist auch der Riemenfisch (*Regalecus glesne*). Diese sowohl im Atlantik als auch in wärmeren Meeren lebende farbenprächtige Fischart weist einen fast bandförmigen, bis zu 8 m langen Körper auf. Der Fisch besitzt auf dem Kopf einen leuchtend roten

Die aus 5 fossilen Walen zusammengesetzte 35 m lange Fälschung eines Hy-drarchos. Beschrieben und ausgestellt von Dr. Alfred Koch im Jahr 1845.

»Kamm« und einen ebenso gefärbten Flossensaum auf dem gesamten Rücken. Riemenfische werden immer wieder in der Nähe von Herings- und Lachsschwärmen angetroffen. Dies führte zu dem Glauben, dass er als deren »König« die Wanderzüge dieser Fischarten anführt, weswegen man ihn fälschlicherweise auch »Heringskönig« nannte. Der nur wenig bekannte Fisch ist nach Auffassung einer Vielzahl von Wissenschaftlern die Ursache für viele Seeschlangengeschichten.

Wegen ihrer Schlangengestalt, aber auch wegen fehlenden Fachwissens wurden die folgenden Tierarten schon als Seeschlangen missgedeutet: so der bis zu 3 m große Meeraal (*Conger conger*) und verschiedene Muränen, deren größte Art (*Thyrsoidea macrurus*) 3–4 m lang werden kann. Darüber hinaus waren Meeresschildkröten und häufig auch der Riesenkalmar (*Architeuthis dux*) mit seinen langen Fangarmen und Tentakeln Ursache für

Seeschlangensichtungen. Dies könnten Erklärungsversuche für die im Meer lebenden Seeschlangen sein.

Dies erklärt allerdings nicht die im Süßwasser gesichteten Individuen. Beispielsweise das 15 m lange Tier im Römsjöen-See, das schon seit dem 18. Jahrhundert bekannt ist, oder auch die Seeschlange des Seljord-Sees, um nur zwei Beispiele aus Skandinavien zu nennen. Vergeblich waren bisher die Anstrengungen eines internationalen Forscherteams, das der letztgenannten Seeschlange auflauerte. Das Tier, das erstmals 1750 gesichtet wurde, soll laut Augenzeugenberichten einen elch- bzw. pferdeähnlichen Kopf besitzen. Mit einer rund 5,5 m langen, schlauchförmigen und netzbespannten Metallgitterfalle, die mit Fischen als Köder bestückt war, wollten die Forscher »Selma«, so der publicityträchtige Name der Seeschlange, überlisten. Die Falle, die in Tiefen von 30–90 m installiert wurde, war gut überwacht. Ein bereitstehender Helikopter sollte zwei

»Seeschlangen« gehen auch heute noch ins Netz. Dieses Foto amerikanischer Soldaten mit einem 7 m langen Riemenfisch findet sich bei Fischinger, 2001.

Wissenschaftler sofort zum Seljord-See bringen, sollte Selma in die Falle gehen. »Wir werden DNA-Proben entnehmen, die Schlange dokumentieren und sie schließlich wieder in den See entlassen«, so damals Jan Sundberg, der Leiter des 12-köpfigen Expertenteams. Aber die Fangaktion war nicht von Erfolg gekrönt, Selma ging nicht in die Falle.

Sei es in der Cadboro Bay, in den Gewässern vor Massachusetts oder in skandinavischen Seen, es bleibt nur, sich in Geduld zu üben. Wenn zu gegebener Zeit die erste Seeschlange aus dem Verborgenen auftaucht und als lebendes Tier gefangen werden kann, wird Licht in das Dunkel ihrer mythischen Vergangenheit dringen und ein weiteres Rätsel unseres Planeten kann gelöst werden.

Nessi

Das Ungeheuer von Loch Ness

Nessi vor dem Museum in Drumnadrochit

Viele tausend Mal gesichtet, aber ein sicherer Beweis für seine Existenz fehlt weiterhin. Auf jeden Fall ist das berühmteste aller Fabelwesen nicht nur ein Phänomen, das die Öffentlichkeit in Erstaunen versetzt, sondern auch eine erfolgreich gepflegte Touristenattraktion.

Das Ungeheuer von Loch Ness – auch liebevoll »Nessi« genannt – ist kein Meeresungeheuer im engeren Sinn. Allerdings lässt ein zoologischer Interpretationsansatz verschiedene Meerestiere als mögliche Vorbilder für »Nessi« vermuten. Zudem gehen Kryptozoologen davon aus, dass der rund 95 km lange Grabenbruch des Great Glen mit seinen Seen (Loch Ness, Loch Oich, Loch Lochy) früher einmal eine Meeresbucht war, in dem die Ahnen des Ungeheuers von Loch Ness lebten. Nach dem Abschmelzen der Eiszeitgletscher hob sich das von einer schweren Eislast befreite Land, wodurch der Zugang zum Meer versperrt wurde. Heute liegt der Loch Ness rund 16 m über dem Meeresspiegel, eine Verbindung zum Meer besteht nur noch über den Fluss Ness und über den 1822 fertiggestellten Kaledonian-Schifffahrtskanal zum Beauly Firth. Wurden Meerestiere durch die Hebung des Landes im Loch Ness eingeschlossen, darunter auch das spätere Fabelwesen?

Der Norden Schottlands mit seinen ursprünglichen und geheimnisumwitterten Highlands inspirierte Schriftsteller und Dichter wie Theodor Fontane, Robert Louis Stevenson, Sir Walter Scott und Robert Burns zu ihren Werken. Mit ihren Burgen, Schlössern, Bergen, Wäldern, Küsten und Seen bieten die schottischen Highlands die richtige Kulisse für Fabelwesen. Eine Vielzahl an Mythen und Sagen über Drachen, Riesen, Zwerge, Feen, Hexen und Wassergeister sind für diesen Landesteil bekannt.

Gemäß den Überlieferungen der Pikten und Skoten sowie deren Nachkommen waren Flüsse, Seen und Meeresbuchten häufig von Wassertieren und Wasserpferden (Kelpies) bewohnt. Während die Wassertiere zu den harmlosen Fabelwesen zählten, führten die mit dem Teufel im Bunde stehenden Kelpies gegen die Menschen nur Böses im Schilde und schadeten ihnen, wo sie nur konnten. In Gewässern nahe den Wegen und Straßen lauerten sie vorbeikommenden Reisenden auf, um sie mit Hinterlist in den Tod zu locken. Im Loch Ness soll auch ein mächtiges schwarzes Wasserpferd gehaust haben, welches einst Mönchen geholfen und einen von ihnen mit sich genommen haben soll. Darüber hinaus erzählen die Menschen seit alters spannende Legenden von Seeschlangen, die Loch Ness, aber auch Loch Morar bevölkert haben sollen.

BANNSPRUCH WIDER DIE BESTIE

Eine alte Handschrift aus dem 7. Jahrhundert, verfasst von dem Abt Adamnan (624–704 n. Chr.) erwähnt ein wasserlebendes Ungeheuer (»aquatilis bestiae«) im Loch Ness. In Adamnans Werk »Victi Sancti Columbae« (über das Leben des heiligen Columban) wird für das Jahr 565 »Vom Verscheuchen eines gewissen Wasserungeheuers durch die Kraft des Gebetes des heiligen Mannes« (De cujusdam aquatilis bestiae virtute orationis beati viri repulsione) gesprochen. Zu jener Zeit reiste der irische Missionar Columban (um 520–597 n. Chr.) in die schottischen Highlands, um die Pikten zum Christentum zu bekehren. Auf seinem Weg nach Inverness begegnete er an den Ufern des Flusses Ness einer Trauergemeinde, die einen Mann zu Grabe trugen, der von einem im Fluss lebenden Wasserungeheuer getötet worden war.

Columban, der die schreckliche Kunde vernahm, wollte wohl die Kraft des Christentums beweisen. Er forderte einen Begleiter namens Lugneus mocu-Min auf, an das andere Ufer des Flusses zu schwimmen, um dort ein vertäutes Boot zu holen. Mitten auf dem Weg wurde der Begleiter von der Bestie angegriffen, die auf dem Gewässergrund gelauert hatte. Columban erhob seine Stimme, rief unter Kreuzzeichen den Namen Gottes und schmetterte dem Ungeheuer die Worte entgegen: »Noles ultra progredi, nec hominem tangas. Retro citius revertere!« (Komm nicht näher und berühr nicht den Mann! Kehre sofort um!) Erschrocken ließ die Bestie von dem Mann ab und wandte sich schnell zur Flucht. Seit dieser beeindruckenden Demonstration eines christlichen Bannspruches hatte Columban verständlicherweise die besten Voraussetzungen für eine Christianisierung der Pikten. Eine Handschrift, die diese Geschichte enthält, kann heute in der Stadtbibliothek von Schaffhausen eingesehen werden.

Nach Columbans Erlebnis wurden über einen langen Zeitraum keine Berichte über ähnliche Ereignisse überliefert. Erst rund 1000 Jahre später, im Jahr 1527, beobachtete Duncan Campbell im Uferbereich des Loch Ness ein schreckliches Ungeheuer. Im 16. Jahrhundert tötete ein dem Loch Ness entstiegenes Untier »von schrecklichen Ausmaßen« 3 Männer. Im 19. und 20. Jahrhundert häuften sich schließlich die Sichtungen, vor allem aber nach dem Bau der Landstraße A 82 am Westufer des Loch Ness im Jahr 1933.

BERÜHMTE NESSI-SICHTUNGEN

Ende März 1933 gelang dem Ehepaar MacKay eine Beobachtung, die der Auslöser für den Nessi-Boom in den nächsten Jahrzehnten sein sollte. Als sie mit ihrem Auto die neu gebaute Straße am See entlangfuhren, nahm Mrs. MacKay in dem ansonsten völlig ruhigen See eine starke Bewegung wahr. Nach einigen Sekunden wurde ihr klar, dass dies keine Wasservögel sein konnten, zu heftig waren die Bewegungen unter der Wasseroberfläche. Dann schwamm das Objekt unter Wasser in Richtung Seemitte davon. Plötzlich tauchten in dieser Richtung, etwa 300 m vom Ufer entfernt, zwei große schwarze Buckel auf. Mit vertikalen, schlängelnden Bewegungen bewegte sich die etwa 6 m lange Kreatur vorwärts, um schließlich unterzutauchen. Mr. MacKay, der durch die erstaunten Ausrufe seiner Frau aufmerksam geworden war, sah gerade noch einige Wasserwirbel und Wellen, dann lag die Seeoberfläche wieder ruhig und glatt da. Eine kurze Meldung über das Ereignis erschien am 2. Mai 1933 im »Inverness Courier« unter der Schlagzeile »Strange Spectacle on Loch Ness« (Seltsames Schauspiel im Loch Ness). Der Zeitungsverleger Dr. Evan Barron sprach gar von einem Monster, als er die Größe der Kreatur vernahm. Das Ungeheuer von Loch Ness war geboren und sollte die Öffentlichkeit ab diesem Zeitpunkt immer wieder in elektrisierender Weise beschäftigen.

Nicht nur im See, sondern auch an Land wurde das Seeungeheuer seitdem bis in unsere Zeit mehrfach von einer großen Anzahl Personen beobachtet. Darunter befanden sich Augenzeugen, deren Reputation eigentlich nicht anzuzweifeln ist: Geistliche, Juristen, Kapitäne und Wissenschaftler, darunter auch der Nobelpreisträger für Chemie 1952, Richard Synge (1914–1994).

Dass es beim Thema »Nessi« nicht immer ehrlich zugeht, zeigt der Fall des Chirurgen Dr. R. K.

Das Foto des Chirurgen R. K. Wilson von »Nessi« aus dem Jahr 1934 ging um die Welt. Es war eine Fälschung.

Wilson, der mit seinem so genannten »Surgeon's Foto« (Chirurgen-Foto) von 1934 eine weltweite Sensation auslöste. Erst Jahrzehnte später wurde das Foto nicht nur als Fälschung entlarvt, sondern auch ein bis ins Feinste durchdachter Betrug aufgedeckt, an dem folgende Personen beteiligt waren: der Filmemacher und Großwildjäger M. A. Wetherell, dessen Sohn Ian und sein Stiefsohn Ch. Spurling, der Versicherungsmakler M. Chambers und der Chirurg Dr. R.K. Wilson. Die Aufsehen erregende Schlagzeile des »Sunday Telegraph« am 13. März 1994 lautete: »Enthüllung: Bild vom Loch-Ness-Monster Schwindel«. Während alle anderen inzwischen verstorbenen »Mittäter« die wahre Geschichte mit ins Grab genommen hatten, offenbarte der Stiefsohn von Wetherless noch vor seinem Tod im November 1993 das Geheimnis. Man hatte aus Kunstholzmasse ein etwa 30 cm großes Nessi-Modell – einen saurierähnlichen Kopf auf einem langen Hals – hergestellt und dieses auf einem Spielzeugunterseeboot befestigt. Das in einer ruhigen Bucht des Sees zu Wasser gelassene und fotografierte Nessi-Modell galt über Jahrzehnte als ein herausragender Beweis für die Existenz eines geheimnisvollen Wesens im Loch Ness.

SUCH-EXPEDITIONEN

Sich häufende Sichtungen und das Foto lösten ein weltweites Echo aus. Dadurch angeregt erfolgte eine große Anzahl von Expeditionen von privater und offizieller Seite. In den 1960er-Jahren führten u.a. die BBC sowie die Universitäten Cambridge, Oxford und Birmingham solche Untersuchungen durch, die – wenn überhaupt – umstrittene Ergebnisse brachten. Als die aufwendigste Suche nach dem Monster von Loch Ness gilt die im Jahr 1987 veranstaltete »Operation Deepscan« (Unternehmen Schallnetz). Mit 25 sonarausgestatteten Motorbooten wurde der gesamte Wasserkörper des Sees nach dem Ungeheuer durchforscht; allerdings ohne einen greifbaren Erfolg zu erzielen. Aber auch mit Flugzeugen, Helikoptern, Luftschiffen sowie mit Unterseebooten versuchte man Nessi aufzuspüren.

Auch die Einrichtung eines »Loch Ness Phenoma Investigation Bureau« von privaten Forschern im Jahr 1962 diente allein der Erforschung des Nessi-Phänomens. Schließlich gaben der Zoologe Sir Peter Scott und der Präsident der Academy of Applied Science mit Sitz in Boston/USA nach weiteren Untersuchungen dem Seemonster im Jahr 1975 den wissenschaftlichen Namen *Nessiteras rhombopteryx*. Diese Wortschöpfung bedeutet im einzelnen: »Nessi« = nach dem Fundort Loch Ness; griech. »teras« = Wunder bzw. Ungeheuer; griech. »rhombo« = rautenförmig; griech. »pteryx« = Flügel. Bis in die heutige Zeit erfolgten unzählige Untersuchungen und Expeditionen und seit dem 1. November 2003 können sogar Websurfer auf Nessi-Jagd gehen. Alle 5 Sekunden übertragen 2 installierte Kameras ein aktuelles Bild von der Oberfläche und aus dem Unterwasserbereich des Sees.

Trotz aller Anstrengungen liegt bis heute aber ein anerkannter Beweis für die Existenz von Nessi nicht vor. Vielmehr löste sich das

Rätsel um so manche Monstersichtung zuweilen wenig spektakulär auf. Es konnten reale Gegenstände (u.a. Boote, Treibgut) oder bekannte Lebewesen (u.a. Seehunde, Wasservögel) als Ursache ausgemacht werden. Eine Anzahl an so genannten Beweisen wurde als Fälschungen entlarvt. Zuweilen aber blieben Befunde zumindest unerklärlich, darunter Fotos und auch Filmsequenzen, die als Beleg für den Nachweis eines unbekannten Lebewesens ausreichen müssten. Die Wissenschaft war jedoch anscheinend vorsichtig geworden wegen der vielen Fälschungen, die im Zusammenhang mit Nessi in vielen Jahren präsentiert wurden.

WIE SIEHT DAS UNGEHEUER AUS?

Augenzeugenberichten zufolge könnte es sogar mehrere »Nessi-Typen« geben. Der am häufigsten beobachtete Typus ist der eines etwa 12 m großen Tieres, das durch einen langen, schlangenähnlichen Hals mit relativ kleinem Kopf gekennzeichnet ist. Bei der Beschreibung des Kopfes gehen die Schilderungen zum Teil weit auseinander. Ähnlichkeiten mit dem Kopf u.a. von Hunden, Ziegen, Pferden oder Schlangen wollen erkannt worden sein. Auch hinsichtlich der Form des Körpers variieren die Beschreibungen. Die Kreatur soll – je nach Beobachter – die Gestalt eines Wales, einer Schlange, eines Aales oder einer Schildkröte haben. Zudem soll der Rücken einen oder mehrere Höcker aufweisen.

Das Monster wurde auch an Land gesehen, wobei es die Augenzeugen als saurierähnliches Tier vom Typus »Plesiosaurier« beschrieben haben. Die Färbung variiert von grau und schwarz, braun bis olivgrün und grünlichschwarz und ist sicherlich auch von der Tageszeit abhängig.

Was ist aber mit den Beobachtungen, die nicht den genannten Typen zugeordnet werden können, und was haben alle diese Augenzeugen gesehen? Waren es manchmal nur unerklärliche Erscheinungen (z.B. Wasserspiegelungen, besondere Wellenformen und -bewegungen), die die jeweiligen Augenzeugen dann dem Monster zuschrieben – oder war es einfach nur Geltungsdrang der »Zeugen«?

ERKLÄRUNGSVERSUCHE

Augenzeugenberichte, Fotos und Filmmaterial wurden vielfach analysiert, um eine Erklärung für das Rätsel zu finden. Eine Auswahl der wichtigsten Ergebnisse und Interpretationsansätze soll an dieser Stelle aufgeführt werden.

Eine gut nachvollziehbare Hypothese nennt nach Loch Ness eingewanderte Meerestiere als Ursache für die Augenzeugenberichte. Für Meerestiere (u.a. Meeressäuger und Fische) besteht grundsätzlich die Möglichkeit, über den Inverness Firth, den Beauly Firth in den Fluss Ness und schließlich in den See zu gelangen. Eine ähnliche Möglichkeit besteht auch über den 1822 fertig gestellten Kaledonian-Kanal. Es ist davon auszugehen, dass auf die-

sen Tatbestand eine ganze Anzahl an Beobachtungen zurückzuführen ist. Von den Meeressäugern, die hier in Frage kommen, können Seehund, Walross, Wal und Tümmler genannt werden. Nachweislich wurden solche Tiere schon im See gesehen. Landlebende Säugetiere, die ebenfalls fälschlicherweise für Nessi gehalten wurden, sind Hunde, Fischotter, Rehe, Hirsche sowie Pferde im und am Wasser. Die genannten Arten an maritimen und landlebenden Säugern würden Beobachtungen wie »Gestalt wie ein umgekehrtes Boot«, »Kreatur mit einem oder mehreren Höckern«, »Pferdekopf mit Mähne« und dergleichen erklären. Der Kryptozoologe Heuvelmans äußerte die Ansicht, bei dem Monster könne es sich möglicherweise um eine langhalsige Seekuh (*Megalotaria longocollis*) handeln.

Wasservögel, die beim Schwimmen oder Tauchen Wasserbewegungen und Wellen hervorriefen, waren ebenfalls häufig die Ursache von Fehldeutungen. In Frage kommen verschiedene Entenvögel, daneben aber auch der Kormoran (*Phalacrocorax carbo sinensis*). Letzterer kann mit seinem schlangenartig gebogenen Hals vor allem bei Gegenlicht, bei Nebel oder durch Wasserspiegelungen eine an Nessi erinnernde Silhouette erzeugen.

Auch unter den Fischen gibt es Anwärter für Fehlinterpretationen. So könnte das Ungeheuer, das von Columban im Jahr 565 mit einem Bannspruch vertrieben wurde, ein Hai gewesen sein, der vom Meer in den Fluss Ness eingedrungen war,

um dort sein Unwesen zu treiben. Von einigen Haiarten ist bekannt, dass sie vom Meer in zuleitende Flüsse hinaufschwimmen. Ein weiterer Kandidat ist der bis zu 6 m lange Stör (*Acipenser sturio*), der zum Laichen auch in britische Flüsse aufsteigt. Mit ihrer nach oben gebogenen und mit Bartfäden versehenen Schnauze (Rostrum), den Knochenschilden an den Flanken und einem »drachenartigen Rückenkamm« – der in Wirklichkeit aus Knochenschilden besteht – sehen diese Fische recht urtümlich aus.

Des Weiteren könnten auch schlangen- bis walzenförmige Fischarten Grundlage für eine »gesichtete Kreatur mit Schlangenhals« gewesen sein. Zu nennen sind der Aal

Handelt es sich bei Nessi um einen überlebenden Plesiosaurier (Elasmosaurus)?

(*Anguilla anguilla*), der bis zu 3 m lange Meeraal (*Conger conger*) und der ebenfalls bis zu 3 m lange Wels (*Siluris glanis*).

Auch ein am Seegrund hausender Riesenwurm, der bei ruhigem Wasser an die Oberfläche komme, ein gewaltiger Riesensalamander, ein Riesenkalmar oder ein Ur-Wal wurden schon als Basis für die Beobachtungen diskutiert.

Darüber hinaus können Wasser- und Luftspiegelungen, Treibgut, etwa Bootsteile, Wasserpflanzen und Baumstämme, je nach Tageszeit den Eindruck einer schwimmenden Kreatur erwecken. So entpuppte sich manches »Monsterfoto« des Loch Ness bei genauerer Analyse als ein im See treibender Baumstamm mit Astwerk.

Der italienische Geologe Luigi Piccardi vom Forschungszentrum für Geologie in Florenz führt die Nessi-Sichtungen gar auf heiße Luft

und Gase zurück, die bei Erschütterungen aus der Erdkruste über den Wasserkörper des Sees entweichen. Schließlich liege Loch Ness in einer Grabenbruchzone mit weiterhin erhöhter seismischer Aktivität. Spektakulär aber ist, dass Piccardi den ausgestoßenen Gasen eine Halluzinationen auslösende Wirkung zubilligt. Die Sichtungen seien nichts anderes als Halluzinationen der Augenzeugen.

Diese Interpretationsansätze können bei kritikloser Handhabung sicherlich einen Teil der Beobachtungen abdecken, sie erklären aber nicht alle Sichtungen. So gelangen in der Vergangenheit mittels Sonaruntersuchungen und Unterwasserfotografie einige Aufnahmen, die auf ein oder mehrere Lebewesen schließen lassen.

Anzuführen bleibt noch der spektakulärste Ansatz, die Plesiosaurier-Hypothese. Die Anhänger dieser Hypothese vermuten, dass Plesiosaurier oder mit dieser Sauriergruppe verwandte Arten bis vor etwa 12 000 Jahren am Ende der Eiszeit in Meeresbuchten des späteren Nordschottland überlebt haben. Nach Abschmelzen der mächtigen Eismassen und der Anhebung der entlasteten Landmassen wurden bisher offene Meeresbuchten vom Meer abgeschnitten, es bildeten sich die Lochs. In diesen saßen die Plesiosaurier in der Falle, wo sie zumindest im Loch Ness laut der Hypothese bis heute überdauerten. Allerdings kritisieren Wissenschaftler u. a., dass Plesiosaurier oder verwandte wärmeliebende Kreidezeit-Arten nicht in der Lage gewesen wären, den klimatischen Gegeben-

heiten Schottlands standzuhalten. Außerdem seien diese Saurier Lungenatmer, die beim Luftholen viel häufiger an der Wasseroberfläche gesehen werden müssten.

Bei aller Kritik der Wissenschaft erinnern die Beschreibungen, die von den Augenzeugen für das Monster abgegeben wurden, jedoch stark an einen in der Kreidezeit vor 130 bis vor etwa 65 Millionen Jahren lebenden Vertreter der Flossenechsen (Sauropterygia), an Plesiosaurier (*Plesiosaurus, Elasmosaurus*) mit Flossen, langem Hals und kleinem Kopf.

Wie zur Stützung der Plesiosaurier-Hypothese meldete im Juli 2003 der »Daily Telegraph« den Fund von 4 versteinerten Rückenwirbeln eines im Wasser lebenden Plesiosauriers. Allerdings wird das Alter der fossilen Knochen, die ein 67-jähriger Pensionär im seichten Wasser des Loch Ness entdeckte, auf 150 Millionen Jahre geschätzt. Kritiker vermuten auch hier wieder einen Schwindel. Die fossilen Wirbelknochen seien von menschlicher Hand zur rechten Zeit im See hinterlegt worden. Die fossilen Knochen umgebe Kalkgestein, das erst in einer Entfernung von wenigstens 35 km in Meeresnähe gefunden werden könne. Das Loch-Ness-Gebiet werde aber aus ganz anderen Gesteinen, vor allem aus Graniten, aufgebaut.

DER MYTHOS LEBT

Nur davon auszugehen, dass das Ungeheuer von Loch Ness entweder eine Erfindung der Sensationspresse, ein Täuschungsmanöver einiger Scherzbolde oder ein Werbegag der ortsansässigen Fremdenverkehrsbranche ist, wäre bei den vorliegenden weiterhin überprüfungswürdigen Hinweisen zu kurz gedacht; auch wenn die genannten Gruppen alle davon profitieren.

So gilt das Fabelwesen als der Magnet für die Tourismusbranche und ist dadurch ein Garant für sichere Arbeitsplätze sowie Einkommen. Tausende von Übernachtungen pro Jahr in der Region, Schiffs- und Bustouren, hohe Besucherzahlen im Nessi-Museum in Drumnadrochid können in diesem Zusammenhang u.a. angeführt werden; vom einträglichen Handel mit den üblichen Devotionalien (vom Nessi-Schlüsselanhänger bis zum Nessi-Hut) ganz zu schweigen. Darüber hinaus stellt Nessi einen von unterschiedlichen Branchen genutzten Werbeträger in vielen Teilen der Welt dar. Beispielsweise setzte die Guiness-Brauerei für den Fang des Ungeheuers eine Belohnung von 500 000 Pfund aus. Fast überflüssig ist es anzumerken, dass Nessi seit den 1930er-Jahren unter Schutz steht, der Fang also verboten ist.

Neben der Vermarktung als Werbefigur war das Monster von Loch Ness Hauptfigur vieler Romane, Sachbücher und Filme. Obwohl es auch anderswo Sichtungen von ähnlichen Kreaturen gab, erreichte keine den hohen Bekanntheitsgrad des Seeungeheuers von Loch Ness. Vor diesem Hintergrund stellt sich Nessi nicht nur als ökonomisches und biologisches, sondern auch als psychologisches Phänomen dar, dessen Rätsel vielleicht gar nicht gelöst werden soll, um einen sorgsam gepflegten Mythos nicht zu zerstören.

Viele der so genannten Augenzeugenberichte sind unter strengen biologischen Gesichtspunkten betrachtet vermutlich wertlos. Beeinflusst durch die »Nessie-Manie« haben die betreffenden Personen gesehen, was sie sehen wollten bzw. sollten. Andererseits lebten Kryptiden zuweilen nicht weit entfernt von den Wohnstätten des Menschen, blieben aber lange Zeit unentdeckt, weil sie nicht ins Schema der gängigen Lehre passten. Entdeckungen werden aber häufig dann gemacht, wenn sich Forscher nicht an die vorgegebene Lehrmeinung halten, sondern ihren Visionen folgen.

Ende Juli 2003 schockierte die BBC-Nachricht »Loch Ness hat kein Ungeheuer« die »Nessi-Anhängerschaft«. Mit Hilfe der Technik von Navigationssatelliten und Sonargeräten hatte ein Team des britischen Senders Loch Ness untersucht und keinen Beweis für Nessis Existenz gefunden.

Doch allen Unkenrufen zum Trotz und wie zur Vorbeugung vor »Anti-Nessi-Nachrichten« konnte im Juni 2003 – kurz vor Veröffentlichung der BBC-Untersuchungsergebnisse – eine weitere Sichtung des Monsters durch Passagiere und Crew des Schiffes »Royal Scot« verzeichnet werden. So manch schottischer Highlander mag hierbei wohl schmunzelnd und mit einem Augenzwinkern über Nessi gedacht haben, »still alive and well!« (immer noch am Leben und wohlauf!).

Der Riesenkalmar

Gigant aus der Tiefe

Durch Homers »Odyssee« war er schon als alles verschlingende Scylla in der Antike bekannt. Danach lange Zeit als Seemannsgarn abgetan, taucht *Architeuthis* jetzt immer häufiger aus der Tiefe des Unbekannten auf, um zum viel beforschten Objekt der Wissenschaft zu werden.

Drei Tage trieben sie schon im Meer dahin. Wie an den Vortagen brannte die Sonne dieses 2.-Weltkrieg-Tages erbarmungslos auf die Schiffbrüchigen nieder. Ihre Leiden schienen kein Ende zu nehmen. Zuerst hatten ihnen die Quallen mit ihren Nesselfäden zugesetzt, dann töteten die Haie die im Wasser treibenden, völlig erschöpften Besatzungsmitglieder. Waren denn erst drei Tage vergangen, seit ein japani-sches Kriegsschiff sie in Brand geschossen hatte und sich die Mannschaft in die Rettungsboote begeben hatte? Den britischen Seeleuten, darunter die Marineoffiziere Rolandson und Davidson von der »Indian Army«, schien seitdem eine Ewigkeit vergangen zu sein.

Da nur ein Teil der Mannschaft in den Booten Platz fand, waren sie gezwungen gewesen, ein kleines Floß zu benutzen. Doch auch dieses bot nicht für alle Matrosen Platz. Einige von ihnen mussten ins Wasser steigen und sich außenbords an das Floß klammern. Die panikerfüllten Abwehrbewegungen und die inzwischen verklungenen Schreie der von den Haien Angegriffenen gellten ihnen noch in den Ohren. Jetzt aber war es still geworden, fast gespenstisch still. Das Floß dümpelte in dem noch blutgefärbten Wasser, ab und zu schwappte eine kleine Welle an die Holzplanken. Doch da tauchte plötzlich aus der Tiefe eine Kreatur mit langen Fangarmen neben dem Floß auf. Eine Zeit lang schien das Wesen die Lage zu sondieren, dann griff einer der Fangarme nach einem der Schiffbrüchigen und zog den sich wild Wehrenden vom Floß in die Tiefe. Das Monster schien mit seiner Beute zufrieden, denn es tauchte nicht mehr auf. Der Rest der Mannschaft wurde später von einem spanischen Schiff gerettet.

Eine solche Schilderung erinnert an Schundromane oder gar an einen schlechten Film, in dem mutige Taucher beim Bergen eines Piratenschatzes aus einem Schiffswrack von einem ungelenk wirkenden, riesigen »Kraken« aus Pappmaschee angegriffen und getötet werden. Aber die Geschichte hat sich so abgespielt, will man nicht die Aussagen der überlebenden Matrosen in Zweifel ziehen.

Dass es sich bei diesen zugegebenermaßen spektakulären Berichten nicht immer um Seemannsgarn handelt, zeigt wie auch das nachfolgende, berühmt gewordene Erlebnis dreier neufundländischer Fischer, dessen Wahrheitsgehalt durch ein makabres Beweisstück belegt wird:

Im Oktober 1873 befanden sich die Fischer Daniel Squires, Theophilus Piccot und dessen Sohn Tom bei Portugal Cove mit einem kleinen Fischerboot im Meer vor der neufundländischen Küste. Sie hielten auf ein Stück Treibgut zu und versuchten dieses mit einem Bootshaken zu bergen. Das vermeintliche Treibgut entpuppte sich aber als Riesenkalmar, der jetzt nicht nur seinen kräftigen Schnabel in die hölzerne Bootswand schlug, sondern auch einen riesigen Tentakel um das Boot schlang. Die Situation eskalierte, als das Tier Anstalten machte abzutauchen. Das Boot drohte in die Tiefe gerissen zu werden. Nur dem schnellen Reagieren des Sohnes – der den Tentakel mit einem Beil abschlug – war es zu verdanken, dass sie den Angriff überlebten. Der Riesenkalmar zog sich in die Tiefe zurück. Den über 6 m langen Tentakel übergaben Sie dem ortsansässigen Geistlichen und Amateurforscher Reverend Moses Harvey.

Der Vollständigkeit halber sei erwähnt, dass 4 Heringsfischer bereits einen Monat später in der nahe gelegenen Logy Bay einen weiteren Riesenkalmar mit ihren ausgelegten Heringsnetzen erbeuteten. Auch dieses Exemplar erhielt der Reverend.

Sollte sich mit Hilfe dieser Beweisstücke das Dunkel um den bis dahin wenig bekannten »Teufelsfisch« lichten? Gab es doch einen realen Hintergrund für die Erzählungen von Seeleuten und Fischern über ein vielarmiges Monster der Tiefsee? Die Legenden ließen selbst alte Seeleute und Walfänger erschaudern, wenn es um den Riesenkalmar ging. Legenden, die auch den Autor Herman Melville zu seinem Roman »Moby Dick« inspirierten (siehe S. 146 ff.). In seinem 1851 erschienenen Werk beschreibt er eine Begegnung mit einem Riesenkalmar mit den Worten: »Eine ungeheure, schlüpfrige Masse, wohl an die zweihundert Meter lang und breit, von sahnig weißem Glanz, trieb auf dem Wasser; unzählige lange Arme strahlten von ihrer Mitte aus und schlangen und wanden sich wie ein Knäuel Anakondas, als wollten sie blindlings jedes unselige Geschöpf ergreifen, das sich in ihre Reichweite verirrte.« Und fast ehrfurchtsvoll lässt der Autor seiner Romanfigur Starbuck die Worte von den Lippen gehen, »Der weiße Krake. Wenige Walfänger, heißt es, haben ihn gesehen und sind zu ihren Häfen heimgekehrt, um davon zu berichten.«

ALTE BERICHTE

Zu jener Zeit gab es in der Tat nur wenige Kenntnisse über den Giganten der Tiefe. Seefahrer, die ein solches wie in Moby Dick beschriebenes Schauspiel sahen, interpretierten die schlangenförmigen Arme und Tentakel des Riesenkalmars als Seeschlangen (siehe Seite 133). Dabei waren Cephalopoden (Kopffüßer) bereits in der Antike den Griechen und Römern bekannt. Der griechische Gelehrte Aristoteles (384–322 v. Chr.) sprach als Erster vom »teuthos«, dem Riesenkalmar und unterschied ihn von den kleineren Arten (»teuthis«).

Plinius der Ältere (23–79 n. Chr.) beschrieb in seiner »Naturalis Historia« einen großen Polypen, der 10 m lange Arme hatte. In Carteia (Spanien) soll er in künstlich angelegten Fischbecken in Meeresnähe auf Beute aus gewesen sein. Vermutlich handelte es sich hierbei um solche Becken, in denen zerkleinerter Fisch in Salzlake konserviert wurde. Der erzeugte Fischbrei wurde im Altertum in Amphoren gefüllt und in den gesamten Mittelmeerraum verschifft. Dieser Fischbrei muss auf den Kopffüßer eine solch anziehende Wirkung ausgeübt haben, dass er auch nicht mit Hunden zu vertreiben war und die Wachen Mühe hatten, ihn zu töten. Sein Gewicht wird mit 700 Pfund angegeben, zudem soll er einen abstoßenden Geruch abgegeben haben.

Eine weitere Beschreibung eines monströsen Kopffüßers gibt es in Homers Erzählung über die Irrfahrten des Odysseus. Dieser musste mit ansehen, wie 6 seiner Kameraden von dem zwölffüßigen und sechsköpfigen Monster Scylla gefressen wurden. In der Odyssee wird Scylla als Schrecken erregendes Ungeheuer beschrieben:

Siehe, das Ungeheuer hat zwölf
abscheuliche Klauen
Und sechs Häls' unglaublicher
Läng', auf jeglichem Halse
Einen grässlichen Kopf, mit drei-
fachen Reihen gespitzter,
Dicht geschlossener Zähne voll
schwarzen Todes bewaffnet.
Bis an die Mitte steckt ihr Laib in
der Höhle des Felsens,
Aber die Köpfe bewegt sie hervor
aus dem schrecklichen Abgrund,
Blickt heißhungrig umher und
fischt sich rings um den Felsen
Meerhund' oft und Delphine und
oft noch ein größeres Seewild
Aus der unzähligen Schar der
brausenden Amphitrite.
Noch kein kühner Seefahrer, der
an Scyllas Felsen vorbeifuhr,
rühmt sich verschont zu sein; sie
schwinget in jeglichem Rachen
Einen geraubten Mann aus dem
blaugeschnäbelten Schiffe.

Nach jahrhundertelanger Stille widmeten sich die meereskundigen Bischöfe Olaus Magnus (1490 bis 1557) aus Uppsala und zu Beginn des 18. Jahrhunderts Hans Egede (1686–1758) sowie Erik Ludvigsen Pontoppidan (1698–1764) erneut dem Thema. In ihren naturkundlichen Beschreibungen (z. B. »Historia de gentibus septentrionalibus« – Geschichte der Völker aus den nördlichen Regionen – und »Natural History of Norway«) berichten sie über verschiedene Meeresungeheuer, darunter auch Kopffüßer bzw. Kraken. Der »trügerische Krake«, der von Pontopiddan gesichtet wurde, soll so groß gewesen sein »wie eine von treibendem Tang umspülte Insel, der Rücken allein an-

derthalb englische Seemeilen lang, mit vielen Hörnern gleich Masten mittelgroßer Schiffe«.

SCHIFFE VERSENKENDE UNGEHEUER

Bis Mitte des 19. Jahrhunderts war über den Riesenkalmar nur das bekannt, was in den bischöflichen naturkundlichen Abhandlungen zu lesen war, sowie das, was den Erzählungen von Seeleuten und Fischern entnommen werden konnte. Man kannte den Cephalopoden nur als Monster, das Mensch und Schiff gefährlich werden kann. Kein Wunder, dass Schiffe versenkende Riesenkalmare und Kraken in Erzählungen und Romanen ein gern genutztes Thema waren. Auch Jules Verne griff in seinem Buch »20 000 Meilen unter den Meeren« auf eine solche Gruselgeschichte zurück. In der Tat gibt es belegte Attacken von Riesenkalmaren auch auf größere Schiffe.

So berichtet der französische Naturforscher Denys de Montfort 1802 in seinem Werk »Histoire naturelle générale et particulière des mollusques« über einen Angriff eines Riesenkalmars auf ein Segelschiff vor der Küste Angolas. Dabei soll das angreifende Tier seine langen Tentakel bis in die Mastspitzen geschlungen und das Schiff fast zum Kentern gebracht haben. Nur der intensiven Gegenwehr der Seeleute war es zu verdanken, dass der Gigant von dem Schiff abließ und in den Fluten verschwand. Das Ereignis ist in einem Votivgemälde festgehalten, welches die Seefahrer zum

Die Seemänner von Jules Vernes
»Nautilus« wehren sich gegen den
»poulpe«.

Dank für ihre Errettung anfertigen und in der St.-Thomas-Kapelle in Saint Malo aufhängen ließen. Der Wahrheitsgehalt der Ausführungen von de Montfort wurde damals allerdings von Wissenschaftlern in Zweifel gezogen.

Im Jahr 1874 ging ein ähnlicher Angriff im Golf von Bengalen auf dem 150 Tonnen schweren Schoner »Pearl« nicht so glimpflich aus. Der Riesentintenfisch drehte das Boot um, wobei die ganze Mannschaft zu Tode kam. Der Vorfall wurde von der Besatzung des in der Nähe ankernden Dampfers »Strathowen« mitverfolgt und dokumentiert.

In den 1930er-Jahren machte sich ein Riesenkalmar an den zwischen Hawaii und Samoa verkehrenden 14 000-Tonnen-Frachter »Brunswick« heran. Das Tier griff, nachdem es die »Brunswick« überholt (!) und gewendet hatte, mittschiffs an, glitt aber ab und geriet in die Schiffsschraube, welche es zerstückelte.

Zu einer Art »Seeschlacht unter Ungleichen« geriet die berühmte Begegnung des französischen Kanonenbootes »Alecton« mit einem riesigen Tintenfisch. Das Kanonenboot stieß am 30. November 1861 etwa 120 Meilen nordöstlich der Kanareninsel Teneriffa auf einen leuchtend ziegelroten Tintenfisch, der an der Meeresoberfläche schwamm. Der Kapitän ließ auf das Tier mit Kanonen schießen und Harpunen werfen. Erst nach 3 Stunden war das Tier dem Tode nahe. Als man es mit einem Seil an Bord hieven wollte, durchtrennte das Seil den Körper des Tieres, sodass nur der »Schwanz« an Bord geholt werden konnte. Diesen Teil brachte man nach Teneriffa. Der anschließend in einer französischen Fachzeitschrift veröffentliche Beitrag war die erste Beschreibung eines »poulpe géant«, eines Riesentintenfisches.

FILM-TRÄUME

Der Riesenkalmar, das Menschen und Schiffe verschlingende Monster aus den Tiefen der Meere, das ist der Stoff, aus dem die Träume der Schriftsteller und Filmemacher sind. So haben die Mythen und Legenden über diese Tier-

Ein Seegefecht der besonderen Art: Die Besatzung des französischen Kanonenbootes »Alecton« überwältigt einen Riesentintenfisch.

art die Fantasie und die Kreativität einer ganzen Anzahl von Vertretern der schreibenden Zunft, aber auch aus dem Filmmetier beflügelt. Beispielsweise spielt in dem 1942 u. a. mit Jahn Wayne gedrehten Streifen »Reap the Wild Wind« (Piraten im Karibischen Meer) ein Riesenkalmar einen wrackbewohnenden Bösewicht. Neben den schon erwähnten und mehrmals verfilmten Jules Verne und Herman Melville lässt beispielsweise Ian Fleming seinen Helden James Bond im Roman »Dr. No« im Kampf über einen Riesenkalmar triumphieren. Im Film mit Agent 007 wurde die Szene allerdings nicht gezeigt. In Arthur C. Clarkes Roman »The Deep Range« gelingt es den Akteuren erstmals, einen Riesentintenfisch zu fangen und lebend an die Meeresoberfläche zu bringen, um ihn dort in einem Bassin zu halten. Auch Peter

Benchley, in seinem Bestseller »Beast«, und Michael Crichton, in seinem Werk »Sphere«, das auch verfilmt wurde, nutzten *Architeuthis* als Horrorfigur. Darüber hinaus gibt es eine Reihe von weiteren Schriftstellern, Historikern und sogar Künstlern, die sich für *Architeuthis* interessiert haben.

SPÄTE ENTDECKUNG

Seit den Griechen und Römern war der Riesenkalmar – der fälschlicherweise immer wieder auch als Riesenkrake bezeichnet wird – lange Zeit nur als Bestandteil

FAKTEN ZUM RIESENKALMAR

Über die Riesenkalmare liegen nur wenige Informationen vor. Man kennt quasi nur Teile eines größeren Puzzles, das die Wissenschaft mühevoll zuammensetzt.

Unter den etwa 730 Tintenfischarten oder Kopffüßern (Cephalopoda) ist *Architeuthis* die größte Spezies und damit auch das größte wirbellose Tier der Erde. Die Gattung *Architeuthis* ist weltweit mit 1–3 Arten verbreitet, die zu den Kalmaren gehören. Diese zeichnen sich durch 8 lange, mit Saugnäpfen besetzte Fangarme und 2 noch längere Tentakel aus, die keulenförmige Enden aufweisen. Dagegen besitzen die Kraken nur 8 Arme.

Der Weichkörper des Riesenkalmars wird von einem Chitingerüst gestützt, dem Rest der Molluskenschale, der auch Schwert (Gladius) genannt wird und bis zu 1,20 m lang werden kann. Individuen des Riesenkalmars können eine Größe von über 20 m erreichen. Fachleute wie z. B. Heuvelmans und Aldrich sind der Auffassung, dass *Architeuthis* sogar bis zu 30 m lang werden kann. Wie andere Cephalopoden besitzt auch der Riesenkalmar einen Tintenbeutel, der eine schwarzbraune Flüssigkeit enthält, die bei Gefahr zur Abschreckung von Feinden ausgestoßen wird (daher der Name »Tintenfische«).

Das Kalmarfleisch ist zum menschlichen Verzehr ungeeignet, da es durch in das Muskelgewebe eingelagertes Ammoniak einen abstoßenden Geschmack und widerlichen Geruch aufweist. Das Ammoniak verschafft den Tieren Auftrieb, ein Schweben im Wasser wird dadurch ermöglicht. Die Riesenkalmare leben in den Tiefen der Weltmeere. Aufgrund von Schleppnetzfängen vermutet man ein Vorkommen von *Architeuthis* in Tiefen von 300–1000 m, manche Autoren gehen sogar von Tiefen bis 4000 m aus. Man ist sich nicht sicher, ob die Tiere in diesen Tiefen als Einzelgänger leben oder Schwärme bilden. Kapitän C. A. McDowall berichtete 1998 im Marine-Observer über seine Beobachtung von etwa 200 Riesenkalmaren, junge eimergroße Tiere und ältere bis zu 4 m große Exemplare, die im Schwarm aus der Tiefe zur Meeresoberfläche auftauchten.

Der Mund des Riesenkalmars ist mit einem kräftigen Schnabel bewehrt, der eine tödliche Waffe darstellt und deshalb auch von Seeleuten gefürchtet wurde. Man geht davon aus, dass sich *Architeuthis* als lauernder Beutegreifer oder auch als Aasfresser seine Nahrung verschafft. Die Mägen gefangener Tiere enthielten Kalmare und Fische. Über die Fortpflanzung, Eiablage oder das Jungtierverhalten liegen keine Informationen vor. Man nimmt an, dass die Männchen den Weibchen bei der Paarung Spermienbehälter unter die Haut der Arme und des Kopfes injizieren.

Selbst als konservierte Präparate lassen Riesentintenfische Museumsbesucher erstaunen.

von Mythen, Legenden und Seefahrergeschichten bekannt. Die Geschichten von ihm wurden deshalb allzu häufig als Legenden und Schauermärchen abgetan. Es dauerte sehr lange, bis aus dem Fabelwesen »Riesenkalmar« eine wissenschaftlich anerkannte Art wurde. Im Jahr 1853 wurde am Strand von Raabjerg auf der dänischen Insel Jütland ein Riesenkalmar angeschwemmt, der von Fischern zerteilt und als Fischköder verwendet wurde. Den Kiefer übermittelte man dem dänischen Naturforscher Japetus Steenstrup, der ihn als einen ersten Beleg für den Riesenkalmar untersuchte. Er beschrieb die Art 1856 als *Architeuthis monachus* (dux).

Lange war man auf angeschwemmte oder in Netzen gefangene Exemplare von *Architeuthis* angewiesen, um etwas über den großen Cephalopoden zu erfahren. Niemand konnte *Architeuthis* in seinem natürlichen Lebensumfeld studieren, obwohl es sogar groß angelegte Tauchexpeditionen mit Spezial-U-Booten gegeben hat. So unternahm der Wissenschaftler Clyde Roper in den Jahren 1997 und 1999 solche Tauchfahrten vor der Küste Neuseelands. Es war ihm jedoch kein Erfolg beschieden.

Auch die japanischen Fotos, die angeblich von *Architeuthis* im Meer gemacht und 1993 veröffentlicht wurden, zeigten einen großen Kalmar. *Moroteuthis robustus*. Im Jahr 2002 gelang es erneut Japanern, einen an der Meeresoberfläche treibenden *Architeuthis* mit einer Schlinge zu fangen und nach Verbringen in einen Gezeitentümpel

dort auch lebend zu fotografieren, bevor er starb.

Architeuthis ist somit nicht der einzige Gigant in der Kopffüßerfamilie. In der Ross-See haben neuseeländische Fischer erst vor kurzem einen so genannten Gallertkalmar gefangen. Das weibliche Tier der Art *Mesonychoteuthis hamiltoni* maß 5 m und wog 150 kg. Es ist das zweite intakte Exemplar, das gefunden werden konnte. Man nimmt an, dass die Spezies in Tiefen von bis zu 2000 m vorkommt. Im Nordpazifik kommt der pazifische Riesenkrake *Octopus dolfleini* vor. Dieser erreicht eine Spannweite von etwa 7–8 m und ein Gewicht von ca. 250 kg.

Auch über die so genannte Schlacht der Giganten, dem Kampf zwischen dem Riesenkalmar und dem Pottwal (*Physeter macroce-*

phalus) gibt es keine Beobachtungen oder gar Filmaufnahmen, spielt sich dieser Kampf auf Leben und Tod doch in den lichtlosen Tiefen der Ozeane ab. Für den Pottwal ist der Riesenkalmar, neben anderen Kopffüßern und Fischen, ein wichtiger Bestandteil des Speiseplans. Auf die Spur des Pottwals als Kalmarfresser kam man anhand von Walfängerberichten, die besagten, dass torpedierte Wale zuweilen den Mageninhalt erbrachen, der aus Teilen von Riesenkalmaren bestand. Auch die Narben von Tintenfischsaugnäpfen auf der Walhaut lassen auf erbitterte Kämpfe der beiden Giganten der Tiefe schließen. Bei seiner Suche nach dem Riesenkalmar dringt der Pottwal in Tiefen von bis zu 1000, einzelnen Angaben zufolge sogar bis 4000 m vor.

Moby Dick

Der rätselhafte Pottwal

Gab es den weißen Wal aus dem berühmten Roman von Herman Melville wirklich? Und können Wale tatsächlich Schiffe versenken?

Als Herman Melville 1851 Moby Dick schrieb, landete er einen Flop. Zu unkonventionell, zu philosophisch waren Roman und Autor für die damalige Zeit. Berühmt wurde das Buch erst im 20. Jahrhundert und gilt heute als eines der anspruchsvollsten der amerikanischen Literatur.

Die Geschichte von Moby Dick beginnt in Nantucket: Als der junge Ismael und sein Freund Queequeg auf dem Walfangschiff »Pequod« anheuern, wissen sie nicht, was ihnen bevorsteht, denn Kapitän Ahab, der wahnsinnige Schiffsherr, ist nur von einem Gedanken beseelt: Moby Dick, ein Pottwal, groß wie ein Berg, schneeweiß und brandgefährlich, muss sterben! Vor Jahren hat der berüchtigte Wal Ahab ein Bein abgerissen und damit sein Leben zerstört. Eine Höllenfahrt beginnt, an deren Ende Ahab vom Jäger zum Gejagten wird und sein Schiff mit Mann und Maus ins Verderben führt. Moby Dick rammt die »pequod« und reißt sie in die Tiefe. Nur Ismael überlebt den wahrhaft apokalyptischen Angriff

des riesigen Wals mit dem Auftrag, die Geschichte von Ahab und Moby Dick zu erzählen.

Viel ist in Moby Dick hineininterpretiert worden. Die meisten sehen im weißen Wal ein Symbol für das Böse, das am Ende den Sieg davonträgt. Aber auch das Gegenteil ist möglich: Der riesige weiße Wal als Symbol des Guten, des Göttlichen, an dem Kapitän Ahab sich versündigt und deshalb zum Untergang verurteilt ist. Es ist wahrscheinlich, dass dieser große Roman, der auch eine ganz präzise Beschreibung des Walfangs des 19. Jahrhunderts liefert, ebenso viele Interpretationen zulässt, wie er Leser hat.

VERSCHIEDENE VORLAGEN

Zwei »wahre« Geschichten inspirierten Herman Melville zu seinem Roman Moby Dick. 1839 publizierte der Marineoffizier Jeremiah Reynolds den Artikel »Mocha Dick: or The White Whale of the Pacific« im New Yorker »Knickerbocker Magazine«, in dem er über den Fang eines riesigen weißen Pottwales berichtete, der wegen seiner zahlreichen Attacken auf Schiffe und ihre Besatzungen unter Walfängern berüchtigt war. Der ungewöhnliche Name des Pottwales lässt sich leicht erklären: Er wurde oft bei der chilenischen Insel Mocha gesichtet, und es war zur damaligen Zeit unter Walfängern üblich, »berüchtigte« Wale mit Vornamen wie Tom, Jack oder eben Dick zu benennen. Melville änderte wahrscheinlich den Namen »Mocha« zu

Moby, um zum einen die unglaubliche Mobilität des sagenhaften Pottwals zu unterstreichen und zum andern, um eine Assoziation der Farbe Mokka (= engl. »mocha«) mit seinem schneeweißen Wal zu verhindern.

Die zweite Geschichte handelt vom Untergang der »Essex«, der zu seiner Zeit genauso spektakulär und mythenumwoben war wie die Titanic-Katastrophe 100 Jahre später: Im Jahre 1819 machte sich das Walfangschiff »Essex« von seinem Heimathafen Nantucket auf den langen und beschwerlichen Weg in den Pazifik, um Pottwale zu jagen. Nantucket war damals das Zentrum des amerikanischen Walfangs. Von hier aus starteten mehr Walfangschiffe in die Weltmeere als von allen anderen Häfen zusammen. Ein Jahr nach ihrem Auslaufen wurde die »Essex« mitten im Pazifik von einem Pottwal mehrfach gerammt und versenkt. Ihre Besatzung konnte sich in die Beiboote retten, trieb jedoch über 3 Monate auf der offenen See. Am Ende überlebten nach unsäglichen Strapazen von den 20 Mann der Besatzung gerade mal 8. Die Geschichte vom Untergang der »Essex« wurde vom Obermaat des Schiffes Owen Chase in einem Augenzeugenbericht veröffentlicht.

Es ist heute unumstritten, dass Pottwale im 19. Jahrhundert Schiffe versenkt haben. Damals waren die Schiffe noch aus Holz. Zudem

Es gibt zahlreiche Berichte von Kollisionen zwischen Segelschiffen und Pottwalen.

Ein Klassiker: die Moby-Dick-Verfilmung von 1956 mit Gregory Peck in der Hauptrolle.

WALFANG IN ZAHLEN

Früher wurden Großwale hauptsächlich wegen ihrer Speckschicht gejagt. Das aus dem Speck gewonnene Öl wurde für Lampenöl, Seife, Margarine und andere Produkte verwendet. Schon zu Herman Melvilles Zeiten wurden die »langsamen« Wale, etwa der zu den Glattwalen gehörende Nordkaper und der Grönlandwal, nahezu ausgerottet. Mit Erfindung der Harpunenkanone und der Einführung des Dampfschiffes ging es dann auch den »schnellen« Walen wie Blau-, Finn- und Pottwal an den Kragen. So sind heute von den über 250 000 Blauwalen, die einst in den südlichen Meeren lebten, gerade mal 1000–2000 übrig. Der Bestand der nach dem Blauwal größten Bartenwalart, der Finnwale, ist von einer halben Million auf wenige zehntausend reduziert worden. Man schätzt, dass allein im 19. Jahrhundert über 2 Millionen Großwale getötet wurden.
Bereits in den 1930-Jahren war selbst den Walfängern klar, dass sie nicht mehr hemmungslos weiter Wale in beliebigen Mengen erlegen konnten, und so gründeten 14 Walfangnationen im Jahr 1948 die Internationale Walfangkommission (IWC), um eine »angemessene und wirksame Nutzung und Erhaltung der Walbestände zu gewährleisten«.
Mitte der 1940er-Jahre wurden die Pottwalpopulationen auf 2 Millionen Individuen weltweit geschätzt. Zunächst blieb ihre Anzahl relativ hoch, da noch die großen Bartenwalarten das bevorzugte Ziel der Walfänger waren. Als diese aber immer weniger wurden, nahm die Verfolgung der Pottwale trotz besseren Wissens massiv zu. So wurden Anfang der 1960er-Jahre jährlich noch über 30 000 Pottwale erlegt. Seit Gründung der IWC wurden nach offiziellen Angaben nochmals 1,7 Millionen Großwale getötet. Aber die Besorgnis um den Fortbestand der Pottwale und der anderen Großwale führte schließlich im Jahr 1986 zu einem zumindest befristeten Verbot des kommerziellen Walfangs.
1994 beschloss die IWC dann ein Walschutzgebiet im Südpolarmeer, in dem die Nahrungsgründe für fast 90 % der Großwale liegen. Aber unter dem Deckmantel, »wissenschaftliche Untersuchungen« an Walen durchführen zu wollen, setzten Norwegen und Japan den Walfang fort. So starben seit In-Kraft-Treten des Walfangmoratoriums von 1986 weitere 15 000 Großwale durch die Harpunen der Walfänger. In der jüngeren Vergangenheit war dann Norwegen das einzige Land, das sich nicht an das globale Walfangverbot hielt – für 1999 gab Norwegens Regierung 753 Wale zum Abschuss frei.

wurde die eigentliche Jagd in kleinen Ruderbooten durchgeführt. Ein wütender Pottwal war mit seiner massiven Stirn durchaus in der Lage, auch ein größeres Segelschiff zu rammen und seine Planken zu zerstören. Mit der Einführung von Metallrümpfen sank jedoch das Risiko für Walfänger nahezu auf null.

Im Gebiet der Kanarischen Inseln ist es in letzter Zeit zu – wenn auch von beiden Seiten unbeabsichtigten – Kollisionen zwischen Großwalen und Schiffe gekommen. 1999 wurde spanischen Zeitungsberichten zufolge sogar ein 10 m langer Fischkutter von einem Pottwal versenkt.

WELTMEISTER IM TAUCHEN

Pottwale waren bereits im Altertum bekannt, es existieren von ihnen zahlreiche Darstellungen verschiedener Künstler. Wurde bereits im Alten Testament ein Pottwal erwähnt? Beim Propheten Jonas ist noch von einem großen Fisch die Rede, der ihn im Auftrag Gottes verschlungen und wieder ausgespuckt hatte. Später wird in der lutherischen Bibelübersetzung jedoch aus dem großen Fisch der erste schriftlich erwähnte Wal: »denn gleich wie Jonas war drey Tage und drey Nacht in des Wallfisches Bauch …«

Pottwale (*Physeter macrocephalus*) gehören mit einer Länge von über 18 m und einem Gewicht von bis zu 60 Tonnen zu den größten Lebewesen überhaupt. Die Männchen der zu den Zahnwalen gehörenden Riesen sind stets größer und schwerer als die Weibchen. Charakteristisch für den Pottwal ist der gewaltige Kopf, der bis zu 1 Drittel der Gesamtlänge ausmacht. Der lateinische Name des Pottwales lautet deshalb auch frei übersetzt »großkopfiger Bläser«.

Die eigentümliche, nahezu viereckige Form des Kopfes ist durch ein massiges Polster auf dem Vorderkopf bedingt. In diesem Polster befindet sich ein riesiger Hohlraum, in dem sich eine gelbliche, wachsartige Substanz befindet, das so genannte Walrat. Früher glaubte man, das Walrat sei die Samenflüssigkeit des Pottwales, und bezeichnete es deshalb als »Spermaceti« (= Walsamen). Aus dem gleichen Grund heißt der Pottwal im anglo-amerikanischen »Sperm Whale« (= Samenwal). Die tatsächliche Bedeutung des Walrates ist noch nicht endgültig geklärt, man nimmt jedoch an, dass er eine Rolle bei der Auftriebskontrolle und bei der Echoortung spielt.

Pottwale kommen in den meisten Weltmeeren außer in der hohen Arktis vor. Sie bevorzugen tiefere Gewässer und können in der Regel nur weit vor der Küste gesichtet werden.

Die großen Raubwale sind Weltmeister im Tauchen. Normalerweise tauchen Pottwale bis zu einer Tiefe von 200–300 m. Wissenschaftler gehen jedoch davon aus, dass sie auch Tiefen von rund 3000 m erreichen und dabei 2 Stunden unter Wasser bleiben können. Dabei müssen sie den Rauminhalt ihrer Lungen auf 1 Zehntel verringern, um dem gewaltigen Wasserdruck standhalten zu können, und den in Blut und Muskeln gespeicherten Sauerstoff-

Der Pottwal ist der Weltmeister unter den Tauchern. Wissenschaftler glauben, dass die Riesen des Ozeans Tiefen von rund 3000 m erreichen können.

vorrat verbrauchen. Zusätzlich wird der Herzschlag verlangsamt und nur die wichtigsten Organe wie Hirn und Herz werden mit Sauerstoff versorgt.

Pottwale müssen so tief tauchen, um in den Lebensraum ihrer Lieblingsbeute vorzustoßen – riesige Tintenfische, die nur in dieser Tiefe leben. Oft hat man in Pottwalmägen unverdauliche Hornschnäbel von Riesenkraken gefunden und aufgrund deren Größe geschlossen, dass der Wal einen deutlich größeren Gegner überwältigt hatte. Tellergroße runde Narben, die man immer wieder auf der Haut von Pottwalen findet, zeugen davon, dass sich die Tintenfische mit ihren saugnapfbewehrten Fangarmen zur

Wehr setzen. In der Tiefe des Meeres finden also »Titanenkämpfe« statt, die noch nie ein Mensch beobachten konnte.

Eine weiter Besonderheit der Pottwale ist die »Ambra«. Diese im Darm einiger Tiere gefundene, oft bis zu 500 kg schwere, feste schwarzgraue Masse diente früher als wertvoller Rohstoff für die Parfumindustrie und wurde mit Gold aufgewogen. Das wertvolle Ambra war neben dem »Öl« der Hauptgrund für die erbarmungslose Jagd auf den Pottwal.

Sirenen

Geflügelte Sängerinnen

Sie wollten mit ihrem Gesang sogar den listenreichen Odysseus ins Verderben locken (Abb. oben) und unterlagen Orpheus im Sängerwettstreit.

Das schwarze Schiff gleitet am Felsen der beiden Sirenen vorüber. Am Mast festgebunden lauscht Odysseus ihrem betörenden Gesang. Nur so kann er ihren Verlockungen widerstehen. In Homers Odyssee ist diese Begegnung des Helden aus dem Trojanischen Krieg mit den singenden Fabelwesen sehr detailliert beschrieben:

*Und wie geflügelt entschwebte,
vom freundlichen Winde
getrieben,
Unser gerüstetes Schiff zu der
Insel der beiden Sirenen.
Plötzlich ruhte der Wind; von
heiterer Bläue des Himmels*

*Glänzte die stille See; ein Himm-
lischer senkte die Wasser.
(…) Aber ich schnitt mit dem
Schwert aus der großen Scheibe
des Wachses
Kleine Kugeln, knetete sie mit
nervichten Händen;
Und bald weichte das Wachs,
vom starken Drucke bezwungen,
Und dem Strahle des hochhin-
wandelnden Sonnenbeherrschers.
Hierauf ging ich umher, und ver-
kleibte die Ohren der Freunde.
Jene banden mich jetzo an
Händen und Füßen im Schiffe,
Aufrecht stehend am Maste, mit
festumschlungenen Seilen;
Setzten sich dann, und schlugen*

*die graue Woge mit Rudern.
Als wir jetzo so weit, wie die
Stimme des Rufenden schallet,
Kamen im eilenden Lauf, da
erblickten jene das nahe
Meerdurchgleitende Schiff, und
huben den hellen Gesang an:
Komm, besungner Odysseus,
du großer Ruhm der Achaier!
Lenke dein Schiff ans Land, und
horche unserer Stimme.
(…) Also sangen jene voll Anmut.
Heißes Verlangen
Fühlt' ich weiter zu hören, und
winkte den Freunden Befehle,
Meine Bande zu lösen; doch
hurtiger ruderten diese.
Und es erhuben sich schnell
Eurylochos und Perimedes,
Legten noch mehrere Fesseln mir
an, und banden mich stärker.
Also steuerten wir den Sirenen
vorüber; und leiser,
Immer leiser, verhallte der
Singenden Lied und Stimme.
Eilend nahmen sich nun die
teuren Genossen des Schiffes
Von den Ohren das Wachs und
lösten mich wieder vom Mast-
baum.*

In der griechischen Mythologie sind die Sirenen Töchter des Flussgottes Acheloos und einer Muse. Je nach Autor gab es zwei, drei, vier oder gar acht dieser Mischwesen. Sie hatten Namen, die sich auf sie Qualität und Schönheit ihrer Stimmen bezogen, z.B. Agalophone (brillante Stimme), Peisinoe (Verführung), Molpe (Melodie) oder Ligea (hohe Sangesstimme).

Für ihre Gestalt gibt es verschiedene Erklärungen: So sollen sie nach der Entführung der Proserpina durch Hades, den Gott der Unterwelt, den Göttervater Zeus gebeten haben, ihnen Flügel zu verleihen, um die Verfolgung besser aufnehmen zu können. Dieser Wunsch wurde ihnen erfüllt und sie wurden in Vögel mit gelbem Federkleid verwandelt. Ihr Kopf allerdings blieb menschlich, damit sie weiterhin ihren betörenden Gesang ertönen lassen konnten. Diese Verwandlung wird sehr eindrücklich vom römischen Dichter Ovid in seinen »Metamorphosen« beschrieben.

Nach einer anderen Version wurden sie von der Liebesgöttin Aphrodite, zur Strafe für ihre Abneigung der Liebe gegenüber, in Vogelwesen verwandelt.

Die Sirenen waren sehr stolz auf ihre schönen Stimmen und ihr musikalisches Talent, und so wagten sie es eines Tages sogar, die Musen zu einem Sänger(innen)-Wettstreit herauszufordern. Die Musen siegten jedoch, beraubten die Sirenen ihrer Schwanzfedern und trugen diese Trophäen als Kopfschmuck. Daraufhin verließen die besiegten Sirenen ihre heimatlichen Täler und Auen und ließen sich auf den Klippen einer felsigen Insel in den Gewässern des südlichen Italiens nieder. Dort lockten sie mit ihren verführerischen Sangeskünsten Seeleute auf Riffe oder ans Ufer, um sie zu töten und, wie manche Quellen berichten, zu verspeisen.

Das Ende der Sirenen wurde ironischerweise durch einen Kollegen hervorgerufen. Als die Argonauten auf ihrer Reise an der Insel der Sirenen vorbeisegelten, versuchten diese, die Besatzungsmitglieder mit ihren Sangeskünsten an Land zu lo-

Sirene versucht Odysseus. Griechisches Vasenbild, um 450 v. Chr.

cken. Aber der berühmte Sänger Orpheus übertönte sie mit seinem wunderbaren Leierspiel und seinem Gesang. Gedemütigt und besiegt verloren die Sirenen von diesem Augenblick an all ihre Macht und stürzten sich ins Meer oder wurden einem anderen Bericht zufolge in Felsen verwandelt. Seit ihrem irdischen Ende befinden sich die Sirenen im Hades, dem Reich der Toten. Ob sie dort auch weiterhin singen, ist unbekannt.

Im Mittelalter wurde der Vogelschwanz der Sirenen oft als Fischschwanz missverstanden. Sirenen und Nixen wurden deshalb häufig gleichgesetzt.

Nixen sind aber germanische Wassergeister. Es gibt sie in männlicher und weiblicher Ausführung. Der Nix ist ein böses Flussungeheuer, während die weiblichen Nixen Wasserfrauen von bezaubernder Schönheit sind und meist als Menschenfrauen mit Fischschwanz dargestellt werden.

Eine berühmte deutsche »Sirene« aus der Neuzeit ist die Lorelei, die auf einem Felsen hoch über dem Rhein thront und den Schiffern mit ihrem Gesang (»Ich weiß nicht, was soll es bedeuten, dass ich so traurig bin ...«) so die Köpfe verdreht, dass diese ihre Schiffe an den Uferfelsen zerschellen lassen.

DIE WAHREN SIRENEN

Man hat lange gerätselt, auf wen die Legende von den singenden Meerjungfrauen zurückzuführen ist? Die Antwort auf diese Frage ist ernüchternd: Bei den Sirenen der antiken Mythologie handelte es sich mit größter Wahrscheinlichkeit um Seekühe (lateinischer Name: »Sirenia«), große plumpe Meeressäuger, die eigentlich so gar keine Ähnlichkeit mit schönen, betörenden Frauen haben. Andere Quellen bringen Sirenen mit den heute noch im Mittelmeergebiet verbreiteten Mönchsrobben in Verbindung. Doch wie kam die Legende zustande?

Am Gesang kann es jedenfalls nicht gelegen haben, dass Seekühe mit ihren Namensgeberinnen aus der griechischen Mythologie verwechselt wurden, denn anstelle bezaubernder und verlockender Gesänge können sie lediglich Schmatz- und Grunzlaute von sich geben. Zum Singen fehlen ihnen auch die Stimmbänder.

Und schön sind sie auch nicht, diese harmlosen, plump-schwerfällig und behäbig wirkenden Meeressäuger. Keine Spur von verführerisch und ebenso wenig sagenhaft hübsch.

Und dennoch: Kaum eine andere Tierordnung hat die Fantasie der Menschen mehr beschäftigt als die Seekühe oder Sirenen. Fast überall auf der Welt gehen zahlreiche Sagen, Mythen und Märchen auf die Existenz der dicken Meeressäuger zurück. Erklärungen gibt es mehrere: Seekühe heben oft den Kopf aus dem Wasser und können daher von weitem durchaus mit schwimmenden Menschen verwechselt werden. Zusätzlich haben sicherlich die beiden ausgeprägten Brüste, die die weiblichen Seekühe aufweisen, die Fantasie der Seeleute, die auf ihren langen Reisen lange keine »echte« Frau zu Gesicht bekamen, zusätzlich beflügelt. Auch die »quer gestellte« Schwanzflosse und die Art, wie eine Seekuhmutter ihr Junges »in die Arme nimmt und an die Brust drückt«, hat mit großer Sicherheit zur Legendenbildung beigetragen. Es tauchen auch immer wieder Berichte auf, dass Matrosen Seekühe missbraucht haben, wonach die Sage entstanden sein könnte, dass Seefahrer Meerjungfrauen gefangen haben, um »sich mit ihnen zu vermählen«.

SICHTUNGEN UND INTERPRETATIONEN

Christoph Columbus beschrieb Sichtungen von Seekühen (Experten wissen heute: wahrscheinlich Nagel-Manatis) in der Karibik: »In einer Bucht an der Küste von Hispaniola sah ich drei Sirenen; aber sie waren längst nicht so schön wie die des alten Horaz.«

Portugiesischen Entdecker fingen im Jahre 1560 Seekühe in den nördlichen Gewässern des heutigen Sri Lanka und brachten sie nach Indien, wo sie vom Arzt des Vizekönigs untersucht wurden. Dieser befand nach eingehender Examination: »Es handelt sich um Wesen, die dem Menschen in jeder Beziehung gleichwertig sind.«

Diese Fotographie aus dem 19. Jahrhundert zeigt ein mit Hilfe von Kleid, Kruzifix und Häubchen als »Sirene« verkleidetes Dugong.

Der Priester Diego de Bobadilla dagegen ging mit Columbus konform und berichtet im 17. Jahrhundert über die Seekühe in den philippinischen Gewässern: »Einige versicherten mir, dass es sich bei diesen Fischen um die Sirenen der See handelt, sie so von den Poeten verehrt werden; aber sie haben nichts gemeinsam mit der Anmut des Antlitzes und der Lieblichkeit der Stimmen, die den Sirenen zugesprochen werden.«

Eine 1882 in den USA ausgestellte »Sirene« stellte sich als billiger Schwindel heraus: Der Ausstel-

Die Stellersche Seekuh –
Ausrottung eines Giganten

Im Juni 1741 war Kapitän Vitus Bering mit 2 Schiffen auf der Heimreise zur sibirischen Halbinsel Kamtschatka von einer Expedition im Auftrag Zar Peter des Großen, bei der die Küste Alaskas erkundet und kartografiert werden sollte. Das Schiff »St. Peter« mit Bering an Bord erlitt jedoch Schiffbruch an der damals unbekannten heutigen Beringinsel, die zusammen mit der benachbarten Kupferinsel die Gruppe der Kommandeursinseln bildet. Dort mussten die Schiffbrüchigen unter schwierigsten Bedingungen überwintern, bevor im Frühjahr 1742 die Überlebenden aus Wrackteilen ein Boot bauen und damit das Festland erreichen konnten.

Mit an Bord befand sich der deutsche Schiffsarzt und Naturwissenschaftler der Expedition Georg Wilhelm Steller (1709–1746). An den Ufern der Beringinsel entdeckte Steller dann die nach ihm benannte Riesenseekuh *Hydrodamalis gigas*. Während der Überwinterung der Schiffbrüchigen hatte Steller ausreichend Zeit, Aussehen und Verhalten der großen Seekühe genau zu beobachten. Nach seinen Aufzeichnungen waren die gewaltigen Tiere bis zu 9 m lang und sollen bis zu 4 Tonnen gewogen haben. Im Vergleich dazu kann ein Dugong gerade mal eine Länge von maximal 2,90 m erreichen.

Die riesigen Sirenen des hohen Nordens lebten gesellig im flachen Wasser und ernährten sich von Algen. Auffällig (und ganz anders als bei den noch lebenden Seekuharten) war die Haut der arktischen Giganten beschaffen: Sie war schwarz, uneben, runzelig und sehr hart und erinnerte an die Rinde einer Eiche. Daher rührte auch der andere Name der Riesenseekuh: »Borkentier«.

Die Bestände der Stellerschen Seekühe im Gebiet um die Kommandeursinseln im Jahre 1741 wurden vom Stellerbiografen Leonard Stejneger auf 1500–2000 Individuen geschätzt. Wissenschaftler vermuten, dass die Bestände früher um ein Vielfaches größer waren.

Die Überlebenden der Beringexpedition berichteten 1742 in der Heimat von ihrer Entdeckung. Die Nachricht von den langsamen, friedfertigen und leicht zu erbeutenden Tieren machte schnell die Runde. Daraufhin jagten russische Robbenjäger in den folgenden Jahren die Seekühe wegen ihres Fleisches und Öls im Übermaß.

Die letzte Seekuh wurde bereits 1768 getötet – 27 Jahre nach Entdeckung der Beringinsel waren die sanften Riesen ausgerottet. Was blieb, sind an den Stränden der Insel gefundene Knochen der Stellerschen Seekuh, die zu mehr oder minder vollständigen Skeletten zusammengesetzt wurden. So ist im Zoologischen Museum von St. Petersburg neben einem Stück Haut ein sehr gut erhaltenes, 7,5 m langes Skelett zu besichtigen.

Wegen ihrer an Rinde erinnernden Haut war die Stellersche Seekuh auch als »Borkentier« bekannt.

ler hatte einfach den Oberkörper eines Affen auf das untere Ende eines Lachses genäht.

Noch im 20. Jahrhundert wurden Seekühe mit Menschen verwechselt. So findet sich in Grzimeks Tierleben (XII) folgender Bericht aus dem Anfang des vergangenen Jahrhunderts: »Im Juli 1905 kam ein Frachtdampfer bei der Insel Haramil im Roten Meer vorbei. Dort glaubte zunächst der Kapitän, drei Menschen bis zur Brust im Wasser stehen zu sehen, hielt sie für Schiffbrüchige, signalisierte sie an und steuerte auf sie zu. Es war aber eine Dugongfamilie, die sich für etwaige Hilfestellung bedankte und wegtauchte.«

Im Jahre 1908 wurde in Johannesburg eine Seekuh ausgestellt und mit großem Aufwand als der »Welt einzige Meerjungfrau« angekündigt«.

Der kolumbianische Schriftsteller und Nobelpreisträger Gabriel Garcia Márquez vernahm als junger Mann einst verzückt die »herzzerreißende Klage« einer Seekuh und bemerkte literarisch verklärt: »Es war ein fantastisches, anrührendes Geschöpf, halb Kuh, mit den großen Brüsten einer biblischen Mutter.«

MANATIS UND DUGONGS

Seekühe sind bis zu 4 m lange und bis zu 800 kg schwere, walzenförmige Meeressäugetiere, die von einer dicken Speckschicht umhüllt sind. Im Gegensatz zu den Robben verbringen Seekühe ihr gesamtes Leben im Wasser.

Alles in allem sind sie gut an das Leben im Wasser angepasst: Die vorderen Gliedmaßen wurden zu paddelartigen Flossen umgebildet, die beim Schwimmen zur Steuerung und beim Fressen auf dem Meeresgrund als »Stützen« eingesetzt werden. Die Hintergliedmaßen sind dagegen wie bei den anderen Meeressäugern bis auf kleine Reste des Beckens vollständig rückgebildet und durch eine waagrecht liegende Schwanzflosse, die so genannte Fluke, ersetzt worden. Erwachsene Tiere sind fast vollständig haarlos. Nase und Ohrlöcher sind verschließbar. Die äußeren Ohren haben sich zurückgebildet, dennoch können die Seekühe ausgezeichnet hören. Sogar Ultraschalllaute werden wahrgenommen. Mit ihren winzigen Augen können sie dagegen nur schlecht sehen.

Seekühe halten sich bevorzugt in Küstennähe in seichten Buchten und Lagunen sowie in Flussoberläufen und -mündungen auf. Es sind gesellig lebende Tiere. Die Herden, die mehrere hundert Tiere umfassen können, zeigen ein ausgeprägtes Sozialverhalten, sind sehr ortstreu und wandern nach neueren Erkenntnissen höchstens bis zu 100 km pro Jahr.

Sirenen können über 15 Minuten unter Wasser bleiben, tauchen aber nur selten tiefer als 20 m. Es sind sehr ruhige Tiere, die sich nur ganz gemächlich fortbewegen. Im Gegensatz zu anderen Meeressäugern können sie selbst auf der Flucht nur eine Geschwindigkeit von rund 25 km/h entwickeln.

Seekühe können mehr als 50 Jahre alt werden. Nur wenige Säuge-

tierarten haben eine so hohe Lebenserwartung.

Erstaunlich sind auch die Verwandtschaftsbeziehungen der Seekühe. Sie sind nicht, wie man von Aussehen und Lebensweise her vermuten könnte, mit Robben oder Walen verwandt, sondern haben sich vor rund 50 Millionen Jahren aus denselben Vorfahren entwickelt wie die Elefanten. Während ihre »Verwandten« jedoch an Land blieben, tauchten die Sirenen ab. Die Verwandtschaft ist jedoch heute noch an der Anlage zum Rüssel und am Gebiss zu erkennen. So müssten die Seekühe eigentlich »See-Elefanten« heißen, aber dieser Name war bereits für eine große Robbenart vergeben.

Der Name »Seekuh« beruht auf der Tatsache, dass die Sirenen als einzige Meeressäuger reine Vegetarier sind und ihr aus Algen und Seegräsern bestehendes Futter wie eine Kuh vom Boden »abgrasen«. Um ihr Gewicht zu halten, müssen sie täglich bis zu 30 kg Pflanzen abweiden, womit sie dann bis zu 8 Stunden am Tag beschäftigt sind.

Die Seekühe sind eine der kleinsten Ordnungen innerhalb der Klasse der Säugetiere. Es gibt weltweit nur 2 Familien mit 4 Arten:

1. Die Rundschwanzseekühe oder Manatis mit 3 Arten: Der Lebensraum des Nagel-Manatis (*Trichechus manatus*) erstreckt sich von den Küstenflüssen des östlichen Nordamerikas über die Karibik bis hin zur Küste Nordbrasiliens. Diese Art besitzt als Relikt noch an den Zehenspitzen Hufnägel. Der Nagel-Manati kommt sogar in einer Großstadt vor: In Miami lassen sich von

Manatis können am besten an den Küsten Floridas beobachtet werden.

einer bestimmten Brücke aus Manatis beim Ab- und Auftauchen im Miami-River beobachten.

Der Fluss-Manati (*Trichechus inunguis*) kommt heute nur noch im Amazonasgebiet vor. Er ist im Gegensatz zu den anderen Arten gänzlich auf das Süßwasser beschränkt. Der Afrikanische Manati (*Trichechus senegalesis*) bewohnt die westafrikanische Küste, kommt aber auch in den Läufen des Nigers und des Kongos sowie im Tschadsee vor.

Erstaunlich ist bei den Manatis das Phänomen der sich ständig erneuernden Backenzähne: Nutzt sich der vorderste und am stärksten beanspruchte Backenzahn ab und geht verloren, wird am Hinterende des Kiefers ein neuer Zahn gebildet, die gesamte Zahnreihe schiebt sich nach vorne und schließt so die entstandene Lücke.

2. Namensgebend für die zweite Familie, die Gabelschwanzseekühe, ist die zweigipflige Schwanzflosse. In dieser Familie existiert nach der Ausrottung der so genannten Stellerschen Seekuh (*Hydrodamalis gigas*) nur noch 1 Art, der Dugong (*Dugong dugong*), der wegen seines »Mopsgesichtes« auch Seeschwein genannt wird. Das Verbreitungsgebiet des Dugongs sind die seichten Küstengewässer der Tropen und Subtropen. Bei den Dugongs sind die Backenzähne nur in der Jugend vorhanden. Sie nützen sich rasch ab und fallen aus, ohne ersetzt zu werden. Ihre Aufgabe wird von den Hornplatten des Gaumens übernommen. Der männliche Dugong besitzt wie die Elefanten 2 zu Stoßzähnen umgebildete Schneidezähne, die anscheinend bei der Brautwerbung eine gewisse Rolle spielen.

Bedingt durch ihre Körpergröße haben Dugongs wie auch Manatis nur wenige natürliche Feinde. Nur große Haiarten, Schwertwale und Leistenkrokodile wagen sich an die massigen Seekühe.

DAS LETZTE LIED DER SIRENEN?

Alle Seekuharten sind heute weltweit vom Aussterben bedroht. Die friedfertigen Meeressäuger wurden früher zur Gewinnung von Fleisch, Fett und Öl stark bejagt.

Heute sind sie durch die Einschränkung ihrer Lebensräume, Fischernetze und die zunehmende Wasserverschmutzung gefährdet. In Ufernähe sind Motorboote, deren Kapitäne die dicht unter der Wasseroberfläche grasenden Sirenen nicht bemerken und mit ihren scharfen Schiffsschrauben verletzen, verstümmeln oder gar töten, eine große Gefahr. Alleine in Florida werden jedes Jahr mehr als 60 Tiere durch Unfälle mit rücksichtslos rasenden Sportbooten getötet.

Nach neuesten Berichten werden die Dugongs in den afrikanischen Gewässern massiv durch Raubfischerei mit riesigen Treibnetzen dezimiert. So wurden 1997 im Bazaruto-Nationalpark vor der Küste Mosambiks noch über 130 Seekühe gezählt. Bei der Luftbeobachtung im Jahre 2003 waren es gerade noch 13 Tiere.

Reale Fabeltiere

Das Geheimnisvolle und Verborgene übt eine magische Anziehungskraft auf den Menschen aus. Denn die Neugierde auf Neues und Unbekanntes ist eine Grundeigenschaft des Menschen. Diese Wissbegierde treibt immer wieder Forscher an, geheimnisumwitterten, verschollenen oder gar ausgestorbenen Tierarten nachzuspüren. Letztere können in abgeschiedenen Gebieten wie beispielsweise in Urwäldern, Sand-, Fels- und Eiswüsten, in Hochgebirgen, in großen Seen und Meeren vorkommen.

Gelingt endlich ein neuer Nachweis, empfinden wir beinahe Hochachtung und eine Art Zuneigung den Kreaturen gegenüber, die es vermochten, sich zum Teil über Jahrmillionen in unterschiedlichen Refugien zu halten. Denen ein Überleben gelungen ist trotz mehrfachen Klimawandels, gewaltiger Meteoriteneinschläge, Lebensraumverlust und trotz des größten lebenden Raubtieres der Erde, das nicht nur zum Nah-

rungserwerb, sondern auch wegen der Trophäen und zum Vergnügen tötet – des Menschen.

Mit verborgen lebenden und unbekannten Lebewesen befasst sich die Wissenschaft der Kryptozoologie (griechische Wortherkunft: »kryptos« = verborgen, »zoon« = Lebewesen, Tier, »logos« = Lehre, Wissenschaft), deren Begründer der belgische Zoologe Bernard Heuvelmans (1916–2001) war. Kryptozoologen spüren Tieren nach, die u.a. nur anhand von Geschichten und Legenden bekannt sind und die sich im Glücksfall nach langer Unsicherheit plötzlich als sehr real herausstellen können. Die folgenden Kapitel beschreiben eine Auswahl bekannter und weniger bekannter im Verborgenen lebender Tiere (Kryptiden), aber auch ausgestorbener Tiere, denen man heute u.a. mit verbesserten bzw. neuen Untersuchungsmethoden der DNA-Analytik weitere Geheimnisse über ihre Lebensweise entlocken möchte.

»Old Fourleg«
Ein totgesagter Flossenträger feiert Wiederauferstehung

Quastenflosser

Ein normaler Fischzug erweist sich als der große Coup. Plötzlich zappelt eine Fischart im Netz, die noch die Epoche der Dinosaurier »miterlebt« hat und vor 65 Millionen Jahren ausgestorben sein soll.

Der Telefonanruf, der am 22. Dezember 1938 Marjorie Courtenay-Latimer, die Kuratorin des Naturwissenschaftlichen Museums in East London (Südafrika) erreichte, sollte den denkwürdigsten Tag in ihrem Berufslebens einleiten. Denn der Anruf, der ihr einen Fang Meeresgetier für das Museum avisierte, war der Ausgangspunkt für die wohl aufregendste zoologische und paläontologische Sensation des 20. Jahrhunderts.

Als sich Frau Courtenay-Latimer an diesem Tag zum Hafen begab, um den Fang zu inspizieren, konnte sie nicht erahnen, welch sensationellen Fund sie machen würde. Zwischen angelandeten Haien, Rochen und anderem Meeresgetier erregte ein etwa 1,50 m langer Fisch mit großen Schuppen, einem mächtigen Unterkiefer und fleischigen, gliedmaßenähnlichen Flossen ihre Aufmerksamkeit. Der Fisch besaß eine stahlblaue Färbung mit hellen Flecken und wies einen silberblauen bis grünlichen Schimmer am ganzen Körper auf. Ein solches Exemplar hatte sie zuvor niemals gesehen, weshalb sie ihn mit ins Museum nahm, um ihn genauer zu untersuchen. Da sie das Tier keiner der bekannten Fischfamilien zuordnen konnte, fertigte sie eine Zeichnung an und wandte sich an den Fischspezialisten Professor James L. B. Smith von der Rhodes University in Grahamstown (Südafrika). Als Professor Smith schließlich am 16. Februar 1939 in East London eintraf, fand er den Fisch in präpariertem Zustand vor.

Er sei wie vom Donner gerührt und sich sofort sicher gewesen, einen besonderen Fund vor sich zu haben, als er den Fisch vor sich liegen sah. »Ich wäre kaum erstaunter gewesen, wenn mir auf der Straße ein Dinosaurier begegnet wäre«, erinnert er sich später an seine ersten Gedanken und Reaktionen. Denn das erste bis vor kurzer Zeit noch lebende Exemplar einer Fischart, welche die Epoche der Dinosaurier noch »miterlebt« hatte, lag jetzt vor ihm auf einem Tisch im Naturwissenschaftlichen Museum von East London. Im Devon, vor über 350 Millionen Jahren, waren diese Fische erstmals aufgetreten und galten mit dem Ausgang der Kreidezeit vor 65 Millionen Jahren als ausgestorben. Ausschließlich Versteinerungen waren den Wissenschaftlern bisher bekannt. Letztendlich bestätigte er die Vermutung von Marjorie Courtenay-Latimer, dass es sich bei dem Fisch um einen Hohl-

ÜBERLEBENDE DER URZEIT

Der heute lebende Quastenflosser *(Latimeria chalumnae)* wird in der Wissenschaft sowohl als »lebendes Fossil« als auch als »missing link« bezeichnet. Was ist darunter zu verstehen? Der Ausdruck »lebendes Fossil« ist eigentlich ein sprachlich widersprüchlicher Begriff, der sich in der Paläontologie (Lehre von den ausgestorbenen Organismen vergangener Erdzeitalter) eingebürgert hat. Als »Fossilien« werden die Überreste, Abdrücke oder Lebensspuren ausgestorbener Organismen bezeichnet. Ein »lebendes Fossil« ist ein Organismus, der bereits für vergangene Erdperioden nachgewiesen werden konnte und heute noch unverändert existiert oder fast vollständig einem früheren Bauplan gleicht. Unter einem »missing link« verstehen Biologen und Paläontologen ein fehlendes Glied im Stammbaum von Tieren und Pflanzen. Die Quastenflosser werden als Bindeglied zwischen Fischen und den landlebenden Vierfüßern betrachtet. Allerdings stellt die zu den Hohlstachlern oder Coelacanthiden gehörende *Latimeria* einen isolierten Seitenzweig in der stammesgeschichtlichen Entwicklung hin zu den landlebenden Wirbeltieren dar. Die vom Devon bis Perm im Süßwasser lebenden Rhipidistia bilden nämlich die eigentliche Basisgruppe der Landwirbeltiere. Hinsichtlich einer Vielzahl von Skelettmerkmalen, zu nennen sind u. a. der Aufbau der Vordergliedmaßen und die starke Faltung der Zahnoberfläche, sind sie mit früheren Amphibien vergleichbar. So

kann der aus dem unteren Devon stammende *Eusthenopteron* als Typus für den Vorfahren der ersten Amphibien angesehen werden. Das Knochenskelett der Flossen dieser Fischart ist gut vergleichbar mit den Gliedmaßenknochen der frühesten Vierfüßer, beispielsweise bei den Uramphibien *Ichthyostega* oder *Acanthostega* aus dem oberen Devon.

Nach Meinung von Wissenschaftlern war hiermit schon vor rund 370 Millionen Jahren der entscheidende Schritt einer Entwicklung der Wirbeltiere vom Wasser aufs Land gewährleistet. Dies ist ein Prozess, an dessen Anfang auch Vertreter der Quastenflosser stehen, aus denen sich im Laufe der Evolution die ersten Amphibien entwickelten, gefolgt von anderer Vielfalt der Landwirbeltiere bis hin zu den Säugetieren und zum Menschen.

Versteinerung eines urzeitlichen Quastenflossers.

stachler (Coelacanthidae) handelte. Zu Ehren der »Entdeckerin« nannte er den Fisch »Latimeria«. Den Artnamen »chalumnae« wählte er, weil der Fisch vor der Mündung des Flusses Chalumna gefangen wurde.

Für die Eingeborenen der Komoren war der Fisch allerdings kein

Unbekannter und unter dem Namen »gombessa« bekannt. Wie sich später herausstellte, fingen sie diese Art regelmäßig in Tiefen von etwa 150–200 m. Der Fisch war jedoch nicht sehr begehrt, da sein Fleisch keine besondere Qualität besitzt und einen eher tranigen Beigeschmack

aufweist. Für den Fisch konnte deshalb auf den Märkten – wo er als getrockneter und gesalzener Fisch hin und wieder verkauft wurde – auch kein besonders guter Preis erzielt werden. Dagegen diente die paläontologische Sensation des 20. Jahrhunderts den Eingeborenen in ande-

rer Hinsicht im Alltag: Die rauen Schuppen wurden als Schmirgelpapierersatz zum Aufrauen der Klebeflächen undichter Fahrradschläuche benutzt.

Mit einer umfangreichen und aufwendigen Aktion versuchte Smith nun weitere Exemplare des von ihm scherzhaft als »Old Fourleg« bezeichneten Urzeitfisches zu erhalten. Er ließ in mehreren Sprachen verfasste Flugblätter mit einer Beschreibung des Quastenflossers an der südostafrikanischen Küste verteilen. Außerdem setzte er eine Belohnung von hundert Pfund für die ersten 2 Exemplare aus.

Es sollte jedoch weitere 14 Jahre, nämlich bis 1952 dauern, bis das nächste Exemplar in der Umgebung der Komoreninsel Anjouan von einem Fischer in einer Tiefe von 200 m gefangen werden konnte. Auf über 200 Stück beläuft sich die Zahl der Quastenflosser, die bis heute im Indischen Ozean im Bereich der Komoren, zwischen Madagaskar und Afrika, gefangen wurden. Diese Exemplare wurden dann in der Regel an Museen und Forschungsinstitute weitergegeben.

BEOBACHTUNGEN IM NATÜRLICHEN LEBENSRAUM

Eine weitere Sensation gelang dem Wissenschaftler Prof. Dr. Hans Fricke vom Max-Planck-Institut für Verhaltensphysiologie in Seewiesen, der den Fisch 1987 erstmals mit Hilfe eines Klein-U-Bootes unter Wasser in seinem natürlichen Lebensraum beobachten und filmen konnte. Viele

Versuche und Unternehmungen waren bereits vorher von unterschiedlichen Personen gestartet worden, um den Fisch in seiner natürlichen Umgebung studieren zu können.

Anfangs war jedoch auch den Unterwasserexpeditionen von Hans Fricke kein Erfolg beschieden, denn Fricke führte seine Erkundungstauchgänge tagsüber durch. Erst der Hinweis eines einheimischen Fischers, es in der Nacht zu versuchen, brachte letztendlich den Erfolg und damit eine Vielfalt an Informationen über diesen Urzeitfisch. So wurde bekannt, dass sich die Tiere tagsüber in Felsspalten und Unterwasserhöhlen aufhalten, um erst in der Nacht auf Beutefang (Fische) zu gehen. Die Fische sind lebendgebärend, wobei die Weibchen die Jungtiere vermutlich in größeren Tiefen am Meeresgrund gebären. Dies ergaben Beobachtungen eines mit einem Peilsender ausgestatteten trächtigen Weibchens. Ein 1992 vor Mosambik gefangener weiblicher Quastenflosser, der 98 kg wog, war mit 26 Embryonen zu je 500 g Gewicht trächtig.

Eine vor der Inselgruppe der Komoren durchgeführte Bestandsaufnahme ergab, dass die heute vorkommende Quastenflosserpopulation nur wenige hundert Individuen umfasst. Die Tiere sind somit in ihrem Bestand besonders gefährdet, vor allem auch deshalb, weil es immer wieder Begehrlichkeiten gab, den Fisch zu fangen, um ihn in Schauaquarien zu halten. Letztendlich verbot der Präsident der Komoren die Ausfuhr lebender Quastenflosser.

Aber auch die Fischerei trägt meist eher ungewollt zur Reduktion der Quastenflosserbestände bei. Denn

der Quastenflosser nimmt immer wieder die für den geschätzten Ölfisch (*Ruvettus pretiosus*) ausgelegten Angelköder an und gerät so an den Haken.

Während Einzelnachweise von Quastenflossern vor der Küste Mosambiks und bei Madagaskar eher auf durch Meeresströmungen verdriftete Einzelindividuen schließen lassen, gelang der Nachweis einer Quastenflosserpopulation vor der indonesischen Insel Sulawesi. Bereits 1997 entdeckte der Meeresbiologe Mark Erdmann einen Quastenflosser auf einem Fischmarkt der indonesischen Hafenstadt Manado. Der Nachweis weiterer Exmplare gelang in den folgenden Jahren. Den einheimischen Fischern ist die Art unter dem Namen »raja laut« (»König des Meeres«) bekannt. Ab und zu gelingt es den Fischern, ein solches Exemplar zu fangen. Molekulargenetische Untersuchungen belegten, dass es sich bei diesen Fischen, die nicht stahlblau, sondern graubraun gefärbt sind, um eine eigene Art (*Latimeria menadoensis*) handelt. Man geht davon aus, dass sich die Populationen der Komoren-Quastenflosser von den Populationen ihrer indonesischen Verwandten vor etwa 1,5 Millionen Jahren getrennt haben.

Der Nachweis des ersten Quastenflossers 1938 und die Entdeckung der Quastenflosser-Populationen vor den Komoren und in der indonesischen Inselwelt macht nicht nur deutlich, dass in den Tiefen der Weltmeere noch vieles an Unerforschtem auf uns wartet, sondern verdeutlicht auch, warum das Meer als der »unerforschte Kontinent« auf unserem Planeten bezeichnet wird.

Brückenechse

Gefürchteter »Menschenfresser« Neuseelands

Von den Eingeborenen als »Menschenfresser« gefürchtet, entpuppt sich die Brückenechse als ein »lebendes Fossil«, an dem 220 Millionen Jahre anscheinend spurlos vorbeigegangen sind.

Ein Tagebucheintrag des Weltumseglers und Entdeckers Kapitän James Cook aus dem Jahr 1779, seiner dritten großen Entdeckungsfahrt, lautet: »Es soll in Neuseeland Eidechsen von ungeheurer Größe geben, denn sie sollen 2,6 Meter lang und ebenso dickleibig wie ein Mann sein, zuweilen auch Menschen angreifen und verzehren. Sie hausen in Lö-

chern unter der Erde, und man tötet sie dadurch, dass man vor dem Eingang ihrer Höhle ein Feuer anzündet«.

Cook sollte der erste Europäer sein, der die Brückenechse zu Gesicht bekam und dies auch in seinem später veröffentlichten Tagebuch festhielt. Aber es vergingen noch Jahre, bis man über die Brückenechse mehr erfahren konnte als

die von den Eingeborenen erzählten Menschenfressergeschichten.

Anfangs des 19. Jahrhunderts berichtete der österreichische Naturforscher Dieffenbach: »Ich erhielt Nachricht von dem Vorhandensein einer großen Eidechse, welche die Eingeborenen ›Tuatara‹ oder ›Narara‹ nennen und in hohem Grade fürchten, doch gelang es mir, obgleich ich alle ihr zugesprochenen

Vergleicht man Versteinerungen von Brückenechsen mit heute lebenden, so scheinen die Jahrmillionen fast spurlos an dieser Art vorübergegangen zu sein.

Aufenthaltsorte nach ihr absuchte und eine bedeutende Belohnung auf ihren Fang setzte, erst wenige Tage vor meiner Abreise von Neuseeland, eine einzige zu erhalten. Sie war auf dem kleinen, in der Bucht von Plenty ungefähr zwei Meilen vor der Küste gelegenen Felseneilande Karewa gefangen worden. Aus allem, was ich erfuhr, scheint hervorzugehen, dass diese Eidechse vor Zeiten auf allen Inseln häufig war, in Höhlen, oft auch auf sandi-

gen Hügeln an der Küste lebte und von den Eingeborenen ihres Fleisches halber verfolgt und getötet wurde. Infolge dieser Nachstellungen und zweifelsohne ebenso der Einführung von Schweinen und anderen Haustieren wegen, ist das Tier so selten geworden, dass viele ältere Bewohner des Landes es noch nie gesehen haben.«

Das gefangene, lebende Exemplar der Brückenechse gab Dieffenbach schließlich in das Britische Museum für Naturgeschichte in London. Der Reptilienspezialist Gray beschrieb die Art schließlich 1831 anhand eines Schädels . Im Jahr 1842 lag ihm ein weiteres, vollständiges Exemplar vor, welches er irrtümlicherweise als *Hatteria punctata,* als weitere Art, beschrieb. Gray beging den Fehler, die Brückenechse systematisch zu den Agamen zu stellen. Der Fehler wurde erst 1867 von seinem Kollegen Günther, der ebenfalls beim Britischen Museum arbeitete, entdeckt. Dieser erkannte die Zugehörigkeit der Brückenechse zu der vermeintlich ausgestorbenen und nur aus Fossilfunden bekannten Ordnung der Schnabelköpfe (Rhynchocephalia). Damit war erwiesen, dass es sich bei der Brückenechse um ein »lebendes Fossil« handelt.

Vor wenigen Jahren, 1989, hat man auf einer kleinen neuseeländischen Insel (Brother's Island) eine weitere Brückenechsenart (*Sphenodon guntheri*) »entdeckt«. Bereits 1877 beschrieben, verwarf man diese Art damals wieder, da die Unterschiede zur bekannten Brückenechse nicht auszureichen schienen, eine neue Art zu bilden. Durch wei-

tere vergleichende Untersuchungen des Körperbaus und vor allem auch des Erbgutes konnte die neue Brückenechsenart jedoch letztendlich durch Charles Daugherty von der Victoria Universität in Wellington im Jahr 1989 bestätigt werden.

ÄLTER ALS DIE DINOSAURIER

Die Entdeckung der ersten Brückenechsenart war deshalb so Aufsehen erregend, weil damit ein lebendes Reptil nachgewiesen worden war, das sich schon vor etwa 220 Millionen Jahren – und damit vor den Dinosauriern – entwickelt hatte. Von diesem Zeitpunkt an gingen die Jahrmillionen an dieser Spezies in anatomischer Hinsicht fast spurlos vorüber. In unserer heutigen Welt lebt somit ein echtes Urzeitrelikt.

Die rezenten Brückenechsen ähneln stark den Vertretern der im europäischen Oberjura vorkommenden Gattung *Homeosaurus.* Fossilien dieser Gattung, die in Baden-Württemberg entdeckt wurden, kann man im Museum am Löwentor in Stuttgart bewundern. Während die Brückenechse auf Neuseeland überlebt hat, sind die mit ihr verwandten Arten vor rund 60 Millionen Jahren ausgestorben.

Für die Wissenschaft stellt sich die Frage, wieso sich eine solche Form über Jahrmillionen nahezu unverändert halten konnte, während andere Arten einer steten Entwicklung unterlagen. Bei kritischer Betrachtung der Thesen, die im Zu-

HÖHLENBEWOHNER MIT EINER HOHEN LEBENSERWARTUNG

Die beiden Brückenechsen *Sphenodon punctatus* und *Sphenodon guntheri* sind die beiden einzigen rezenten (heute noch lebenden) Arten der Ordnung der Schnabelköpfe. *Sphenodon punctatus* erreicht eine Länge zwischen 50 (Weibchen) und 70 cm (Männchen) und wird zwischen 500 und 1000 g schwer. Die Urzeitechsen sind bräunlich bis olivbraun gefärbt und weisen hellgraue Flecken auf. Die Tiere tragen einen aus kleinen, beweglichen Hornplatten bestehenden Rückenkamm, der bei den Maori ausschlaggebend war für die Benennung (»Tuatara« = Stachelträger).

Im Unterschied zu anderen lebenden Reptilien besitzt die Brückenechse zwischen dem oberen und unteren Schläfenfenster noch doppelte knöcherne Brücken. Der Name »Brückenechse« bezieht sich auf diese Schädelteile. Die Bezeichnung führte der Zoologe von Martens schon 1868 ein.

Als weitere Besonderheit besitzen Brückenechsen ein drittes, rudimentäres Stirnauge, das so genannte Pinealorgan, welches mit einer Haut überwachsen und lichtempfindlich ist. Manche Autoren beschreiben diese Organ auch als Wärmerezeptor. Bis zur Besiedlung Neuseelands im späten 13. Jh. n. Chr. durch die Moriori (Maori), die von den polynesischen Inseln kamen, war die Brückenechse in ganz Neuseeland verbreitet. Durch die starke Bejagung durch die Neusiedler und die Einschleppung der polynesischen Ratte *(Rattus exulans)* wurden die Urzeitechsen in großen Teilen der Inselwelt ausgerottet. Heute kommen die Brückenechsen nur noch auf etwa 30 unbewohnten Inseln vor,

die Neuseeland vorgelagert sind. Die neu entdeckte Art *Sphenodon guntheri* ist bisher nur auf Brother's Island nachgewiesen worden.

Die Brückenechsen nehmen sehr gerne die in den Boden gegrabenen Bruthöhlen von Sturmtauchern, Sturmschwalben und Tauchsturmvögeln an, sind aber in der Lage, auch selbst Höhlen zu graben. Da die Urzeittiere nachtaktiv sind, werden die Unterschlüpfe nur nachts zur Nahrungssuche verlassen. Dabei werden Insekten, Würmer, Schnecken, Geckos, Jungvögel und Vogeleier, zuweilen auch die eigene Nachkommenschaft verspeist. Die Menschenfresser-Geschichten entbehren also – ebenso wie alte Größenangaben – jeglichen realen Bezugs. Sehr erstaunlich und absolut reptilienuntypisch ist der niedrige Wärmebedarf der Echsen. So liegt die durchschnittliche Körpertemperatur bei 11 °C. Dies ist als eine Anpassung an den verhältnismäßig kalten Lebensraum zu werten. Weitere Anpassungen an die Lebensverhältnisse sind ein langsamer Stoffwechsel, ein geringer Nahrungsbedarf, eine lange dauernde Embryonalentwicklung (ca. 12–15 Monate) und ein hohes Lebensalter von vermutlich bis zu 100 Jahren. Die Tiere weisen außerdem ein sehr langsames Wachstum auf und die Geschlechtsreife tritt erst nach etwa 20 Jahren ein. Brückenechsen legen ihre 5–15 Eiern etwa 1 Jahr nach der Begattung in einer flachen Grube ab und bedecken sie mit Pflanzenresten und Erde. Nur bei einigen Autoren findet man die Angabe, dass das Nest bis zum Schlüpfen der Jungtiere bewacht wird.

sammenhang mit der Evolutionstheorie diskutiert werden, ist dieser Sachverhalt nicht gelöst.

Der Gesamtbestand der Brückenechse (*Sphenodon punctatus*) umfasst heute etwa 100 000 Individuen. Trotzdem wird die Art im Rotbuch der bedrohten Reptilienarten, dessen Herausgeber die Internationale Union für Naturschutz (IUCN) ist, als »selten« geführt. Dies wurde wegen der begrenzten Verbreitung der Art auf wenigen neuseeländischen Inseln so vorgenommen. Schon der Ausbruch von Krankheiten könnte die Population stark gefährden. In Neuseeland wird der Schutz der Brückenechse

deshalb sehr ernst genommen. Alle von der Spezies bewohnten Inseln werden, als Reservate ausgewiesen, die nur mit einer besonderen Genehmigung betreten werden dürfen. Begleitend hierzu führen die Naturschutzbehörden und Forschungsinstitute ein groß angelegtes Tuatara-Schutzprogramm durch.

Komodo-Waran

Der blutrünstige Drache

Laut der Legende soll der Feuer speiende Drache bis zu 7 m lang werden, der auf Komodo haust. Aber nicht sein feuriger Atem, sondern sein Speichel ist für seine Opfer todbringend.

Im Jahr 1909 erhielt der damals auf der Insel Flores stationierte Leutnant van Steyn van Hensbroek Hinweise über eine große Landechse, die auf Komodo vorkommen solle. Den Leutnant, der unter der niederländischen Kolonialverwaltung diente, ließ der Gedanke an die Echse nicht mehr los. Vom Entdeckerfieber gepackt, besuchte er im Jahr 1910 die Nachbarinsel, um den Wahrheitsgehalt der Erzählungen zu überprüfen. Bis zu 7 m lang sollen die Kreaturen werden, bestätigten ihm Mitglie der einer niederländischen Perlenfischergruppe, auf die er bei seiner Ankunft auf Komodo traf.

In der Folgezeit stieß er auch auf die Echsen, von denen die größte, die er erlegen konnte, allerdings nicht mehr als etwa 2,20 m maß.

Eine Fotografie und die Haut des Tieres schickte er schließlich an den Reptilienspezialisten Peter A. Ouwens, den Direktor des Zoologischen Museums von Bogor (Java). Ouwens erkannte die Bedeutung der Entdeckung und beauftragte schließlich einen Tierfänger, ihm weitere Exemplare der Tierart zu beschaffen. Auf der Grundlage dieser Exemplare beschrieb er im Jahr 1912 das Tier als neue Art, den Komodo-Waran (*Varanus komodoensis*).

Die »Entdeckung« des Riesenwarans durch van Hensbroek erregte nicht nur in der Fachwelt, sondern auch in der Öffentlichkeit großes Aufsehen. Angeregt wurde das allgemeine Interesse auch von malaiischen Berichten, nach denen die Tiere 6–7 m lang würden und ihre Haut undurchdringlich für moderne Feuerwaffen sei. Zudem erinnerte das Aussehen der Echsen an Fabeldrachen oder Dinosaurier. Einerseits kann die großwüchsige Riesenechse in der Tat Ausgangspunkt für Drachenlegenden gewesen sein. Andererseits haben Komodo-Warane und Dinosaurier gemeinsame Vorfahren. Gehören doch beide zu der Unterklasse Diapsida, die durch zwei Schläfenfenster im Schädel charakterisiert ist. Diese Reptilien traten erstmals im Oberkarbon vor rund 300 Millionen Jahren auf.

Es ist immer wieder erstaunlich, dass selbst so große und spektakuläre Tierarten wie der Komodo-Waran der Wissenschaft so lange verborgen bleiben können. Denn der Komodo-Waran, der größte und imposanteste unter den Waranen, war den Bewohnern der Inseln Komodo, Rinca, Flores und Padar schon seit langem in der Realität als »buaja darat« (Landkrokodil) bekannt und lebte nicht nur in ihren Erzählungen. Außerdem soll sich bereits im Jahr 1840 der Sultan von Sumbava um den Schutz der Riesenechse, die unter den Einheimischen auch »ora« und »biawak raksasa« genannt wird, gekümmert haben.

Kaum war die Art beschrieben, bemühten sich viele aus den unterschiedlichsten Gründen, ihrer habhaft zu werden. Darunter waren Zoos, die Wünsche anmeldeten, ebenso Jäger, die das Jagdfieber auf den »Drachen der Tropen« gepackt hatte. Am schlimmsten aber wüteten chinesische Händler mit ihren Jägertrupps, die diese Tiere zu Hunderten erlegten, um Teile ihres Körpers in vielfältiger Form als Heilmittel, aber auch als Amulett zu nutzen. So wurden u. a. die Krallen und Zähne der Warane, aber auch das aus den beiden Fettkörpern der Tiere stammende Fett und Öl in chinesischen Apotheken gegen die verschiedensten Gebrechen verkauft. Vernünftigerweise wurde dieses Abschlachten alsbald verboten, da die Warane ansonsten zum Aussterben verurteilt gewesen wären.

Das heutige Verbreitungsgebiet des Komodo-Warans beschränkt sich auf wenige Inseln des Indonesischen Sunda-Archipels. Die größte Population kommt auf Komodo vor, kleinere wurden auf den Inseln Flores, Rinca, Padar, Uwada Sami und Gili Mota nachgewiesen. Dort besiedelt der Waran vorzugsweise flachere Landstriche mit der sich anschließenden Hügelzone entlang

der Küste mit Trockensavannencharakter und lichte Trockenwälder. Nach Schätzungen sollen es insgesamt 5000 Individuen sein.

EIN GEFÄHRLICHER RÄUBER

Der Komodo-Waran wird oft als blutrünstige Bestie, als »Menschen fressender Drache« beschrieben. Immer wieder aber wurde die Gefährlichkeit dieser Tierart für den Menschen maßlos übertrieben. Seit der Entdeckung des Komodo-Warans wurden nachweislich 12 Menschen gefressen. Obwohl es also Angriffe auf Menschen mit Todesfolge gegeben hat, muss die Gefährdung des Menschen durch den Waran als gering bezeichnet werden. Gestützt auf langjährige Forschung bezieht der Reptilienexperte Auffenberg hierzu eine klare Position: »Von hundert Tieren verhalten sich höchstens zwei dem Menschen gegenüber aggressiv. Alle anderen sind scheu und gehen ihm möglichst aus dem Weg. Ein absolut angriffiger männlicher Komodo-Waran war ›Nummer 34‹. Er attackierte einen meiner Mitarbeiter ohne jede Vorwarnung, und er verfolgte einmal auch meine Kinder vom Strand bis zu unserer Hütte. Zum Glück ist in beiden Fällen nichts passiert.«

Wie wir wissen, spielt bei tödlichen Angriffen von Tieren auf Menschen häufig der Zufall eine Rolle, zum Teil aber auch Fahrlässigkeit und Unkenntnis hinsichtlich des Verhaltens dieser Tierart. Ein Unfall kann in diesem Zusammenhang geradezu als beispielhaft ange-

führt werden: Zwei Männer hatten in einem Komodo-Waran-Gebiet einen Hirsch erlegt. Als sie das blutende Tier gemeinsam nach Hause trugen, erfolgte ein Warananangriff, wodurch einer der Männer schwer verletzt und der andere getötet wurde. Die beiden Männer hatten wichtiges Jägerwissen fahrlässig missachtet. Ist doch gerade in Jägerkreisen bekannt, dass Komodo-Warane ein hervorragendes Witterungsvermögen hinsichtlich Blut und Aas – also gegenüber verletzten oder toten Tieren – besitzen und dadurch angelockt werden. Für räuberisch lebende Tiere bietet dies in der Natur klare Vorteile bei der Nahrungssuche. Außerdem können Tiere mit solchen Fähigkeiten die Aufgabe der »Gesundheitspolizei« in der Natur erfüllen, indem sie verletzte Tiere oder Kadaver verwerten. Bei erwähntem Unfall war der Blutgeruch Auslöser für den Angriff.

So bleibt festzuhalten, dass der Komodo-Waran zwar kein Haus- oder Schmusetier, aber auch keine blutrünstige Bestie ist. Da die Tiere von der Natur als kraftvolle Räuber mit allen notwendigen »Werkzeugen und Sinnen« ausgestattet sind, sollte man ihnen stets mit gebührendem Respekt und Vorsicht begegnen. Die auf den Inseln lebenden Eingeborenen jedenfalls haben sich mit der Riesenechse schon seit Menschengedenken arrangiert.

Auf eine weitere Besonderheit beim Komodo-Waran – die zukünftig auch für den Menschen von Vorteil sein könnte – stießen Forscher im Zusammenhang mit Blut- und Speicheluntersuchungen. Der Wa-

*Komodo-Warane beim Zerfleischen
der Beute.*

ran ist nicht nur mit scharfen Krallen und kräftigen Zähnen ausgestattet, um die Beutetiere zu überwältigen. Er besitzt außerdem noch eine »Geheimwaffe«: Beim Zubeißen übertragen die Echsen mit ihrem Speichel einen todbringenden »Cocktail« aus verschiedenen gefährlichen Bakterien. Wissenschaftler haben nachgewiesen, dass sich rund 50 verschiedene Bakterienarten im Speichel befinden, darunter Arten die hoch infektiös und proteolytisch (Eiweiß zersetzend) sind und bei den Beutetieren eine Sepsis (Blutvergiftung) auslösen. Nach dem Zubeißen kann der Waran abwarten, die Beute wird ihm nicht mehr entkommen. Er muss aber Kontakt zu dem Beutetier wahren,

da auch andere Warane durch den Geruch, der von der Wunde ausgeht, angelockt werden. Schon nach wenigen Tagen stirbt das Beutetier an der Infektion.

So werden Fälle beschrieben, dass beispielsweise wehrhafte Wasserbüffel bei einem Waranangriff durch eine kleine Bisswunde an einem Bein nur leicht verletzt wurden und zunächst entkommen konnten. Bereits nach wenigen Tagen ereilt sie dann doch ihr Schicksal. Wie sich der weitere Verlauf der Dinge gestalten kann, wird anschaulich in einem Bericht des GEO-Magazins (2001) über das Schicksal eines durch einen Komodo-Waran verwundeten Wasserbüffels auf der Insel Rinca beschrieben. 3 Tage hatte eine sich mehrende Schar von Komodo-Waranen einen am Bein verletzten Wasserbüffel mit Seelenruhe verfolgt.

Immer wenn sich das waidwunde Tier hinlegen und ausruhen wollte, bissen sie es in den Schwanz. Sie wollten das Tier nicht töten, sondern vorerst nur schwächen. Das verletzte Bein hatte sich inzwischen derart entzündet, dass von ihm ein bestialischer Gestank ausging und immer mehr Warane anlockte. Der Büffel konnte schließlich wegen des faulenden Beines nur noch humpeln. Am vierten Tag kam es zum großen Show-down:

»Am vierten Tag drangsalierten 15 Warane die verendende Büffelkuh. Als sie sich zur Seite drehte, bekam einer das Euter zu fassen und biss sich fest. Die Kuh sprang noch einmal auf – und dabei riss das Euter. Blutgeruch erfüllte nun die Luft – und das war das Signal, über den Büffel herzufallen: Schnell hatten zwei Echsen ihren Kopf in die Wun-

VOM VERSTECKTEN BAUMBEWOHNER ZUM SUPERRÄUBER

Komodo-Warane können eine Länge von ca. 3 m und ein durchschnittliches Gewicht von etwa 70 kg erreichen. Das nachweislich größte und schwerste Tier wird von Claudio Ciofi (Scientific American 1999) mit 3,13 m Länge und einem Gewicht von 166 kg angegeben. Man geht davon aus, dass die Echsen ein Alter von 50 Jahren erreichen können.

Die Tiere weisen eine bräunliche Grundfärbung auf und besitzen verknöcherte, fast schwarze Schuppen. Auf der Insel Flores konnten in jüngerer Vergangenheit gelb gefärbte Individuen nachgewiesen werden. Auffallend sind die großen dunkelbraunen Augen und die gelbe, gespaltene Zunge. Der Komodo-Waran gehört zu den wechselwarmen Tieren, d.h. die Körpertemperatur wird fast ausschließlich von der Außentemperatur beeinflusst. Die Tiere müssen über ihre Haut besonders viel Wärme aus der Sonnenstrahlung aufnehmen, um aktiv werden zu können. Sie sind deshalb ausschließlich tagaktiv, die Nacht verbringen sie in selbst gegrabenen Höhlen. Die Riesenechsen sind Einzelgänger, die sich nur zur Paarungszeit und zur Jagd auf größere Beutetiere zusammenschließen. Die Fortpflanzungszeit fällt in die Monate von Juni bis September. Bei dem zu dieser Zeit stattfindenden Rivalenkampf der Männchen werden nicht die todbringenden Krallen und Zähne eingesetzt. Vielmehr stellen sich die Warane auf die Hinterbeine und versuchen in einer ringkampfähnlichen Umarmung den Gegner umzuwerfen. Der Sieger begattet das Weibchen. Die Weibchen legen ihre 20–30 Eier während der Trockenzeit in einer frisch ausgehobenen Grube ab und bedeckt sie mit Erde. Die nach 8–9 Monaten schlüpfenden 40 cm großen Jungtiere suchen nach dem Schlupf schleunigst das Weite, um nicht von den kannibalisch veranlagten erwachsenen Tieren gefressen zu werden. In einer Art idealer Anpassung an diese Gefahr leben sie als hervorragende Kletterer bis zu einer Größe von etwa 1,50 m auf Bäumen, wo sie sich von verschiedenen Insektenarten und kleinen Kriechtieren ernähren. Nach etwa 5–7 Jahren verlassen die inzwischen recht schweren Warane als geschlechtsreife Tiere den Lebensraum »Baum«, um ein Leben als bodenbewohnende Echsen zu führen.

Die erwachsenen Komodo-Warane sind wehrhafte und kräftige Raubtiere, die sich mit zunehmendem Alter an immer größere Beutetiere heranmachen. Während die kleineren Exemplare noch echte »Pirschgänger« sind, lauern die großen Individuen in Verstecken an Tränken und Wildwechseln auf ihre Beute. Von dort stürzen sich die Warane urplötzlich in einer Art Überraschungsangriff auf die Beute, wobei sie eine Geschwindigkeit von bis zu 20 Stundenkilometer erreichen können.

Der Reptilienspezialist Walter Auffenberg, der den Komodo-Waran sehr intensiv beforscht hat, sagte einmal über dessen Angriffsverhalten: »Wenn sich dieses Tier zum Angriff entschieden hat, gibt es nichts, was es stoppen kann.« Mit gewaltiger, urtümlicher Wucht werden die Beutetiere angegriffen. Kleinere Opfer werden bis zum Bruch des Rückgrats geschüttelt, größeren wird mit einem einzigen tödlichen Biss die Bauchdecke aufgerissen. Verspeist werden verschiedene Reptilien bzw. deren Gelege (darunter auch Giftschlangen und Meeresschildkröten), Vögel und Säuger. Wildschweine und Mähnenhirsche scheinen besonders häufig auf dem Speiseplan zu stehen. Ab und zu werden auch Pferde und Wasserbüffel erbeutet. Es soll vorgekommen sein, dass der auch als Aasfresser bekannte Komodo-Waran gestrandete Wale und Haie verspeist hat. Kleinere Beutetiere werden mit »Haut und Haaren« verschlungen, größere in bewältigbare Stücke zerrissen.

de gesteckt und rissen Fleischbrocken heraus. Wie im Rausch fraßen sie eine stetig größer werdende Höh-

le in den Leib des noch lebenden Opfers – abwechselnd tauchten sie mit dem Kopf voran immer tiefer in

den Körper ein. Vielleicht noch fünf Minuten lebte die Büffelkuh, dann ein letzter Seufzer – und ihr Kopf

sank zur Seite. Doch das beachteten die Warane gar nicht, sondern fetzten weiter die Eingeweide heraus, bis nur das Fell übrig war.«

RETTENDE MEDIKAMENTE AUS GIFTCOCKTAIL?

Erstaunlicherweise sind die Komodo-Warane selbst gegen die todbringenden Bakterien immun. Wissenschaftler hatten daraus gefolgert, dass im Blut der Riesenechsen eine Substanz mit der Wirkung eines Antibiotikums vorhanden sein muss. Laboruntersuchungen haben diese Vermutung schließlich bestätigt. Sollte sich aufgrund dieser wichtigen Entdeckung ein wirksames Antibiotikum für die Anwendung beim Menschen entwickeln lassen, so wäre dies aus medizinischer Hinsicht ein erheblicher Gewinn. Schließlich ist die medizinische Forschung immer auf der Suche nach neuen Antibiotika, weil viele Bakterienstämme gegenüber den bisher eingesetzten Mitteln resistent sind.

Hierdurch wird einmal aus ganz anderer Sicht deutlich, weshalb der Schutz von Tier- und Pflanzenarten für den Menschen von größter Bedeutung ist. Denn, welches genetische und medizinisch verwertbare Potenzial u. a. zur Herstellung neuer Medikamente in der Natur, in Tieren und Pflanzen verborgen ist, kann heute überhaupt noch nicht eingeschätzt werden.

Erfreulicherweise wurde rechtzeitig erkannt, dass der Komodo-Waran, der nur ein kleines Verbrei-

tungsgebiet besitzt, des Schutzes bedarf. Wie eingangs erwähnt, war der Sultan von Sumbava bereits im Jahr 1840 der erste Artenschützer in der Region, der sich um den Schutz der Riesenechse gekümmert hat. Nach der Entdeckung des Komodo-Warans erließ der Sultan von Bima im Jahr 1915 zu dessen Schutz ein Gesetz. Auch während der niederländischen Kolonialverwaltung stand die Tierart unter Schutz. Die Ausweisung Komodos als Naturschutz-Reservat 1928 und als Nationalpark im Jahr 1980 waren weitere wichtige Bausteine zum Schutz der Riesenechse. Es bleibt zu hoffen, dass diese Maßnahmen von Erfolg gekrönt sind, da – wie schon erwähnt – die Gesamtpopulation auf allen Inseln nur etwa 5000 Tiere umfasst.

TOURISMUS-ATTRAKTION

Die Entdeckung der indonesischen Inselwelt für den Tourismus machte auch vor der Vermarktung des Komodo-Warans nicht halt. In einem vernünftigen Maß kann so etwas auch durchaus förderlich für bedrohte Lebensräume und Tierarten sein. Regierungen registrieren sehr schnell den Wert, den geschützte – und damit attraktive – Natur im Hinblick auf die Deviseneinkünfte und Arbeitsplätze mit sich bringt. Vor diesem Hintergrund werden von Bali ausgehend seit den 1990er Jahren »Tagesausflüge zu den letzten Dinosauriern« angeboten. Jährlich machen rund 20 000 Indonesienbesucher von diesem Angebot Gebrauch.

Um die Angelegenheit noch attraktiver zu gestalten, wurde auf Komodo anfangs noch eine »Drachenfütterung« vorgenommen. Man reichte den Waranen Ziegen als Futter. Als man jedoch nach einiger Zeit feststellte, dass die Warane das Jagen zunehmend verlernten, wurde diese Attraktion ab 1994 wieder abgesetzt. Unbestätigten Angaben zufolge sollen nach Ende der Fütterung einige Warane sogar verhungert sein.

Wegen ihres großen Schauwertes werden Komodo-Warane auch gern in Zoos in aller Welt gehalten. Nach ihrer Entdeckung meldeten eine ganze Anzahl von Zoos in Nordamerika und Europa Interesse an diesen Tieren an. In Deutschland wurde bzw. wird die Spezies beispielsweise in den Tiergärten in Berlin, Frankfurt und Stuttgart gehalten.

Geradezu legendär ist der Ruf des in Berlin gepflegten Komodo-Warans »Moritz«. Das Tier kam 1927 nach Berlin, wo es zur absoluten Sensation wurde. Zu seiner Popularität hat sicherlich seine Anhänglichkeit beigetragen. Zum Erstaunen der Zoobesucher begleitete der 2,5 m lange Waran seinen Pfleger bei vielen Tätigkeiten im Berliner Zoo-Aquarium und folgte ihm willig wie ein Hund an der Leine auch in den Freibereich. Bedauerlicherweise kam »Moritz« im Kriegsjahr 1944 ums Leben. Über ein ähnlich anhängliches und zahmes Tier wird auch aus dem Frankfurter Zoo berichtet, welches ebenfalls ohne ein Zeichen von Angriffsverhalten zwischen den erstaunten Zoobesuchern umherspazierte.

Dodo

Von der Witzfigur zum Wappentier

George Edwards Dronten-Darstellung von 1759

Früher geschmäht und ausgerottet, posthum vielfach beliebter Werbeträger, u. a. in der Freizeit- und Tourismusbranche, sowie Sympathieträger im Wunderland der Märchen und Zeichentrickserien.

Es scheint ein menschlicher Wesenszug zu sein, ehemals Verfolgten eine besondere Zuwendung zukommen zu lassen. Letztere gründet sich auf Mitleid und Mitgefühl, sicherlich aber hat sie auch etwas mit dem schlechten Gewissen angesichts der Opfer zu tun. Die nachträgliche Verklärung eines Vielgeschmähten, der seine fehlende Scheu gegenüber dem Menschen mit der vollständigen Auslöschung seiner Art bezahlen musste, um später zu einem der beliebtesten Vögel nicht nur der Insel Mauritus zu werden – das ist die Geschichte der Dronte (*Raphus cucullatus*), auch Dodo genannt.

Man schrieb das Jahr 1507, als die Portugiesen unter Führung von Pedro de Macarenhas die Insel Mauritus entdeckten. Bis zu diesem Zeitpunkt waren Mauritius und die beiden Nachbarinseln Reunion und Rodriguez, die weitab vom Festland im Indischen Ozean liegen, unbewohnt und somit ein Paradies für Tiere und Pflanzen. Die Inselgruppe – zu Ehren ihres Entdeckers Maskarenen genannt –, die vulkanischen Ursprungs ist, war ehemals von tropischem Urwald bedeckt, der allerdings ab dem 18. Jahrhundert immer stärker abgeholzt und brandgerodet wurde, um Platz für Tee- und Zuckerrohrplantagen zu schaffen.

FLEISCHLIEFERANT ODER EKELVOGEL?

Im Jahr 1598 nahmen holländische Seefahrer Mauritius in Besitz und errichteten eine Handelsstation und ein Gefängnis für unliebsame Galgenvögel. Ab diesem Zeitpunkt wurde die Insel zu einem wichtigen Zwischenstopp für die Seefahrer, die im Gewürzhandel tätig waren. Die zutraulichen Dronten und deren Eier, auf die die Seeleute auf Mauritius stießen, waren eine willkommene Bereicherung des kargen Speiseplans. Monatelang auf See unterwegs, versorgt mit minderwertiger und vitaminarmer Nahrung, die häufig voller Maden und Schimmel war, wähnten sich die Seefahrer auf Mauritius im Paradies und schöpften aus dem Vollen, indem sie auf die Dronten Jagd machten.

Die Vögel wurden von ihnen zu Hunderten mit Knüppeln erschlagen. Wie die Vogeljagd vonstatten ging, schildert ein Bericht aus dem

War der Dodo der tumbe und übel schmeckende Vogel, wie ihn die Seefahrer zu seinen Lebzeiten beschrieben?

Jahr 1669: »Sie können gar schnell laufen, wir jagten sie einer dem anderen zu, dass wir sie mit den Händen greifen konnten.« Ganz ohne Gegenwehr ließen sich aber auch die Dronten nicht abschlachten, denn die Seefahrer berichteten: »Mit ihren Schnäbeln konnten sie gewaltig hart beißen.« Viele Vögel wurden von den inzwischen dort siedelnden Inselbewohnern anscheinend an vorbeifahrende Seefahrer verkauft, die das Frischfleisch gern mit an Bord nahmen. Auch die Eier der Dronten wurden aus den Nestern entfernt, um sie zu verspeisen. War dies schon der harte Eingriff, der die Drontenpopulation zum Aussterben verurteilte?

Mit den Seefahrern und Siedlern kamen auch eine ganze Anzahl von Tieren wie Hunde, Katzen, Schweine, Ziegen, Ratten und Affen auf die Insel Mauritius. Diese Haustiere verwilderten teilweise und lebten fortan im tropischen Urwald, wo sie bei der Nahrungssuche auch auf den Dodo stießen. Der Vogel, der an einen Lebensraum ohne Bodenfeinde angepasst war und in einem Bodennest brütete, war diesen Fressfeinden schutzlos ausgeliefert. Letztere machten sich über die Dodoeier und -jungtiere her. Da die Dronten nur eine geringe Vermehrungsrate aufwiesen, überalterten die Bestände mit den Jahren zunehmend und in der Folge ging die Zahl der Dronten stark zurück.

Von Wissenschaftlern wird inzwischen die starke menschliche Bejagung nicht mehr als vorrangiger Grund für das Aussterben des Dodos angesehen. Vielmehr geht man davon aus, dass die importierten Fressfeinde des Vogels hierfür ausschlaggebend waren. Man stützt sich hierbei auf aktuelle Ausgrabungen in der ehemaligen holländischen Niederlassung aus dem Jahr 1638. Dort hat man die verschiedenen Schichten der Küchenabfallhaufen einer genauen Untersuchung unterzogen und – obwohl man 4 Jahre gegraben hat – keinen einzigen Dodoknochen gefunden.

War der Dodo also doch nicht der in Riesenmengen erbeutete Frischfleischlieferant, wie es immer heißt? Die Ausgrabungsergebnisse jedenfalls würden dafür sprechen. Auch die Schilderung von Seeleuten über den widerlichen Geschmack des Drontenfleisches würde die These stützen, dass die Vögel gar nicht in den Mengen getötet wurden, wie lange Zeit angenommen. Es wird nämlich berichtet, dass das Dodofleisch umso zäher wurde, je länger man es kochte, und darüber hinaus sollte es einen widerlichen, öligen Geschmack aufweisen, was zum Erbrechen des Mageninhaltes führen würde. Die Holländer nannten den Dodo wegen des abscheulichen Geschmacks und der Zähigkeit des Fleisches deshalb auch »Walghvogel« (Ekelvogel).

Wie bei anderen ausgestorbenen Arten ist man hinsichtlich der Lebensweise der Dronten auf die spärlichen Informationen angewiesen, die hauptsächlich über die Tage- und Logbücher von Seeleuten übermittelt wurden. Da sicherlich das eine oder andere Seemannsgarn gesponnen wurde, ist das Wissen über diese Vogelart bruchstückhaft und mit kritischem Abstand zu genießen. Der modernen Forschung jedoch ist es gelungen, etwas Licht ins Dunkel zu bringen.

DNA-Analysen aus den letzten Jahren belegen, dass der Dodo mit der südostasiatischen Nikobar-Taube (*Caloenas nicobaria*), die auf den Nikobaren vorkommt, verwandt ist. Man geht davon aus, dass der flugfähige Vorfahre der Dronte vor etwa 4–7 Millionen Jahren vom Festland bis zur Inselwelt der Maskarenen flog. Damit ist klar, dass die Vogelart zu früheren Zeiten noch flugfähig gewesen ist. Da es keine Feinde gab, verloren die Vögel ihre Flugfähigkeit, eine in der Natur vielfach beobachtete Entwicklung. Was nicht benötigt wird, wird abgebaut oder umgewandelt. Umwandlungen dieser Art gibt es u. a. auch beim Strauß, bei den Kasuaren, den Nandus und verschiedenen Rallen.

»DEAD AS A DODO«

Das Aussterben der Dronte sollte später sprichwörtlich werden. Denn die Redewendung »Dead as a Dodo« (wörtlich: »tot wie ein Dodo«) basiert auf dem raschen Erlöschen der Art nach ihrer Entdeckung, verursacht durch den Menschen. Das Sprichwort steht im angelsächsischen Sprachraum als ein beschämendes Synonym für »gründlich und seit langem hinüber«.

Gründlich und seit langem hinüber scheint der Dodo auch für die Bewohner von Mauritius zu sein, denn Ende des 18. Jahrhunderts – etwa 100 Jahre nach dem Aussterben der Art –, als englische Forscher

FAKTEN ÜBER DEN »DUMMEN FAULENZER«

Der Dodo erreichte ein Gewicht von etwa 20–25 kg. Von der Gestalt her wird er eher als plumper Vogel mit einem behäbigen Gang beschrieben, obwohl neuere Rekonstruktionen von einem schlankeren Vogelhabitus ausgehen. So zeigen auch die ersten Zeichnungen des Dodo aus dem Jahr 1598 einen schlankeren Vogel als in später angefertigten Gemälden. Die Maler der letztgenannten Bilder hatten entweder nur die nach Europa verfrachteten und in der Gefangenschaft gemästeten Vögel als Anschauungsobjekte oder nutzten die eher unrealistischen Bilder anderer Künstler als Vorlage. Zur Färbung des Dodo liegen etwas genauere Angaben vor. Der Dodo trug ein graues Federkleid, wobei die verkümmerten Flügel einen gelblichen Farbton zeigten. Besonders auffallend waren der mächtige Hakenschnabel und die nackte Gesichtsmaske. Den Schwanz bildeten verkümmerte, gelblich gefärbte Federn.

Der Name »Dodo« leitet sich vermutlich aus dem portugiesischen Wort »doudo« (töricht, dumm, einfältig), möglicherweise auch vom holländischen Wort »dodoor« (Faulenzer) ab. Die zutraulichen und in keiner Weise menschenscheuen Vögel flüchteten nicht, wenn Menschen auf sie zugingen.

Der Dodo war sehr wahrscheinlich ein Waldbewohner, obwohl er auf Bildern und in Erzählungen als Küstenbewohner aufgeführt wird. Die Vögel ernährten sich von Früchten, Nüssen und Sämereien. Es ist wohl als Seemannsgarn zu bezeichnen, dass sich die Tiere aus Tümpeln mit Fischen versorgten. Dagegen liegt es auf der Hand, dass sie zum Aufbau der Eischalen Kalk benötigten, den der kalkfreie Urwaldboden nicht hergab. Da man bei Ausgrabungen zwischen Dodoknochen auffallend viele Schneckengehäuse gefunden hat, geht man davon aus, dass die Tiere zur Deckung ihres Kalkbedarfs Gehäuseschnecken aufgenommen haben.

Als Anpassung an eine Umwelt ohne Feinde legten die Vögel nur 1 Ei in ein Bodennest. Nur von Tierarten, die keine Brutpflege betreiben oder unter einem starken Feinddruck leiden, werden zur Anpassung an die Situation mehrere bis viele Eier gelegt. Vermutlich wurde das Nest gegenüber Rivalen verteidigt, wobei es schonungslos zur Sache ging. Dies schließt man aus den Funden von Dodoknochen, die verheilte Bruchstellen aufweisen.

Das Lied des Dodo – in der Literatur und Musik als Metapher gern genutzt – keiner hat es je gehört oder jemals beschrieben. Es liegt nur der Hinweis eines Seemannes vor, dass der Ruf der Jungen im Nest wie der von jungen Gänsen klang.

nach seinen Spuren auf Mauritius suchten, kannte man ihn dort nicht mehr und bezweifelte sogar sein früheres Vorkommen. Doch noch nicht genug der schlechten Nachrichten. Denn obwohl die Vögel zu vielen Tausenden Exemplaren einst auf der Insel Mauritius vorkamen, gibt es weltweit nur ein einziges vollständiges Skelett, das von einem einzelnen Exemplar stammt und nicht aus vielen Knochenstücken unterschiedlicher Herkunft zusammengesetzt ist. Dieses befindet sich immerhin auf Mauritius im Musée d'Histoire Naturelle de Port Louis.

Zu welchem Zeitpunkt die Vogelart letztendlich ausgestorben ist, kann heute nicht mehr genau nachvollzogen werden. Aber es gibt einige Hinweise aus unterschiedlichen Quellen, die eine Eingrenzung des Zeitraums erlauben.

Ein deutscher Schiffbrüchiger soll den Dodo 1662 als letzter Mensch auf einer Mauritius vorgelagerten Insel gesehen haben. Allerdings wird für das Jahr 1674 die Beobachtung eines Dodo auf Mauritius durch einen entflohenen Sklaven namens Simon erwähnt. Laut anderen Quellen wurde der letzte Dodo vermutlich von einem spanischen Conquistador im Jahr 1681 getötet.

Die Wissenschaftler David Roberts und Andrew Solow vermuten nach einer von ihnen aufgestellten Hypothese, die das Aussterben von Arten nach ihrer letzten Sichtung zum Thema hat, dass der Dodo um 1690 ausgestorben ist. Hierbei nahmen sie die Beobachtung von 1662 als die glaubwürdigste Grundlage

Posthum kam die Dronte als Wappentier von Mauritius doch noch zu Ehren.

für ihre Schätzungen an. Die beiden Forscher gehen von einem Zeitraum von etwa 30 Jahren aus, die eine Tierart nach ihrem letzten Nachweis noch in der Natur im Verborgenen überdauert.

Um den Dodo ranken sich viele Legenden. Eine neuzeitliche wird von dem Buchautor David Quammen gar als »Dodo-Calvariabaum-Mythos« geführt. Nach einer Hypothese des Wissenschaftlers Stanley Temple soll die Baumart *Sideroxylon grandiflorum* (früher *Calvaria major*) bezüglich ihrer Vermehrung eng an das Vorkommen des Dodo gebunden sein. Die Samen des Baumes sollen erst nach Aufnahme durch den Vogel und einer Magen-

Darm-Passage zur Keimung fähig gewesen sein, da während dieser Passage die harten Samenschalen angedaut und angeschliffen wurden. Die fehlende Naturverjüngung und die Überalterung der Calvariabaumbestände gab er als wichtige Belege für seine Theorie an, die aber inzwischen aufgrund forstwissenschaftlicher Befunde entkräftet werden konnte. So wird die Keimfähigkeit des Calvariabaumes als recht gering bezeichnet. Zudem konnten Forstleute Samen auch ohne den Dodo zum Keimen bringen und eine ganze Anzahl junger Calvariabäume noch nach 1941 – also lange nach dem Erlöschen der Dodopopulationen – nachweisen.

DER DODO WIRD
UNSTERBLICH

Wie bereits erwähnt, sollte es etwa 100 Jahre vom Aussterben bis zur »Auferstehung« des Dodo dauern. Dann aber gelangte der Totgesagte posthum zu Ehren und gewann zunehmend an Profil. Im Laufe der Zeit vollzog sich zudem ein Imagewandel vom plumpen und tumben Bodenbewohner zu einer fast verklärten Vogelspezies.

Den gewaltigsten Schritt auf der Sympathieleiter erklomm der Dodo durch seine Rolle in »Alice im Wunderland«, dem meistverkauften Kinderbuch der Welt. Mit dem 1865 in London erschienenen und mehrfach verfilmten Buch des Autors Charles Lutwidge (Künstlerpseudonym Lewis Carroll) sicherte sich der Dodo einen Platz in der Weltliteratur. Doch dies war erst der Anfang einer Popularitätsentwicklung, die bis heute ungebrochen ist. Schriftsteller, Musiker, bildende Künstler und Filmemacher nahmen sich des Themas »Dodo« an. Heute wird der Dodo in vielfältiger Weise genutzt und vermarktet.

Mit die »ehrenvollste« Entwicklung ist die zum offiziellen Wappentier der Insel Mauritius. Darüber hinaus bemühte sich die Wissenschaft, das Thema »Dodo« für die Öffentlichkeit aufzubereiten. Die zoologischen Museen in Amsterdam und Zürich widmeten dem Dodo Mitte der 1990er-Jahre Sonderausstellungen. Erste Ausstellungen (eher Zur-Schau-Stellungen) zum Dodo fanden allerdings schon

im 17. Jahrhundert statt. Damals gelangten 3 lebende Exemplare nach Europa, wo sie in London, Wien und Amsterdam der Öffentlichkeit präsentiert wurden. Als der in London der Öffentlichkeit gezeigte Vogel gestorben war, wurde er ausgestopft und nach Oxford gebracht, wo der von Motten zerfressene klägliche Rest – nur noch der Kopf und eine Extremität sind vorhanden – bis heute der Wissenschaft dient.

Auch der Spielwaren- und Souvenirhandel hat sich des Dodo angenommen. Man kann inzwischen Dodo-Kuscheltiere, Dodo-Figuren, Dodo-T-Shirts, Dodo-Cartoons und Dodo-Spiele erwerben, um nur eine Auswahl zu nennen. Der Schriftsteller und Dichter Michael Krüger (geb. 1943) beschreibt in seinem Gedicht »Die Dronte« den Vogel als mahnendes Symbol für eine durch den Menschen beschädigte und aus dem Lot geratene Umwelt.

DIE DRONTE

*… Die Dronte ist der Vogel der
Liebe,
sie träumt sich einen Körper
und mächtige Schwingen,
schon sitzt sie auf meiner Schulter
und spricht.
Wir wissen nicht,
was uns wirklich gehört.
Ein Flügelschlag, eine Abbildung
Nach der Natur in einem alten
Buch.
Ein Wort,
verschlossen in Stein,
und der Stein in der roten
Tonschicht
unter dem Staub.*

*Heute trauert man der ausgestorbenen
Dronte auch auf Briefmarken nach.*

*Dieser Vogel hält die Erinnerung
wach, er sieht,
was wir kaum noch sehen,
eingehüllt in eine Erwartung,
die sich nur einmal erfüllt …*

Die Wiedergeburt des Dodo erfolgt jedoch nicht nur als Werbeträger sowie als Spielzeug- und Comicfigur: Englische Wissenschaftler denken nämlich ernsthaft daran, den Dodo wiedererstehen zu lassen, ihn zu klonen. Die spärliche brauchbare Erbsubstanz aus den wenigen Dodo-Relikten, die heute in Museen und Sammlungen zur Verfügung stehen, birgt jedoch erst einmal eine Menge an Schwierigkeiten, die es hierbei zu überwinden gilt. Sollte es je dazu kommen, würde man dem Dodo für sein 2. Leben mehr Verständnis und Respekt seitens des Menschen wünschen.

Der Moa

Der große Schreckensvogel Neuseelands

Die Maori, die Ureinwohner von Aotearoa (»Land der langen weißen Wolke«), beklagen seinen Untergang in ihren Gesängen. Andere wollen ihn auch heute noch auf Neuseeland gesehen haben. Fantastische Lügengeschichten oder die Wahrheit?

Sand knirschte an den vegetationsfreien Stellen unter den Schuhsohlen, hin und wieder streiften hohes Gras und Zweige ihre Kleidung. Das monotone Plätschern und Rauschen des Harper River, dessen Lauf sie folgten, hatte etwas Beruhigendes, ja fast Einschläferndes für die Sinne. Gerade hatten der Hotelbesitzer Paddy Freaney, die Lehrerin Rochelle Rafferty und ihr gemeinsamer Freund Sam Waby eine Gebüschgruppe hinter sich gelassen, da sahen sie ihn, einen etwa 2 m großen Vogel in ca. 40 m Entfernung neben einem Busch. Die stämmigen Füße und Beine wirkten fast schon plump und standen in krassem Gegensatz zu dem auffallend kleinen Kopf. Rotbraun bis gräulich gefärbt hingen die Federn fast bis zu den Kniekehlen herab und verliehen dem Tier ein zottiges Aussehen. Sofort waren sie hellwach und aufgeregt, denn das Tier, welches so unverhofft vor ihnen stand, sollte schon vor Jahrhunderten ausgestorben sein. Den Vogelkennern war sofort klar, wen sie da vor sich hatten: Es war ein Moa!

Keine halbe Minute war den Beobachtern vergönnt, da hatte der Vogel sie entdeckt und flüchtete durchs Flussbett in den benachbarten Wald. Mit vor Aufregung zitternden Fingern und mit großer Hast konnte die Kamera schussbereit gemacht werden. Doch nur ein Bild des flüchtenden Vogels war möglich. Da mussten doch noch Fußabdrücke im feuchten Ufersand zu sehen sein, hofften die drei etwas später, als sich die Aufregung etwas gelegt hatte. Und in der Tat gelangen noch ein paar Aufnahmen der Fußabdrücke nahe dem Flussbett. So ähnlich spielte sich das Geschehen am 20. Januar 1993 am Harper River, westlich von Christchurch in Neuseeland, ab.

Erst nach der Entwicklung des Films wandten sich die drei Augenzeugen mit dem vorhandenen Bildmaterial an die Öffentlichkeit. Vielleicht dadurch aufmerksam geworden, entdeckte man kurze Zeit später die Eintragung zweier deutscher Wanderer in einem Hüttenbuch im Harper Valley, die schon einige Monate zurücklag: »Wir waren sehr überrascht, zwei Moas im Harper Valley zu sehen, denn wir hatten gehört, dass sie in den meisten Teilen des Landes fast ausgerottet sind.« Unterschrift: Franz Christianssen und Holger Umbreit. Datum: 19. Mai 1992.

Die Nachricht über eine Doppelsichtung des Moas von zwei unabhängig wandernden Gruppen in der gleichen Region innerhalb weniger Monate schlug wie eine Bombe ein. Vertreter von Presse, Funk und Fernsehen strömten in die Gegend und berichteten vor Ort. Wochen-, ja monatelang hielt sich die Aufregung um den Moa. Sollte doch etwas dran sein an den Beobachtungen, sollten die ausgestorbenen Vögel doch noch existieren? Alte Augenzeugenberichte wurden wieder hervorgeholt und zusammen mit den neuen Beobachtungen diskutiert.

So etwa die Beobachtung der Fischerstochter aus dem Süden Neuseelands im Jahr 1880. Als kleines Mädchen hatte sie ein Erlebnis an einem einsamen Strandabschnitt der Martins Bay mit einem 1 m großen und flugunfähigen Vogel, von dem sie bis ins hohe Alter immer wieder erzählte: »Er stand da, recht ruhig. Ich griff mit meinen Händen unter ihn nach den Beinen. Da sprang er mit einem rauen, grunzenden Schrei auf und biss nach mir. Ich rannte, so schnell es ging, über die Sandhügel, schaute noch zurück, aber der Vogel war weg.« Die ausgeschickten Suchtrupps konnten außer Vogelspuren im Sand nichts entdecken. Diese Spuren aber waren eigentümlich. Man konnte den Abdruck von 3 Zehen mit einer Maximallänge von 28 cm erkennen.

Alice McKenzie sollte im Jahr 1889 eine weitere Begegnung mit diesem Vogel haben, was auch ihr Bruder bestätigte. Könnte es eine kleinere Moa-Art, die überlebt hat, gewesen sein? War sie vielleicht der ebenfalls flugunfähigen Takahe-Ralle begegnet, die ebenfalls jahrzehntelang als ausgestorben galt und erst in einer abgelegenen Region im Jahr 1948 »wiederentdeckt« wurde.

GIBT ES BIS HEUTE MOAS?

Die Liste der Moa-Sichtungen lässt sich mit vielen Beispielen aus dem 19. und 20. Jahrhundert fortsetzen. Hier eine Auswahl:

Im Jahr 1823 traf der Robbenfänger Edward Meurant an der Mündung des Clutha River (Ontago Coast, South Island) auf eine Gruppe von Maorijägern, die beim Essen saßen. Sie verspeisten das Fleisch »von einem dieser Vögel«, äußerte sich später Meurant und beschrieb die gewaltigen Größenverhältnisse der Knochen- und Fleischstücke. Auch Federn des getöteten Vogels konnte er erkennen. Es waren die gleichen, die die anwesenden Maoris als Schmuck in ihrem Haar trugen. Die Antwort der Maorijäger auf seine Frage lautete, dass das Fleisch und die Federn von einem Vogel stammen würden, den man landeinwärts noch finden könne.

Robert Clark berichtete 1870 seinem Arzt Mr. Cottwell in London, er habe um 1830 in Neuseeland – wohl als einziger Europäer – einen lebenden Moa gesehen. Er hinterließ eine recht detaillierte, handschriftlich verfasste Beschreibung des Moas.

Anfang der 1840er Jahre erfuhr der Millionär Colenso durch einen in Cloudy Bay ansässigen Mechaniker von 2 amerikanischen Jägern, die vorgaben, einen 14–16 Fuß großen Moa in den Bergen über eine Stunde lang beobachtet zu haben.

Im Jahr 1863 behauptete der Goldsucher Patrick Caples, er habe in einer Nacht einen »Emu« geschossen, als sich dieser dem Camp näherte.

Am Moa Creek (Haast Pass) konnte der Farmer Donald Peasley 1931 einen über 3 m großen Moa beobachten, als er eine seiner Kühe aus dem Morast befreien wollte. Er beschrieb den Vogel: gräulich gefärbtes Federkleid, großer Körper mit kräftigen Beinen.

Während des Jahres 1990 behaupteten mehrere Personen verschiedene Moa-Beobachtungen im Bereich des Arthurs-Passes gemacht zu haben. Auch sehr große Fußspuren seien gefunden worden.

RIESENVÖGEL MIT 4-KG-EIERN

Die Moas gehören zur Familie der Dinornithidae. Man unterscheidet 11 Arten, wobei neuere Forschungsergebnisse, nämlich Erbgutuntersuchungen an Mitochondrien-DNA, die man aus gut erhaltenen Moa-Knochen aus Kalksteinhöhlen gewonnen hat, zu anderen Ergebnissen führen könnten. So sind sich die Forscher sicher, dass zwischen 3 bisher als unterschiedlich beschriebenen Arten keine Unterschiede bestehen. Vom Erbgut her sind diese 3 Arten identisch.

Ebenfalls per DNA-Analyse konnte man nachweisen, dass die Weibchen beim Riesenmoa (*Dinornis giganteus*) bis zu 50 Prozent größer und etwa dreimal schwerer als die Männchen waren. Sehr wahrscheinlich waren es nur diese Größenunterschiede zwischen Männchen und Weibchen, die auf die falsche Spur von unterschiedlichen Arten führten.

Moas waren flugunfähige Vögel. Zusammen mit den Straußen (Afrika), den Nandus (Südamerika), den Emus (Australien), den Kasuaren (Neuguinea, Queensland) und den Kiwis (Neuseeland) werden sie der Gruppe der Laufvögel (Ratiten) zugerechnet. Wissenschaftler vermuten, dass diese Vögel einen gemeinsamen Vorfahren besitzen, der den Urkontinent Gondwana bevölkerte. Nach dem Zerbrechen des Urkontinents und dem Auseinanderdriften der verschiedenen Erdteile entwickelten sich dann neue Arten.

Die Moa-Arten zeichneten sich durch einen großen Körper, einen langen Hals und einen kleinen Kopf aus. Sie besaßen dicke, stämmige Beine und sehr kräftige Füße. Die stattlichste Art, der Riesenmoa oder auch Großer Schreckensvogel (*Dinornis giganteus*), erreichte eine Höhe von rund 3,5 m und ein Gewicht von etwa 250 kg. Die kleinste, der Zwergmoa (*Euryapteryx curtus*), erreichte etwa Truthahngröße und ca. 20 kg Körpergewicht. Anhand von Fossilfunden nimmt man an, dass die ersten Moas vor 2,5 Millionen Jahre auftraten.

Das große Artensterben begann, als der Mensch nach Neuseeland kam. Die Moaarten hatten vor dem Eintreffen des Menschen auf Neuseeland keine Feinde unter den Säugetieren. Aber es gab einen gewaltigen Adler (*Harpagornis moorei*), der der ärgste Feind der Moas war. Dieser Greifvogel hatte ein Flügelspannweite von rund 3 m und gewaltige Klauen, die 7,5 cm lang waren. Noch heute findet man Moa-Knochen, in die sich die Krallenabdrücke des Riesenadlers tief eingegraben haben. Der riesige Greif soll nach dem Aussterben der Moas auch gelegentlich Menschen erbeutet haben. Als die Maori im späten 13. Jahrhundert Neuseeland besiedelten, änderte sich das Bild. Sie führten Säugetiere ein, darunter Hunde und Ratten, die den in Bodennestern abgelegten Eiern sowie geschlüpften Jungtieren zum Verhängnis wurden. Da die Moas nur 1–2 Eier ablegten, konnten sie die durch diese neuen Räuber verursachten Schäden auf lange Sicht gesehen nicht ausgleichen. Die Eier des Riesenmoas wiesen eine Länge von rund 24 cm und eine Breite von etwa 18 cm sowie ein Volumen von 4,3 Litern auf; dies entspricht etwa 90 Hühnereiern.

Neuseeländische Wissenschaftler stellten fest, dass der Großteil der in Sümpfen konserviert aufgefundenen Knochen von weiblichen Tieren stammte. Dies lässt den Schluss zu, dass die männlichen Tiere – ähnlich dem Kiwi – die Eier bebrüteten, während die Weibchen auf Futtersuche waren.

Die Moas besiedelten überwiegend den Lebensraum Wald. In Ermangelung großer Landsäugetiere waren sie die auf Neuseeland »herrschenden« Pflanzenfresser. Neben Gras wurden Blätter, Zweige, Früchte und Samen von Büschen und Bäumen verspeist und im Magen mit Hilfe von ebenfalls aufgenommenen »Mahlsteinen« zerkleinert.

Im Mai 1991 konnte Jim Straton im Wald am Waimakariri River einen gewaltigen, ca. 3,60 m großen, schwarz gefärbten Vogel sehen und hören, als sich dieser seinen Weg krachend durchs Unterholz bahnte. Der Vogel verweilte kurz und sah zu Straton herüber, dann setzte der Vogel seinen Weg fort.

Am 20. Januar 1994 wanderten drei Neuseeländer im Bereich der Craigieburn Range. Sie behaupteten nach ihrer Rückkehr, dass sie dort einen Moa gesehen hätten. Erneut berichteten die Medien ausführlich über die Beobachtung. Kritiker sind allerdings der Ansicht, dass die 3 Augenzeugen einen Hirsch gesehen hätten.

Die Liste der Sichtungen könnte noch weiter fortgesetzt werden. Sind all diese Beobachtungen Fehlinterpretationen, wurden keine Moas, sondern Hirsche oder andere Tierarten gesehen? Haben sich manche der vermeintlichen Augenzeugen einen Scherz erlaubt oder wollten sie sich nur wichtig machen? Von Wissenschaftlern wird strikt behauptet, der Moa sei ausgestorben. Aber nicht alle Wissenschaftler sind so hart in ihrer Aussage. Manche sehen durchaus Chancen dafür, dass möglicherweise eine kleinere Moa-Art in abgelegenen Gebieten überlebt haben könnte.

Bisher gibt es außer Augenzeugenberichten und unscharfen Fotos keine Beweise für lebende Moas auf Neuseeland. Ist also der Moa doch unwiederbringlich verloren gegangen?

NEUSEELANDS NATUR

Die Fauna und Flora von Aotearoa, wie Neuseeland in der Maorisprache heißt, konnte sich über rund 80 Millionen Jahre ohne Störung durch den Menschen entfalten. Viele der hier vorkommenden Tiere und Pflanzen sind endemisch, d. h. nur hier beheimatet.

Man hat aus diesem Grund große Anstrengungen für den Naturschutz unternommen und spezielle Artenschutzprogramme aufgelegt. Ein Erfolg stellte sich inzwischen ein, der Artenrückgang hat sich insgesamt verlangsamt und besonders gefährdete Arten konnten in ihrem Bestand gestützt werden. So wurden auf verschiedenen Inseln (u. a. Tiritiri Matangi und Little Barrier Island) eingeschleppte Räuber beseitigt und ehemals vorhandene Vögel und Reptilien erneut angesiedelt, damit sich die angestammte Fauna und Flora wieder erholen kann. Für den Moa kommen diese Anstrengungen wohl zu spät.

Erst im späten 13. Jahrhundert n. Chr. – so belegen neuere Forschungen – wurde Neuseeland von polynesischen Einwanderern besiedelt. Die Maori nutzten die Natur in vielerlei Hinsicht. In Ermangelung großer Säugetiere, die die Nahrungsgrundlage hätten sicherstellen können, wurden die verschiedenen Moa-Arten gejagt. In erster Linie ging es den Eingeborenen natürlich um das Fleisch, welches ohne größere Anstrengung und wegen der Größe der Vögel jeweils in großen Mengen beschafft werden konnte. Man erlaubte sich sogar, nur die besten Stücke zu verzehren und den Rest wegzuwerfen. Aus den größeren Knochen wurden Angelhaken, Harpunenspitzen, Halsketten und sonstige Schmuckstücke angefertigt, aus der Haut und den Federn Kleidungsstücke hergestellt, und die entleerten Eischalen dienten als Wasserbehälter. Eier wurden den Toten als Grabbeigabe auf ihre letzte Reise mitgegeben. So entdeckte

Eine Briefmarkenserie von ausgestorbenen Tierarten aus Laos zeigt auch den Moa.

im Jahr 1939 der Schüler Jim Eyles nahe bei Blenhein (Wairau Bar), einer bekannten archäologischen Fundstelle, das Grab eines Maorijägers. Es war noch unberührt und komplett ausgestattet mit Werkzeugen und Ornamenten. Außerdem wurde im Grab ein unzerstörtes, aber mittels eines gebohrten Loches entleertes Moa-Ei gefunden.

DAS LIED VOM UNTERGANG

Wie wir heute wissen, war es jedoch nicht die Jagd allein, sondern eine Kombination verschiedener Eingriffe und Ereignisse, die den Moas zusetzte. Einerseits wirkte sich die Zerstörung des Waldlebensraumes durch Brandrodung und

dessen Umwandlung in Grünland extrem negativ auf die Moa-Populationen aus. Um 1600 n. Chr. war etwa ein Drittel des Waldes auf diese Art zerstört. Andererseits machte sich die Einfuhr verschiedener Säugetiere, u. a. Hund und Ratte (*Rattus exulans*), die die Bodennester plünderten und dem Moa-Nachwuchs nachstellten, zunehmend bemerkbar. Verknüpft mit einer maßlosen Jagd und der geringen Reproduktionsrate, hatten die Moa-Populationen keine Chance zum Überleben mehr und erloschen.

Als die Maori endlich das Ausmaß der Bejagung begriffen, war es zu spät. Noch heute beklagen die Maori diesen Sachverhalt in einem Lied, in welchem die Ausrottung der Moas zum Synonym für »ausgestorben« wurde. Das Lied beinhaltet die Worte: »Ka ngaro i te ngaro o te moa« (untergegangen, wie der Moa untergegangen ist).

Auch ein bekanntes neuseeländisches Lied beschreibt den Untergang der Moas in einer Art Wortspiel, wobei das Wort »moa« sowohl für den ausgestorbenen Vogel als auch für das englische Wort »more« gebraucht wird.

No moa, no moa
In old Ao-tea-roa.
Can't get 'em.
They've eat 'em;
They've gone and
there aint no moa!

Wann aber genau starben die Moas aus? Mittels Berechnungen und Schätzverfahren ermittelten Wissenschaftler, dass bereits eine kleine Gruppe von 100 Einwanderern – bei hauptsächlich fleischlicher Ernährung – eine auf rund 158 000 Vögel geschätzte Moa-Population innerhalb von 160 Jahren rein durch die Jagd zum Erlöschen bringen könnte. Ausgrabungen und Untersuchungen der Nahrungsabfälle und »Müllhalden« in Maorisiedlungen zeigten für Schichten der ersten Jahrzehnte ausgangs des 13. Jahrhunderts einen hohen Anteil an Moaknochen. Dieser Anteil wurde im Laufe der Jahrzehnte immer geringer, in den Schichten ab etwa 1400 dominierten schließlich Fischreste und Muscheln. Mit einem Erlöschen der Moa-Arten rechnet man etwa zwischen 1400 und 1500 n. Chr.

DIE WIEDERENTDECKUNG

Als Kapitän Cook 1769 auf seiner Entdeckungsfahrt zum ersten Mal Neuseeland betrat, waren vermutlich die großen und auffälligen Moa-Arten ausgelöscht, es sei denn, einige wenige Exemplare hätten in unzugänglichen Gebiete überlebt. Wie also erhielt man Kenntnis vom Moa, über seine Lebensweise und die verschiedenen Arten? Denn bis zum Jahr 1839 war der Moa nur aus den 500 Jahre alten Höhlenmalereien und Erzählungen der Maori bekannt.

Dies sollte sich jedoch mit einem Knochenfund, einem Oberschenkelstück, das John Rule dem Anatomen Richard Owen in London überreicht hatte, ändern. Nach genauer Untersuchung ging Owen davon aus, dass das Knochenstück vermutlich einem großen flugunfähigen Vogel zuzuschreiben wäre. Die Suche nach weiteren Knochenstücken begann und löste in Neuseeland nicht einen Goldrausch, sondern fast einen »Knochenrausch« aus. Überall auf Neuseeland wurde jetzt nach diesen Knochen gefahndet und kistenweise wurden sie nach London geliefert. Dies war die Grundlage für die Beschreibung gleich mehrerer Arten. Owen gelang es schließlich auch, erstmals ein vollständiges Skelett eines Riesenvogels zusammenzusetzen. Er nannte diesen Vogel später *Dinornis novaezealandiae*, d. h. »Neuseeländischer Schreckensvogel«.

In dieser Zeit erfolgte ein großer Ansturm auf die Moa-Gebeine, da viele Museen jetzt ein Skelett in den eigenen Sammlungen präsentieren wollten. Dabei entstand durch unfachmännische Arbeit beim Knochenzusammensetzen so manche Kuriosität. Riesige und langhalsige sowie vierbeinige Moas waren in mancher Sammlung zu bewundern.

Das Interesse an den Vögeln wuchs in Wissenschaft und Öffentlichkeit zunehmend. Man wollte mehr wissen über diese Tiere. Dieses Unterfangen gestaltete sich nicht einfach, weil kein Wissenschaftler jemals einen Moa in der freien Wildbahn studieren konnte, um etwas über die Biologie und Ökologie dieser Tiere zu erfahren. Aber die Funde u. a. von Knochen, Haut, Federn, Eiern und Exkrementen wurden vor allem in den letzten Jahren mit neuen wissenschaftlichen Methoden untersucht. Heute ist in mühevoller und detektivischer Kleinarbeit ein umfangreiches Wissen über die verschiedenen Arten zusammengetragen worden.

Okapi

Das geheimnisumwitterte, gestreifte Pferd des Kongogebietes

Weder altpliozänes Hellastier noch »Urwaldesel«; zu Beginn des 20. Jahrhunderts wird das Okapi, eine neu entdeckte Waldgiraffenart, zur zoologischen Sensation.

Schlagzeile der Londoner »Times« am 7. April 1901. »Auf dem Gebiet des Kongo-Freistaates das *Helladotherium* am Leben!« Doch das »vorsintflutliche Relikt« aus dem zentralafrikanischen Urwald war weder ein Hellastier, eine jener riesigen Kurzhalsgiraffen mit rinderartigem Körper und kräftigen Extremitäten aus dem Altpliozän Griechenlands, noch war es das

ebenfalls ausgestorbene eurasische pliozäne *Samotherium*. Es handelte sich bei dieser neuen Tierart »lediglich« um einen Nachfahren der pliozänen Giraffenvertreter. Trotzdem war die Entdeckung des Okapis eine zoologische Sensation.

Man kann diese Stimmung vielleicht nachempfinden, wenn man weiß, dass zu dieser Zeit ein wahrer Naturwissenschafts-Boom die Men-

schen in seinen Bann zog. Vor allem in der Biologie stellten sich durch die Veröffentlichungen Darwins bisher unbekannte Phänomene im logischen Licht der Naturwissenschaft dar. Die Natur wurde zusehends entmystifiziert. Da es anscheinend immer weniger Geheimnisvolles zu enträtseln gab, waren die Menschen bei der Lüftung der »letzten Geheimnisse« wie elektrisiert.

Da das Okapi eine verborgene Lebensweise im Urwald führt, war es in den ersten Jahrzehnten nach seiner Entdeckung nur auf Zeichnungen zu sehen.

Vor diesem Hintergrund mussten Gerüchte und Legenden über Fabelwesen in fernen Kontinenten in einen Zustand der Erregung versetzen. Gefangen von dieser Stimmungslage, vertrat Philip Gosse noch im Jahr 1865 die Ansicht, tief im schwarzen Kontinent könnte vielleicht sogar noch das Einhorn existieren. So drangen neben verschiedenen Berichten und Legenden über andere Fabelwesen auch Informationen über einen »Urwaldesel« im Kongogebiet bis nach Europa.

Einen ersten Hinweis auf das Okapi verdanken wir nicht – wie vielfach berichtet – dem britischen Afrikaforscher Sir Henry Morton Stanley, sondern Georg Schweinfurth, der 1869 im Ituri-Wald die Pygmäen entdeckte. Unter ihnen trugen einige einen Gürtel, der aus dem Fell eines gestreiften Tieres (Okapi) hergestellt war. Schwein-

furth erahnte allerdings nicht die Bedeutung seiner Beobachtung.

Dagegen waren die Beobachtungen, die Stanley auf seiner Kongoexpedition im Jahre 1883 machte und in seinem Buch »In darkest Africa« von 1890 beschrieb, Anlass für Suchexpeditionen nach dem Okapi in den nächsten Jahren. Denn Stanley hatte in seinem Buch verwundert berichtet, dass die Batwas im Kongo über seine Pferde nicht erstaunt waren und stattdessen über gestreifte Pferde in den Wäldern berichteten, die sie mit Fallen erbeuteten und als Nahrung nutzten.

Begeistert von den Erzählungen Stanleys über die gestreiften Pferde unternahm der britische Gouverneur von Uganda, Sir Harry Johnston, 1899/1900 eine Forschungsexpedition in das Kongogebiet, um das geheimnisumwitterte Regenwald-Zebra zu finden. Eingeborene sowie der vermutlich erste Weiße,

der das Tier zu Gesicht bekommen hatte, ein Erzdiakon einer Missionsstation mit dem Namen Lloyd, bestätigten die Angaben Stanleys. Johnston, der sich auf der Spur des Urpferdes Hipparion wähnte, erhielt von den Batwas 2 gestreifte Fellstücke von dem mysteriösen Tier. Diese sandte er an den Sekretär der Zoologischen Gesellschaft in London, Herrn P. L. Sclater, der die Art zunächst als Johnstons Pferd (*Equus johnstoni*) auf einer Sitzung am 5. Februar 1901 vorstellte, wobei er allerdings Zweifel hegte, ob das Tier wirklich mit Pferden, Zebras und Eseln verwandt sei. Nach einer weiteren Schädel- und Felllieferung durch Sir Harry Johnston im gleichen Jahr war die Verwandtschaft zu den Giraffen (Paarhufer) offensichtlich und die Tierart wurde endgültig als *Okapia johnstoni* beschrieben. Der Name leitet sich von der bei den verschiedenen Eingeborenenstämmen gebräuchlichen Bezeichnung »o'api« oder »okapi« bzw. »okwapi« ab.

EIN UNGEWÖHNLICHES ZOOTIER

Ein solch auffälliges und schön gezeichnetes Tier wie das Okapi faszinierte nicht nur, sondern es musste das Interesse von Jägern und Schaulustigen wecken. Bis die Tierart dann nach Europa gelangte, verging jedoch noch eine ganze Reihe von Jahren. Als erster Tiergarten erhielt der Antwerpener Zoo ein lebendiges Okapi, das jedoch schon nach rund 7 Wochen an Parasiten einging. Da man in den ersten Jahren nach der

VERSTECKTES LEBEN IM REGENWALD

Im Hinblick auf die stammesgeschichtliche Entwicklung sind die Giraffidae – zu denen das Okapi gehört – echte Spätentwickler. Sie sind vor etwa 15 Millionen Jahren im Miozän aus Hirschartigen hervorgegangen. Als formenreiche Paarhufer-Familie waren sie bis vor etwa 20 000 Jahren – ausgangs des Pliozäns – in Afrika, Asien und Europa weit verbreitet. Okapi und Giraffe sind heute die letzten Vertreter dieser Familie.

Bezüglich der Lebensweise der Okapis und des bevorzugten Lebensraums lagen lange Zeit nur wenige Untersuchungsergebnisse vor. Letztere stützten sich auf die Aussagen von einheimischen Jägern und Gefangenschaftsbeobachtungen. Seit 1986 werden Okapis vom amerikanischen Forscherpaar Dr. John und Terese Hart im Okapi Wildlife Reserve (Größe 14 000 km²) und im Maiko National Park (Größe 10 000 km²) systematisch beforscht. Die Populationsgröße in den beiden Reservaten umfasst 6000–11 000 Okapis. Mittels umgehängter Peilsender werden über 20 Okapis im dichten Regenwald rund um die Uhr überwacht.

Okapis werden 160 cm hoch (Schulterhöhe) und erreichen ein Gewicht von rund 250 kg. Die nachtaktiven Tiere bewohnen den tropischen Regenwald Zentralafrikas der Demokratischen Republik Kongo (früher Zaire). Dabei bevorzugen sie die Ränder von Waldlichtungen und die Nähe von Wasserläufen. Die weiblichen Tiere benötigen ein bis zu 5 km² großes Revier, das der Männchen ist größer.

Als Anpassung an den vegetationsreichen Lebensraum ist die rotbraune bis schwarzbraune Färbung mit einer weißen Streifenzeichnung an den Vorder- und Hinterbeinen anzusehen. Dadurch verschmilzt das Gesamttier im Dämmerlicht des Urwalds fast völlig mit der umgebenden Vegetation. Bereits aus wenigen Meter Entfernung kann das Tier nicht mehr ausgemacht werden.

Okapis ernähren sich von Trieben und Blättern der Sträucher und Baumschösslinge. Über 30 Pflanzenarten werden abgeäst, daneben gelegentlich auch Früchte und Pilze. Dabei scheinen sie eine Vorliebe für Wolfsmilchgewächse zu haben, die sie trotz der giftigen Inhaltsstoffe schadlos abäsen und verdauen.

Okapis sind Einzelgänger, die nur zur Paarungszeit zusammenfinden. Die Trächtigkeitsdauer wird mit 14–15 Monaten angegeben. In der Regel wird ein einziges Kalb mit einem Gewicht von etwa 20–25 kg meist in der Regenzeit (August bis Oktober) geboren. Das Kalb wird rund 6 Monate gesäugt. Anscheinend lässt die Mutter das Jungtier hin und wieder allein im Pflanzendickicht zurück. Durch verschiedene Lautäußerungen wird der Kontakt gehalten.

Entdeckung zu wenig über die scheuen und empfindlichen Tiere wusste, erlitten viele der gefangenen Tiere während des Transports, aber auch in den Zoos durch Schock, ungeeignete Haltungsbedingungen und Nahrung sowie durch Krankheiten das gleiche Schicksal.

Der ehemalige Leiter des Frankfurter Zoos, Prof. Dr. Bernhard Grzimek, brachte 1954 das erste Okapi nach Deutschland. Im Jahr 1960 gelang dann die erste erfolgreiche Nachzucht. Erfolgreiche Okapizuchten gibt es in Deutschland außer in Frankfurt nur noch in der Wilhelma Stuttgart und im Kölner Zoo.

Das Wissen um die Pflegebedingungen ist inzwischen zwar gewachsen, jedoch werden die Tiere eher selten gehalten. Weltweit sind in Erhaltungszuchten nur rund 140 Okapis registriert, davon rund 50 Tiere in Europa.

Die Erhaltung des Okapis in der freien Wildbahn ist unverrückbar mit dem Schicksal des tropischen Regenwaldes verbunden. Denn der einzige natürliche Feind, der Leopard (*Panthera pardus*), kann die Okapi-Population niemals auslöschen, da dies allen natürlichen Regelmechanismen über Räuber-Beute-Beziehungen widerspricht. Folglich bleibt nur der Mensch als ärgster Feind. Durch Holzeinschlag, die Suche nach Bodenschätzen, z. B. Diamanten und Gold, und Bejagung sind die Okapi-Bestände vor allem im Nordosten des Landes gefährdet. Bisher ist erfreulicherweise mit einer großflächigen Abholzung nicht zu rechnen. Trotzdem müssen zum Überleben des Okapis weitere Regenwaldareale unter Schutz gestellt werden.

Sao-La

Das Dschungelrind Vietnams und andere Raritäten

Junges Sao-La

Weder der langjährige Indochinakrieg noch die hungrige Bevölkerung oder die Abholzung großer Teile des Urwaldes konnten ihm etwas anhaben. Als Sao-La lebt man eben versteckt so lala im Dschungel dahin. Aber gibt es auch das »Spiralhorn« in Wirklichkeit?

»Dieser Fund gibt all jenen Hoffnung, die nach unbekannten Kreaturen auf dieser Erde suchen, die wir schon so gut zu kennen glaubten«, so die Worte von John MacKinnon nach der sensationellen Entdeckung des Sao-La oder Vu-Quang-Wildrindes 1992 in den Dschungelwäldern Vietnams.

Doch zunächst zurück zum Schauplatz Vietnam in die Zeit vor der Aufsehen erregenden Entdeckung. Zurück in ein Land, das die wenigsten Leser aus eigener Anschauung kennen. Stattdessen ist Vietnam im Bewusstsein der Öffentlichkeit vor allem durch einen fast 3 Jahrzehnte dauernden Krieg

verhaftet. Der Krieg hat tiefe Wunden bei der Bevölkerung und in der Natur geschlagen. Rund 13 Millionen Tonnen abgeworfene US-Bomben verwüsteten große Teile des Landes und das von der US-Army eingesetzte dioxinhaltige, hochgiftige Entlaubungsmittel »Agent Orange« vernichtete fast 50 Prozent der Wälder. Von diesen Folgen erholten sich das Land und seine Bevölkerung nur mühevoll.

Nach dem Kriegsende nahm der Druck auf die Natur noch auf andere Weise zu. Das in jeder Hinsicht ausgeblutete Land musste neu aufgebaut werden. Hierbei wurden vor allem die Wälder als Rohstoff-, Energie- und Nahrungslieferanten nochmals stark in Mitleidenschaft gezogen. An eine nachhaltige Wirtschaftsweise und an den Schutz des Naturhaushaltes war vor diesem Hintergrund jahrelang nicht zu denken.

Erstaunlich, dass sich trotz dieser katastrophalen Ereignisse eine äußerst reichhaltige Tier- und Pflanzenwelt erhalten konnte; eine Artenvielfalt, weswegen Wissenschaftler Vietnam im weltweiten Vergleich auch als »Hotspot der Biodiversität« bezeichnen. Die Ursache hierfür liegt darin begründet, dass sich Vietnam über 16 Breitengrade erstreckt und unterschiedliche klimatische und geografische Gegebenheiten aufweist.

Um die einzigartige Fauna und Flora zu erhalten, werden in den letzten Jahren von Regierungsseite in Kooperation mit internationalen Naturschutzorganisationen und weiterer Partner verschiedene Programme aufgelegt. Vietnam besitz inzwischen über 90 Naturschutzgebiet – darunter 9 Nationalparks – mit einer Gesamtfläche von etwa 12 000 km². Weitere Schutzgebiete wurden in der jüngsten Vergangenheit ausgewiesen. Die weiteren Planungen haben das Ziel, ein System von Schutzgebieten mit einem Flächenumfang von 2 Millionen Hektar einzurichten. Dies sind 6 Prozent der gesamten Landesfläche Vietnams. Vor diesem Hintergrund wird es eher verständlich, dass seit den 1990er-Jahren eine ganze Anzahl von geradezu sensationellen Meldungen aus Vietnam über neu entdeckte Tierarten zu uns dringt, die sich bis heute in den undurchdringlichen Wäldern und anderen Lebensräumen gehalten haben.

ERSTE SPUR: »SPINNRAD«-HÖRNER

Wir schreiben Mai 1992. Eine Expeditionsgruppe aus vietnamesischen Forstleuten und Experten des WWF (Worldwide Fund for Nature) befinden sich auf einer Expedition im abgelegenen und dünn besiedelten Vu-Quang-Gebiet in Zentralvietnam. Vorrangiges Ziel ist die Erstellung einer Bestandsaufnahme der Tier- und Pflanzenwelt, die Auskunft über den Stellenwert und die Schutzwürdigkeit des Gebietes geben soll. Die Fachleute, die von der Artenvielfalt beeindruckt waren, stießen an einem der Exkursionstage auf ortsansässige Jäger, die ihnen 3 Schädelfragmete mit spießartigen, 40 bis 50 cm langen Hörnern zeigten.

Die Horntrophäen konnten jedoch keiner der ihnen für Südostasien bekannten Hornträgerarten zugeordnet werden. Es musste sich um eine bisher unbekannte Huftierart handeln. Wie sich später herausstellte, war die Art bei den Jägern unter dem Namen »Sao-La« bekannt, so genannt, weil die spießförmigen Hörner den Pfosten landesüblicher Spinnräder ähnelten (»sao« = Pfosten, »la« = Spinnrad).

Erst auf folgenden Exkursionen konnten weitere Informationen gesammelt und eine Anzahl kompletter Schädel mit Hörnern und Felle mit Schnauze, Hufen und Schwanz gefunden werden. Jetzt war es möglich, das unbekannte Huftier systematisch einzuordnen und vor allem sein Aussehen zu rekonstruieren. Das bisher unentdeckte Vorkommen einer solch großen Huftierart hatte man in Wissenschaftlerkreisen zum Ausgang des 20. Jahrhunderts nicht für möglich gehalten. Deshalb war die Entdeckung des Sao-La oder Vu-Quang-Wildrinds eine zoologische Sensation.

Es folgten große Anstrengungen, eines lebendigen Tieres habhaft zu werden, was 1994 einem Jäger auch gelang. Bereits im gleichen Jahr konnten 2 weitere Tiere gefangen werden, von denen eines kurze Zeit später verstarb. Die beiden verbliebenen Exemplare wurden schließlich nach Hanoi gebracht, wo sie ebenfalls Anfang November 1994 eingingen.

Aufgrund von Erbgut-Analysen wurde zwar eine Verwandtschaft mit südostasiatischen Wildrindern nachgewiesen, eine besondere verwandtschaftliche Nähe zu heute

lebenden oder ausgestorbenen Rinderarten konnte aber nicht ermittelt werden. Die wissenschaftliche Beschreibung und Benennung der Art (*Pseudoryx nghetinhensis*) erfolgte im Jahr 1993. Der Artname »*nghetinhensis*« ist eine Reminiszenz an das Fundgebiet, die altvietnamesische Provinz Nghetinh.

WEITERE SENSATIONELLE ENTDECKUNGEN

Im April 1994 wurde im Vu-Quang-Gebiet eine neue Hirschart, der Riesenmuntjak (*Megamuntiacus vuquangensis*) entdeckt. Bereits 1995 konnte man im laotischen Tierpark von Lak Xao eine weitere neu entdeckte Hirschart bestaunen, den die Einheimischen »Fan Dong« (»Muntjak der reifen Wälder«) nennen. Im Jahr 1997 fand man Schädel eines Zwerghirsches auch auf vietnamesischer Seite, der als neue Art Truong-Son-Muntjak (*Muntiacus truongsonensis*) beschrieben wurde. Bei den Vietnamesen wird er »Sam Soi Cacoong« (»Hirsch, der im tiefen, dichten Wald lebt«) genannt.

Einen seit über 70 Jahren verschollenen Vogel, den sehr seltenen Edwardsfasan konnten Mitarbeiter des WWF 1996 vor dem Verzehr durch Bewohner eines in der Nähe des Bach-Ma-Nationalparks gelegenen Dorfes retten.

Weitere Schätze scheinen die Wälder Vietnams in sich zu bergen. So haben Experten des Kölner Zoos, die sich seit 1999 im Phong-Nha-Ke-Bang-Naturschutzgebiet in Zentral-Vietnam engagieren, bei

DAS SAO-LA HÜTET SEIN GEHEIMNIS

Bis heute ist es Forschern nicht gelungen, das Sao-La oder Vu-Quang-Wildrind in seinem natürlichen Lebensraum zu studieren und zu beobachten. Die kurze Zeit der Haltung in Hanoi sowie Berichte von erfahrenen vietnamesischen Jägern geben Informationen über die Lebensweise und das Verhalten dieser Dschungelrindart. Die ungefähr 100 kg schweren Tiere weisen eine Höhe von etwa 90 cm und eine Länge von rund 150 cm auf. Die nach hinten gerichteten Hörner, der keilförmige Kopf und ein entsprechender Körperbau erlauben ein gutes Vorwärtskommen im Pflanzendickicht. Besonders auffallend beim Sao-La sind die großen Voraugendrüsen, die ein stark riechendes Sekret absondern, mit welchem die Tiere Duftmarken bei ihren Wanderungen im Pflanzendickicht setzen, um ihre Reviere markieren und sich so orientieren zu können.

Den Berichten zufolge ist das Sao-La ein scheues, dämmerungs- bzw. nachtaktives, Wald bewohnendes Rind, welches sich bevorzugt in den steilen Lagen von Laubwäldern mit dichtem Unterwuchs in einer Höhe von 300–1800 m aufhält. Felsige Fließgewässerbereiche werden anscheinend besonders gern aufgesucht. Dort soll das Rind vorkommende Uferpflanzen – u.a. hauptsächlich einen Vertreter der Aronstabgewächse (*Homalomena aromatica*) und die Blätter von Feigenbäumen – abäsen.

Werden sie von Jägern mit Hunden verfolgt, so ziehen sich die Vu-Quang-Rinder bevorzugt in seichte Fließgewässerbereiche zurück und senken den hörnerbewehrten Kopf in einer Abwehrhaltung. Das Wasser wird als Fluchtort vermutlich deshalb aufgesucht, weil dort die Duftspur der Tiere für die Verfolger abreißt. Ein »genialer Trick«, der in der Natur hilft, den vermutlichen Hauptfeind, den Rothund (*Cuon alpinus*), einen im südostasiatischen Raum vorkommenden Wildhund, abzuschütteln.

Die Fortpflanzung fällt vermutlich in die Monate August bis Oktober. Jungtiere wurden bisher nur im April und Juni, zu Beginn der Regenzeit, beobachtet. Das Dschungelwildrind bewegt sich in kleineren Trupps aus 2–3 Tieren, seltener 6–7 Individuen in den nassen Sommermonaten in den höheren Lagen und sucht in der trockeneren Zeit im Winter die tieferen Lagen auf. Man schätzt die Bestandsgröße der gesamten Population in Vietnam auf einige hundert Exemplare. Das ist jedoch unsicher, da genaue populationsbiologische Erhebungen in dem unwegsamen Gelände kaum möglich sind.

Das Verbreitungsareal des Vu-Quang-Rindes erstreckt sich über etwa 4000 km² und schließt nicht nur den vietnamesischen Bereich der Annamite-Berge, sondern auch die angrenzende Region mit ein. Seine stärkste Bedrohung geht vermutlich von der Jagd aus. Aber auch der Verlust des Waldlebensraumes, zum Beispiel durch Rodungen und Umwandlung in Ackerland, stellt eine ernsthafte Beeinträchtigung der Population dar.

Von vietnamesischer Seite hat man deshalb schnell reagiert. In einem ersten Schritt haben die staatlichen Naturschutzstellen aus Artenschutzgesichtspunkten das Vu-Quang-Rind alsbald nach seiner Entdeckung in die Liste der national geschützten Tiere aufgenommen. In einem zweiten Schritt erfolgte die Vergrößerung der Fläche des Vu-Quang-Naturreservats von 160 auf 600 km².

einer ihrer ersten Exkursionen eine bisher nicht beschriebene Schlangenart entdeckt.

Als ebenfalls spektakulär kann der Nachweis des Java-Nashorns (*Rhinoceros sondaicus*) für Vietnam gelten. Man nahm an, dass das in Südostasien ehemals weit verbreitete Nashorn nur auf Java in einer kleinen Population überlebt hat. 1988 wurde ein erstes Nashorn im Dschungel nordöstlich von Saigon erlegt. Erstmals fotografiert wurde ein lebendes Exemplar 1999. Heute leben die Tiere im Schutz des Nam-Cat-Tien-Nationalparks. Man hofft, die kleine Population weiter aufbauen zu können.

DAS »SPIRALHORN«

Der Wirbel um die Entdeckung des Vu-Quang-Wildrindes war noch in vollem Gange, da kamen aus Vietnam erneut aufregende Nachrichten über eine weitere horntragende Säugetierart, die die Fachwelt bewegte. Dass allerdings nur die Hörner einer bisher unbekannten Tierart gefunden wurden, machte die Angelegenheit noch mysteriöser. Schließlich sollte *Pseudonovibos spiralis*, wie die Art benannt wurde, zu der umstrittensten Neuentdeckung der letzten Jahrzehnte werden. Bis heute streiten sich Wissenschaftler um die neue Art. Ist *Pseudonovibos spiralis* nur eine Legende, ein Mythos oder Wirklichkeit?

Nachdem der mysteriöse Fund in Fachkreisen immer mehr Aufsehen erregte, nahmen sich schließlich die Medien der Thematik an. Verschiedene Rundfunk- und Fernsehanstalten berichteten über die umstrittene Entdeckung. In der »Zeit« konnte man den Artikel »Verdrillte Wissenschaft« (2002) lesen und »Die Welt« spottete gar »Gehörnte Wissenschaft: Rarer Wildochse ein Jux«. John Whitfield stellte in »Nature« wortspielerisch die Frage »ox or hoax?« (Rind/Ochse oder Täuschung/Schwindel). Was war im Vorfeld geschehen, um diese Aufregung auszulösen?

Im Jahr 1993 besucht der Biologe Wolfgang Peter Vietnam. Dort findet er auf Märkten Säugetierhörner einer ihm unbekannten Art. Er ersteht einige der lyraförmig gedrehten und eigentümlich geriffelten Hörner. Einheimische bestätigen ihm, dass sie von einer Tierart stammen, die »Linh Duong« (Bergziege) und in Kambodscha »Waldschaf« genannt wird.

Zurück in Deutschland, legt Peter seinen Fund Fachleuten vor. Die Hörner können keiner bekannten Säugetierart zugeordnet werden, auch nicht dem 1936 nachgewiesenen und inzwischen wieder verschollenen Kouprey-Rind (*Bos sauveli*). Aufgrund der Belegstücke beschreiben im Jahr 1994 Wolfgang Peter und der Säugetierexperte Alfred Feiler vom Museum für Tierkunde in Dresden die neue Art *Pseudonovibos spiralis*.

ECHT ODER EINE FÄLSCHUNG

Bald darauf werden aus Wissenschaftlerkreisen Zweifel an der »Echtheit« der neuen Art laut. Verwirrend sind verschiedene Untersuchungen, u.a. auch Erbgutuntersuchungen an Hornfragmenten, die von verschiedenen Wissenschaftlern durchgeführt werden. Einmal ergibt sich für *Pseudonovibos spiralis* eine Verwandtschaft zu den Ziegen und Schafen, die sich als Fehlergebnis wegen verunreinigten Probenmaterials herausstellt. Später wird die neue Art den Büffeln zugeordnet. Von anderen Wissenschaftlern wird wiederum das im kambodschanischen Raum aus Legenden bekannte »Kting Voar« (»Wildrind mit lianenförmigen Hörnern«) oder »Kting Sipuoh« (»Schlangen fressendes Rind«) ins

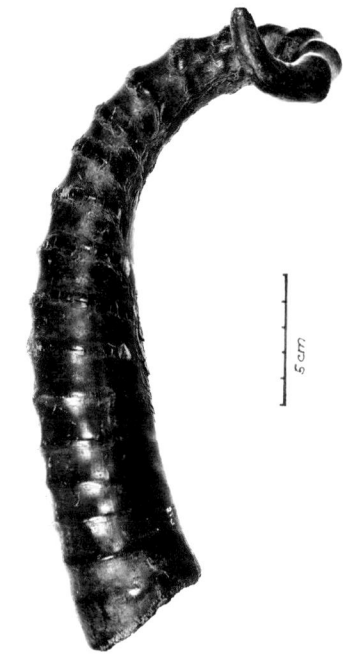

Echt oder gefälscht? Das gewundene Horn des Spiralhorns, wie es von einem Wissenschaftler 1993 auf einem vietnamesischen Markt gefunden wurde.

Spiel gebracht. Von Letzterem ist bekannt, dass dessen Hörner an Häusern angebracht werden, um die Bewohner vor giftigen Schlangen zu schützen. Das zerriebene Horn soll als Heilmittel bei Schlangenbissen helfen und wird deshalb auch in Apotheken gehandelt.

Der französische Wissenschaftler Arnoult Seveau ist sich mit weiteren Kollegen letztendlich sicher, dass die von ihm 1999 aus Apotheken und von Märkten in Kambodscha und Laos zusammengetragenen und angeblich der Art *Pseudonovi-*

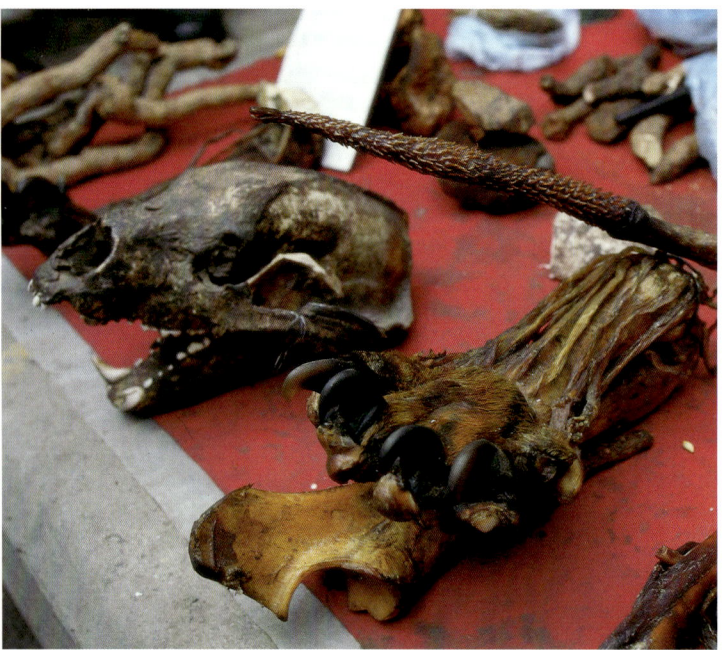

Tierschädel, Knochen und Klauen sowie andere typische Verkaufsobjekte auf einem asiatischen Markt.

bos spiralis zuzuschreibenden Hörner dem Hausrind zuzuordnen sind. Die den französischen Experten vorliegenden Hörner weisen intensive Bearbeitungsspuren auf, es müssen also Fälschungen sein. Inzwischen ist auch bekannt geworden, dass in der südvietnamesischen Provinz Dac Lac Hörner bzw. Trophäen als Statussymbole gehandelt werden. Dort gibt es regelrechte Manufakturen, die u.a. Hausrind- und Wasserbüffelhörner bearbeiten, um die große Nachfrage zu decken. Nach Erhitzen werden die Hörner mit Zangen entsprechend gebogen und später mit Chemikalien und Werkzeugen weiterbearbeitet, bis sie u.a. auch die von

Pseudonovibos spiralis bekannte Form annehmen.

Derzeit laufen nun molekulare und strukturanalytische Untersuchungen an den Typusexemplaren, die einst Wolfgang Peter mit

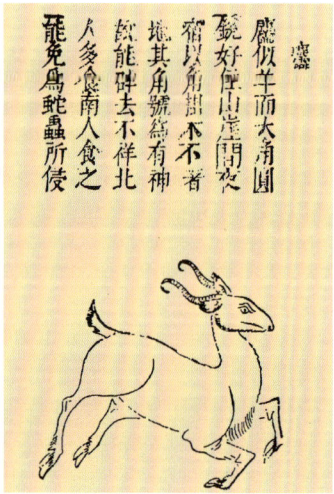

nach Deutschland gebracht hat. Diese Ergebnisse sind abzuwarten, um die Echtheit der Hörner zu klären. Unabhängig davon meldete auch der amerikanische Wissenschaftler Robert Timm berechtigte Hoffnungen an, dass die neue Art eventuell doch noch bestätigt werden könnte. So hatten amerikanische Jäger im Jahr 1929 in Vietnam entsprechend geformte Hörner gesammelt und mit nach Amerika genommen. Diese Stücke wurden von Timm inzwischen per Röntgendiagnostik untersucht. Er konnte keine Bearbeitungsspuren finden, was bedeutet, dass diese Hörner keine Fälschungen sind. Dies könnte ein Beleg dafür sein, dass die Art *Pseudonovibos spiralis* wirklich existiert bzw. existiert hat. Es könnten sich aber vielleicht doch um die Hörner des Kouprey-Rindes handeln.

Die ausstehenden Untersuchungen an den in Deutschland und Amerika vorliegenden Hörnern werden zeigen, ob es sich um Fälschungen handelt oder nicht. Sollten auch diese Hörner gefälscht sein, bleibt offen, ob die Fälschungen nicht ein inzwischen ausgestorbenes reales Vorbild hatten. So kann man einer aus dem Jahr 1607 stammenden chinesischen Schrift die Zeichnung eines unbekannten Säugetieres entnehmen, dessen Hörner den in vietnamesischen Apotheken und Märkten gefundenen Hörnern gleichen.

Ein alter Hinweis auf das Spiralhorn? Abbildung und Beschreibung des »Ling« im Buch »San Cai Tu Hui« von Wang Chi und Wang Si Yi aus dem Jahr 1607 (zitiert nach Macdonald & Yang, 1997).

Mapinguari

Das »Waldfabelwesen« Amazoniens

Das Mapinguari Amazoniens – legendenumwoben und von imposanter Gestalt, erregt es die Gemüter der Wissenschaftler. Mehr als imposant und geradezu betäubend soll allerdings auch der bestialische Gestank sein, den es verbreitet.

Die Erde bebt förmlich und mächtige Staubwolken kommen auf, als sich der mammutgroße Gigant auf der trockenen Waldsteppe in Bewegung setzt. Das Recht des Überlegenen achtend, machten sich kleinere Tierarten eilends aus dem Staub. Als er eine Baumgruppe erreicht, stellt sich der Koloss auf die Hinterbeine. Mit seinen 30 cm langen Klauen ragt er krachend in das Geäst des nächst-stehenden Baumes und zieht es zu sich heran, um die Blätter abzuäsen.

So ähnlich mag sich uns ein Blick in die Vergangenheit, auf einen der Tiergiganten der pleistozänen Waldsteppenlandschaft, darstellen. Die Rede ist vom *Megatherium americanum*, dem Riesenfaultier, das mit einer Körperlänge von über 6 m eines der größten landlebenden Säugetiere war, die es je auf der Erde gab. Das kleinere *Mylodon* erreichte immerhin noch eine Länge von etwa 4,5 m. Das Megatherium und weitere Riesenfaultierarten unterschiedlicher Größe (u. a. *Eremotherium mirabile, Mylodon robustus, Mylodon darwinii*) sind vor etwa 8500–10000 Jahren ausgestorben. Diese Tiere waren auf die Neue Welt, auf Nord- und Südamerika, beschränkt.

SUCHE NACH DEM RIESENFAULTIER

Sind sie wirklich alle ausgestorben, zusammen mit anderen Vertretern der Megafauna dieser Zeit? Knochen- und Fellfunde, insbesondere aber Sichtungen von diesen Eiszeitgiganten ähnelnden Kreaturen nährten die Vermutung, es könnte doch die eine oder andere Art überlebt haben.

Die ersten Gerüchte über Riesenfaultiere erreichten Europa im 16. Jahrhundert. Aus Südamerika zurückkehrende Seeleute erzählten Geschichten über so genannte »water tigers« und brachten fossile Knochen mit nach Hause.

Im Jahr 1789 fand Dr. Bartolome de Munoz *Megatherium*-Knochen

Eine gewichtige Erscheinung: ein Megatherium im paläontologisch-zoologischen Museum der Universität Zürich.

in der Nähe des heutigen Buenes Aires. Er überbrachte sie dem spanischen König, worauf er den Auftrag bekam, diese Kreatur zu suchen. Auch der Vater der Evolutionstheorie, Charles Darwin, stieß auf seiner Forschungsreise mit der »Beagle« im Jahr 1834 auf Knochen des *Mylodon* am Strand von Punta Alta in Nord-Patagonien.

Dem deutschen Siedler Herman Eberhard war es im Jahr 1895 schließlich vergönnt, in einer Höhle am Last Hope Sound in Patagonien ein großes behaartes Hautstück zu

entdecken. Kurz darauf stieß man unter den Dungschichten des Höhlenbodens auf das große Skelett eines Riesenfaultiers (*Mylodon*). Eine viel später mit Hilfe der Radiocarbon-Methode durchgeführte Untersuchung des Eberhardschen Hautstückes bezifferte dessen Alter auf etwa 10 000 Jahre. Im kühlen Klima Patagoniens hatte die mumifizierte Haut die Jahrtausende überdauert.

Nun sind Knochen oder Hautreste noch kein Beleg für die Existenz eines Tieres. Dagegen sollte die

erste belegte Sichtung einer Kreatur, auf die die Beschreibung des Mapinguari passen könnte, der Hoffnung neue Nahrung geben, doch noch auf überlebende Riesenfaultiere zu stoßen. Ramon Lista, der zukünftige Gouverneur von Santa Cruz, einer Provinz in Süd-Patagonien, jagte in den späten 1880er-Jahren in einem Landstrich von Santa Cruz, als ein Tier mit roten Zottelhaaren seinen Weg kreuzte. Die Jagdgesellschaft schoss auf die Kreatur, jedoch schienen die Kugeln keine Wirkung zu zeigen, das Lebewesen verschwand im Gebüsch.

Von dem Jagderlebnis erfuhr schließlich auch der argentinische Paläontologe Florentino Ameghino. Als er 1895 schließlich das von Herman Eberhard gefundene behaarte Hautstück sehen konnte, war er sich sofort sicher, dass dieses der von Lista beobachteten Tierart zugerechnet werden musste. Ihm zu Ehren nannte er die Art *Neomylodon listai*, »Listas neues Mylodon«.

Die von Lista gemachte Beobachtung des Fabelwesens sollte nicht die letzte gewesen sein, denn weitere Augenzeugenberichte – auch solche aus jüngerer Zeit – folgten. Etwa die Begegnung, die der Minenarbeiter Mario Pereira de Souza 1975 am Jamauchim-Fluss hatte. Auge in Auge sah er sich mit einer Kreatur konfrontiert, die nicht nur einen grässlichen Schrei ausstieß, sondern auch einen schrecklichen Gestank verbreitete. Auch Manuel Vitorino Pinheiro Dos Santos hörte solche Schreie, als er am Tapajos-Fluss jagte. Er schoss auf das Tier, schien es aber verfehlt zu haben, denn es war trotz Nachforschung verschwunden.

Eine weitere Sichtung ist die des Kautschukzapfers Joao Pinto. Gerade hatte dieser in der Morgendämmerung einen Gummibaum angeritzt, da hörte er hinter sich einen menschenähnlichen Furcht erregenden Schrei. Tief erschrocken drehte er sich um und wurde eines schrecklichen Wesens gewahr. Wie er später berichtete, war ihm sofort klar, dass es sich hierbei um das Fabelwesen Mapinguari handeln musste. Pinto erschoss das Tier, war aber durch

dessen abgesonderten Gestank so benebelt, dass er zunächst durch den Urwald davontorkelte, schließlich aber wieder zu der Tierleiche zurückfand. Er schnitt dem Tier einen Fuß ab, um ihn als Beleg mit zu seinem Bruder zu nehmen. Bald konnte er jedoch den Gestank seines Beweisstückes nicht mehr ertragen und warf es in den Wald.

Berichte dieser Art und Legenden erreichten auch den amerikanischen Biologen David Oren, der erstmals 1985 von einem Goldschürfer über die Existenz des Mapinguari erfuhr. Oren faszinierte die Frage, ob es sich bei den Legenden und Augenzeugenberichten um mehr als Erfindungen fantasievoller oder verängstigter Menschen handelte. War es etwa eine ausgestorben geglaubte Riesenfaultierart, vielleicht das *Mylodon*? Der Gedanke an das Fabelwesen ließ Oren nicht mehr los und in den Folgejahren sollte er sich hauptsächlich der Suche und Erforschung dieser unbekannten Art widmen. Er sammelte Augenzeugenberichte und andere Hinweise und wertete sie aus. Der Wissenschaftler war schließlich davon überzeugt, dass das Fabelwesen kein Mythos, sondern Realität ist.

Oren unternahm mehrere Exkursionen, gut ausgerüstet und mit Unterstützung von indianischen Führern, in die »grüne Hölle« Amazoniens. Allerdings sollte ihm in 20 Jahren Suche das gleiche Schicksal beschieden sein wie der im Jahr 1897 vom »Daily Express« ausgeschickten Suchexpedition. Damals kehrte der Journalist Hesketh Prichard ohne Erfolg und enttäuscht von seiner Expedition zurück.

Ganz ohne ein Erfolgserlebnis sollte aber Oren nicht bleiben. Er fand ein Büschel roter Haare, Tierkot unbekannter Herkunft, von Klauen zerrissene Palmen, und er konnte die großen Fußabdrücke einer unbekannten Kreatur fotografieren. Darüber hinaus gelangen ihm Tonaufnahmen Furcht erregender, nächtlicher Tierschreie, die minutenlang andauerten und keiner bekannten Tierart zuzuordnen waren. Oren vermutete, dass es das gewaltige Röhren des gesuchten Riesenfaultiers, des Mapinguari war. Die inzwischen durchgeführten Erbgutanalysen am Los Alamos National Laboratory in New Mexico ergaben, dass die DNA der von Oren gefundenen Haare der DNA heutiger Faultiere gleicht. Ein Befund, der zunächst alle Fragen offen lässt.

HÄSSLICH UND NUTZLOS

Worin besteht eigentlich der Reiz, ein nicht besonders »attraktives« Tier aufzuspüren, das dazu noch einen entsetzlichen Gestank verbreitet. Ist es die Neugierde und der Wissensdurst der Wissenschaftler, Abenteuer-, Sensationslust oder die Spannung, eine vermeintlich ausgestorbene Kreatur zu entdecken? Warum wandte man sich plötzlich einer Tiergruppe, den Faultieren zu, die in der Vergangenheit keine besondere Wertschätzung genoss. So lautet es in einer französischen Reisebeschreibung von 1555: »… eine solche Wundergestalt erforschen zu wollen ginge doch zu weit, denn nur der Schöpfer

EIN STINKENDER PFLANZENFRESSER

Die Faultiere weisen heute noch eine einzige rezente Familie, die Baumfaultiere (Bradypodidae), auf, die eine Länge von 50–65 cm und ein Gewicht von 4–9 kg erreichen. Die überwiegend nachtaktiven Baumbewohner sind mit 5 Arten in Süd- und Mittelamerika verbreitet.

Gemeinsam mit den Gürteltieren und Ameisenbären gehören die Faultiere zu den »Zahnarmen« (Edentata) oder Nebengelenktieren (Xenanthra). Dagegen sind die gegen Ende der Eiszeit ausgestorbenen Riesenfaultiere (*Megatherium*, *Mylodon*) aufgrund ihrer Körpermaße wahre Giganten. Kryptozoologen sind der Auffassung, dass neben den nordamerikanischen Riesenfaultieren auch die Patagoniens endgültig ausgestorben sind. Allenfalls könnte in den undurchdringlichen Urwäldern Amazoniens eine kleinere Riesenfaultierart – die wegen der Körpergröße weder mit dem *Mylodon* noch mit dem *Megatherium* identisch ist – überlebt haben.

Trotz ihrer gigantischen Maße waren die Riesenfaultiere Pflanzenfresser, die möglicherweise auch Aas aufnahmen. Prof. Svante Pääbo vom Max-Planck-Institut für Evolutionäre Anthropologie in Leipzig, der als Begründer der Paläogenetik gilt, gelang der Nachweis aufgenommener Pflanzenkost an etwa 20 000 Jahre altem Riesenfaultierdung aus einer Höhle bei Las Vegas in Nevada. Die DNA-Analysen zeigten, dass sich die nordamerikanischen Riesenfaultiere von Pflanzen aus wenigstens 8 Familien (Gräser, Minze, Senf- und Malvengewächse) ernährten. Im Kot patagonischer Faultiere wurden, mittels althergebrachter Untersuchungsmethoden, Blatt- und Grasreste gefunden.

Über das Mapinguari, Pelobo oder Samaumeira, wie die Indiostämme das Riesenfaultier nennen, liegen nicht viele Angaben vor. Die Kenntnisse basieren hauptsächlich auf Berichten von Indios, Goldsuchern, Kautschukzapfern, Holzfällern und ähnlichen Personen. Das Tier soll eine Länge von

etwa 3 m und ein Gewicht von ca. 300 kg erreichen sowie ein rotbraunes, zotteliges Fell besitzen. Nach Indianerberichten besitzt die Tierart eine sehr dicke Haut, in die möglicherweise Knochenplättchen eingelagert sind und die deshalb für Indianerpfeile undurchdringlich scheint. Der Kopf besitzt eine plumpe Schnauze. Bei dem in Indianerlegenden erwähnten »Maul auf dem Bauch« handelt es sich vermutlich um eine große Drüse, die ein überaus übel riechendes Sekret absondert.

Wie ihre kleinen Verwandten sind die Tiere anscheinend überwiegend nacht- bzw. dämmerungsaktiv. Die Laute, die das Mapinguari von sich zu geben vermag, sollen einem menschlichen Schrei, möglicherweise auch einem donnernden Röhren ähneln. Wie die anderen Faultierarten rechnet man das Mapinguari zu den Pflanzenfressern. Es gibt Hinweise dafür, dass Palmenherzen zu seiner bevorzugten Nahrung zählen. Dazu reißt es Palmen mit seinen starken Klauen problemlos auseinander. Der Biologe David Oren filmte im Urwald entsprechend zugerichtete Palmenstämme, von denen er glaubt, dass sie vom Riesenfaultier aufgebrochen wurden.

Die rezenten Faultiere sind geradezu Zwerge im Vergleich zu ihren urzeitlichen Vorfahren.

selbst wisse, warum er das Faultier so und nicht anders erschaffen habe.« Was hier noch mit Rückgriff auf den Schöpfer recht vorsichtig formuliert wurde, hatte im Jahr 1526 der spanische Conquistador Gonzalo de Oviedo wesentlich drastischer ausgedrückt: »… etwas Hässlicheres und Nutzloseres als das Faultier habe ich bisher nicht gesehen.«

Selbst der Deutschen großer Dichter Johann Wolfgang von Goethe konnte sich eines abfälligen Urteils nicht enthalten. Er bezeichnete das Faultier als »geistlos und schwach«, obwohl er keines zu Gesicht bekommen hat. Auch Alfred Edmund Brehm, Weltreisender in Sachen Zoologie und Autor des klassischen Werkes »Brehms Tierleben«, kam zu keinem freundlichen Urteil: »Die Faultiere machen als sehr stumpfe und träge Geschöpfe einen wahrhaft kläglichen Eindruck. Das Auge ist blöde und ausdruckslos wie kein zweites Säugetierauge.« Riesenfaultier und Baumfaultier, insbesondere aber die sprichwörtliche Faulheit dieser Tiere regten auch den Dichter Eugen Roth (1895–1976) zu sarkastischen Reimen an.

Hatten schon das Aussehen und die Lebensweise der bekannten, rezenten Faultiere den Menschen Rätsel aufgegeben und geradezu Abscheu erzeugt, wie erschrocken mussten die Augenzeugen gewesen sein, als sie sich mit dem schrecklichen Mapinguari konfrontiert sahen. Schon die Urwaldindianer sprechen in ihren Legenden von einem riesenhaften Wesen, welches ein Maul auf dem Bauche besitze,

seinen Opfern den Kopf abbeiße und einen fürchterlichen Gestank verbreite, mit dem es seine Feinde abschrecke.

Zur Entstehung des Fabelwesens Mapinguari erzählen die Indianer folgende Legende: Vor langer Zeit soll ein Indio in den Wald gegangen sein, um die Unsterblichkeit zu suchen. Die Götter bestraften ihn aber für dieses Vergehen und verwandelten ihn in ein einäugiges Wesen mit Affengesicht und rotbraunem, zotteligem Fell. Unglücklich und ohne sterben zu können, streift der Indio seit dieser Zeit durch die Wälder.

Wieso das Riesenfaultier gegen Ende der Eiszeit ausstarb, ist eine Frage, mit der sich die Wissenschaft intensiv befasst hat. Man geht davon aus, dass das *Megatherium* und weitere Faultierarten noch bis vor 10 000, möglicherweise sogar bis vor 8500 Jahren in Südamerika gelebt haben. Das Aussterben der Großtierfauna (u. a. Mammut, Riesenhirsch, Säbelzahntiger, Bär, Pferd, Kamel, Riesenbiber und Riesenfaultier) ist Gegenstand zum Teil heftiger Diskussionen. Verschiedene Hypothesen wurden hierzu in den vergangenen Jahren vorgebracht. Einerseits wird die menschliche Bejagung durch die bereits vor 13 000 Jahren über die Beringstraße nach Nordamerika eingewanderten asiatischen Jäger als Grund für das Aussterben angesehen. Andererseits diskutiert man auch die Einschleppung neuer Tierkrankheiten durch die Jäger und deren »Begleittiere« (u. a. Ratte, Hund) sowie Klimaveränderungen als ursächlich für das Verschwinden der Großtierarten.

Fabelwesen falsch gedeutet

Von der Antike bis hin zum Spätmittelalter machten die Menschen bei Grabungen, Ausschachtungen oder beim Erzabbau immer wieder Knochen- und Schädelfunde, die sie mit keinem der ihnen bekannten Tiere in Verbindung bringen konnten. Was wäre da näher gelegen, als diese sehr realen Funde doch Tieren zuzuordnen, die sie schon lange aus Legenden und Mythen kannten, aber noch nie mit eigenen Augen gesehen hatten. Zusätzlich berichteten Reisende, Forscher und Händler über seltsame Tiere aus fernen Ländern und unterstützten ihre Thesen mit »Mitgebringsln« aller Art, die man in Europa nicht kannte. So war man sich oft sicher, endlich Beweise für die Existenz von wie Drachen, Einhörner, Riesen und anderen mythischen Fabelwesen gefunden zu haben.

Der Glaube an diese »Beweise« hielt sich oft über Jahrhunderte und wurde auch in vielen Fällen von der zeitgenössischen Wissenschaft unterstützt. Die Fundstücke waren meist sehr begehrt und damals von unschätzbarem Wert. War es doch höchst erstrebenswert, einen Knochen oder ein anderes Teil eines mit magischen Kräften ausgestatteten Wesens, etwa eines Drachen oder Einhorns, zu besitzen. Erst Ende des 17. Jahrhunderts wurden die meisten dieser Funde dann richtig als Fossilien bereits ausgestorbener Tiere interpretiert und der Mythos vom Fabeltier entzaubert.

Einhorn

Der Wildesel mit Horn

Das edelste aller Fabeltiere; sein Horn wurde mit Gold aufgewogen; es war selten zu sehen und schwer zu fangen – und doch glaubte man bis weit ins 18. Jahrhundert an seine Existenz.

Die frühesten Legenden vom Einhorn sind mehr als 5000 Jahre alt. Als Erster hat wahrscheinlich um 400 v. Chr. Ktesias von Knidas, der Leibarzt des Perserkönigs Dareios II., ein Einhorn im Detail beschrieben:

In Indien gibt es eine bestimmte Art von Wildeseln, die die Größe von Pferden erreichen, ja, sogar noch größer werden können. Ihre Leiber sind weiß, ihre Köpfe dunkelrot und ihre Augen dunkelblau. Aus der Stirn ragt ihnen ein etwa anderthalb Fuß langes Horn…

Weiterhin führt der griechische Arzt noch aus, dass derjenige, der aus Bechern trinkt, die aus dem Horn des Einhorns angefertigt wurden, gegen Gifte und die »heilige Krankheit« (Epilepsie) immun ist.

Plinius der Ältere äußert sich in seiner »Naturalis historia« ganz ähnlich über das Einhorn:

…die Oräischen Inder machen Jagd auf ein außerordentlich wildes Tier, das sie »Monoceros« [Einhorn] nennen. Es hat einen Hirschkopf, Elefantenfüße und den Schwanz eines Ebers. Sein übriger Körper gleicht dem eines Pferdes. Es stößt einen tiefen, dunklen Laut aus und auf der Mitte seiner Stirn wächst ihm ein schwarzes Horn von etwa 2 Ellen Länge. Es wird behauptet, man könne dieses Tier nicht lebendig fangen.

Gaius Julius Caesar (110–44 v. Chr.) berichtet in seinem berühmten »De Bello gallico – Über den gallischen Krieg« über Einhörner in den Hercynischen Wäldern: »Es gibt ein Rind, das wie ein Hirsch aussieht und dem mitten auf der Stirn zwischen den Ohren ein einziges Horn hochwächst, das höher und gerader ist als die uns bekannten Hörner; an der Spitze verzweigt es sich weit in Form von Händen und Zweigen. Das weibliche Tier sieht ebenso aus wie das männliche und hat dieselben großen Hörner.«

Auch Bukephalos, das legendäre Pferd Alexander des Großen (356–323 v. Chr.), wurde in einigen Überlieferungen als riesiges Pferd mit einem großen Horn aus Elfenbein und dem Schwanz eines Pfaus beschrieben. Der Sage nach war nur Alexander selbst, der Bukephalos von einer ägyptischen Königin erhalten haben soll, in der Lage, das Fabeltier zu reiten. Als Bukephalos 326 v. Chr. in einer Schlacht getötet wurde, ließ Alexander ihm zu Ehren sogar eine ganze Stadt errichten.

Obwohl das Einhorn als Zeichen des Mondes der griechischen Göttin des Mondes und der Jagd Artemis zugeordnet wurde, spielt es in der griechisch-römischen Mythologie kaum eine Rolle. Auch in der Kunst des Altertums finden sich kaum Einhorn-Darstellungen.

SYMBOL FÜR REINHEIT UND KEUSCHHEIT

Erst im Mittelalter gewann das Einhorn in Mythos, Legende und Religion wieder an Bedeutung und entwickelte sich in der Vorstellungskraft der Menschen zu jenem zauberhaften Wesen, das wir aus so vielen zeitgenössischen Bestiarien, von Gemälden und Wandteppichen kennen: ein strahlend weißes pferdeähnliches Geschöpf, dessen Stirn ein langes, spiralig gedrehtes Horn entspringt – stets zart und doch kraftvoll, stets anmutig und doch wild. Einhörner standen für Tugenden wie Reinheit, Unschuld oder Keuschheit (vgl. S. 12).

Im mittelalterlichen Glauben war das Einhorn ein stolzes und mutiges Tier. Niemand außer einer Jungfrau war in der Lage, das scheue Wesen zu fangen und zu zähmen: Von der Unschuld der Jungfrau angezogen, ging das Einhorn geradewegs auf sie zu, kniete vor ihr nieder und legte seinen Kopf in ihren Schoß und schlief friedlich ein, sodass sie in der Lage war, ihm ein goldenes Zaumzeug anzulegen. Deshalb sollen erfahrene Einhornjäger immer wieder Jungfrauen in die Wälder ausgesandt haben, um Einhörner anzulocken und dann das im Schoße der Jungfrau schlafende Tier zu töten, und sich so seines wertvollen Hornes bemächtigt haben.

Der Legende nach soll das Einhorn in der Lage sein, einen Teich zu entgiften, indem es sein Horn in das vergiftete Wasser taucht, sodass die Tiere des Waldes es trinken können. Deshalb glaubte man lange

»Die Dame mit dem Einhorn«. Gemälde von Raffael, um 1505/06.

Zeit, mit dem Horn von Einhörnern Krankheiten heilen zu können, aber auch vergiftete Speisen entdecken und entgiften zu können. Aufgrund dieser magischen Eigenschaften waren die seltenen »Einhornhörner« im Mittelalter sehr begehrt und wurden mit Gold aufgewogen.

Relativ früh hielt das Einhorn auch Einzug in die christliche Symbolik. Das Einhorn wurde als Symbol Christi interpretiert, sein Tod stand für den Opfertod des Erlösers. Da das Einhorn, wie bereits erwähnt, Reinheit und Keuschheit symbolisierte, ist es nur allzu verständlich, dass es im christlichen Weltbild der Jungfrau Maria bzw. der unbefleckten Empfängnis zuge-

ordnet wurde. Eine wichtige Aufgabe des Einhorns in der christlichen Welt des Mittelalters war es auch, den Baum des Lebens zu schützen.

Auch in Spätmittelalter und in der Renaissance glaubten sogar gebildete Menschen weiterhin an die Existenz des Einhorns, und besonders sein magischen Horn weckte die Begierde der Menschen. Niemand schien sich an der Tatsache zu stören, dass es zwar zahlreiche Einhornabbildungen und Legenden gab und auch das Horn oder zumindest Teile davon immer wieder gefunden wurden, aber doch niemand je ein – wenn auch zugegebenermaßen scheues – lebendes Einhorn gesichtet hatte. Erst im 18. Jahrhundert ließ das Interesse am Einhorn nach, als die »Einhornskeptiker« allmählich die Oberhand zu gewinnen begannen.

Mammut, Narwal und Panzernashorn

Der Mythos vom Einhorn lässt sich auf mehrere tatsächlich existierende Tiere zurückführen. Viele Knochen und »Hörner«, die gerade im deutschsprachigen Raum gefunden wurden und die noch im 18. Jahrhundert dem Einhorn zugeordnet wurden, waren in Wirklichkeit Zähne und Knochen von längst ausgestorbenen Mammuts, Wollnashörnern oder Höhlenbären, die im Pleistozän hier zu Hause waren.

Man nimmt an, dass auch zumindest ein Teil der Legende vom Einhorn von Seeleuten geschaffen wurde: Die langen, spiralig gedrehten Einhornhörner, die von Seefahrern immer wieder an Land gebracht oder an den Küsten gefunden wurden und als kostbare Rarität ihren Weg in die Schatzkammern der europäischen Herrscher fanden, entpuppten sich in Wirklichkeit als Stoßzähne des Narwals. Das sagenumwobene Fabeltier war in Wirklichkeit also ein Zahnwal. Diese Entdeckung verliert ein wenig an Kuriosität, wenn man bedenkt, dass die Gischt der See ja schon immer mit weißen Rössern umschrieben wurde.

Was aber war mit den Einhörnern, die von den Schriftstellern der Antike beschrieben wurden. Aus heutiger Sicht wissen wir, dass es sich bei den »indischen Einhörnern« mit hoher Wahrscheinlichkeit um Beschreibungen des indischen Panzernashorns handelte. Weisen doch diese Dickhäuter genau die von den Erzählern dem Einhorn zugeschriebenen Attribute wie Horn, »Elefantenfüße« und »Eberschwanz« auf. Bereits Marco Polo, der berühmte Weltreisende des 13. Jahrhunderts, war sich darüber im Klaren, dass es sich bei den »Einhörnern« Südostasiens in Wirklichkeit um Nashörner gehandelt hat. So schreibt er im 3. Buch seiner Reiseerzählungen:

…In dem Lande gibt es viele wilde Elefanten und Rhinozerosse, die Letzteren [sind] kleiner als Elefanten, aber ihre Füße sind sich ähnlich. Ihre Haut gleicht der eines Büffels. Auf der Mitte der Stirn haben sie ein einzelnes Horn, aber mit dieser Waffe verletzen sie nicht diejenigen, die sie angreifen, sondern gebrauchen zu diesem Zweck nur ihre Zunge, die mit langen scharfen Sta-

---

Die Einhornhöhle

Wohl schon im Mittelalter, sicher aber zu Beginn der Neuzeit gelangte eine Höhle im Harz bei der Ortschaft Scharzfeld zu großer Berühmtheit, sprach es sich doch rasch herum, dass es hier Knochen und Zähne zu finden gab, von denen es bald als sicher galt, dass sie nur vom sagenumwobenen Einhorn stammen konnten. So begannen bald gewerbsmäßige Knochenausgräber damit, die Einhornreste zu bergen, die als Heilmittel von der damaligen Medizin besonders geschätzt wurden.

Auch der Philosoph und Universalgelehrte Gottfried Wilhelm von Leibnitz (1646–1716), der die Einhornhöhle um 1686 besucht hatte, glaubte noch an die Existenz des Einhorns und berichtete über den schwungvollen Handel mit den »Einhorn«-Artefakten: »Die in der Höhle gefundenen Knochen und Zähne werden in ganz Deutschland zum Arzneigebrauch verhandelt und da jeder nach Belieben dort gräbt, so wird dieser Stoff in dem engen Raum wohl bald erschöpft sein.«

Aber noch im 17. Jahrhundert wurde erkannt, dass es sich bei den Knochenfunden nicht um das sagenumwobene Einhorn, sondern um fossile Reste von Großsäugern handelte. Bei späteren systematischen Untersuchungen der Höhle gegen Ende des 19. Jahrhunderts, die vom berühmten Arzt Rudolf Virchow begonnen wurden, wurde das Einhorn, das der Höhle den Namen gab, dann endgültig in das Reich der Fabel verwiesen. Tatsächlich stammten die Knochen und Zähne zum größten Teil von Höhlenbären und ihren Beutetieren. Insgesamt wurden über 60 Säugetierarten bestimmt. Heute ist die Einhornhöhle zur Schauhöhle ausgebaut worden und mit über 600 m Gesamtganglänge die größte begehbare Höhle des Westharzes.

---

cheln bewaffnet ist, und ihre Knie oder Füße; wenn sie einen Menschen angreifen, stoßen sie ihn mit den Füßen nieder, trampeln auf ihm herum oder zerreißen ihn mit der Zunge. Ihr Kopf ist gleich dem eines wilden Ebers, und sie tragen ihn tief am Boden. Sie haben Freude daran in Schlammpfützen zu wühlen und sind schmutzig in ihren Gewohnheiten. Sie entsprechen jedoch nicht der Beschreibung der Tiere, die sich durch Jungfrauen fangen lassen, wie man bei uns wähnt, sondern sind von einer gegensätzlichen Natur.

Ob Marco Polo jemals Nashörner mit eigenen Augen gesehen hat, ist zumindest zweifelhaft. Im mittelalterlichen Mitteleuropa war das Panzernashorn jedoch weitgehend unbekannt, gab es doch kaum Kontakt zwischen Europa und Indien. So hat Albrecht Dürer niemals selbst ein Panzernashorn zu Gesicht bekommen. Er schuf seinen berühmten Holzschnitt eines Panzernashorns (siehe Abb. S. 200) lediglich nach einer Zeichnung, die er vermutlich 1515 aus Portugal erhalten hatte. Schließlich gab es das erste Panzernashorn erst im Jahre 1747 in Deutschland zu bewundern.

Und da das Panzernashorn so spät nach Mitteleuropa kam, kannten die Menschen das Einhorn eben nur aus den klassischen Beschreibungen der Schriftsteller der Antike, aus denen sie dann mit einiger Phantasie das Fabelwesen Einhorn schufen, das in so vielen mittelalterlichen Darstellungen zu bewundern ist: ein wunderschönes, anmutig wirkendes weißes Pferd mit einem

DAS EINHORN DES DOKTOR DOVE

Noch im 19. Jahrhundert war der Glaube weit verbreitet, dass Einhörner tatsächlich existieren oder zumindest noch in jüngerer Vergangenheit existiert haben. So war es nicht selten, dass allseits respektierte Wissenschaftler ganz ernsthaft, sogar unter Einbeziehung der Darwinschen Thesen, über die Existenz dieses Geschöpfes diskutierten.

1827 erklärte dann der französische renommierte Naturforscher Baron Georges Cuvier, einer der Urväter der modernen Paläontologie, warum Einhörner schon allein aus anatomischen Gründen nicht existiert haben können: Paarhufer – und als solches ist das Einhorn meist abgebildet – besitzen ein in der Mitte geteiltes Stirnbein, über dessen Spalt ein Horn gar keinen Halt fände.

1933 bewies der amerikanische Biologe Franklin Dove, dass diese These falsch war. Er entfernte chirurgisch bei einem 1 Tag alten Stierkalb die beiden Hornknospen und verpflanzte sie auf die Mitte der Stirn, wo die Hornansätze zu einem einzigen geraden Horn von rund 40 cm Länge zusammenwuchsen. Dr. Dove, oder sollte man lieber Dr. Frankenstein sagen, hatte tatsächlich ein Einhorn geschaffen! Das »Einhorn« wurde später der Führer seiner Herde und war nach Aussagen von Augenzeugen außergewöhnlich freundlich und liebevoll – Eigenschaften, die auch dem »wahren« Einhorn zugeschrieben werden.

Foto-Dokument des »Einhorns« von Dr. Franklin Dove.

langen, spiralig gewundenen Horn auf der Stirn.

Erst im 19. Jahrhundert wurde das »Einhorn« dann endgültig als Panzernashorn entlarvt. Aber Abenteurer, Künstler und Fantasten brauchten ein Wesen, das graziöser und bezaubernder war als ein Nashorn: zu flink, um gefangen zu werden, zu wild, um gezähmt zu werden, zu schön, um vergessen zu werden, und vor allem zu geheimnisvoll, um verstanden zu werden, und so lebt der Mythos vom Einhorn weiter.

So haben Mammut, Narwal und Panzernashorn vermutlich zusammen die Legende vom Einhorn geschaffen.

K'I-LIN – DAS CHINESISCHE EINHORN

Das in allen Farben des Regenbogens leuchtende Chinesische Einhorn K'i-lin gilt in der chinesischen Mythologie aufgrund seiner Weisheit und Kraft als »König der Landtiere«. Das fernöstliche Ein-

Die japanische Version des Einhorns – das Kirin.

horn, das der Sage nach zusammen mit dem Drachen, der Schildkröte und dem Phönix zu den 4 himmlischen Kreaturen gehört, die die Welt erschaffen haben sollen, weist eigentlich nur positive Eigenschaften auf: Schon sein bloßes Erscheinen, besonders als Überbringer wichtiger Botschaften, soll den Menschen Glück und eine günstige Zukunft bescheren. Alle, die es erblicken, werden durch das mythische Tier gesegnet.

Aber nicht nur die Menschen, sondern alle Kreaturen werden vom K'i-lin freundlich behandelt. So tritt das Fabelwesen nach einer alten Überlieferung niemals auf ein anderes Lebewesen – noch nicht einmal auf Gras – und gilt daher als Symbol

Kennzeichen der männliche Narwale ist ihr langer Stoßzahn.

der Güte. Wie auch im Wundervogel Phönix sehen die Chinesen im K'i-lin ein Symbol für eine glückliche Regierungszeit. Das K'i-lin kann sowohl auf der Erde wie auch auf dem Wasser laufen. Nach einigen Überlieferungen haben nur männliche K'i-lins ein Horn, bei den weiblichen Einhörnern soll es fehlen. Dem fernöstlichen Einhorn wird nachgesagt, dass es, wie auch sein europäischer Vetter, niemals verschmutztes oder gar giftiges Wasser trinkt.

Das chinesische Einhorn ist viel länger bekannt als das europäische. Der Legende nach soll es bereits im Jahre 2697 v. Chr. im Palast des Kaisers Huang-ti aufgetaucht sein. Einer anderen Legende nach soll das Einhorn auch im 5. Jahrhundert bei der Geburt des Philosophen Konfuzius anwesend gewesen sein, der das chinesische Kultur- und Geisteswesen über viele Jahrhunderte prägte.

Nach den Vermutungen kanadischer Wissenschaftler geht der Mythos des chinesischen Einhorns auf das in Eurasien im Pleistozän lebende und heute längst ausgestorbene Nashorn *Elasmotherium sibiricus* zurück. Dieses gewaltige Tier der Eiszeit wird im englischen manchmal auch als »Unicorn Giant« bezeichnet.

Eng verwandt mit dem chinesischen Einhorn scheint, nicht nur dem Namen nach, das japanische Einhorn Kirin zu sein. Dieses Fabelwesen soll einen so ausgeprägten Gerechtigkeitssinn gehabt haben, dass es sogar mitunter bei Gericht auftauchte, um Schuldige zu töten und Unschuldige zu befreien.

Narwalbullen benutzen ihre Stoß-zähne zu Revierkämpfen

DAS EINHORN DER MEERE

Der Narwal (*Monodon monocerus*), der zur Gruppe der Zahnwale gehört, erreicht eine Länge von 6 m und ein Gewicht bis zu 1,6 Tonnen, wobei die Weibchen in der Regel kleiner und leichter als die Männchen sind.

Das charakteristische Merkmal des männlichen Narwals ist der bereits erwähnte spiralig gedrehte Stoßzahn, der bis zu 3 m lang und bis zu 10 kg schwer werden kann. Darauf weist auch schon der lateinische Name des Narwals hin (»monodon« = Einzahn, »monoceros« = Einhorn). Es handelt sich dabei in der Regel um den linken vorderen Schneidezahn des Oberkiefers (selten auch der rechte oder

beide), der die Oberlippe nach außen wachsend durchbricht. Die Schneidezähne der Weibchen bleiben meist von außen unsichtbar im Oberkiefer eingebettet.

Man hat lange Zeit gerätselt, welche Funktion der innen hohle und relativ leicht zerbrechliche Stoßzahn des Narwals eigentlich hat. Während man früher glaubte, er diente dazu, Löcher in das Eis zu bohren, Beute aufzuspießen oder als eine Art Hacke den Boden auf der Suche nach Nahrung zu durchwühlen, ist man sich heute relativ sicher, dass der Stoßzahn als sekundäres Geschlechtsmerkmal der Männchen fungiert und für Rang- und Rivalenkämpfe eingesetzt wird. Hinweis hierfür sind die Narben, die man

DAS INDISCHE EINHORN

Das Panzernashorn (*Rhinoceros unicornis*) ist eines der größten Landsäugetiere. Lediglich Elefanten und sein afrikanischer Vetter, das Breitmaulnashorn, sind größer und schwerer als der indische Koloss. Panzernashornbullen können bis 4,2 m lang und 2,2 Tonnen schwer werden. Die Weibchen sind kleiner und mit rund 1,6 Tonnen Körpergewicht auch deutlich leichter. Im Gegensatz zu ihren afrikanischen Verwandten besitzen Panzernashörner nur ein einziges dunkles Horn, das maximal 50 cm lang wird. Das dem Nasenbein aufsitzende Horn besteht aus feinen, miteinander verwachsenen, von der Basis zur Spitze durchgehenden Keratin-Stäbchen, die nicht – wie man früher immer wieder behauptet hat – aus zusammengeklebten Haaren hervorgegangen sind. Ihren Namen verdanken die Tiere ihrer, an eine Rüstung erinnernden, massiven Haut, die jedoch nicht so dick und hart ist, wie sie auf den ersten Blick erscheint. Sie ist durch Falten in einzelne Bereiche unterteilt, die wie die Teile einer mittelalterlichen Panzerung wirken.

Während Panzernashörner früher wohl einen großen Teil des indischen Subkontinents bewohnten, sind sie heute in wenige Reservate in Nordindien

Albrecht Dürer hat niemals ein Panzernashorn zu Gesicht bekommen. Er schuf seinen berühmten Holzschnitt vermutlich nach einer portugiesischen Zeichnung aus dem Jahre 1515

und Nepal zurückgedrängt worden. Dort leben sie im Schwemmland größerer Flüsse mit Sumpfvegetation und Gras- oder Elefantengrasflächen. Überhaupt sind Panzernashörner stark an Wasservorkommen gebunden, denn die heiße Tageszeit verbringen die nacht- bzw. dämmerungsaktiven Tiere meist mit Baden in einer kühlen Suhle, was auch zur Gesunderhaltung ihrer Haut beiträgt. Panzernashörner sind reine Vegetarier. Ihre Nahrung besteht aus Gräsern, Blättern, Zweigen und Früchten. Obwohl Panzernashörner keine festen Gruppen bilden, findet man an begehrten Plätzen immer wieder Ansammlungen mehrerer Tiere. Zwischen Bullen kommt es öfter zu heftigen Revierkämpfen, die in seltenen Fällen auch mit dem

Im Gegensatz zu seinen afrikanischen Vettern weist das Panzernashorn nur ein Horn auf.

Tod des Unterlegenen enden können.

Panzernashörner bringen alle 3 Jahre nach einer Tragzeit von ca. 480 Tagen ein einziges Junges mit einem Geburtsgewicht von rund 70 kg zur Welt. Die geringe Fortpflanzungsrate wird zumindest teilweise durch eine hohe Lebenserwartung ausgeglichen – Panzernashörner können ein Alter von ca. 40 Jahren erreichen.

Schätzte man die Panzernashornbestände für das 15. Jahrhundert noch auf 500 000 Tiere, waren diese zu Anfang des 20. Jahrhunderts auf etwas mehr als 100 Tiere geschrumpft, und das Panzernashorn stand am Rand der Ausrottung. Verantwortlich hierfür waren die Trophäenjagd und der in Asien verbreitete Aberglaube, dass das Horn zu Pulver zerrieben als Heilmittel gegen alle möglichen Krankheiten und als Aphrodisiakum wirkt. Die Hörner wurden und werden heute noch im Schwarzhandel buchstäblich mit Gold aufgewogen. Durch ein totales Verbot der Nashornjagd ab 1910 und weitere konsequente Schutz- und Zuchtmaßnahmen konnten die Bestände zu Beginn des neuen Jahrtausends wieder auf rund 2500 Nashörner angehoben werden. Dennoch gehört das Panzernashorn immer noch zu den am meisten bedrohten Arten der Welt.

häufig am Kopf älterer Männchen beobachten kann.

Weitere Kennzeichen des Narwals sind seine knollige Stirn, der leichte Buckel an Stelle der Rückenflosse und die weiß gesprenkelte Haut, die die Seefahrer vergangener Tage an Wasserleichen erinnerte, weshalb der Narwal früher auch manchmal als Leichenwal bezeichnet wurde.

Narwale sind Bewohner der Packeiszone der arktischen Gewässer. In einigen Gebieten kommen sie im Frühjahr in die Küstengewässer und bleiben dort bis zum Spätsommer. In Nord- und Ostsee wurde der Narwal nur vereinzelt gesichtet. Im Jahr 1711 soll jedoch ein Narwal sogar die Elbe hinauf bis nach Hamburg geschwommen sein.

Ihre Nahrung besteht vorwiegend aus Bodentieren wie Rochen, Plattfischen und Krebsen. Es werden jedoch auch frei schwimmende Meeresbewohner wie der Polardorsch oder größere Tintenfische gefressen.

Narwale leben in kleinen Familienverbänden von bis zu 10 Tieren. Diese Gruppen können sich in Phasen der Wanderung zu Schulen von mehreren hundert bis tausend Individuen zusammenschließen. Ihre Gesamtzahl ist unbekannt. In der kanadischen Arktis werden sie auf 20 000 Individuen geschätzt.

Die Weibchen pflanzen sich erstmals in einem Alter von 5 Jahren fort; Männchen werden sogar erst nach 8 Jahren geschlechtsreif. Die Kälber werden zu Beginn des eisfreien Sommers geboren.

Der Narwal hat, abgesehen vom Schwertwal, kaum natürliche Feinde. Auch ist der wirtschaftliche Nutzen aufgrund der relativ geringen Größe dieser Walart eher gering. Obwohl heute nur noch die Inuit in streng kontrollierter Stückzahl Narwale fangen dürfen, werden immer noch jährlich zahlreiche Exemplare dieser beeindruckenden Walart illegal wegen ihres »Elfenbeinhornes« bejagt und getötet. Das Horn wird dann oft nach Japan und China verkauft, wo man immer noch an eine medizinische Heilwirkung glaubt. Daher zählt der Narwal zu den gefährdeten Arten.

EINHORN-TIERE

Aufgrund ihrer »herausragenden Eigenschaft«, nämlich einer hornartigen Struktur im Kopfbereich, haben Zoologen auch einige real existierende Tiere nach dem Einhorn benannt. Da gibt es neben dem bereits erwähnten Narwal und dem Panzernashorn die Einhornfische der Gattung *Naso*, die in tropischen Gewässern vorkommen, wie z.B. den Kurznasen-Doktorfisch (*Naso unicornis*), aber auch ganz kleine Tiere, wie das winzige, gerade mal 1 mm große Einhorn-Rädertier (*Kelicottia longispina*), das im Süßwasser vorkommt. Eine verwandte Rädertierart ist *Conochilus unicornis*. Auch bei den Insekten gibt es zumindest im englischen Sprachgebrauch Einhörner: Auf Deutsch heißt die Blatthornkäferart *Dynastes tityus* wegen ihres 2 cm langen Horns Nashornkäfer, die Engländer sehen das anders und haben ihn Einhornkäfer genannt.

Gigantenknochen

Von Riesen und ihren Gebeinen

Sie haben übermenschliche Körperkräfte, sind meist ungeschlacht, plump sowie hässlich und zeichnen sich nicht gerade durch eine übermäßige Intelligenz aus.

Seit vielen Jahrhunderten stellen sich die Menschen zahlreicher Länder die Riesen dieser Welt so oder ähnlich vor.

Riesen sind menschenähnliche Wesen von gewaltiger Größe, die fast dem Klischee eines mächtigen, überdimensionalen Supermannes entsprechen. Viele sind tückisch und verschlagen, andere wiederum haben eher einen gutmütigen Charakter, manche sind Kannibalen oder Diebe, einige wenige wiederum Freunde des Menschen. Rie-

sen sind Bestandteil der Sagen und Mythen nahezu jeder Kultur. In der griechischen Mythologie finden sich neben den urtümlichen Titanen und Giganten die einäugigen Zyklopen (siehe S. 212), Riesen einer neuen Generation.

Besonders reich an Riesen ist die nordische Sagenwelt: Die Giganten des Nordens, bis auf wenige Ausnahmen üble Ungeheuer mit gewaltigen Körperkräften, stehen im ständigen Kampf mit den Göttern und verursachen letztendlich zusammen mit anderen Monstern zur Endzeit Ragnarök, den Weltuntergang.

Das Alte Testament kennt nicht nur den Gegner Davids, den Riesen Goliath, dessen Name sogar zum Synonym für riesenhaften Wuchs wurde, sondern auch andere Riesen, wie die Ammoriter und Enakiter.

Auch der heilige Christophorus ist ein Riese. Entdeckte man früher in einem Flussbett große Knochen, wurden diese meist als Reliquien verehrt, denn man schrieb diese stets St. Christophorus zu, da der riesige Heilige ja bekanntermaßen laut christlicher Überlieferung das Jesuskind mitsamt der Erdkugel auf seinen Schultern durch einen Fluss trug.

Viele Länder haben ihren oder ihre Nationalriesen (siehe auch Kasten S. 204). Bekannt wurden jedoch meist nur die menschlichen Helden, die die Riesen in gewaltigen Kämpfen, oft auch nur durch eine List oder den Einsatz einer Zauberwaffe, besiegten. So hatten es im mittelalterlichen England die Ritter der Tafelrunde des Königs Artus immer wieder mit Riesen zu tun. In Deutschland waren es die Nibelun-

Jonathan Swifts Romanheld Gulliver erlebte zahlreiche Abenteuer im Land der Riesen.

einer solchen Größe waren, dass sie nach Ansicht der Bevölkerung nur von Riesen stammen konnten.

Als in der Mitte des 15. Jahrhunderts am Wiener Stephansdom Ausschachtungen durchgeführt wurden, fand man in der Erde einen gewaltigen Knochen, den man am Westtor aufhängte, das seitdem als »Riesentor« bezeichnet wird. Der Legende nach soll der Knochen von Riesen stammen, die mitgeholfen haben sollen, den Dom zu errichten, und hier angeblich sogar zur Taufe zu gingen.

Im Jahre 1645, während des Dreißigjährigen Krieges, machten schwedische Truppen bei Schanzarbeiten im niederösterreichischen Krems Aufsehen erregende Knochenfunde von gewaltiger Größe,

gen, allen voran Siegfried, und anderer Helden, die zahlreiche Abenteuer mit Riesen zu überstehen hatten. In Japan besiegte der Held Raiko mit seinen Getreuen sogar eine ganze Riesenbande.

In vielen Kulturen galten Riesen auch als Baumeister der Erde. Viele unserer Vorfahren waren der festen Überzeugung, dass neben den allmächtigen Göttern nur Riesen mit ihren gewaltigen Kräften für die Erschaffung von Meeren, Bergen und Tälern verantwortlich sein konnten. Oft wurden Riesen auch als eine Verkörperung der Naturgewalten angesehen. So gibt es gerade in der nordischen Mythologie neben den Luft- und Sturmriesen auch Wasser-, Meer- und Feuerriesen, denen die Beherrschung ihres jeweiligen Elements nachgesagt wurde.

Aber auch die Existenz gewaltiger Bauwerke und Monumente, z. B. der Zyklopenmauern Mykenes oder der auch als »Hinkelsteine« bekannten Megalithen, konnten sich die Menschen der Antike und des Mittelalters nur mit dem Einsatz übermenschlicher Kräfte erklären. Daher standen diese Gebilde im Verdacht, von Riesen geschaffen worden zu sein.

RIESIGE BEWEISE

Der Glaube an die Existenz von Riesen wurde auch immer wieder durch Funde riesiger fossiler Knochen neu entfacht. Gerade im deutschsprachigen Raum wurden zum Ende des Mittelalters hin häufig Knochen gefunden, die zwar menschenähnlich, aber doch von

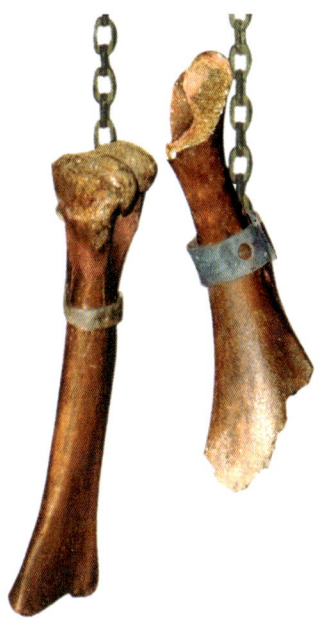

»Riesenknochen«, die im Spätmittelalter in der Nibelungenstadt Worms aufgehängt wurden.

KIRCHERS HITPARADE DER RIESEN

Der berühmte Jesuitenpater und Universalgelehrte Athanasius Kircher (1602–1680), der in Würzburg und Worms wirkte, veröffentlichte im Jahre 1678 sein Hauptwerk »Mundus subterraneus« (Unterirdische Welt), in dem er all das beschreibt, was sich vermeintlich unter der Erdoberfläche verborgen findet: von den Felsen und Vulkanen bis zu den Wasseradern und Höhlen. Aber das Buch enthält auch eine Zusammenstellung der berühmtesten Riesen. Auf einer Abbildung wird eine Art »Ranking« der größten Riesen aller Zeit dargestellt.

1. Den ersten Platz belegte der 10 m hohe so genannte »Sizilianische Riese«, dessen Überreste im 14. Jahrhundert in einer sizilianischen Höhle entdeckt wurden. Nach dem italienischen Dichter Giovanni Boccaccio (1313–1375) soll es sich dabei um den aus der Odyssee bekannten Zyklopen gehandelt haben.

2. Der »Mauretanische Riese«, »Gigas Mauritaniae«, über den nur sehr wenig bekannt ist.

3. Der »Luzerner Riese«, »Gigas Helveticus«, für den der Basler Arzt Felix Platter (1536–1614) eine Körpergröße von mehr als 5 m berechnete. Seine Überreste wurden 1577 bei Reiden, nahe dem Vierwaldstätter See entdeckt. Erst im 19. Jahrhundert wurden die Knochen von einem Anatomen als Mammutknochen identifiziert.

4. Goliath, der Riese aus dem alten Testament, der von David mit einer Steinschleuder getötet wurde. Er soll »nur« dreieinhalb Meter (»sechs Ellen und eine Handbreit«) groß gewesen sein, dafür aber sehr stark, denn allein sein Panzerhemd soll über 100 kg (»fünftausend Lot Erz«) gewogen haben.

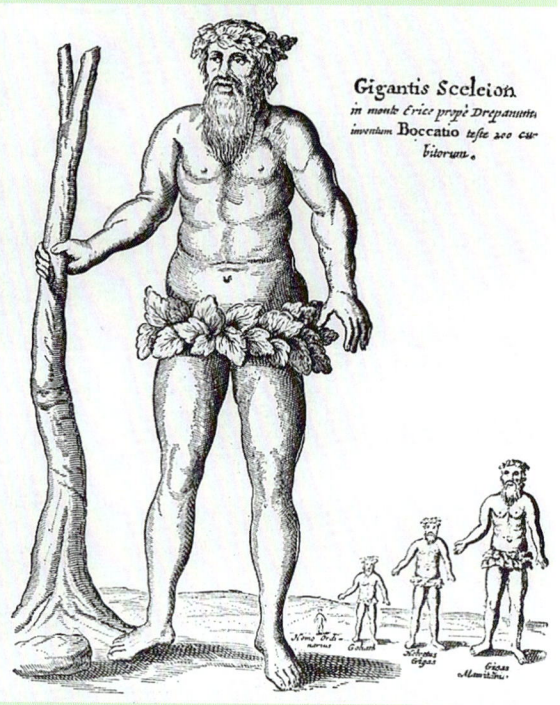

Riesen im Vergleich: links der »Sizilianische Riese«, daneben Mensch, Goliath, »Luzerner Riese« und »Mauretanischer Riese«. Nach Athanasius Kircher, 1678.

die 2 Jahre später der Städtezeichner Matthäus Merian der Ältere im festen Glauben, es handle sich um die Überreste eines Riesen, ausführlich im 5. Band seines »Theatrum europaeum« beschrieb: »... von gelehrten und erfahrnen Leuten in Augenschein genommen, und für Menschenbeyn erkennet worden, gantz herausgebracht, verführet, hin und wider in Antiquaria verehret, auch nach Schweden und Polen verschickt worden ...« Merian zeigt sich stark beeindruckt von der Größe des »Kremser Riesen«: »Die eygentliche Grösse vorgedachten Cörpers ist unglaublich, dann der Kopff allein einer runden zimblichen Tafel groß, die Arm eines Manns dick geachtet worden, auch auß beykommendem Abriß eines Zahns, wie auch eines andern, von 5 und ein halb Pfundt schwär«. Zwei dieser Zähne bildete Merian als »Zähne eines Riesen ab«.

Ein rund 1,20 m langer Knochen, der als »Oberschenkel eines Riesen von wundersamer Größe« deklariert wurde, war zu Beginn des 17. Jahrhunderts im Wirtshaus »Zum

Riesen« in Oppenheim bei Mainz zu bestaunen. Ein ähnlicher »Riesenoberschenkelknochen« war zur gleichen Zeit in einem Speisesaal in Ettlingen bei Karlsruhe ausgestellt.

Besonders berühmt für die Funde von imposanten Riesenknochen war die Nibelungenstadt Worms. Aus dem Spätmittelalter sind zahlreiche Berichte über riesige Knochen, die überall in der Stadt zu sehen waren, erhalten geblieben. So erwähnte bereits Georg Sabinius (1508–1560), der Rektor der Universität Königsberg, riesige Knochen, die es in Worms auf dem Marktplatz zu bestaunen gab, und schloss daraus, dass die Stadt einst von »Giganten« bewohnt gewesen sein musste. Über die gleichen Knochen schrieb der Literat und Geograph Matthias Quadt von Kinckelbach in seinem 1609 erschienenen Werk »Teutscher Nation Herligkeit«, dass es sich bei den in der Stadt der Nibelungen gefundenen Knochen zweifellos nur um »*daz gebein von Reisen [Riesen] und Trachen, welche Seyfrid verwunden, in eiserne ketten gefasset*«, handeln konnte.

Auch als Lienhardt Flechsel, ein Augsburger Pritschenmeister, im Jahre 1575 in Worms war, entdeckte er bei seinem Rundgang durch die Stadt in den Laubengängen des Hauses zur Münze an einer eisernen Kette hängende riesige Knochen, die er auch gleich als »*große rissen bain*« einzuordnen wusste.1689 berichtete ein Mitglied des Wormser Dreizehnerrates, Johann Schippel: »Und ist unleugbar, daß große und mehr als 20 biß 30 Schuh lang gewesene Riesen an dieser Rhein-Ge-

PLEISTOZÄN-PARK – DER MAMMUTZOO

»Wir wollen der Welt einen Traum schenken«, sagt Kazutoshi Kobayashi, der Leiter eines japanischen Mammut-Wiederbelebungsprojektes. Es ist ein Mammutprojekt – im wahrsten Sinne des Wortes. Kobayashi will zweigleisig vorgehen: Zum einen ist er auf der Suche nach gefrorenem Mammutsperma, mit dem eine ganz normale Elefantenkuh befruchtet werden soll. Das Ergebnis wäre dann ein Hybrid – eine Mischung aus Mammut und Elefant. Diese Prozedur soll dann in einer Art Rückkreuzung über mehrere Generationen wiederholt werden, bis aus dem »Halb-Mammut« ein nahezu hunderprozentiges Mammut entstanden ist.

Die wissenschaftlich elegantere und auch schnellere Lösung beständе darin, Mammut-DNA zu isolieren und in eine Eizelle eines asiatischen Elefanten zu übertragen, aus der vorher die Elefantengene vollständig entfernt worden sind. Dadurch würde kein Hybridwesen entstehen, sondern sofort ein richtiges »erbreines« Mammut.

Die erhofften Baby-Mammuts sollen dann in einem »Pleistozän-Park« (so genannt in Anlehnung an Steven Spielbergs berühmten »Jurassic Park«), einem 160 km² Safarigelände in Sibirien, leben. Allerdings werden lediglich gut betuchte Besucher die Mammuts besichtigen können, denn der Park soll nur mit dem Hubschrauber zu erreichen sein.

Ist solch eine Vision eine Ausgeburt von Fantasten oder kann sie bald Wirklichkeit werden?

Einige japanische und russische Wissenschaftler sind überzeugt, dass dies in naher Zukunft möglich ist. Werden doch immer wieder in Sibirien gut erhaltene Mammutkadaver aus dem Eis befreit, die möglicherweise noch tiefgekühlte klonfähige Zellen enthalten. Und wenn man ein Schaf klonen kann, warum dann nicht auch ein Mammut?

Reine Fantasie sagen dagegen andere Experten. Nach zehntausend Jahren sei auch im sibirischen Dauerfrostboden nicht mehr viel vom Mammut-Erbgut übrig. Selbst wenn man genügend DNA isolieren könnte, reiche das nicht für einen Klonversuch. »Wenn ich Autoteile eine Treppe runterwerfe, dann steht unten noch lange kein Porsche«, stellte der Molekularbiologe Alex Greenwood vom American Museum of Natural History äußerst plakativ fest. Und auch der international renommierte Mammutexperte vom Londoner University College, Adrian Lister, ist sich sicher: »Um ein Mammut zu klonen, bräuchte man hunderte Genetiker, viele Jahrzehnte konzentrierter Arbeit und letztendlich auch Milliarden von Dollar.« So wird es sicherlich noch einige Zeit dauern, bevor wir »wiederauferstandene« Mammuts bewundern können.

Riesenknochen entpuppten sich später meist als Oberschenkelknochen von Mammuts.

Knochen und im Falle des »Kremser Riesen« Zähnen handelte es sich um die fossilen Knochen bzw. Backenzähne von Mammuts, den urzeitlichen elefantenähnlichen Giganten, die in der Eiszeit in Mitteleuropa heimisch waren.

MAMMUTS – RIESEN DES EISZEITALTERS

Über kein anderes ausgestorbenes Tier ist so viel bekannt wie über das Mammut, den legendären »Ur-Elefanten« des Pleistozäns. Das liegt daran, dass, im Gegensatz zu anderen fossilen Funden, die meist aus mehr oder weniger gut erhaltenen Knochen bestehen, im Dauerfrostboden Sibiriens viele Mammuts nach ihrem Tod tiefgefroren und so bis heute hervorragend konserviert wurden. So weiß man, dass z. B. das Wollmammut (*Mammuthus primigenius*) mit einer Schulterhöhe von rund 3 m und einem Gewicht von 6 t etwa so groß und so schwer wie ein Indischer Elefant war. Der »Vorläufer« des Wollmammuts das europäische und nordamerikanische Steppenmammut (*Mammuthus trogontherii*) das vor 500 000 bis 100 000 Jahren lebte, wurde sogar fast 5 m hoch.

Ein charakteristisches Kennzeichen der Urzeitriesen war, neben dem mächtigen Rüssel, die stark gekrümmten Stoßzähne, die bis zu 4 m lang werden konnten. Im Gegensatz zum Elefanten hatten

gend sich nicht selten aufgehalten haben, indeme ein dergleichen Riesen-Bein Anno 1635 im Rhein gefunden ich selbsten zu Wormbs gehabt…« Damals muss Worms ein wahres Eldorado für Riesen gewesen sein.

Einen interessanten Einblick zur Stellung der Riesen im mittelalterlichen Weltbild liefert die Geschichte des »Luzerner Riesen« (siehe auch Kasten S. 204). Dessen knöcherne Überreste, die 1577 entdeckt wurden, hatte man im Rathaus von Luzern ausgestellt. Ihnen wurde ein christliches Begräbnis verweigert, da ja Riesen bekanntermaßen kein solches verdienten.

Was aber hatte es wirklich mit den »Gebeinen« der Riesen auf sich? Die Lösung ist verblüffend einfach: Bei den überdimensionalen

Mammuts nur relativ kleine Ohren. Vor der eiszeitlichen Kälte schützten die urzeitlichen Rüsseltiere eine 3 cm dicke Haut, eine fast 10 cm dicke, isolierende Fettschicht sowie die 5 cm langen Woll- und die über 1 m langen Grannenhaare ihres zottigen Fells. Neben dem Fell und der Haut war bei den sibirischen Frostfunden oft sogar der komplette Mageninhalt erhalten – sodass heute genau bekannt ist, wovon sich die Riesen der Eiszeit ernährt haben, nämlich von Moosen und Flechten sowie diversen Gräsern und Kräutern der Tundra. Außer dem Menschen hatten Mammuts keine natürlichen Feinde zu fürchten.

Die haarigen nördlichen Verwandten des Elefanten waren vor rund 2 Millionen Jahren zu Beginn der Eiszeit aus Afrika in das kühlere Eurasien eingewandert. Sie lebten dort in den arktischen Steppengebieten, an deren Kälte sie mit ihrem dicken Fell perfekt angepasst waren. Als die Gletscher mit dem Ende der Eiszeit abschmolzen, mussten sich die Eiszeit-Giganten immer weiter nach Norden zurückziehen. Das Mammut ist gegen Ende der letzten Eiszeit vor rund 10 000 Jahren ausgestorben.

Die Ursache des Aussterbens der gewaltigen Tiere ist bis heute noch nicht eindeutig geklärt: Während ein Großteil der Wissenschaft die globale Erwärmung am Ende der Eiszeit für das Aussterben der Urweltriesen verantwortlich macht, halten andere Forscher es für möglich, dass die Mammuts vom Menschen ausgerottet wurden oder einer unbekannten Krankheit zum Opfer fielen. Wie Wissenschaftler erst Anfang der 1990er-Jahre herausfanden, überlebte noch eine kleine Population von Zwergmammuten bis vor ca. 3500 Jahren auf der kleinen Wrangel-Insel im Nördlichen Eismeer.

Im Pleistozän bevölkerten Mammuts die Tundren Europas.

Homo diluvii testis

Das Sintflutopfer von Öhningen

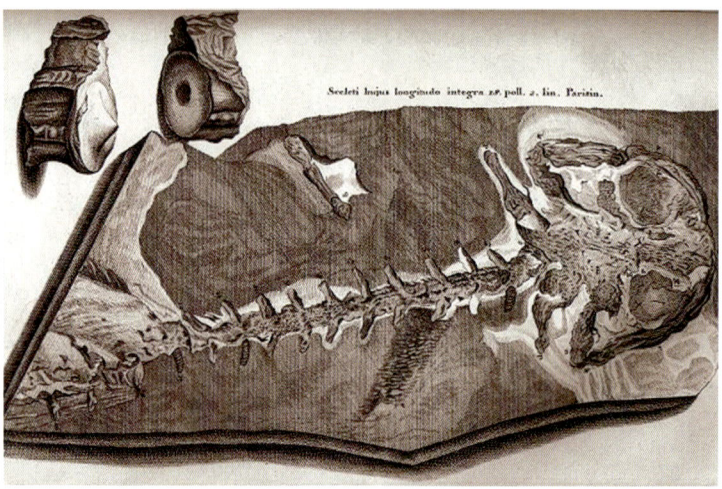

Wissenschaftliche Sensation im 18. Jahrhundert: Am Bodensee wird das Skelett eines Menschen entdeckt, der in der Sintflut umgekommen ist.

Es ist das »Bein-Gerüst eines in der Sintflut ertrunkenen Menschen«, urteilte der Züricher Arzt, Naturforscher und Universalgelehrte Johann Jakob Scheuchzer (1672–1733) über den Fund versteinerter Knochen, die in den rund 14 Millionen Jahre alten Ablagerungen des Öhninger Steinbruchs am Bodensee im Jahr 1725 gefunden worden waren.

Es gibt in der gesamten Geschichte der Paläontologie keine andere Fehlbestimmung eines Fossils, die

öfter zitiert und natürlich auch belächelt wurde als Scheuchzers Sintflutmensch. Wie konnte der erfahrene Arzt und Naturforscher solch einem Irrtum aufsitzen? Dazu muss man wissen, dass sich Scheuchzer bereits um 1704 dem Diluvianismus, d.h. der Lehre von der geologischen Sintfluttheorie, zugewandt und auch früh mit dem Aufbau einer umfangreichen Fossiliensammlung begonnen hatte.

Scheuchzer teilte nicht die Meinung vieler seiner Zeitgenossen,

Fossilien seien nichts als so genanntes »Lusus naturae« – eine Spielart der Natur, die durch eine geheimnisvolle »Vis plastica«, also eine gestaltende Kraft, entstanden seien, sondern es war für Scheuchzer und andere Sintflut-Theoretiker des 17. und 18. Jahrhunderts das Ziel, den Glauben an die Bibel durch die Erforschung der Natur zu stützen. Deshalb legten die Diluvianer auch großen Wert darauf, Fossilienfunde mit der Heiligen Schrift in Einklang zu bringen.

Um seine Theorien zu untermauern, wollte Scheuchzer unbedingt in den Besitz menschlicher Fossilien kommen, die bezeugten, dass Menschen in der Sintflut umgekommen waren. Allerdings musste er feststellten, dass von vorsintflutlichen Menschen »so domahls zu Grunde gegangen, hat man biß dahin sehr wenig Überbleibselen gefunden«. Als er dann im Jahre 1725 die Fossilplatte aus Öhningen erhielt, war er sofort überzeugt, die Reste eines Menschen vor sich und einen wichtigen Beweis für die wörtliche Richtigkeit der Bibel gefunden zu haben. Denn da Scheuchzer und die anderen Diluvianer sich streng an den Wortlaut des biblischen Schöpfungsberichts hielten, konnten sie nur an eine einzige Sintflut glauben; die »vorsintflutlichen«, von Noah geretteten Tiere und Pflanzen durften sich damit nicht von der heutigen Tier- und Pflanzenwelt unterscheiden.

So veröffentlichte Scheuchzer ein Jahr später eine Flugschrift mit einem Holzschnitt des Fossils und einer sehr detaillierten anatomischen Beschreibung und sah in ihm:

»eine grundliche Ubereinkunfft mit den Theilen eines Menschlichen Bein-Gerüsts, ein vollkommenes Eben-Maß… dessen Grabmahl alle andere Römische und Griechische, auch Egyptische oder andere Orientalische Monument an Alter und Gewüßheit übertrifft…« Er gab dem Skelett auch gleich einen Namen: »Homo diluvii testis« (Der Mensch als Zeuge der Sinflut) – endlich hatte er den lang ersehnten Beweis für die Sintflut gefunden!

Die falsche Theorie Scheuchzers konnte sich, auch bedingt durch den schlechten Erhaltungszustand des »Sintflutopfers«, nach seinem Tod noch mehrere Jahrzehnte halten. Erst 1777, nach weiteren Funden, waren sich die zeitgenössischen Forscher einig, dass es sich bei dem Öhninger Fund um keinen Menschen handelte – er wurde jedoch zunächst noch als Flusswels, dann als Hai und schließlich als Eidechse angesehen.

Der berühmte Paläontologe und Begründer der vergleichenden Wirbeltieranatomie Georges Cuviers löste dann im Jahre 1811 das Rätsel, als er den Fund noch einmal genauer untersuchte und ihn mit den Skeletten von viel kleineren europäischen Salamandern verglich. Die Knochen mussten von einem Salamander stammen, befand Cuvier – wenn auch von einem von 1,35 m Länge. In Europa waren aber Salamander dieser Größe bis dato völlig unbekannt.

Im Jahre 1829 wurde dann die Theorie Cuviers erhärtet: Der erste lebende Riesensalamander wurde von Japan nach Europa gebracht.

Der Chinesische Riesensalamander ist mit bis zu 2 m Länge der größte Lurch überhaupt.

Jetzt konnte Scheuchzers »Beingerüst« enddültig richtig eingeordnet werden – ein fossiler Riesensalamander aus der Ordnung der Schwanzlurche, der, wenn auch wissenschaftlich nicht ganz korrekt, in Anlehnung an Scheuchzers erste Bestimmungsversuche den lateinischen Namen *Andrias scheuchzeri* erhielt.

RIESENSALAMANDER AUS ASIEN

Zur Familie der Riesensalamander (Cryptobranchidae) gehören die urtümlichsten und größten Schwanzlurche der Welt: Der Japanische Riesensalamander (*Andrias japonicus*) und der Chinesische Riesensalamander (*Andrias davidianus*) sind neben dem deutlich kleineren, in Nordamerika vorkommenden Schlammteufel (*Cryptobranchus alleganiensis*) die einzigen noch lebenden Vertreter dieser Familie.

Die beiden asiatischen Riesensalamander werden über 1,50 m lang, wobei der Chinesische Riesensalamander, der sogar eine Länge von bis zu 2 m und ein Gewicht von über 15 kg erreichen kann, der größte und schwerste Lurch überhaupt ist. Außer durch ihre Größe sind Riesensalamander auch durch ihren breiten, massigen, flachen Kopf mit den winzigen, seitlich stehenden Augen gekennzeichnet. Auch ihr breiter Rumpf ist abgeflacht und besitzt einen relativ kurzen, seitlich zusammengedrückten Schwanz mit Flossensäumen. Ihre meist dunkel gefärbte Haut ist glatt und schleimig.

DIE SINTFLUT – MYTHOS ODER WIRKLICHKEIT?

In der Bibel werden die Ursachen und Ereignisse der Sintflut, der Bau der Arche sowie die Rettung Noahs, seiner Familie und der Tiere beschrieben. Im 1. Buch Mose 7, 10-24 wird der Flutverlauf detailliert geschildert:

Sieben Tage später kam die große Flut. Im 600. Lebensjahr Noahs, am 17. Tag des 2. Monats, öffneten sich die Schleusen des Himmels, die Quellen der Tiefe brachen aus der Erde hervor. 40 Tage und 40 Nächte sollte es ununterbrochen in Strömen regnen… Das Wasser stieg immer höher und hob die Arche Noahs vom Boden ab. Als es weiter stieg, schwamm das Schiff frei auf dem Wasser. Schließlich waren sogar die Berge bedeckt; das Wasser stand mehr als 5 Meter über den höchsten Gipfeln. Alles, was auf der Erde gelebt hatte, ertrank: die Landtiere, die Vögel und auch die Menschen… hundertfünfzig Tage lang stieg das Wasser auf der Erde.

Die Sintflut taucht in den Überlieferungen vieler Völker auf. Rund 500 Sintflutgeschichten sind insgesamt bekannt, die alle eines gemeinsam haben: Die Flut tötet bis auf wenige Glückliche bzw. Gottesfürchtige alle. Die älteste schriftlich überlieferte ist in der Heldensage der Sumerer, dem Gilgamesch-Epos aus dem 2. Jahrtausend vor Christus, zu finden. Die Ähnlichkeiten mit der biblischen Sintflut sind frappant: Auch hier strandet eine Arche auf einem Berg, auch hier überlebt nur eine einzige Familie mit ihren Tieren und auch hier verkünden Vögel das Ende der Flut.

Die alten Griechen und Römer wuchsen mit der Geschichte von Deucalion und Pyrrha auf, die ihre Kinder und eine Auswahl an Tieren in einem Schiff retteten, das wie eine große Kiste geformt war. Der griechische Philosoph Platon schuf den Mythos vom legendären Atlantis, das in einer Flutkatastrophe unterging. In irischen Legenden wird von der Königin Cesair berichtet, die mit ihrem Hofstaat 7 Jahre lang zur See fahren musste, als die Meere

Irland überspülten. Auch in Amerika gab es Flutmythen. So waren die spanischen Eroberer geschockt, als sie von indianischen Legenden erfuhren, die der Geschichte von Noah und der Arche ähnelten. Die Inquisition war dann schnell mit einer Erklärung zur Hand: Nur der Teufel selbst konnte solche Geschichten in das Hirn der heidnischen Wilden gepflanzt haben, um sie zu verwirren.

Aber gab es sie wirklich, die große Flut, die alles auslöschte? Die Geologen William Ryan und Walter Pitman von der renommierten Columbia-Universität sind sich dessen sicher, und sie glauben, dass sie am Bosporus stattgefunden hat. Die Forscher sind der Meinung, dass nach dem Ende der letzten Eiszeit durch die Gletscherschmelze der Wasserspiegel der Weltmeere beträchtlich angestiegen ist. Das Schwarze Meer, damals noch ein Süßwassersee, war durch einen natürlichen Damm vom Mittelmeer getrennt. Der Druck des steigenden Mittelmeerwassers nahm immer mehr zu, bis der Damm barst und sich eine gewaltige Flutwelle durch den heutigen Bosporus in das rund 150 m tiefer gelegene Becken des einstigen Süßwassersees ergoss. Während die biblische Sintflut nur 40 Tage gedauert haben soll, wütete Pitmans und Ryans Flut bedeutend länger: 2 Jahre. Am Ende hatte sich ein Süßwassersee in ein Meer verwandelt und 100 000 km² Land wurden unter den Fluten begraben.

Ihre Theorie gründen Pitman und Ryan auf unscheinbare Indizien. Sie nahmen im Schwarzen Meer zahlreiche Sediment-Analysen vor und fanden im Sand 120 m unter der Meeresoberfläche Süßwassermuscheln, während in der darüber liegenden Schlammschicht Meeresmollusken zu finden waren. Altersanalysen ergaben, dass die jüngsten Süßwasserformen 7460, die ältesten Salzwasserformen 6820 Jahre alt waren. Die Sintflut hatte also vor rund 7500 Jahren stattgefunden. Auch Beobachtungen des bulgarischen Forschers Petko Dimitov stützen die Theorie der amerikanischen Geologen. Er hat herausgefunden, dass die Oberfläche des Schwarzen Meeres einst viel tiefer gelegen haben muss, als die der Weltmeere, da er unter Wasser alte Strände und Dünen fand.

Der amerikanische Tiefseeforscher Robert Ballard, der schon Jahre zuvor durch die Entdeckung der »Titanic« für Furore gesorgt hatte, entdeckte 1999 auf einer Tauchfahrt 168 m unter der Wasseroberfläche des Schwarzen Meeres alte flache Küstenlinien. Ballard war überzeugt, eine versunkene Steinzeitlandschaft entdeckt zu haben, und begann gezielt an einem Projekt Sintflut/Arche Noah zu forschen. Auf einer zweiten Expedition fand Ballard dann tatsächlich mit Hilfe eines ferngesteuerten U-Bootes mit dem Namen »Little Hercules« 20 km vor der türkischen Küste bei Sinop in 95 m Tiefe die Überreste menschlicher Siedlungen. Damit war klar, in dieser Region – am Boden des heutigen Schwarzen Meeres – hatten einst Menschen gewohnt!

Es gibt natürlich noch zahlreiche weitere Theorien und Erklärungen für die Sintflut, von denen die der österreichischen Geowissenschaftler Alexander und Edith Tollmann, die Sintflut sei durch einen einschlagenden riesigen Meteoriten ausgelöst worden, sicherlich die bekannteste ist.

Noahs Arche landet auf dem Berge Ararat.

Riesensalamander leben in den klaren Gebirgsflüssen Japans und Chinas, wo sie in unterspülten Höhlungen oder unter überhängenden Felsplatten wohnen. Die Nahrung der meist nachtaktiven Tiere besteht aus Fröschen, Fischen, Krebsen und Insekten.

Anders als bei anderen Schwanzlurchen kommt es bei den Riesensalamandern zu einer äußeren Befruchtung: Nachdem das Weibchen 2 Laichschnüre mit insgesamt rund 600 Eiern abgelegt hat, werden diese sofort vom Männchen befruchtet, das anschließend das Weibchen vertreibt, um zu verhindern, dass dieses den eigenen Laich frisst. Das Männchen betreibt Brutpflege und bewacht die Gelege, bis die Larven nach ca. 3 Monaten schlüpfen. Die Umwandlung der Larven zum erwachsenen Tier erfolgt nach 3 Jahren. Die Geschlechtsreife wird mit 5 Jahren erreicht. Riesensalamander können in Gefangenschaft über 50 Jahre alt werden.

Die beiden Riesensalamanderarten sind vom Aussterben bedroht und stehen deshalb gemäß dem Washingtoner Artenschutzübereinkommen unter strengstem internationalem Schutz. Trotzdem wird gerade der Chinesische Riesensalamander von Einheimischen geangelt (!) und immer wieder auf Märkten angeboten, da sein Fleisch als äußerst schmackhaft gilt und er auch getrocknet in der traditionellen Volksmedizin Verwendung findet.

Das Auge des Zyklopen

Die einäugigen Riesen

Sie waren riesig, ungeschlacht und hatten nur ein einziges Auge mitten auf der Stirn: die Zyklopen gehörten wahrhaftig zu den monströsesten Kreaturen der antiken Sagenwelt.

Zyklopen waren Söhne der Ur-Gottheiten Uranus und Gaia. Es soll insgesamt 7 Zyklopen dieses älteren Geschlechts gegeben haben, von denen Arges, Brontes und Steropes die bekanntesten waren. Die 4 anderen Zyklopen, nämlich Euryalos, Elatreus, Trakhiosa und Halimedes, werden als Söhne der Erstgenannten angesehen.

Uranus fürchtete seine Söhne so sehr, dass er sie in der Tiefe des Tatarus einsperrte. Sie wurden jedoch später vom Göttervater Zeus befreit, der die Hilfe der einäugigen Riesen, die für ihre Kraft und Unerschrockenheit berühmt waren, in der Schlacht gegen die Titanen benötigte. Als Schmiedegesellen des Gottes des Feuers, Hephaistos, war

es auch ihre Aufgabe, die Waffen der Götter herzustellen. Die Blitze des Zeus, der Dreizack des Poseidon, der unsichtbar machende Helm des Hades, der Bogen der Artemis – alle diese Zauberwaffen wurden in der Schmiede unter dem Vulkan Ätna auf Sizilien gefertigt. So wussten die Menschen der Antike, wenn Rauch aus dem Vulkan aufstieg, dass die Zyklopen bei der Arbeit sein mussten.

Die Zyklopen galten auch als geschickte Baumeister. So sollen sie z. B. die dicken Mauern und Befestigungen der Stadt Mykene gebaut haben. Ihr Ende fanden die Zyklopen durch Apollon. Der Gott der Weisheit tötete sie aus Rache, weil sie Zeus den Blitz geschmiedet hatten, mit dem er den Sohn des Apollon, den berühmten Arzt Aeskulap, erschlagen hatte.

POLYPHEMS BLENDUNG

Es gibt jedoch auch ein jüngeres und kleineres Zyklopengeschlecht. Auch diese Riesen waren einäugig, unkultiviert und brutal. Es waren grobschlachtige Hirten, die sich von Milch und rohem Fleisch der Tiere ernährten, wenn gerade kein frisches Menschenfleisch zur Hand war. Der stärkste und bekannteste unter ihnen war Polyphem, der, anders als die restlichen Zyklopen, ein Sohn des Meeresgottes Poseidon war. Polyphem war es auch, der, wie von Homer so wortgewaltig im 1. Gesang der Odyssee berichtet, für die Irrfahrten des Odysseus verantwortlich war:

O wie könnte doch ich des edlen
Odysseus vergessen?
Sein, des weisesten Mannes, und
der die reichlichsten Opfer
Uns Unsterblichen brachte, des
weiten Himmels Bewohnern?
Poseidon verfolgt ihn, der
Erdumgürter, mit heißer
Unaufhörlicher Rache; weil er
den Kyklopen geblendet,
Polyphemos, den Riesen, der
unter allen Kyklopen,
Stark wie ein Gott, sich erhebt.
Ihn gebar die Nymphe Thoosa,
Phorkyns Tochter, des Herrschers
im wüsten Reiche der Wasser,
Welche Poseidon einst in däm-
mernder Grotte bezwungen.
Darum trachtet den Helden der
Erderschüttrer Poseidon,
Nicht zu töten, allein von der
Heimat irre zu treiben.

Wie es zur Blendung Polyphems und der »unaufhörlichen Rache« Poseidons kam, ist eine der bekanntesten Geschichten der Antike: Als sich Odysseus, der König von Ithaka, nach der Zerstörung Trojas auf der Heimfahrt nach Ithaka befand, machte er auf der Insel der Zyklopen Halt. Mit 12 seiner Gefährten gelangte er in die Höhle Polyphems, der zuerst die Höhle mit einem riesigen Felsbrocken verschloss und dann sofort damit begann, einen Eindringling nach dem anderen zu verspeisen. Als der Zyklop bereits 6 Krieger gefressen hatte, ergriff der für seinen Listenreichtum bekannte Odysseus Gegenmaßnahmen. Er machte den tumben Riesen mit Wein betrunken und stach ihm anschließend mit einem spitzen, glühenden Pfahl aus

Olivenholz das Auge aus, das sich mitten auf der Stirn befand. Am nächsten Morgen, als der geblendete Polyphem seine Ziegen und Schafe auf die Weide schicken wollte (dazu musste er den Felsbrocken entfernen), band der Held sich und seine Gefährten unter den Bauch großer Widder fest und schmuggelte sich so mit ihnen aus der Höhle – am geblendeten Monster vorbei. Polyphem verfolgte die Flüchtlinge und warf ihnen einen riesigen Felsbrocken nach, konnte aber letztendlich ein Entkommen von der Insel nicht verhindern. So blieb der vor Wut und Schmerz heulende Zyklop frustriert zurück. Als er das rettende Schiff erreicht hatte, konnte Odysseus nicht widerstehen, den Zyklopen zu verhöhnen und ihm mitzuteilen, wer denn da über ihn triumphiert hatte:

Und ich rief dem Kyklopen von
neuem mit zürnender Seele:
Hör, Kyklope! Sollte dich einst
von den sterblichen Menschen
Jemand fragen, wer dir dein Auge
so schändlich geblendet;
Sag ihm: Odysseus, der Sohn
Laertes', der Städteverwüster,
Der in Ithaka wohnt, der hat
mein Auge geblendet.

Daraufhin beklagte sich Polyphem bitterlich bei seinem Vater Poseidon und bat ihn, Odysseus die Heimkehr zu verwehren. Erst nach langer Zeit, ohne Gefährten, unglücklich und auf einem fremden Schiff, solle er nach Hause gelangen. Und Poseidon erhörte seinen Sohn, und so begannen die berühmten »Irrfahrten« des Odysseus.

POLYPHEM EIN ZWERGELEFANT?

Homers Geschichte von Polyphem hat, wie so viele Legenden, wahrscheinlich einen wahren Kern: Hinter dem einäugigen Zyklopen steckt ein Lebewesen, das tatsächlich existierte. Immer wieder fanden Seefahrer der homerischen Zeit in Höhlen an der Küste Siziliens seltsame Schädel – größer als Menschenschädel und mit einer großen Augenhöhle mitten auf der Stirn. Eine Erklärung war schnell zur Hand: Hier konnte es sich nur um die Reste der Zyklopen aus der Odyssee handeln!

Viel später ließen sich die Schädel dann aber richtig zuordnen. Sie stammten in Wirklichkeit von Zwergelefanten. Ein Elefantenschädel mit der auffälligen Nasenöffnung, die zwei verschmolzene Augenhöhlen vortäuscht, konnte natürlich nur allzu leicht zum Glauben an das Vorhandensein riesiger einäugiger Wesen verführen.

Aber gab es denn wirklich Zwergelefanten und wenn ja, was hatten sie ausgerechnet auf Mittelmeerinseln zu suchen? Ja, es gab sie – Mitte des 17. Jahrhunderts entdeckte man ihre fossilen Überreste auf Sizilien. Der berühmte Jesuitenpater und Naturwissenschaftler Athanasius Kircher (1602–1680) reiste damals eigens nach Sizilien, um die Schädel und ihre Fundstätten zu besichtigen. Auch auf Kreta, Malta, Zypern und Tilos wurden Zwergelefantenreste entdeckt.

Die Mini-Elefanten lebten, wie auch die Zwergformen anderer

So haben sich Künstler der Antike ein Zyklopengesicht vorgestellt. Ausschnitt der Polyphemgruppe (vgl. Foto S. 212) in den Kunstsammlungen der Ruhr-Universität Bochum.

Der Schädel eines Zwergelefanten lässt gut erkennen, dass er als Vorlage für das Zyklopengesicht gedient hat.

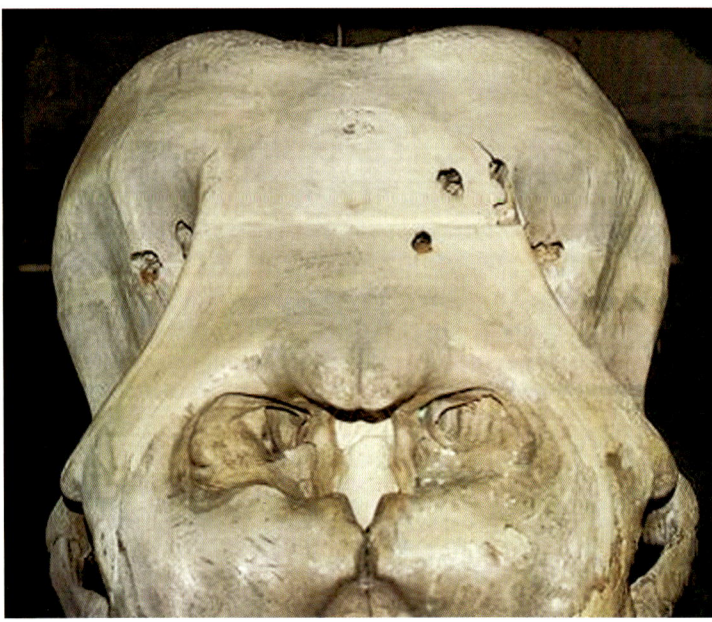

Tiere, während des Pleistozäns (vor ca. 1,6 Mio. Jahren bis ca. 12 500 v. Chr.) auf zahlreichen Mittelmeerinseln. Ihre »Gründergeneration« erreichte nach neueren wissenschaftlichen Erkenntnissen offenbar schwimmend und nicht, wie man lange annahm, über versunkene Landbrücken die Inseln. Die Zwergelefanten (*Palaeoloxodon falconeri*) erreichten mit einer Schulterhöhe von 90 cm gerade mal die Größe eine Shetlandponys!

Nach Ansicht einiger Forscher kam es während des Eiszeitalters offenbar auf einigen Mittelmeerinseln zu einer Verzwergung der Großsäuger. Als Ursachen werden von verschiedenen Fachleuten die Verschlechterung der Ernährungslage und die starke Einengung des zur Verfügung stehenden Lebensraumes auf einer Insel vermutet.

Andere Wissenschaftler sprechen dagegen von einer »intelligenten Anpassung«: Da natürliche Feinde fehlten, verlor Größe an Bedeutung; Zwergenwuchs dagegen garantierte eine erhöhte Mobilität im bergigen Gelände und dadurch einen besseren Zugang zu neuen Nahrungsquellen.

Man nimmt an, dass die letzten Zwergelefanten des Mittelmeerraumes vor rund 4000 Jahren ausgestorben sind. Der Grund hierfür dürfte eher in einer zu starken Bejagung durch den Menschen als in einer Klimaveränderung gelegen haben. Diese These stützen Ausgrabungen auf der griechischen Insel Tilos, wo neben Gegenständen aus der Stein- und Bronzezeit auch die Gebeine von Zwergelefanten gefunden wurden.

Weiterführende und verwendete Literatur

AUFFENBERG, WALTER (1981): The Behavioral Ecology of the Komodo Monitor. Univ. Presses of Florida, Gainsville, Florida, 406 S.

BANDINI, DITTE & GIOVANNI BANDINI (2002): Das Drachenbuch. dtv, München, 264 S.

BLATTER, MICHAEL, F. (2002): Der Komodowaran. Ein Sprung in die Zeit der Saurier. VBSW, Bäretswil, 56 S.

BÖLSCHE, WILHELM (1929): Drachen – Sage und Naturwissenschaft. Kosmos, Stuttgart, 80 S.

BREHM, ALFRED (1922): Brehms Tierleben. Allgemeine Kunde des Tierreichs. Bibliographisches Institut Leipzig (13 Bände).

BROCKHAUS (1988): Brockhaus Enzyklopädie. F.A. Brockhaus, Mannheim (24 Bände).

CHERRY, JOHN (1997): Fabeltiere – Von Drachen, Einhörnern und anderen mythischen Wesen. Reclam, Ditzingen, 318 S.

COLEMAN, LOREN & JEROME CLARK (1999): Cryptozoology, A to Z. Fireside Books, New York, 272 S.

CONWAY, D. J. (2002): Der Tanz mit dem Drachen. Arun, Engerda, 283 S.

COUSTEAU, JAQUES-YVES & PHILIPPE COUSTEAU (1971): Haie – Herrliche Räuber der See. Droemer Knaur, München/Zürich, 296 S.

DOBERER, KURT KARL (1970): Drachenschlachten – Legenden, Berichte, Augenzeugen. Hohenloher Druck- und Verlagshaus, Gerabronn-Crailsheim, 134 S.

EICHLER, DIETER (1998): Gefährliche Meerestiere erkennen. BLV, München, 176 S.

ELLIS, RICHARD (1993): Mensch und Wal. Bertelsmann, Gütersloh, 478 S.

ELLIS, RICHARD (1999): Seeungeheuer. Mythen, Fabeln und Fakten. Birkhäuser, Basel, Boston, Berlin, 388 S.

ELLIS, RICHARD (2002): Riesenkraken der Tiefsee. Die aufregende Suche nach den letzten unbekannten Wesen unserer Welt. Heel, Königswinter, 254 S.

FISCHINGER, LARS A. (2001): … und dann kamen die UFOs! Rätselhafte Erscheinungen und Kreaturen aus vier Jahrtausenden; Unerklärliches im UFO-Vorzeitalter. Bohmeier, Lübeck, 170 S.

FRENZ, LOTHAR (2000): Riesenkraken und Tigerwölfe. Auf der Spur mysteriöser Tiere. Rowohlt, Berlin, 249 S.

FEILER, ALFRED; ZIEGLER, THOMAS; ANSORGE, HERMANN & TILO NADLER (2002): Pseudonovibos spiralis – Mythos oder Wirklichkeit? ZGAP Mitteilungen 18 (1): 21–24.

GESNER, CONRAD (1589): Schlangenbuch. Gedruckt zu Zürych in der Froschow. 129 S.

GÖSSLING, ANDREAS (2003): Drachenwelten. Piper, München, 300 S.

GRZIMEK, BERNHARD (1967–1972): Grzimeks Tierleben. Enzyklopädie des Tierreiches. Kindler, Zürich (16 Bände).

GUTER, JOSEF (2002): Drachen – Ungeheuer und Glücksbringer. Stocker, Graz, 277 S.

HASS, HANS & IRENÄUS EIBL-EIBESFELDT (1977): Der Hai. Legende eines Mörders. Bertelsmann, München, 258 S.

HAUSDORF, HARTWIG (2003): Die Rückkehr der Drachen. Den letzten Dinosauriern auf der Spur. Herbig, München, 238 S.

HAWKINS, THOMAS (1840): The Book of the great Sea-Dragons. W. Pickering, London, 27 S.

HEUVELMANS, BERNARD (1968): In the Wake of the Sea-Serpents. Hart-Davis, London, 645 S.

HEUVELMANS, BERNARD (1990): The Metamorphosis of Unknown Animals into Fabulous Beasts and of Fabulous Beasts into Known Animals. Cryptozoology 9: 1–12.

HORN, ROLAND, M. (2002): Rätselhafte und phantastische Formen des Lebens. Bohmeier, Lübeck, 175 S.

JANSON, HORST, W. (1988): DuMonts Kunstgeschichte der Alten und Neuen Welt. DuMont, Köln, 812 S.

JIPP, KARL-ERNST (1989): Nessie – das Rätsel von Loch Ness. Bertelsen, Stuttgart, 101 S.

KAMINSKI, GERD & CLAUDIA PESCHL-WACHA (2002): Der Drache. Eine Legende erwacht. Kleine Schriften des Landschaftsmuseums im Schloss Trautenfels am Steiermärkischen Landesmuseum Joanneum, 28, Trautenfels, 108 S.

KARASCH, ANGELA (2001): Architektur- und Kunstgeschichte: Bilderrecherche, Abbildungssammlungen und Bilddatenbanken im Überblick.

Universitätsbibliothek, Freiburg, 169 S.

Lurker, Manfred (2000): Symbol, Mythos und Legende in der Kunst; die symbolische Aussage in Malerei, Plastik und Architektur. Koerner, Baden-Baden, 352 S.

Macdonald, Alastair, A. & Lixin, N. Yang (1997): Chinese sources suggest early knowledge of the unknown ungulate (Pseudonovibos spiralis) from Vietnam and Cambodia. Journal of Zoology, London 241: 523–526.

Mackal, Roy P. (1987): A living Dinosaur? In Search of the Mokele-Mbembe. Brill, Leiden, 340 S.

Morus (= Lewinsohn, Richard) (1952): Eine Geschichte der Tiere. Rowohlt, Hamburg, 400 S.

Peter, Wolfgang, P. & Alfred Feiler (1994): Eine neue Bovidenart aus Vietnam und Cambodia (Mammalia: Ruminantia). Zoologische Abhandlungen, Staatliches Museum für Tierkunde Dresden 48 (11):169–176.

Probst, Ernst (2002): Nessi. Das Monsterbuch. Verlag Ernst Probst, Mainz-Kostheim, 200 S.

Probst, Ernst (2001): Monstern auf der Spur. Wie die Sagen über Drachen, Riesen und Einhörner entstanden. Verlag Ernst Probst, Mainz-Kostheim, 176 S.

Quammen, David (1998): Der Gesang des Dodo: eine Reise durch die Evolution der Inselwelten. Claassen, München, 973 S.

Richardson, Hazel (2003): Dinosaurier und andere Tiere der Urzeit. BLV, München, 224 S.

Rinkenbach, Iris & Bran, O. Hodapp (2002): Das große Buch der Drachen. Schirner, Darmstadt, 253 S.

Schneider, Michael (2002): Spuren des Unbekannten. Kryptozoologie: Monster, Mythen und Legenden. BoD GmbH, Norderstedt, 128 S.

Stülzebach, Annett (1998): Vampir- und Wiedergängererscheinungen aus volkskundlicher und archäologischer Sicht. Concilium medii aevi 1:97–121.

Schubart-Stumpfe, Ortrud (1999): Der Kampf mit dem Drachen. Urachhaus, Stuttgart, 64 S.

Thenius, Erich & Norbert Vávra (1996): Fossilien im Volksglauben und im Alltag: Bedeutung und Verwendung vorzeitlicher Tier- und Pflanzenreste von der Steinzeit bis heute. Kramer, Frankfurt, 179 S.

Volborth, Carl-Alexander von (1996): Fabelwesen der Heraldik in Familien- und Städtewappen. Belser, Stuttgart, 128 S.

Walther, Ingo, F. (2003): Malerei der Welt: eine Kunstgeschichte in 900 Bildanalysen; von der Gothik bis zur Gegenwart. Taschen, Köln, 760 S.

Zillmer, Hans-Joachim (2000): Darwins Irrtum: vorsintflutliche Funde beweisen: Dinosaurier und Menschen lebten gemeinsam. Fabulous Beasts Langen Müller, München, 303 S.

Autorenporträt

Dr. Harald Gebhardt, Jahrgang 1952, Studium der Biologie, Geografie und Kunstgeschichte in Heidelberg, Promotion in Biologie. Seit 1984 im staatlichen Umweltschutz tätig (Umweltministerium und Landesanstalt für Umweltschutz Baden-Württemberg). Autor zahlreicher Fachpublikationen sowie mehrerer populärwissenschaftlicher Bücher aus dem Bereich Umwelt und Natur. Das seit vielen Jahren bestehende Interesse an Fabelwesen und an kryptozoologischen Themen führte zum vorliegenden Buch.

Dr. Mario Ludwig, Jahrgang 1957, Studium der Biologie, Chemie und Geologie in Heidelberg, Promotion in Biologie. Seit 1991 als Gutachter (Ökologie, Umwelt, Gewässer) tätig. Öffentlich bestellter und vereidigter Sachverständiger für Schädlingsbekämpfung und Gewässergüte. Autor zahlreicher Fachpublikationen zu den oben genannten Themenkomplexen sowie mehrerer populärwissenschaftlicher Naturbücher. Sein besonderes Interesse gilt seit Jahren besonders der Kryptozoologie und hier speziell den so genannten »Affenmenschen«.

Stichwortverzeichnis

Quellenverzeichnis

Die Zeichnungen und Grafiken wurden (sofern nicht im Bildnachweis aufgeführt) folgenden Werken entnommen:

AGILE RABBITS EDITIONS (Hrsg.) (2001): Großer Bildvorlagenatlas. 5000 Tiere. Pepin Press, Amsterdam und Singapur. Seite 86, 111.

ALDROVANDI, ULISSE (1642): Monstrum historia. Bologna, N. Tebaldinus. Seite 69, 118.

ATHANASIUS KIRCHER (1678): Mundus subterraneus in XII libros digestus. Editio teria. Arnaldo Forni Editore, Amsterdam. Seite 204.

BELANGER GRAFTON. CAROL (Hrsg.) (1998): 1300 real and fanicul animals from seventeenth-century engravings. Dover Publications, Inc., New York. Seite 39, 53, 67u, 80, 83, 102, 123, 194, 200o.

CARROLL, LEWIS (1907): Alice in Wonderland. Illustrated by Arthur Rackham, William Heinemann. London. Seite 30.

DE MONTFORT, P. D. (1802): Histoire naturelle genérale et particulière des mollusques. From Sonnini's expanded edition of Buffon's Natural History. Seite 140.

DORE'S ILLUSTRATIONS FOR ARIOSTO'S »ORLANDO FURIOSO« (1980): Gustave Dore. Dover Publications, Inc., New York. Seite 81.

EGEDE, H. (1745): A Description of Greenland. London. Seite 128.

FISCHINGER, LARS A. (2001): … und dann kamen die UFOs! Bohmeier Verlag, Lübeck. Seite 104o, 106o, 106u, 133.

HARTER, JIM (Hrsg.) (1981): Animals. 1419 copyright-free illustrations of mammals, birds, fish, insects etc. A pictorial archive from nineteenth-century source. Dover Publications, Inc., New York. Seite 147u, 170, 180, 198u.

HUBER, RICHARD (1981): Treasury of fantastic and mythological creatures. Dover Publications, Inc., New York. Seite 121.

JONSTON, JOHANNES (1650): Historiae naturalis de avibus libri 6. Francofurti ad Moenum. Seite 15.

KOCH, A.C. (1845): Description of the Hydrargos sillimani (Koch), a Giantic Fossil Reptile, or Sea-Serpent Lately Discovered by the Author in the State of Alabama, March 1845. B. Owen. Seite 132.

MEYERS KONVERSATIONSLEXIKON (1888–1889): Eine Encyklopädie des allgemeinen Wissens. Vierte Auflage, Leipzig. Seite 88.

MORUS (RICHARD LEWINSOHN) (1952): Eine Geschichte der Tiere. Rowohlt, Hamburg. Seite 13.

OLAUS MAGNUS (1555): Historia de gentibus septentrionalibus. Rom. Seite 117, 130.

SCHEUCHZER, JOHANN JACOB (1723): Itinera per Helvetiae alpinas regiones. Seite 29, 56.

SCHEUCHZER, JOHANN JACOB (1731-1735): Physica sacra. Augsburg. Seite 208.

SWIFT, JONATHAN (1838): Voyages de Gulliver. Illustrated by Grandville, Fournier. Seite 203o.

THE ARABIAN NIGHT ENTERTAINMENTS (1898): Selected and Edited by Andrew Lang. Illustrated by Rene Bull, H. J. Ford and W. Heath Robinson. Seite 76o.

THE DORE BIBLE ILLUSTRATIONS (1974): Gustave Dore. Dover Publications, Inc., New York. Seite 120, 202, 211.

THE DORE'S ILLUSTRATIONS FOR DANTE'S DIVINE COMEDY (1976): Gustave Dore. Dover Publications, Inc., New York. Seite 72u, 84, 89.

VERNE, J. (1870): Vingt mille lieues sous les mers. Hetzel, Paris. Seite 142.

Die im Text zitierten (neueren) Gedichte entstammen folgenden Werken:

KRÜGER, MICHAEL: Die Dronte, Gedichte. © 1985 Carl Hanser Verlag, München – Wien. Seite 173.

Autoren und Verlag danken den Inhabern der Rechte für die Genehmigung zum Abdruck der Abbildungen und Texte. Trotz aller Bemühungen waren für einige Abbildungen die Rechteinhaber nicht zu ermitteln. Sie werden gebeten, sich an den Verlag zu wenden.

Danksagung

Dieses Buch hätte nicht ohne die freundliche Hilfe vieler Institutionen und Privatpersonen entstehen können, die uns mit Informationen und fachlichcm Rat zur Seite standen und uns vor allem auch wertvolles Bildmaterial überließen.

Wir danken (in alphabetischer Reihenfolge): Christian Ascher, Campbell River, Kanada; Prof. Dr. Lothar Beck, FB Biologie – Spezielle Zoologie der Universität Marburg; Dr. Markus Bertling, Geologisch-Palaeontologisches Institut und Museum der Universität Münster; Frank Dörnenburg, Essen; Dr. Klaus Dierks, Windhoek, Namibia; Eichfelder, Jacobsweiler; Büro des Oberbürgermeisters der Stadt Emden; Grisel Gonzalez, Hunting-ton Beach, USA; Ingrid Grambow, Hannover; Eva Hejda, Wien, Österrreich; Marie-Helene Hettler-Desrue, Pfinztal; Dr. Hubert Höfer, Staatliches Museum für Naturkunde Karlsruhe; Michael Humbert, Garbsen; Lisa Kager, Drachenstich-Festspiele Furth im Wald; Prof. Dr. Gerd Kaminski, Universität Wien, Österrreich; Stadt Klagenfurt, Österreich; Dipl. Biol Frank Jensch, Herne; Dr. Andree Keitel, Waldbronn-Reichenbach; Stefan Kühn, Universität Trier; Wilhelm Matheis, Stadtbürgermeister der Stadt Rodalben; Markus Mergenthaler, Knauf-Museum Iphofen; Prof. Dr. Heinz Mielke, Machern; Don Norris, Watkinsville, USA; Verwaltungsgemeinschaft Pleystein; Graine Ryder, www.Probeinternational.org; Peter Rüdel, Gröbenzell; Prof. Dr. Beauvais Lyons, University of Tennessee, USA; Zlatko Plesa, Frankfurt; Dr. Martin Sander, Päläontologisches Institut der Universität Bonn; Kjell Scharning, Tjome, Norwegen; Norbert Schechner, Brauerei Fohrenburg, Bludenz, Österreich; Dipl. Ing. Manfred Schmucker, Wien, Österreich; Jürg Stauffer, Zoologisches Institut der Universität Zürich; Felice Stoppa, Mailand, Italien; Ville Sinkkonen, Finnland; Andreas Susana, Graz, Österreich; Herbert Ullrich, Lindau; Dr. Cornelia Weber-Lehmann, Kunstsammlungen der Ruhruniversität Bochum; Dr. Joachim Wussow, Museum für Haustierkunde Halle/Saale; Dr. Jens Zeitler, Technische Universität Chemnitz; Prof. Dr. William Willers, University of Wisconsin, USA.

Ein ganz besonderer Dank geht an William Asmussen, Corpus Christi, USA, der uns drei wunderbare »Affenmenschenzeichnungen« zur Verfügung stellte.

Dr. Harald Gebhardt, Kandel
Dr. Mario Ludwig, Karlsruhe

Bildnachweis

Adam: 115, 166
AKG: 2/3, 6/7, 14, 20, 22, 24, 28, 35, 38, 36/37, 46, 54, 57o, 58, 59, 62/63, 67o, 72o, 73, 87, 91, 92, 97r, 97l, 98, 116, 122, 147o, 150, 151, 169, 192/193, 195
Angermayer/Pölking: 43
Angermayer: 179
Archiv des Museums für Haustierkunde Halle/Saale: 70
Ascher: 26u
Asmussen: 1, 103, 109, 112
Beck: 214u
Beck: 214u
Beltz&Gelberg: 75
Bertling, Geologisch-Paläontologisches Museum der Universität Münster: 206
Bibliographisches Institut & F.A. Brockhaus AG: 31
Brauerei Fohrenburg: 32o
Dierks: 104ur
DK Images: 41, 45, 138
DK Images/Jon Hughes: 77, 174, 207
Dörnenburg: 66
Drachenstich-Festspiele Furth im Wald: 32u
Eichfelder (Zeichnung; Foto: Ulf Engel, Worms): 203u
Eichler: 125
Eisenreich: 65
Flip Nicklin/Minden Pictures: 199
Gebhardt: 19, 127, 143, 145, 153, 198o
Graeser: 44u
Grambow: 187
Grytzbeck: 34
Hecker: 57u
Heeger: 94
Hejda: 110u
Höhler: 185
Humbert: 50

Jensch: 126
Kaminski: 8/9, 33
Keitel: 48
Kiefner/Maywald: 124
Knauf-Museum, 97346 Iphofen, Reliefsammlung der großen Kulturepochen: 79
Kögel: 26o, 93, 129
Kühn: 17u, 144
Kunstsammlungen der Ruhr-Universität Bochum/Michael Benecke: 214o, 212
Ludwig: 49, 51
Maywald: 149, 155
Nill: 96, 100
Norris: 21m
Oleschinski Georg, Uni Bonn: 76u
Plesa: 21l, 21r
Quadflieg: 61
Reinhard: 85, 161, 164, 190, 200u
Sauer/Hecker: 44o, 68, 95
Scharning: 173, 177
Schauer: 158
Schmucker: 27, 78
Sinkkonen: 113
Staatliches Museum für Naturkunde Karlsruhe: 209
Stadt Emden: 17o
Stadt Rodalben: 16o
Stadtpresse Klagenfurt: 42
Stoppa: 10, 11
Telnes: 71
travelwriter.at: 52
Ullrich, Herbert, Lindau: 47
Verwaltungsgemeinschaft Pleystein: 16u
Willers: 90
Wothe: 156/157, 186o
www.fossilien.de: 159, 162
www.MaritimeHistory.info: 146
www.probeinternational.org: 182
Zeidler: 134
Zoologisches Museum der Universität Zürich: 188

Bibliographische Information Der Deutschen Bibliothek

Die Deutsche Bibliothek verzeichnet diese Publikation in der Deutschen Nationalbibliografie; detaillierte bibliografische Daten sind im Internet über http://dnb.ddb.de abrufbar.

BLV Buchverlag GmbH & Co. KG
80797 München

Umschlaggestaltung: Anja Masuch, Puchheim bei München

Umschlagfotos: AKG (vorn: unten links und rechts; hinten: rechts); Asmussen (hinten: links); Nill (vorn: oben rechts); Schmucker (hinten: Mitte); Zeidler (vorn: oben links)

Abb. S. 1: Yeren
Abb S. 2/3: »La Henriade«, Kupferstich von Poilly nach Zeichnung von Michel Nicolas Micheux (1688–1733).
Abb. S. 6/7: »Perseus befreit Andromeda« von Piero di Cosimo (1515)
Abb. S. 36/37: »Die Welt des hl. Georg« von A. R. Mantovani (1986)
Abb. S. 62/63: »Perseus und Andromeda« von Peter Paul Rubens (1620)
Abb. S. 192/193: »Allegorischer Triumph der Battista Sforza« von Piero della Francesca (1416–1492)

Lektorat: Dr. Friedrich Kögel
Herstellung: Hermann Maxant

Satz: Uhl & Massopust, Aalen

Gedruckt auf chlorfrei gebleichtem Papier
Printed and bound in Germany ·
ISBN 3-405-16610-1

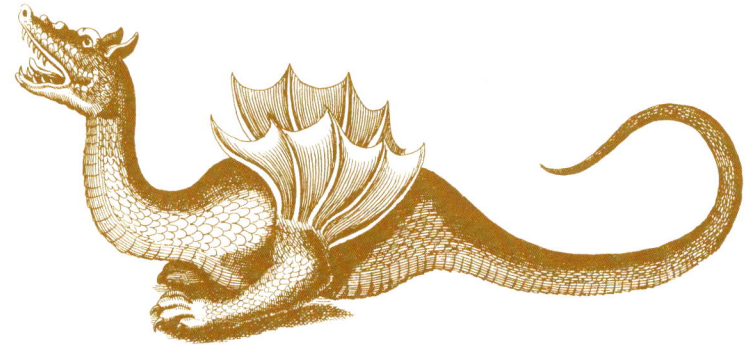

Die Geheimnisse der Natur entdecken

Claus-Peter Lieckfeld /
Veronika Straaß
Mythos Vogel
Der Vogel in der Natur- und Kulturgeschichte, in Wissenschaft, Mythologie und Brauchtum; Porträts von
40 in diesem Zusammenhang wichtigen Arten – von Adler bis Taube.
ISBN 3-405-16108-8

Monika Rößiger /
Claus-Peter Lieckfeld
Mythos Meer
Naturhistorisches zur Entstehung
und Eroberung der Meere; die Lebewesen; Schätze im Meer: Nahrungsquellen, gesunkene Schiffe; Legenden, Mythen und Gestalten.
ISBN 3-405-16610-1

Doris Laudert
Mythos Baum
Die wichtigsten mitteleuropäischen
und mediterranen Gehölzarten in
ausführlichen Porträts sowie die
Kulturgeschichte der Bäume mit
vielen Abbildungen und Details:
der Baum in Geschichte, Mythologie, Religion, Brauchtum usw.
ISBN 3-405-16640-3

Gertrud Scherf
**Pflanzengeheimnisse
aus alter Zeit**
Von Lilie, Hanf und Feigenbaum –
alte Pflanzen neu entdeckt:
überliefertes Wissen aus historisch-
en Kloster-, Bauern-, Burg- und
Schlossgärten; Kulturgeschichte,
Mythologie, Brauchtum, rund 100
Pflanzen im Porträt.
ISBN 3-405-16678-0

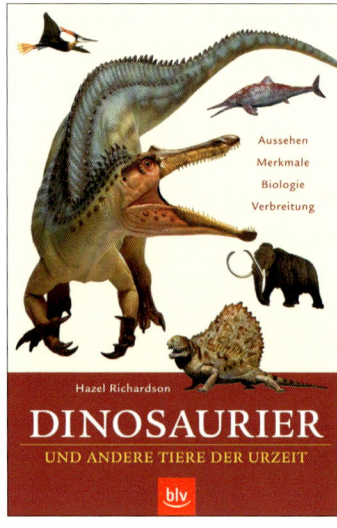

Hazel Richardson
**Dinosaurier und andere
Tiere der Urzeit**
Das Muss für Dino-Fans: Porträts
von über 200 Dinosauriern und
anderen Tieren der Urzeit in
lebensechten Animationen; viele
Fotos und Karten, präzise Beschreibungen mit Hinweisen auf wichtige Merkmale.
ISBN 3-405-16765-5

Gertrud Scherf
**Zauberpflanzen –
Hexenkräuter**
Die Kulturgeschichte der Zauber-
pflanzen: Mythos, Magie, Brauch-
tum; 70 Pflanzen im Porträt mit
Biologie, Geschichte, Bedeutung,
Verwendung als Heilpflanze.
ISBN 3-405-16219-X

---

*Im BLV Buchverlag
finden Sie Bücher
zu den Themen:* Garten und Zimmerpflanzen • Natur • Heimtiere •
Jagd und Angeln • Pferde und Reiten • Sport und Fitness •
Wandern und Alpinismus • Essen und Trinken

Ausführliche Informationen erhalten Sie bei:

BLV Buchverlag GmbH & Co. KG
Postfach 40 02 20 • 80702 München
Telefon 089 / 127 05-0 • Fax -543 • www.blv.de